JN440527

# 대명률직해 1

# 대명률직해 1

한상권 구덕회 심희기 박진호 장경준 김세봉 김백철 조윤선 옮김

한국고전번역원

## 일러두기

1. 이 책은 명(明)의 법률서인《대명률(大明律)》을 조선에서 이두(吏讀)로 번역하여 1395년(태조4)에 간행한《대명률직해(大明律直解)》를 역주한 것이다.
2. 이 책의 번역 대본은《교감표점(校勘標點) 대명률직해(大明律直解)》(한국고전번역원, 2018)이다.
3. 《교감표점 대명률직해》의 저본은 고려대학교 만송문고(晩松文庫) 소장본(만송 B7-A118B 1-5)이다.
4. 《대명률》 조문의 연혁과 성격에 대한 이해를 돕기 위해 7율과 30편의 첫머리에 해설을 붙이고, 460개의 조 중 필요한 경우 율문 이해에 도움을 주기 위한 해설을 덧붙였다. 자세한 설명이 필요한 경우 보충 해설을 추가하였다.
5. 《대명률직해》는 한문으로 작성된 율문(律文)과 율주(律註), 그리고 이두로 작성된 직해문(直解文)으로 구성되어 있다. 한문과 이두 각각의 문체와 특성을 충실히 살려 번역하고, 원문에 없는 표현이지만 내용 이해에 꼭 필요한 요소는 보충 번역하였다.
6. 법전이라는 특성을 살려 법률이나 제도와 관련된 용어는 그대로 사용하고, 설명이 필요한 부분은 주석으로 처리하였다. 가능한 한 명대(明代) 주석서를 역주(譯註)에 반영하되, 명률 주석서에 참고할 만한 것이 없으면《당률소의(唐律疏議)》 등 명대 이전에 발간된 주석서와 명대 이후에 발간된《대청률집주(大淸律輯註)》 등의 주석서를 참조하였다. 해석이 주석서 사이에서 엇갈릴 경우에는 상이한 점만 기술하였다.
7. 조문의 시제는 현재형으로 번역하는 것을 원칙으로 하였다.
8. '범(凡)', '약(若)', '기(其)'는 항(項)을 나누거나 항 안에서 율문을 구분하는 역할로 쓰였을 경우 번역하지 않았다.
9. 딸·손녀·오빠의 개념이 같이 포함되어 있는 자(子)·손(孫)·형(兄) 등은 41조 칭기친조부모(稱期親祖父母)에 따라 남자를 대표로 하여 번역하였다.
10. 한자는 각 조의 번역문과 각주에서 처음 나오는 곳에 넣는 것을 원칙으로 하였다. 통용자의 경우(예 : 准과 準) 교감표점서에서는 저본의 글자(准)를 반영하고 역주서에서는 현대에 주로 쓰는 글자(準)를 반영하였다.
11. 각주의 전거(典據)는 자주 인용되는 문헌은 〈인용 문헌 약어표〉에 따랐고, 일반

사전류일 때는 밝히지 않았다. 사전은 단국대학교 동양학연구소 편《한한대사전(漢韓大辭典)》을 주로 참조하였다.

12. 대명률 조문에 대한 참조 주석은 책 권수, 조문 번호, 조문명으로 처리하였다. (예 : ① 93 別籍異財)

13. 독자의 편의를 위해 부록으로《대명률집해부례(大明律集解附例)》에 있는 육장도(六臟圖), 오복에 관한 도해, 복제,《대명률》의 서문과 본 역주팀에서 작성한 〈명률 조문별 일련번호〉, 〈명률과 당률의 비교〉, 〈대명률직해 판본 목록〉, 〈보충 해설 목록〉을 실었다.

15. 이 책에서 사용한 부호는 다음과 같다.

( ) : 번역어의 원어를 묶는다.

〔 〕: 번역문의 원문을 묶는다.

" " : 인용문을 묶는다.

' ' : " " 안의 재인용 또는 강조 부분을 묶는다.

「 」: ' ' 안의 재인용을 묶는다.

《 》: 책명 및 각주의 전거를 묶는다.

〈 〉: 책의 편명 및 작품의 제목을 묶는다.

…… : 각주 표제어와 각주 인용 원문에서 생략되는 말을 표시한다.

\- : 조문 번호에서 조문의 내용을 구분한 항을 표시한다. (예 : 123-1)

○ : 율문과 직해문의 항 구분을 표시한다.

(○) : 율문은 항을 나누었으나 직해문은 항을 나누지 않은 경우를 표시한다.

\- - : 율주의 시작과 끝을 표시한다.

【 】: 각주에서 인용한 원문의 소주(小註)를 표시한다.

{ } : 각주에서 인용한 원문에 오류가 있을 경우 바로잡아야 할 글자와 보충한 내용을 묶어 표시한다. (예 : 而依仍{仍依}原定者)

爲旀 : 이두(吏讀)를 나타내는 데 쓴다.

## 인용 문헌 약어표

| 서명 | 인용 문헌 약어 | |
|---|---|---|
| | 약칭 | 표기 |
| 《譯註 唐律疏議》 | 《당률》 | 《당률 ○조 조문명》 |
| 《律解辨疑》 | 《변의》 | 《변의 ○쪽》 |
| 《律條疏議》 | 《소의》 | 《소의(상)/(하) ○쪽》 |
| 《大明律講解》 | 《강해》 | 《강해 ○쪽》 |
| 《大明律釋義》 | 《석의》 | 《석의 권○ ○장》 |
| 《讀律瑣言》 | 《쇄언》 | 《쇄언 ○쪽》 |
| 《大明律附例》 | 《부례》 | 《부례(상)/(하) ○쪽》 |
| 《大明律附例注解》 | 《주해》 | 《주해 ○쪽》 |
| 《大明律集說附例》 | 《집설》 | 《집설 권○ ○장》 |
| 《大明律集解附例》 | 《집해》 | 《집해 ○쪽》 |
| 《大明律附例箋釋》 | 《전석》 | 《전석 권○ ○장》 |
| 《大明律例諺解》 | 《언해》 | 《언해 권○ ○장》 |
| 《大明律例譯義》 | 《역의》 | 《역의 ○쪽》 |
| 《律例對照定本明律國字解》 | 《국자해》 | 《국자해 ○쪽》 |
| 《大明律直引》 | 《직인》 | 《직인 ○쪽》 |
| 《唐明律合編》 | 《합편》 | 《합편 ○쪽》 |
| 《大明會典》 | 《회전》 | 《회전 권○ 조문명》 |
| 《六部成語註解》 | 《육부》 | 《육부 ○쪽》 |
| 《大淸律例》 | 《청률》 | 《청률 조문명》 |
| 《大淸律輯註(上)(下)》 | 《집주》 | 《집주(상)/(하) ○쪽》 |
| 《大淸律例彙輯便覽》 | 《휘집》 | 《휘집 권○ ○장》 |
| 《增輯訓點淸律彙纂》 | 《휘찬》 | 《휘찬 권○ ○쪽》 |
| 《讀例存疑重刊本》 | 《존의》 | 《존의 조문명》 |
| 《The Great Ming Code》 | 《GMC》 | 《GMC ○쪽》 |
| 《The Great Qing Code》 | 《GQC》 | 《GQC ○쪽》 |
| 《吏文輯覽》 | 《이문》 | 《이문 문서 번호》 |
| 《唐令拾遺》 | 《습유》 | 《습유 ○쪽》 |
| 《譯註 日本律令5・6・7・8》 | 《율연》 | 《율연○ ○쪽》 |

## 인용 문헌 약어표 서지 사항

- 《唐律疏議》:〔唐〕長孫無忌 撰, 653,《譯註 唐律疏議》名例編・各則(上)・各則(下), 金鐸敏・任大熙 主編, 한국법제연구원, 1994・1997・1998.
- 《律解辨疑》:〔明〕何廣 撰, 1386, 楊一凡・田濤 主編, 中國珍稀法律典籍續編 第4冊, 黑龍江人民出版社, 2002.
- 《律條疏議》:〔明〕張楷 撰, 1467, 楊一凡 整理, 中國律學文獻 第1輯 第2冊・第3冊, 黑龍江人民出版社, 2004.
- 《大明律講解》: 未詳, 15세기 중엽, 서울대학교 규장각한국학연구원 영인, 2001.
- 《大明律釋義》:〔明〕應檟 撰, 1543(嘉靖28年 刻本), 楊一凡 整理, 中國律學文獻 第2輯, 藏日本尊經閣文庫, 黑龍江人民出版社, 2005.
- 《讀律瑣言》:〔明〕雷夢麟 撰, 1557, 懷效鋒・李俊 點校, 中國律學叢刊, 法律出版社, 2000.
- 《大明律附例》:〔明〕舒化 撰, 未詳(1585 이후), 서울대학교 규장각한국학연구원 영인, 2001.
- 《大明律附例注解》:〔明〕姚思仁 撰, 1585, 北京大學校出版社, 1993.
- 《大明律集說附例》:〔明〕馮孜 撰, 劉大文 輯, 1591, 東京大學校 東洋文化研究所 所藏.
- 《大明律集解附例》:〔明〕衷貞吉・高擧 等撰, 1597, 臺灣學生書局, 明代史籍彙刊 第2輯 所收, 中華民國 75年 再版.
- 《大明律附例箋釋》:〔明〕王樵 私箋, 王肯堂 集釋, 1612, 東京大學校 東洋文化研究所 所藏.
- 《大明律例諺解》: 榊原篁洲, 1694, 日本 國立國會圖書館 デジタルコレクション.
- 《大明律例譯義》: 高瀬喜樸, 1720, 小林宏・高鹽博 共編, 創文社, 1989.
- 《律例對照定本明律國字解》: 荻生徂徠 外 2人, 未詳(1720 이후), 創文社, 1966.
- 《大明律直引》:〔明〕未詳, 1526(嘉靖5年 刊本), 楊一凡 整理, 中國律學文獻 第1輯 第1冊, 黑龍江人民出版社, 2004.
- 《唐明律合編》: 薛允升 輯, 1901, 懷效鋒・李鳴 點校, 中國律學叢刊, 法律出版社, 1999.
- 《大明會典》:〔明〕李東陽 等纂, 1587(萬曆15) 重修.
- 《六部成語註解》: 未詳, 淸朝末葉, 內藤乾吉 校, 大安出版社, 1962.

- 《大淸律輯註(上)(下)》:〔淸〕沈之奇 註, 1715, 懷效鋒・李俊 點校, 中國律學叢刊, 法律出版社, 2000.
- 《大淸律例》:〔淸〕未詳, 1740, 田濤・鄭秦 點校,《中華傳世法典:大淸律例》, 法律出版社, 1999.
- 《大淸律例彙輯便覽》:傳善成堂, 1872, 日本 國立國會圖書館 デジタルコレクション.
- 《增輯訓點淸律彙纂》:沈書城, 1874, 日本 國立國會圖書館 デジタルコレクション.
- 《讀例存疑重刊本》:薛允升 元著(1905), 黃靜嘉 點校(1911), 中文硏究資料中心硏究資料叢書, 成文出版社, 1970(民國59).
- 《The Great Ming Code》:translated by JIANG YONGLIN, University of Washington Press, 2005.
- 《The Great Qing Code》:translated by William C. Jones, Cheng Tianguan, Jiang Yonglin, Clarendon Press, 1994.
- 《吏文輯覽》:박재연 교주, 선문대학교 중한번역연구소, 2001.
- 《唐令拾遺》:仁井田陞, 東方文化學院, 1933.
- 《譯註 日本律令5・6・7・8》:律令硏究會 編, 東京堂出版, 1979~1996.

## 차례



## 제1권 명례율 名例律

## 제2권 이율 吏律

### 직제 職制

## 제3권 이율 吏律

### 공식 公式

# 대명률을 이두로 번역하다

장경준 | 고려대학교 국어국문학과 교수 · 한상권 | 덕성여자대학교 사학과 교수

## 1. 대명률직해의 서지와 번역 양상

### 1) 서명과 저자[1]

조선은 건국 초기부터 법치주의를 표방하고 법전 정비에 힘을 쏟았다. 명의 대명률(大明律)을 이두(吏讀)로 번역하여 1395년(태조4) 간행하였고, 한편으로 고려의 법령을 바탕으로 새로운 법전을 편찬하여 1397년 《경제육전(經濟六典)》을 공포하였다. 대명률의 이두 번역은 조선에서 형사 사건의 처리에 대명률을 적용하기로 한 정책과 깊은 관련이 있다. 법을 적용하고 집행할 실무자에게 대명률의 난해한 내용을 이해시킬 필요가 있었고, 이에 부응하기 위해 당시 관리들이 일상적으로 사용하던 이두로 번역서를 만들었던 것이다. 이것을 '대명률직해(大明律直解)'라 부른다.

대명률직해는 대명률을 이두로 번역한 텍스트를 가리키기도 하고 그 텍스트가 포함된 책을 가리키기도 한다. 그러나 책 이름으로서의 대명률직해는 그 근거가 확실한 것은 아니다. 한문으로 된 대명률은 물론 이름이 '대명률(大明律)'이지만, 여기에다 조선에서 이두로 번역한 직해문(直解文)을 덧붙인 책도 대부분 '대명률'로 되어 있기 때문이다.[2] '대명률직해'라는 이름은 《조선도서해제(朝鮮圖書解題)》 증보판(1919)에 최초로 나타난다. 이후

1 주로 안병희(2003)와 《한국민족문화대백과사전》을 참조하고 인용하였다.

2 20세기 이전 자료에서 직해문이 포함된 책을 가리키는 이름에 '대명률' 이외의 글자가 들어간 사례는 어숙권(魚叔權)이 편찬한 《고사촬요(故事撮要)》의 책판 목록과 《패관잡기(稗官雜記)》에 나오는 '직해대명률(直解大明律)'이라는 기록, 일본 봉좌문고(蓬左文庫) 소장본의 표제가 '직해대명률(直解大明律)'로 되어 있는 것, 저자 미상의 필사본 《책판치부책(冊板置簿冊)》에 나오는 '이도대명률(吏道大明律)'이라는 기록이 전부이다.

조선총독부의 고법전 정리 사업에서 대명률직해를 조사·연구한 결과물로 만든 교정본을 '교정 대명률직해(校訂大明律直解)'(1936)라 하면서 '대명률직해'라는 이름이 일반화되었다.[3]

이 책의 발문에 따르면 대명률의 번역은 정승 조준(趙浚)의 명을 받아 고사경(高士褧)과 김지(金祗)가 '자세히 궁구하기를 거듭하며 자구(字句)에 따라 직해〔詳究反復 逐字直解〕'하고, 그 뒤에 정도전(鄭道傳)과 당성(唐誠)이 윤색하여 완성하였다.

번역자 고사경(?~?)은 본관은 제주(濟州)이고, 아버지는 판도 판서(版圖判書) 고영(高瑛)이다. 고려 우왕 때 지인 상서(知印尙書)를 지내고 조선 개국 후 보문각 직학사(寶文閣直學士), 동지중추부사(同知中樞府事) 등을 역임하였다. 김지(?~?)는 사료에 기록이 거의 없다. 다만, 《등과록전편(登科錄前編)》에 본관은 영광(靈光)이고, 아버지는 김사순(金思順)이며 1362년(공민왕11)에 문과에 급제하고 당후관(堂後官)을 지낸 '김지'가 나오는데, 과거 급제 시기로 보아 대명률을 번역한 김지로 추정된다.

윤색자 정도전(1342~1398)은 《조선경국전(朝鮮經國典)》 〈헌전(憲典)〉 총서(總序)에서 "임금께서 유사에 명하여 대명률을 방언(方言)으로 번역해서 대중으로 하여금 쉽게 깨우치게 하고 무릇 처단과 판결에 모두 이 율(律)을 사용하였다.〔爰命攸司 將大明律譯以方言 使衆易曉 凡所斷決皆用此律〕"라고 하였는데, 방언으로 번역한 대명률은 바로 대명률직해를 가리킨다.

당성(1337~1413)은 중국 절강성(浙江省) 명주(明州) 출신 귀화인으로 밀양 당씨(密陽唐氏)의 시조이다. 원나라 말기에 전란을 피하여 고려에 귀화하여 정동행성 연사(征東行省椽史)가 되었고, 조선에서는 개국 원종공신

3 권두 서명이 기록에 등장하는 '직해대명률(直解大明律)'이나 '이도대명률(吏道大明律)'인 책이 지금까지 발견된 적이 없고, 조선에서 유통된 대명률 관련 서적이 주로 《대명률강해(大明律講解)》, 《대명률부례(大明律附例)》 등 '대명률'을 앞세운 것이 많으며, 현재 '대명률직해'라는 이름이 학계에서 통용되고 있는 점을 고려하여 이 글에서도 '대명률직해'라 부르기로 한다. 또한 대명률과 대명률직해의 경우 편의상 책 이름을 뜻하는 부호《 》를 생략하기로 한다.

(開國原從功臣)에 책록되고 예조・형조・공조의 전서(典書)를 역임하였다. 율문(律文)과 사대 문서(事大文書)에 능하여 고려 말과 조선 초의 형정(刑政)과 외교에 많은 공헌을 하였다.

2) 판본의 계통[4]

대명률직해 발문(跋文)에 따르면 원간본은 배주 지사 서찬(徐贊)이 만든 목활자로 1395년 서적원(書籍院)에서 인출하였다.[5] 그러나 이 원간본은 실물이 전하지 않아 상세한 내용은 알 수 없고, 다만 대명률이 최종 반포된 1397년(홍무30) 이전의 것을 저본으로 하여 번역한 점과 이 저본은 458조 또는 456조로 구성되었을 것으로 추정할 수 있다.[6]

원간본 간행 이후 태종과 세종 연간에 다시 대명률을 번역하고, 번역과 풀이의 잘못을 개정(改正)한 기록이 보인다. 그러나 이때 구체적으로 어떻게 번역 및 개정이 이루어졌는지도 실물이 전하지 않아 알기 어렵다. 다만 현전하는 대명률직해의 도류천사지방조(徒流遷徙地方條)에 '양광도(楊廣道), 서해도(西海道), 교주강릉도(交州江陵道)'라는 지명이 나오는데, 이는 원간본의 내용을 수정하지 않고 답습한 것으로서, 이러한 사례들을 통해 태종 및 세종조에 이루어진 대명률의 번역이나 개정이 원간본을 바탕으로

4 주로 장경준・진윤정(2014)을 참조하고 인용하였다.

5 원문은 "功旣告訖 付書籍院 以白州知事徐贊所造刻字 印出無慮百餘本 而試頒行……時洪武乙亥二月初吉"이라 되어 있다. 서지학계에서는 이 기록을 근거로 '서적원자(書籍院字)' 또는 '서찬자(徐贊字)'라 부르는 활자가 있었을 것으로 추정하는데, 이 활자로 인쇄한 책은 현재 남아 있는 것이 없다. 한편 어숙권의 《고사촬요》 권4에는 "洪武乙亥 鄭道傳等……名曰直解大明律 令書局 印出凡三百八十八件"이라 하여 인출한 부수에 차이를 보인다. 만약 두 기록이 모두 사실이라면, 처음에 목활자로 100여 부를 찍어 시험적으로 배포한 다음 수정을 거쳐 388부를 추가로 찍어 배포하였을 가능성도 있다.

6 최종 반포된 대명률은 모두 460조인데 현전하는 대명률직해는 본문이 모두 458조로 되어 있고 총목(總目)에는 456조라고 표시되어 있다. 임진왜란 이후 간행된 대명률직해(진주판, 낙안판, 평양판 계통)에는 이전 판본에 없던 현대관방패면조(懸帶關防牌面條)와 이전대사초초조(吏典代寫招草條)가 들어가 있으나 이것은 다른 대명률 서적을 참고하여 직해문 없이 원문만 보충해 넣은 것이다.

하였으되 완전하지 않았음을 짐작할 수 있다.

현재 전하는 대명률직해는 모두 16세기 이후의 중간본으로서 30여 가지가 알려져 있다. 이들은 먼저 율문의 내용이 '동일한 시기의 대명률을 반영하는가'를 기준으로 크게 두 가지 계통으로 분류할 수 있다.

첫째는 일본 고마자와대학(駒澤大學)과 봉좌문고(蓬左文庫)에 전하는 것(가칭 세종판)으로서 다른 판본에 비해 더 이른 시기의 대명률을 반영한다. 둘째는 위의 두 책을 제외한 나머지 모두가 해당된다. 세종판에 비해 율문의 내용이 달라진 부분이 있으며, 이것은 오류가 아니면 명(明)에서 서로 다른 시기에 반포한 대명률을 저본으로 하였기 때문에 나타난 현상으로 볼 수 있다.

다음으로 현전하는 대명률직해는 책의 물리적인 형태가 '같은 목판으로 인출하였는가'를 기준으로 여섯 가지 계통으로 분류할 수 있다.

첫째, 세종판은 세종 대에 수정한 대명률직해를 저본으로 하여 16세기에 중간한 것으로 추정된다. 나머지 계통과 율문 내용이 다른 곳이 있고, 권차(卷次)에 따라 판식(版式)이 일정하지 않아 형태상으로도 큰 차이가 있다. 이후에 제작된 판본들은 행관(行款)이 10행 20자로 일정한 반면, 세종판은 권차에 따라 행자수(行字數)가 다르다. 제1책(권1~3)은 1행 24자, 제2책(권4~14)은 1행 20자, 제3책(권15~22)은 1행 21자, 제4책(권23~30)은 1행 24자로 되어 있다. 단, 권25의 첫 조인 범간(犯姦)은 예외적으로 1행 25자이다. 목록에서는 세 번째 목록의 판심제(版心題)가 '율목록십오(律目錄十五)'로 되어 있고, 네 번째 목록의 제1장 상흑구(上黑口)에 '이십삼(二十三)'이 새겨져 있다. 이는 제3책과 제4책의 시작이 각각 권15와 권23임을 표시한 것이다. 또한 권1의 도류천사지방조(徒流遷徙地方條)와 권18의 친속상도조(親屬相盜條)의 조문명(條文名)이 온전히 음각으로 새겨져 있는 점, '원(元), 지(之), 근(斤), 요(了)' 등 각수(刻手) 이름이 여럿 발견되는 점 등도 이후 간행된 판본들과 차이를 보인다.

둘째, 공주판은 세종판을 크게 수정하여 1546년(명종1) 공주에서 중간한 것으로 추정된다. 판식이 일정하며 이후 간행된 판본들의 모본(母本)이

되었다. 고려대 만송문고와 일본 국립공문서관(國立公文書館) 내각문고(內閣文庫)에 전한다. 내각문고본이 30권 4책으로, 만송문고본이 30권 5책으로 묶인 점과 만송문고본은 목록의 일부와 발문이 결락되어 있는 점, 내각문고본에는 훈점(訓點) 및 구결(口訣)이 기입되어 있는 점을 제외하면 두 책은 거의 차이가 없다. 간행지를 표시한 간기(刊記)나 각수 이름이 없어 공주판으로 추정할 직접적인 근거는 찾기 어렵지만, 현전하는 대명률직해 가운데 《패관잡기》 권4에 나오는 "가정 병오년(1546) 참의 원혼(元混)이 호서 관찰사로 있으면서 이것을 보고 기뻐하여 마침내 공주에서 판에 새기게 하였다.〔嘉靖丙午 元參議混 觀察湖西 見而嘉之 遂入梓於公州〕"라는 기록에 부합하는 판본이 내각문고본과 만송문고본이라고 판단된다.[7]

셋째, 광주판은 16세기 후반 광주·나주 지역에서 공주판을 번각(飜刻)한 것으로 판각 과정에서 많은 오류가 생겼다. 계명대, 서울대 규장각한국학연구원, 연세대, 통문관 등에 전한다. 광주판은 판심의 흑구에 '광주태화(光州太華), 광주태화간(光州太華刊), 광주(光州), 나주(㐴州)' 등의 지명이 새겨져 있어 어느 지역에서 간행되었는지를 알 수 있다. 이 계통의 책은 공통적으로 권12에서 장차(張次) 표시에 오류가 발견되며, 특히 규장각본(奎)·연세대본·통문관본은 제5, 6장의 내용이 통째로 빠져 있다. 규장각본(古)과 일사문고본은 권10에서 광곽(匡郭)의 크기와 서체, 동그라미의 모양(▲)이 다르고 각수 이름도 나타나지 않는데, 이는 보판(補板)이 사용되었기 때문이다.

넷째, 진주판은 17세기 후반 진주에서 광주판을 번각한 것이다. 권12의 일부가 《대명률강해》로 대체되고 권13에 현대관방패면조(懸帶關防牌面條)가 추가되었다. 고려대 만송문고, 경상대 문천각, 대구가톨릭대 등에 전한

7 판식, 지질 등을 감안하면 현재 전하는 판본 중에 1546년에 간행되었을 가능성이 있는 다른 책은 세종판으로 분류한 봉좌문고본과 고마자와대학본을 들 수 있다. 그런데 세종판은 각 책의 목록과 판식이 독자적으로 되어 있어 네 곳 혹은 세 곳에서 나누어 판각하였을 가능성이 높으므로 이 기록에 나오는 공주간본일 가능성이 상대적으로 낮다.

다. 이들을 한 계통으로 묶는 결정적인 근거는 판식의 특징에 있다. 기본적으로 백구본(白口本)이지만 흑구가 간혹 섞여 나타나는데 흑구가 나타나는 부분이 동일하고, 그 밖에 판심제나 장차에서 발견되는 특징도 완전히 일치한다. 경상대본과 대구가톨릭대 일반 고서에는 목록3의 제3장 상흑구에 '진주상(晉州上)'이 새겨져 있다. '진주상'의 '상'은 소장처를 의미하므로 진주에서 이 목판을 새겨 소장하고 있던 것임을 알 수 있다. 그리고 만송문고본 제2책 앞표지의 배접지(褙接紙)로 사용된 문서에 1680년(강희19)의 기록이 있어 인출 시기가 1680년(숙종6) 무렵임을 추정할 수 있다.

다섯째, 낙안판은 17세기 후반 전주에서 새겨 낙안, 지금의 순천에서 인출한 것으로 보인다. 진주판의 오류가 일부 수정되었으나 새로운 오류도 많이 생겼고, 일부는 권28에 이전대사초초조(吏典代寫招草條)가 새로 추가되었다. 고려대, 경북대, 계명대, 대구가톨릭대, 한국학중앙연구원 장서각, 일본 국립국회도서관(國立國會圖書館), 대마역사민속자료관(對馬歷史民俗資料館) 종가문고(宗家文庫) 등에 전한다. 이들 가운데 계명대본, 고려대본, 종가문고본은 총목(總目) 오른쪽 변란(邊欄) 바깥에 '낙안상(樂安上)'이 새겨져 있어 목판이 낙안에서 소장하고 있던 것임을 알 수 있다. 그런데 낙안판은 본래 전주 지역에서 1668년(강희7) 무렵에 처음 새겼던 것으로 보인다. 초쇄본으로 보이는 대구가톨릭대 석전문고본의 표지 배접지에 '강희칠년(康熙七年)'과 함께 '전주(全州), 경기전(慶基殿), 금구(金溝), 태인(泰仁), 부안(扶安)' 등의 지명이 기록되어 있기 때문이다. 전주에 있던 목판을 낙안으로 옮긴 뒤 총목을 새로 새기면서 변란 바깥에 '낙안상'이라는 글자를 새겨 넣은 것으로 추정된다.

낙안판의 책들은 범죄사발재도조(犯罪事發在逃條)와 위조보초조(僞造寶鈔條)의 조문명에 나타나는 특징이 동일하고, 유일하게 나타나는 각수 이름도 일치한다. 기본적으로 권12의 장5, 6에 해당하는 내용이 《대명률강해》로 대체되어 있는데, 석전문고본과 경북대본은 각각 광주판 계통의 내용이 한 장씩 잘못 들어가 있다. 고려대본과 석전문고본은 이전대사초초조가 추가되어 있지 않고 나머지 책은 이 조가 추가되어 있는데, 종가문고본은 추가된 장 뒤에 추가되지 않은 장이 연달아 나와 제19장이 중복되어 있다.

여섯째, 평양판은 1686년(숙종12) 평양에서 간행한 것으로 현대관방패면조와 이전대사초초조가 추가된 낙안판과 같은 형식이다. 다른 계통에 비해 내용상의 오류가 가장 많다. 고려대 만송문고, 서강대, 서울대 규장각한국학연구원, 충남대 등에 전한다. 각 책의 마지막 권 말미에 "병인년 10월 아무 날 평안 감영에서 간행하였다.〔丙寅十月 日平安監營開刊〕"라는 간기가 있다. 서강대본과 규장각본은 각각 '강희 26년'(1687), '건륭 51년'(1786)의 내사기(內賜記)가 있어 간기의 '병인년'은 1686년임이 분명하다. 평양판의 책들은 '공(公), 인(仁), 박(朴), 산(山)' 등의 각수 이름과 권21 〈매리(罵詈)〉 편의 매목(埋木)한 부분이 공통적으로 발견되는 등의 특징이 있다.

이상 기술한 대명률직해 판본의 여섯 가지 계통을 쉽게 구분할 수 있는 형태상의 차이를 간략히 정리하면 다음 표와 같다.

대명률직해 판본의 계통별 특징

<table>
<tr><th colspan="3">판본 이름 / 구분</th><th>세종판</th><th>공주판</th><th>광주판</th><th>진주판</th><th>낙안판</th><th>평양판</th></tr>
<tr><td colspan="3">행관</td><td>일정치 않음</td><td colspan="5">10행 20자로 일정함</td></tr>
<tr><td colspan="3">판식</td><td colspan="3">흑구</td><td>백구·흑구</td><td colspan="2">백구</td></tr>
<tr><td colspan="3">권12의 장5, 6 내용</td><td colspan="3">율문과 직해문</td><td colspan="3">《대명률강해》로 대체됨</td></tr>
<tr><td colspan="3">총목 〈혼인〉의 조 개수</td><td colspan="4">계십팔조(計十八條)</td><td colspan="2">계십사조(計十四條)</td></tr>
<tr><td colspan="3">사조곡두칭척조의 조문명</td><td colspan="4">사조곡두칭척(私造斛斗秤尺)</td><td colspan="2">사조곡두서척(私造斛斗徐尺)</td></tr>
<tr><td rowspan="4">조항 추가 여부</td><td rowspan="2">권13</td><td>목록</td><td colspan="4">추가되지 않음</td><td colspan="2">현대관방패면조 추가됨</td></tr>
<tr><td>본문</td><td colspan="3">추가되지 않음</td><td colspan="3">현대관방패면조 추가됨</td></tr>
<tr><td rowspan="2">권28</td><td>목록</td><td colspan="6">추가되지 않음</td></tr>
<tr><td>본문</td><td colspan="4">추가되지 않음</td><td colspan="2">이전대사초초조 추가됨 (낙안판 중에는 추가되지 않은 이본도 있음)</td></tr>
</table>

3) 텍스트의 구성과 성격[8]

대명률직해의 텍스트는 한문으로 작성된 원문과 그것을 이두로 번역한 직해문으로 대별된다. 원문은 큰 글자로 새기고 직해문은 작은 글자로 새겨 구분하였다. 그리고 원문은 내용상 본문에 해당하는 율문(律文)과 주석에 해당하는 율주(律註)로 나뉘는데, 율문 사이에 율주가 나오면 줄을 바꾸고 한 자를 내려써서 구분하였다.

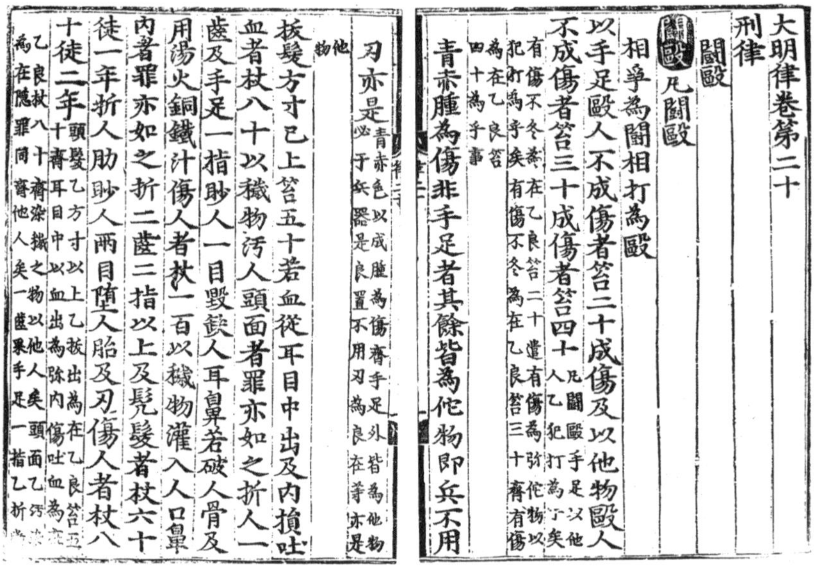

大明律卷第二十
刑律
鬪毆
鬪毆 凡鬪毆
相爭爲鬪相打爲毆
以手足毆人不成傷者笞二十成傷及以他物毆人
不成傷者笞三十成傷者笞四十 凡鬪毆手足以他 人乙犯打爲丁矣他 有傷不冬爲在乙良笞二十遣有傷爲弥佗物以 犯打爲乎矣有傷不冬爲在乙良笞三十齊有傷 爲在乙良笞 四十爲乎事
青赤腫爲傷非手足者其餘皆爲他物即兵不用
刃亦是 青赤色以成腫爲傷齊手足外皆爲他物 必于兵器是良置不用刃爲良在等亦是
他物
拔髮方寸已上笞五十若血從耳目中出及內損吐
血者杖八十以穢物汚人頭面者罪亦如之折人一
齒及手足一指眇人一目毀缺人耳鼻若破人骨及
用湯火銅鐵汁傷人者杖一百以穢物灌入人口鼻
內者罪亦如之折二齒二指以上及髡髮者杖六十
徒一年折人肋眇人兩目墮人胎及刃傷人者杖八
十徒二年 頭髮乙方寸以上乙拔出爲在乙良笞五 十齊耳目中以血出爲弥內傷吐血爲在 乙良杖八十齊染穢之物以他人矣頭面乙汚 爲在隱罪同齊他人矣一齒果手足一指乙折

〈그림 1〉 대명률직해 권20의 시작 부분(공주판, 고려대 만송문고 소장본)

〈그림 1〉은 대명률직해 권20의 첫 장이다. 〈형률(刑律) 투구(鬪毆)〉 첫 조인 투구의 조문명이 음각으로 표시되어 있고, 바로 이어서 '범투구(凡鬪毆)'로 시작하는 율문이 나오는데 투구라는 단어를 설명한 율주 '상쟁위투상타위구(相爭爲鬪相打爲毆)'가 율문 사이에 배치되어 있다. 그리고 율문

8 주로 장경준(2014, 2017)을 참조하고 인용하였다.

과 율주를 번역한 직해문이 작은 글자로 사이사이에 들어가 있다.

원문에다 직해문을 붙이는 단위는 대체로 내용상 하나의 의미 단락으로 나눌 만한 곳이다. 율주가 율문의 내용을 보완하는 독자적인 내용을 담고 있으면 직해문을 붙이지만 그렇지 않은 경우는 율문과 묶어서 직해문을 붙였다.[9] 그리고 내용이 크게 전환되는 곳에는 약호(略號)로 '○'를 사용하였는데, 원문과 직해문에서 '○'의 위치가 다른 부분도 있다.[10]

원문의 내용은 판본에 따라 차이를 보이는데, 세종판이 공주판 이후의 판본들보다 더 오래된 대명률을 반영한다. 예를 들어 조현유난조(朝見留難條)에서는 조현을 담당하는 관원이 세종판에 '시의관(侍儀官)'이라 되어 있던 것이 공주판에서 '의례사관(儀禮司官)'으로 바뀌었다. 현존하는 대명률 서적 가운데 이 부분이 시의관인 것은 대명률직해 세종판이 유일하다. 세종판의 시의관은 명에서 의례사(儀禮司)가 설치되기 이전에 조현을 담당하는 관원을 시의관이라 하였음을 입증하는 것이며, 시기상으로는 1376년(홍무9) 이전의 대명률에 나올 수 있는 내용이다.[11]

또한 처첩여부친속상구조(妻妾與夫親屬相毆條)는 세종판에서 "若弟妹毆兄之妻 及妻毆夫之兄姊 各加凡人一等"이라 되어 있던 부분이 공주판부터 '及妻毆夫之兄姊各'의 8자가 보이지 않는다. 그리고 이 8자는 대명률의 변개 과정에서 삭제되기 이전의 모습을 보여 주는 것으로서 앞의 시의관의 사례

9 〈그림 1〉에서 율주 가운데 단순한 단어 설명인 "서로 말로 다투는 것이 투이며, 서로 때리는 것이 구이다.〔相爭爲鬪 相打爲毆〕"는 별도의 직해문을 붙이지 않은 반면 '상(傷)'과 '타물(他物)'의 범위에 대해 구체적으로 보충 설명한 "피부가 푸르거나 붉거나 부어오르면 상해가 된다. 손이나 발이 아니면 그 나머지는 모두 '다른 물건'이다. 비록 병기라도 날을 쓰지 않으면 또한 이에 해당한다.〔靑赤腫爲傷 非手足者 其餘皆爲他物 卽兵不用刃亦是〕"에는 직해문을 붙인 것을 볼 수 있다.

10 원문과 직해문에서 '○'의 위치가 다른 경우 번역자가 직해문을 작성하면서 내용 구분을 달리한 사례와 편집상의 단순한 오류가 혼재한다.

11 《대명회전(大明會典)》 권219에 "국초에 시의사를 설치하여 종6품 아문으로 하였다.……홍무 9년에 전정의례사로 고쳤다.〔國初 置侍儀司 爲從六品衙門……洪武九年 改爲殿庭儀禮司〕"라는 기록을 통해 '의례사관(儀禮司官)'은 조현을 담당하는 의례사가 설치된 1376년(홍무9) 이후에야 사용한 용어임을 알 수 있다.

와 마찬가지로 모든 대명률 서적 가운데 대명률직해 세종판에 유일하게 나타난다.

이처럼 대명률직해, 특히 세종판의 원문에는 1397년(홍무30)에 대명률이 확정되기 이전의 모습을 보여 주는 내용이 많아 대명률의 변화 과정을 추정할 수 있는 중요한 단서를 제공해 준다. 특히 명에서는 대명률을 최종 확정하고 나서 그 이전에 반포한 책들을 모두 없앴기 때문에 현재 남아 있는 대명률 서적이 거의 예외없이 1397년에 반포한 동일한 텍스트로 되어 있다는 점에서 대명률직해의 원문은 더할 나위 없이 귀중한 텍스트이다.[12]

한편 원문을 이두로 번역한 직해문은 판본의 계통에 따른 차이가 원문만큼 크지 않다. 대체로 원간본이나 태종과 세종 대에 개정된 내용이 그대로 남아 있는 것으로 보인다. 하지만 판본이 바뀌면서 바뀐 원문에 맞추어 번역을 수정하거나, 이전 판본의 오류를 바로잡거나, 표현을 달리하거나, 단락 표시 기능을 하는 '○'를 추가하거나 없애는 등의 변화를 준 사례도 찾을 수 있다. 대명률직해의 직해문은 방대한 분량의 대명률을 우리말로 번역한 결과물로서 당시 조선의 관리들이 일상적으로 사용한 이두 문장을 보여 주는 귀중한 자료이다.

#### 4) 번역의 양상[13]

대명률직해의 번역은 원문의 표현을 조선의 일상적인 표현으로 대체하고, 조선의 실정과 맞지 않는 부분은 내용을 변경하거나 첨삭하는 등 조선의 실무자가 바로 이해하고 적용할 수 있도록 배려한 것이 큰 특징이다. 번역의 양상을 몇 가지 유형으로 나누어 소개하면 다음과 같다.[14]

12 현재 1397년(홍무30) 이전의 대명률을 반영하는 것으로 알려진 책은 대명률직해 외에 《대명률강해(大明律講解)》와 《율해변의(律解辯疑)》뿐이며, 이 중에서도 대명률직해가 가장 오래된 대명률의 모습을 보인다.

13 주로 장경준(2016)을 참조하고 인용하였다.

14 직해문에서 이두는 해당 글자 위에 ◦로 표시하였다.

첫째, 원문의 표현을 유지한 채 어순을 한국어에 맞게 조정하고, 조사·어미·접사 등의 문법 요소를 추가한 유형이다. 원문의 표현이 덩어리째로 직해문에 반영되는 경우가 많다.

① 원문 : 有大德行之賢人君子 其言行可以爲法則者(3조 팔의(八議))
큰 덕행이 있는 현인군자로서 그 언행이 본보기가 될 만한 사람을 이른다.
직해문 : 有大德行爲在 賢人君子矣 所言所行亦 可以爲一國法則者
큰 덕행이 있는 현인군자로서 말하는 바, 행하는 바가 한 나라의 본보기가 될 만한 사람이다.

② 원문 : 打人頭傷 不因頭瘡得風 別因他病而死者(326조 보고한기(保辜限期))
타인의 머리를 때려 상해하였는데 머리에 난 상처로 풍을 얻은 것이 아니라 별도의 다른 병으로 인하여 죽으면
직해문 : 他人頭乙 打傷後 頭瘡乙 因 風得病爲乎所不喩 他病乙 因爲 身故爲在亦中
다른 사람의 머리를 때려서 상해한 후 머리의 상처로 인하여 풍을 얻어 병든 것이 아니고 다른 병으로 인하여 죽은 경우에

①은 원문의 '큰 덕행이 있는〔有大德行〕'에다 '爲-'를 붙여 '유대덕행하(有大德行爲)'라는 한 단위의 형용사로 번역하였다. ②에서는 원문의 '머리에 난 상처로 풍을 얻은 것이 아니라〔不因頭瘡得風〕'에 대해 문장 성분을 한국어 어순으로 재배열하고 간단히 토(吐)를 달아 놓았다. 이런 유형의 직해문은 원문의 내용을 그대로 전달한다는 점에서는 문제가 없지만, 번역한 결과만 놓고 보면 자연스러운 한국어 표기라기보다 한문을 한국어화하는 데 급급한 문장이라고 할 수 있다.

둘째, 원문의 어휘를 조선의 일상적인 표현으로 대체하고, 압축된 문장을 이해하기 쉽게 풀거나 장황하게 서술된 부분을 간략히 줄여서 번역한

유형이다. 한문 원문과 다른 조선의 전통적인 표현을 사용하고, 필요에 따라 표현을 보충하거나 줄이거나 대체한 경우도 많다.

③ 원문 : 其遣人代首 若於法得相容隱者爲首(24조 범죄자수(犯罪自首))
타인을 보내 대신 자수하게 하거나, 법에서 서로 용은(容隱)할 수 있는 자가 자수하거나
직해문 : 他人乙用良 代告令是旀 於法良中 互相隱匿爲良音可 人亦 自告爲旀
다른 사람으로 하여금 대신 자수하게 하거나, 법에 서로 숨겨 줄 수 있는 사람이 자수하거나

③에서는 원문의 '遣人'을 '他人乙用良 代告令是旀'로 대체하였고, '자수'를 뜻하는 '首'도 '自告' 또는 '告'로 바꾸어 표현하였다. 그리고 '相容隱者'를 '互相隱匿爲良音可 人'으로 옮겨 '서로 숨겨 줄 수 있는 관계'를 나타내는 '용은(容隱)'이라는 전문 용어를 일상적인 표현으로 쉽게 풀어서 번역하였다.

④ 원문 : 同僚犯公罪 失於入者(11조 범죄득누감(犯罪得累減))
동료가 공죄를 범하였는데 과실로 죄를 무겁게 하였으면
직해문 : 同僚官亦 公罪乙 犯爲有去乙 所犯詳審不冬 重亦 得罪爲只爲 遲錯亦 使內在乙良
동료 관원이 공죄를 범하였는데, 범한 내용을 자세히 살피지 않아 무겁게 죄를 얻도록 잘못 일을 처리하면

④에서 원문의 '失於入'은 '(고의가 아닌) 과실로 다른 사람의 죄를 더 무겁게 함'으로 해석해야 한다. 여기서 '入'은 법률 전문 용어로 사용된 것이다. 그런데 이 부분의 직해문을 보면 독자가 원문의 '입' 자의 용법을 몰라도 법을 집행할 수 있도록 '입' 자를 사용하지 않고 친절하게 풀어서 번역하였음을 알 수 있다.

셋째, 원문과 다르게 조선에서 적용하는 내용을 번역에 반영한 유형이다. 명과 다른 조선의 제도나 관습을 기술한 경우가 대부분이고, 때로는 원문의 오류를 수정한 사례도 있다.

⑤ 원문 : 凡飛報軍情 在外府州差人 一申布政司 一申都指揮使司 及行移本道按察司 一具實封 俱至御前開拆(223조 비보군정(飛報軍情))
군정(軍情)을 비보(飛報)할 때, 지방의 부(府)·주(州)는 사람을 차정(差定)하여 한편으로는 포정사에 보고하고, 한편으로는 도지휘사사에 보고하고, 본도 안찰사에 행이(行移)한다. 한편으로 밀봉하고 모두 황제 앞에 이르러 개봉한다.
직해문 : 凡 軍情事乙 馳報爲乎矣 外方各村官員軍官等亦 一道乙良 都摠節制使 一道乙良 按廉使 一道乙良 都評議使司 爲等如 馳報遣 一道乙良 實封爲 大內進呈爲白齊
군대의 사정을 급히 보고할 때 지방 각 촌의 관원·군관 등이 한 통은 도총절제사, 한 통은 안렴사, 한 통은 도평의사사에 모두 급히 보고하고, 한 통은 밀봉하여 임금에게 바친다.

⑤의 원문과 직해문을 비교해 보면 각각 명과 조선의 규정을 기술한 서로 다른 내용으로 되어 있다. 지방의 군대에서 긴급한 일을 임금에게 보고할 때 명에서는 3통의 문서를, 조선에서는 4통의 문서를 각각 다른 경로로 발송하도록 규정한 것이다.

⑥ 원문 : 凡夜無故入人家內者 杖八十 主家登時殺死者 勿論 其已就拘執而擅殺傷者 減鬪殺傷罪二等 至死者 杖一百徒三年(300조 야무고입인가(夜無故入人家))
밤에 정당한 이유 없이 타인의 집에 들어가면 장 80이다. 집주인이 그 자리에서 바로 죽이면 논하지 않는다. 체포한 후에 함부로 살상하면 투살상죄(鬪殺傷罪)에서 2등급을 줄이고 죽음에 이르면 장 100 도 3년이다.

직해문 : 凡 夜間良中 無緣故亦 他人家內入來爲在乙良 杖八十齊 家主亦 卽時殺死爲在乙良 勿論罪齊 執捉爲 趣便以 打傷殺死爲在乙良 減鬪殺傷罪 二等齊 故殺死爲在乙良 杖一百徒三年爲乎事

밤중에 정당한 이유 없이 다른 사람의 집 안에 들어가면 장 80이다. 집주인이 즉시 그를 죽이면 논죄하지 않는다. 사로잡아 제멋대로 때려 죽거나 상해하면 투살상죄에서 2등급을 줄인다. 고의로 죽이면 장 100 도 3년이다.

⑥에서 원문의 '죽음에 이르면 장 100 도 3년이다.〔至死者 杖一百徒三年〕'는 논리적으로 불필요한 표현이다. 바로 앞 구절의 내용대로 '투살상죄'에서 2등급을 줄인다고 할 때, 피해자가 죽었을 경우 '투살'에 해당하므로 거기서 2등급을 줄이면 장 100 도 3년이 되기 때문이다. 그런데 투구급고살인조(鬪毆及故殺人條)에서는 '투살(鬪殺)'과 '고살(故殺)'을 구분하고 있고, 앞 구절에서 언급한 '투살상죄'에는 이 중 '투살'만 포함되기 때문에, 문제가 된 상황에서 '고살'로 죽이는 경우는 원문에 언급이 없는 셈이 된다. 대명률직해에서는 원문의 '죽음에 이르면 장 100 도 3년이다.〔至死者 杖一百徒三年〕'를 "고의로 죽이면 장 100 도 3년이다.〔故殺死爲在乙良 杖一百徒三年爲乎事〕"로 번역하여 원문에 없는 '고살'의 경우로 바꾸었고, 이를 통해 원문이 지닌 문제를 해결하였다.

넷째, 명과 조선에서 달리 적용하는 내용을 번역에 모두 반영한 유형이다. 먼저 원문의 내용을 번역하고 나서 원문에 없는 설명 또는 조선의 제도나 관습을 추가로 기술하였다.

⑦ 원문 : 若奴婢毆舊家長 及家長毆舊奴婢者 各以凡人論(345조 처첩구고부부모(妻妾毆故夫父母))

노비가 옛 가장(家長)을 때리거나 가장이 옛 노비를 때리면 각각 일반인으로 논한다.

직해문 : 奴婢亦 舊家長乙 毆打爲旀 家長亦 舊奴婢乙 毆打爲在乙良 凡人

例以 同爲去有而亦 本國法良中 必于 舊奴婢去乃 本主乙 毆打爲乎第亦中 罪重爲去有良尒 奴婢毆舊家長爲在乙良 奴婢毆家長斬罪良中 減一等爲乎事
노비가 옛 가장을 때리거나 가장이 옛 노비를 때리면 일반인의 예와 같은 것이지만, 우리나라 법에서 비록 옛 노비라도 본주인을 때린 경우에 죄가 무거우므로, 노비가 옛 가장을 때리면 노비가 가장을 때려서 참형에 처하는 죄에서 1등급을 줄인다.

⑦의 예를 보면, 명에서는 주인이 노비를 팔면 옛 주인과 옛 노비는 일반인 사이의 관계로 평등하게 되는 데 반해, 조선에서는 노비 매매가 이루어져 법적인 예속 관계가 없어져도 옛 노비가 옛 가장을 때리면 일반인을 때렸을 때보다 무겁게 처벌하였다. 이에 대해 대명률직해에서는 원문의 내용을 충실히 번역한 다음 조선에서 달리 적용하는 내용을 덧붙이는 방식으로 직해문을 구성하였다.

다섯째, 번역자가 원문의 내용을 의도적으로 번역하지 않은 유형이다. 원문의 내용을 번역할 필요가 없거나 같은 내용이 반복될 때 번역을 생략한 사례가 많다. 예를 들어 90조 도피차역(逃避差役)에는 원문에 "홍무 7년 10월 이전에 다른 고을로 흘러 들어가 그 지역 호적에 편입되어 역에 차정되었으면 논하지 않는다. 그 후에 도망하는 것은 율(律)대로 논한다.〔其在洪武七年十月已前流移他郡 曾經附籍當差者 勿論 限外逃者 論如律〕"라는 규정이 포함되어 있는데, 이것은 조선에서 필요 없는 내용이므로 직해문은 이 부분의 번역이 빠져 있다.

번역을 생략한 특징적인 사례는 세금 관련 조항에서 볼 수 있다. 소금의 사적인 유통을 허용한 조선은 소금 전매제를 시행한 명과 조세 제도 전반에 걸쳐 큰 차이가 있어서 권8 〈과정(課程)〉은 전체를 번역하지 않았고, 다른 조에서도 소금 등의 전매와 관련한 내용은 번역을 생략하였다.

여섯째, 오역(誤譯)의 경우로서, 의도하지 않게 원문의 내용이 왜곡되거나 누락된 유형이 있다.

⑧ 원문 : 凡罵緦麻兄姊 笞五十 小功 杖六十 大功 杖七十 尊屬各加一等(351조 매존장(罵尊長))
시마친인 형이나 누나를 욕하면 태 50, 소공이면 장 60, 대공이면 장 70이다. 존속(尊屬)은 각각 1등급을 더한다.
직해문 : 凡 人亦 緦麻親是在 兄果 姊果乙 罵詈爲在乙良 笞五十齊 小功是去等 杖六十齊 大功是去等 杖七十爲乎矣 親屬是去等 各加一等齊
어떤 사람이 시마친인 형이나 누나를 욕하면 태 50이다. 소공친이면 장 60이고, 대공친이면 장 70이다. 친속이면 각각 1등급을 더한다.

⑧은 같은 항렬의 형·누나에게 욕하였을 때 친속 관계의 멀고 가까운 정도를 따져 처벌하는 내용에 더하여, 피해자가 항렬이 높은 존속일 경우 각각 1등급을 더하여 처벌하는 규정이다. 따라서 직해문의 '친속(親屬)'은 원문에 나오는 '존속(尊屬)'의 잘못이다.

이상 살펴본 번역 유형을 기준으로 대명률직해의 텍스트를 분석해 보면 둘째, 셋째, 다섯째 유형이 상대적으로 빈도가 높다. 이를 통해 원문의 어려운 부분은 상세히 풀어 번역하고, 번잡한 부분은 간략히 줄여 번역하며, 조선의 실정과 차이 나는 부분은 내용을 조정하거나 번역을 생략하고자 한 번역자의 태도를 엿볼 수 있다. 그리고 잘못된 번역에 해당하는 여섯째 유형은 아주 빈도가 낮아서 수준 높은 번역이 이루어졌음을 확인할 수 있다.

5) 이두와 한자어[15]

대명률직해에는 간행 당시 한국어를 표기하는 데 널리 사용되었던 이두의 다양한 형태가 풍부하게 기록되어 있어 이두의 보물 창고로 불린다. 명사류, 동사류, 부사류 등의 어휘 형태는 물론 조사나 어미 등의 문법 형태가 다양하게 표기되었고, 이러한 이두 표기는 14세기 말 한국어의 어휘와 문

15 주로 고정의(2002), 박성종(2016), 진윤정(2016)을 참조하고 인용하였다.

법을 재구(再構)하는 데 중요한 자료로 이용할 수 있다.[16] 대명률직해에 사용된 대표적인 이두를 소개하면 다음과 같다.

① 명사류

ㄱ. 자립 명사 : 庫(곧), 串(곶), 橋(ᄃᆞ리), 娚(오라비), 大父(한아비), 大母(한어미), 少爲父(아ᄎᆞᆫ아비), 少爲母(아ᄎᆞᆫ어미), 少爲子(아ᄎᆞᆫ아ᄃᆞᆯ), 德應(덩), 斗尺(말자이), 貌(즛), 馬兒(ᄆᆞ야지), 白侤(ᄉᆞᆲ다딤), 捧上(받자), 事(일), 舍主(ᄆᆞᄅᆞᆷ), 山枝(뫼갓), 城上(잣자이), 鑰金(자ᄆᆞᆯ쇠), 持音(디님), 次知(ᄀᆞᅀᆞᆷ아리), 草枝(플갓), 他(ᄂᆞᆷ), 甲折(갑절), 件記(볼긔), 負數(짐수), 卜定/負定(지뎡), 上下(차하), 作文(질문), 尺文(자문), 頉下(탈하), 向前(아젼), 此(이), 其(저)

ㄴ. 의존 명사 : 等(ᄃᆞ/ᄃᆞᆯ), 所(바), 是(이), 樣(양), 喩(디), 第(뎨), 次(ᄎᆞ)

② 동사류

見(보-), 歧(가르-), 導(드듸-), 令是(ᄒᆞ이-), 望(ᄇᆞ라-), 無(없-), 聞(듣-), 別爲(별ᄒᆞ-), 犯斤/犯近(벅-), 使內(브리-), 斜是(빗기-), 率良(거느리-), 收(거두-), 隨(따르-), 安徐(아서-), 云(니르-), 有(잇/이시-), 遺(기티-), 擬只(비기-), 入(들-), 在(겨-), 的是(마기-), 除(덜-), 知(알-), 知乎(알오-), 持是(디니-), 進叱(낫-), 推(밀-), 休(말-), 白侤是(ᄉᆞᆲ다디-), 用使內(ᄡᅳ브리-), 聞見(듣보-), 知想只/知想是(알너기-), 進去(나ᅀᅡ가-), 進使內(낫브리-), 次知(ᄀᆞᅀᆞᆷ알-), 向入(앗들-), 爲使內(ᄒᆞ브리-), 爲行(ᄒᆞ니-)

16 그러나 대명률직해에는 비슷한 시기의 구결이나 초기 한글 자료에 많이 나타나는 연결 어미 '-니, -면'의 표기가 보이지 않는 등 간행 당시의 구어(口語)에 비해 의고적(擬古的)인 문법이 반영된 측면도 있다.

③ 부사류

ㄱ. '-亦'형 : 無亦(없이), 反亦(뒤혀/도르혀), 私亦(아람뎌), 先亦(몬져), 至亦(니르리), 直亦(고디), 便亦(ᄉᆞ러여), 强亦(강히), 能亦(능히), 全亦/專亦(젼혀), 初亦(초여)

ㄴ. '-以'형 : 物物以(갓갓ᄋᆞ로), 幷以(아오로), 自以(스싀로), 科科以(ᄎᆞᄎᆞ로), 趣便以(츄변으로)

ㄷ. '-乎, -于'형 : 身乎(몸소), 因乎/因于/仍于(지즈로/지즈루), 別乎(벼롬/벼로), 必于(비루)

ㄹ. '-良'형 : 更良(가싀아)

ㅁ. '-只'형 : 故只(짐즉), 幷只/竝只(다모기), 須只(모로기), 唯只(오직), 曾只(일즉)

ㅂ. '-丁'형 : 私音丁(아롬뎌), 新丁(새려)

ㅅ. '-如'형 : 貌如(가로혀/즛다), 右如(니믜여/이ᄆᆞ다)

ㅇ. 기타 : 及(및), 茂火(더블), 凡矣(믈의), 逢音(마좀), 不冬(안돌), 不喩(안디), 不得(모질), 先可(아직), 又(또), 爲等如(ᄒᆞ트러), 這這(ᄀᆞᆺᄀᆞᆺ), 除除(良)(더더러), 子細/仔細(자셰)

④ 조사류

ㄱ. 격 조사 : 亦(이), 弋只/戈只(익), 矣(의), 叱(ㅅ), 乙(을), 良中(아긔), 亦中(여긔), 以(로), 果(과)

ㄴ. 보조사 : 隱(은), 段/叱段(단/ᄯᆞᆫ), 己只/巴只(도록), 置(두), 乙良(으란), 沙(사/ᄼᅡ), 乃(나), 分/叱分(분/ᄲᅮᆫ), 耳亦(ᄯᆞ녀), 餘良(나마), 式(식), 追于(조초)

⑤ 어미류

ㄱ. 선어말 어미 : 敎(是)(-시-), 白(-숩-), 乎(-오-), 臥(-누-), 如(-더-), 在(-겨-), 去(-거-), 良(-아-)

ㄴ. 종결 어미 : 齊(-졔/져), 如(-다), 亦(-여), (乙)去(-ㄹ가)

ㄷ. 연결 어미 : 良(-아), 遣(-고), 旀(-며), 去乃(-거나), 昆(-곤), 去等(-거든), 去乙(-거늘), 在乙良(-견으란), 矣(-딕), 己只/巴只(-도록), 只爲(-기삼), 要(-려), 乎爲(-온삼), 如可(-다가), 良置(-아도), 乃(-나), 音可(-음직), 去/良沙(-거/어사)

ㄹ. 전성 어미 : 乎(-ㄴ, -ㄹ), 在(-ㄴ), 音(-ㅁ), 只(-기)

대명률직해의 이두에서는 동사 '爲(ᄒᆞ)-'와 계사 '-是(이)-'를 비롯하여 어미 '-良(아)'나 조사의 표기가 빈번히 생략되었다. 이러한 생략 현상은 이두 자료에 드러나는 일반적 특징은 아니어서 문서류에서는 거의 찾아볼 수 없다. 대명률은 누가 어떤 상황에서 어떤 행위를 하면 어떻게 처벌한다는 내용이 반복되므로, 그것을 번역한 문장도 비슷한 형식이 반복되어 자주 쓰는 표현은 굳이 표기하지 않아도 예측할 수 있기 때문에 자주 생략 표기를 활용한 것으로 보인다. 직해문에서 큰 단락의 마지막 문장은 '~爲乎事(ᄒᆞ올일)'로 끝맺는 것도 특징적인 모습이다.

대명률직해에는 원문의 한자어를 직해문에서 다른 한자어로 바꾸어 번역한 사례가 매우 많다. 이것은 대명률 원문의 어휘를 당시 조선에서 널리 사용하던 어휘로 바꾼 것으로 추정할 수 있다. 이렇게 대체된 한자어는 원문에서 잘 쓰이지 않는 것이 대부분이고, 현대 한국어에서 쓰이는 용법과 차이를 보이는 경우도 많다.

예를 들어 '교역(交易)'은 직해문에 모두 21회 나오는데, 원문에서 '거래하다'의 뜻인 '교역(交易)'과 '바꾸다'의 뜻인 '전매(典賣)'를 번역한 것이 각각 1회씩이고, 나머지는 모두 '사다'의 뜻인 '매(買)'의 번역에 사용되었다. 이를 통해 당시 조선에서는 중국에서 '거래하다'의 의미로 드물게 사용하던[17] '교역'이라는 어휘를 '사다'의 의미로 널리 사용하고 있었음을 알 수 있다.

그리고 '시행(施行)'은 직해문에 모두 49회 출현하는데, '(어떤 일을) 실

17 대명률 원문에는 '교역(交易)'이 단 한 차례만 나온다.

행하다'의 의미와 '기록하다'의 의미가 비슷한 빈도로 사용되었다. '시행'은 대명률 원문에도 자주 나오는 어휘이지만 원문에서는 '실행하다'의 의미로만 쓰였다. 당시 조선에서는 '시행'이라는 어휘를 중국과 달리 '기록하다'의 의미로도 널리 사용하고 있었던 것이다.

직해문에 사용된 한자어 중에는 비슷한 개념을 정밀하게 구분하여 사용한 사례도 관찰된다. 예를 들어 '죽음'의 의미를 표현할 때에는 죽는 대상이 사람인가 동물인가, 죽게 된 원인이 자연사인가 자살인가에 따라 어휘를 달리 사용하였다. 사람의 죽음을 표현할 때 병이나 상처 등으로 인한 자연적인 죽음에는 '신고(身故)' 또는 '신사(身死)'라 한 반면에 자살한 경우는 '사망(死亡)'이라 하였다. 그리고 동물의 죽음을 표현할 때에는 '고실(故失)'이나 '고사(故死)'를 사용하였다. 대명률 원문에서 '신고, 사망'은 전혀 쓰이지 않았고 '고실, 고사'도 죽음의 의미로는 쓴 예가 없는 어휘이다. 따라서 직해문에서 죽음의 종류를 구분하여 '신고/신사, 사망, 고실/고사'를 달리 사용한 것은 당시 조선의 고유한 용법을 반영한 것으로 볼 수 있다.

이처럼 직해문에 사용된 한자어 중에는 대명률 원문은 물론 현대 한국어의 용법과도 차이를 보이는 것이 적지 않다. 이들은 한자를 가지고 한국어를 표기해 온 차자 표기(借字表記)의 오랜 전통의 바탕 위에서 15세기 무렵 조선 관리들이 일상적으로 사용하던 어휘의 일부라고 할 수 있다. 그리고 이들은 대명률직해가 이두뿐만 아니라 한자어의 영역에서도 더없이 귀중한 자료임을 여실히 보여 준다.

## 2. 대명률의 편찬과 수용 과정

### 1) 대명률의 편찬

명 태조 홍무제(洪武帝, 재위 1368~1398)는 원 말 사회 혼란에 대응하고 황제 중심 통치 체제 구상을 뒷받침하기 위해 새로운 법률을 제정하고자 하였다. 홍무제는 법률을 '민란을 막는 도구이며 통치를 보완하는 방법'으로 여겼고, 법이 있어야 비로소 '사람의 뜻이 정해져 위아래가 평안'할 수 있다고 여겨, 법률 제정을 '건국 초기에 먼저 해야 할 일'로 보았다.[18] 그리고 황제 중심 통치 체제를 구축하기 위해 당률(唐律)을 모방하여 대명률을 제정하였다.

이후 대내적인 정책을 시행하는 과정에서 발생하는 통치상 문제점에 대응하여 대명률을 개정하였다. 홍무제는 1385년(홍무18)에서 1387년에 이르기까지 2년 동안 《대고(大誥)》·《대고속편(大誥續編)》·《대고삼편(大誥三編)》·《대고무신(大誥武臣)》 등 모두 4편의 법령을 반포하였으나, 이후 《대고》를 통한 가혹한 처벌에 대한 비판적인 결과에 직면하자, 다시 행정 체제 개편 및 법제 개정을 통해 정상적인 통치로 전환하였다. 1393년(홍무26) 《제사직장(諸司職掌)》을 반포하여 관제 정비를 일단락하고, 황제를 정점으로 하여 황제의 통치 과정을 행정적·법제적으로 뒷받침하는 대명률의 최종판인 홍무30년율을 반포하였다.

홍무 연간 건국에 따른 문물 전장(文物典章)의 정비와 통치 이념을 구체적으로 표현하는 방식으로 《대명집례(大明集禮)》·《효자록(孝慈錄)》·《홍무예제(洪武禮制)》·《예의정식(禮儀定式)》·《황조예제(皇朝禮制)》·《대명예제(大明禮制)》 등 각종 의례(儀禮)가 광범위하게 제정되었으며, 전통적인 예치(禮治)와 병행하여 '중전치리(重典治吏)'와 '중전치민(重典治民)'의 법치를 대명률에 반영하였다.[19] 대명률의 제정 및 개정은 홍무제가 구상한 황제 중심 통치 체제를 지향하였으며, 이는 명대 형법의 전형으로 계승되었다.

주원장(朱元璋)이 중국을 통일하기 전 오왕(吳王)을 칭할 때 편찬한 오왕원년율[20]이 모태가 되어, 대명률은 이후 1374년(홍무7), 1376년(홍무9),

18 장진번(張晋藩) 주편, 한기종·김선주·임대희·한상돈·윤진기 옮김, 《중국법제사》, 소나무, 2006.

19 楊一凡, 《明初重典考》, 湖南人民出版社, 1984.; 陳戍國, 〈大明律與明代禮制以及相關問題〉, 《湖南大學學報(社會科學版)》, 湖南大學期刊社, 2002~3.

1383년(홍무16), 1389년(홍무22) 등 네 차례에 걸친 개정 보완을 거쳐 1397년(홍무30)에 최종 반시(頒示)되었다. 오왕원년율을 만들 때 주원장은 세 가지 기본 원칙을 세웠다. 첫째, 제국을 통치하는 기본은 '법(法)과 예(禮)'라는 원칙, 둘째, 법의 목적은 사람을 죽이는 것보다 보호하는 데 있고, 새로 정복한 왕조는 너그러운 법을 만드는 것이 지배하는 데 합당하다는 '관(寬)'의 원칙, 셋째, 간결한 언어와 명확한 의미로 사람들이 법을 이해하고 법에 걸리는 것을 피할 수 있도록 해야 한다는 '간(簡)'의 원칙이다.

이러한 원칙하에 마련된 오왕원년율은 홍무22년율에 이르러 크게 정비되는데, 그 특징적인 내용은 다음 세 가지이다. 첫째, 당률을 계승하였으면서도 당률과는 달리 육률(六律)이라는 새로운 격식(格式)을 창조하였다. 오왕원년율은 《주례(周禮)》의 육관(六官)에서 유래하는 육분법(六分法)을 택하였는데, 이 체제는 율문 502조를 12편으로 분류한 당률과는 현저히 다르다. 육부 직장(六部職掌)에 따라 이율・호율・예율・병률・형률・공률의 여섯 부문으로 구성된 《원전장(元典章)》의 영향을 받은 것으로 보인다. 이후 홍무7년율에서 육분법을 버리고 다시 당률의 편목(篇目)을 따라서 12편으로 바뀌었으나, 홍무22년율에 이르러 최종적으로 육분 체제를 갖추게 되었다.

둘째, 편수(篇首)에 형벌의 일반적인 원칙을 규정한 〈명례율(名例律)〉을 배치하였다. 명례는 '형명법례(刑名法例)'를 줄인 말로, '명(名)'은 오형(五刑)에 상당하는 죄명(罪名)이며, '예(例)'는 오형을 적용하는 법례(法例)를 이른다. 명례는 율문에 설정된 죄명과 그 각각에 대한 법적 효과로서 형벌의 상호 관계를 규정한 것으로, 현대 법률학 체제로 보면 총칙(總則)에 해당된다. 모든 율문의 준칙인 명례를 첫머리에 배치한 것은 공통적・일반적 규정을 모두(冒頭)에 배치하고 특수적・개별적 규정을 뒤이어 배치함으로써 '일반적인 것으로부터 특수한 것으로'의 방향을 취한 것이다.

셋째, 〈명례율〉의 맨 앞에 오형을 명기하였다. 오형은 전근대 중국 사법

20 1367년 영(令) 145조, 율(律) 285조로 제정된 율이다. 이를 해설한 해설서가 《율령직해(律令直解)》이다.

제도의 표준 형벌로서, 태형(笞刑) 5등급, 장형(杖刑) 5등급, 도형(徒刑) 5등급, 유형(流刑) 3등급, 사형 2등급 등 모두 20단계의 형벌로 구성되어 있는데, 이는 범죄의 심각성에 따라 신체에 가하는 형벌의 가혹한 정도를 체계화한 것이다. 남북조(南北朝) 시대에 정형화된 태·장·도·유·사라는 오형의 형벌 체계는 수 문제(隋文帝)의 개황률(開皇律)에 법제화되어 당(唐)을 거쳐 송(宋)·명(明)·청(淸)에서도 계속 유지되었고, 조선·일본 등 동아시아의 다른 국가들에도 널리 전파되었다.[21]

이러한 성격을 가진 홍무22년율은 홍무제 말년에 이르러 다시 한 번 개정되며, 이때 완성된 홍무30년율은 명 왕조 전 시기에 걸쳐 전거가 되었다. 홍무30년율이 최종 완성되자, 홍무제는 특별히 영을 내려 "자손들은 그것을 지키고, 여러 신하 가운데 조금이라도 고치자고 논의하는 자가 있으면 조상의 제도를 어지럽게 바꾼 죄로 처벌한다."라고 하였다. 홍무제는 대명률을 '제왕의 조종(祖宗)들이 규정한 제도'라고 하였고, 편찬자는 '백대의 척도(尺度)'라고 불렀으며, 재판관은 '만년까지 영속할 변함없는 법'으로 간주하였다. 청대에도 원칙적으로 대명률을 계승하였다. 청률(淸律)은 청 초 이래 여러 번의 수정을 거쳤지만 그 기본적 형식과 내용은 명률의 답습이었다.[22]

대명률은 당률의 기본 정신을 흡수하였을 뿐만 아니라 특히 명 건국 초기 30년의 통치 경험을 융합한 것으로, 조문은 당률보다 간략하고 입법 정신은 송률(宋律)보다 엄격한, 형식과 내용에서 모두 발전을 이룬 중요한 법전이라 하겠다.[23]

21 조선에서는 대명률의 수용을 통해 오형의 형벌 체계가 조선의 현실에 적용된 이후, 대한제국이 《형법대전(刑法大全)》을 반시하는 1905년 4월 29일까지 유지되었다.

22 Jiang YongLin, 《The Great Ming Code》, University of Washington Press, 2005.

23 장진번 주편, 한기종·김선주·임대희·한상돈·윤진기 옮김, 앞의 책, 495쪽.

### 2) 대명률의 수용 과정

대명률이 편찬되기 이전인 고려 시대의 형률은 대체로 당률을 당시의 실정에 맞도록 고쳐 쓰고 있었다. 고려율은 당률 12편 502조 가운데 12편 69조를 채용하고 옥관령(獄官令) 2조를 추가한 13편 71조이다. 그 후 원명 교체기인 고려 말에는 원의 《지정조격(至正條格)》, 《의형이람(議刑易覽)》과 아울러 명의 대명률을 함께 쓰자는 의견이 나왔으나 대체로 《지정조격》을 채용하였다. 1377년(우왕3) 2월에 모든 옥사(獄事)를 《지정조격》에 의하여 결단하라고 한 것이 그 좋은 예이다. 《지정조격》은 일시적으로 사용되는 법률 사례들을 모아 놓은 일종의 법령집이었으며, 정식으로 만든 율서나 법전은 아니었다. 원에서는 실용주의가 강하여 시의성을 중시하는 이와 같은 법령집을 그대로 시행하고 있었다.[24]

그러나 위화도 회군(威化島回軍)으로 친명파가 정권을 잡은 1388년(우왕14)부터 대명률이 주목받기 시작하였다. 같은 해에 전법사(典法司)는 명률과 원의 《의형이람》을 참작하여 율을 새로 정할 것을 상소하였다.[25]

> "이제 대명률은 《의형이람》을 상고하고 고금의 제도를 참작하였기에 매우 상세합니다. 더군다나 중국의 현행 법제이니 더욱 본받아 시행해야 합니다. 그러나 우리나라의 율문과 합치하지 않는 것도 있으니, 전하께서는 중국과 우리나라의 문자와 이어(俚語)에 정통한 사람으로 하여금 고금의 제도를 참작하여 다시 정하게 하여, 태(笞) 한 대 장(杖) 한 대라도 율문에 의하여 시행하도록 중앙과 지방의 관리들을 훈도(訓導)하십시오."[26]

전법사는 법제 문란의 대안으로 대명률의 방행(倣行), 즉 모방하여 시행

24 김구진, 〈大明律의 編纂과 傳來-經國大典 編纂의 背景〉, 《白山學報》 29, 백산학회, 1984, 99쪽.

25 박병호, 〈韓國法制史〉, 《韓國文化史新論》, 중앙문화연구원, 1975, 350쪽.

26 《高麗史 卷84 刑法志1 職制》

할 것을 주장하고 있다. 그런데 들고 있는 근거로 고금 법제의 참작, 법 조항의 비흠결성, 중국의 현행 법제라는 측면을 강조하고 있다. 다시 말해 전법사의 주장은 대명률이 역대의 형률을 집대성하면서도 가장 선진적인 내용을 담고 있으며, 1388년의 시점에서 가장 최신의 율이라는 것이다. 특히 법 조항의 비흠결성이라는 면은 더욱 매력적으로 다가왔다. 즉 당시 지식인들에게는 대명률이 우수한 율의 전형이라는 합의가 이루어져 있었다.[27]

대명률의 명시적인 적용은 조선의 개창과 함께 현실화되어 조선을 건국한 태조는 즉위 교서에서 대명률의 수용을 선언하였다.[28] 그리고 1394년(태조3) 5월에 정도전이 지어 바친 《조선경국전》에서 모든 형률을 대명률에 준거할 것을 밝히고 아울러 대명률을 방언으로 번역하여 쓸 것을 주장하였다. 조선 왕조의 문물제도를 창안한 정도전이 형률에 관한 한 대명률을 그대로 쓰자고 한 것으로 보아 대명률이 일반 형률로 정착되어 간 것을 알 수 있다.[29]

태조의 선언에 의하여 대명률은 시왕(時王)의 법제로서 조선 시대 형사법의 일반법·보통법으로 적용되었다. 형전(刑典)에 규정이 있으면 이를 적용하고, 규정이 없는 경우에는 명률이 일반적으로 적용되었는데, 이는 조선의 《경제육전(經濟六典)》이나 《속육전(續六典)》에 규정되어 있으면 이들 조문을 우선적으로 적용하는 것을 뜻한다. 즉, 명률은 일반 형법전이고 형전을 비롯한 형사 법령은 특별 형법이었다. 그리하여 모든 관민(官民)으로 하여금 명률을 주지시킬 필요에서 난해한 율문을 이두와 고유어를 사용하여 알기 쉽게 번역하도록 하였고, 그 결과 대명률직해를 1395년(태조4) 2월에 완성, 배포하였다.

그런데 대명률을 일반적인 형률로 시행하기는 하였으나 중국의 실정에 맞게 편찬된 것이므로 이를 그대로 적용할 수 없는 경우가 많았다. 조선 건

27 정긍식·조지만, 〈朝鮮 前期 《大明律》의 受容과 變容〉, 《진단학보》 96, 진단학회, 2003, 212쪽.

28 《국역 태조실록 1년 7월 28일》

29 이성무, 〈경국대전의 편찬과 대명률〉, 《역사학보》 125, 역사학회, 1990, 99쪽.

국 초에는 대명률 외에 많은 특별 형법이 공포·시행되었으며, 당률, 《지정조격》, 《의형이람》, 당시의 처벌 관행 등 다양한 법원(法源)들이 공존하고 있어 나름대로 적용 법규로서 운용되고 있었다.[30] 따라서 어떤 사건에 대명률을 적용할 경우에도 그 조문이 조선의 사정과 인정에 적합한지 또는 이론적으로 타당한지를 충분히 검토하고 의논하여 중의(衆議)에 따라서 적용 여부를 결정하였다. 형식적으로는 대명률이 그 자체로써 전체적으로 적용되는 것을 기본으로 하였지만, 개개 구체적으로는 적용되는 것도 있고 적용되지 않는 것도 있었다.[31]

세종 대의 경우 당의 《당률소의》, 원의 《의형이람》, 조선의 《속육전》으로 이어지는 독자적인 법원이 존재하고 있었다.[32] 특히 《당률소의》는 세종 대에 대명률의 해석·적용·입법에 자주 참고되었으며, 1430년(세종12) 율학 취재(律學取才)에서 대명률, 《무원록(無冤錄)》과 함께 시험 과목이 되었다. 세종은 《당률소의》의 법적 가치에 대해 높이 평가하고 있었으며 세종 대에는 대명률과 《당률소의》가 각각 형률서의 역할을 하고 있었다.

그러다 대명률이 조선의 형률로써 확고한 위치를 차지한 것은 1485년(성종16) 간행된 《경국대전》 〈형전 용률(用律)〉에서 형사 법규의 적용은 "대명률을 쓴다."라고 법제화되면서부터이다. 이후 대명률은 조선 전 시기에 걸쳐 1905년(광무9) 《형법대전(刑法大全)》이 공포·시행될 때까지 500여 년 동안 형사 사건 처결에서 보통법으로서 사용되었다. 중국의 현행 법제이며, 비흠결성의 우수한 형률로 평가된 대명률은 1912년 조선총독부에서 조선형사령(朝鮮刑事令)을 공포하여 일본 형법을 의용(依用)하게 되면서 법률적 효력을 상실하고 대단원의 막을 내리게 되었다.

30 박병호, 앞의 글, 42~62쪽.

31 박병호, 《세종 시대의 법률》, 세종대왕기념사업회, 1987, 70~71쪽.

32 이들 법률서에 의거한 형정 운용은 대명률의 엄형론(嚴刑論)과는 달리 관형론(寬刑論)이 주조를 이루는 것이었다.(한상권, 〈세종대 치도론(治盜論)과 대명률〉, 《역사와 현실》 65호, 역사비평사, 2007, 33쪽.)

## 3. 대명률의 형벌 체계와 형벌론

### 1) 대명률의 형벌 체계와 오형 제도

대명률 조문 내용은 금지와 처벌을 기본 구조로 하고 있는데, 일반적으로 '보호의 요소(Rule)', '처벌의 조건(Condition)', '형법적 결단(Sanction)'의 세 가지 요소로 구성되어 있다.[33] 보호의 요소를 범한 행위에 대한 형법적 결단이 형벌이며, 이것이 범죄에 대한 가장 중요한 법률 효과이다. 모든 범죄에는 그것에 합당한 법이 있고, 모든 범죄자에게는 합당한 형벌이 있으며, 법은 단순히 금지만을 목표로 삼지 않고, 금지 사항을 위반하는 사람들을 처벌함으로써 법의 권위를 경시한 행위에 대한 보복적 제재도 목표로 삼는다. 금지 규정 위반에 대해 과하는 형벌의 정도는 법에 의하여 보호받는 가치인 법익(法益)을 침해한 정도에 따라 처벌 강도가 결정되는 것이다.

대명률은 〈명례율〉 첫머리에 오형을 명기하였다. 오형의 형벌 체계는 남북조 시대 특히 북조(北朝)에서부터 성립하였고, 수의 개황률에서 확정된 새로운 오형 제도는 중국 고대 법제사에서 획기적인 대사건으로, 고대 사회부터 형벌 제도를 상징하던 야만적인 수단이 수에 이르러 비로소 문명적인 방향으로 바뀐 셈이다. 이 오형 제도는 당·송·명·청을 거쳐 20세기 초 심가본(沈家本)의 법제 개혁으로 형벌 규정을 새로 제정할 때까지 큰 변화 없이 유지되었다.

대명률 오형의 구체적인 내용은 다음과 같다.

첫째, 자유형인 도형과 유형에 신체형인 장형을 병과(倂科)하였다. 당은 진·한 이래 하나의 죄에 여러 가지 형벌을 내리는 제도를 삭제하고 일죄일벌(一罪一罰)로 다스렸고, 송은 유형에 장형을 더하고 문신을 새겨서 하나의 죄에 세 가지 형벌을 가하는 일죄삼형(一罪三刑)으로 다스렸다. 도형에 장형을 부과하는 형벌 체계는 원대(元代)에 보이며, 대명률의 오형 제

33 Jiang YongLin, 앞의 책.

도는 원대의 전통을 따랐다. 통상 사람이 장 100 이상의 신체형을 받을 수 없기 때문에 장 100을 넘어서는 죄는 도죄를 5등급으로 나누어 차례로 더하였으며, 5등급의 도죄를 넘어서는 죄이지만 죽음에 이를 정도가 아닌 경우는 다시 유죄를 3등급으로 나누어 더하였다. 즉, 장 100 이상의 죄를 도형과 유형으로 구분하였고, 여기에 장형을 병과한 것이다.

둘째, 육형(肉刑)인 자자형(刺字刑)이 있다. 고대의 자자형은 167년 한 문제(漢文帝)에 의해 공식적으로 폐지되었으나, 송에서 부활하였고 원을 거쳐 대명률에도 유지되면서 도범(盜犯)에 대해 부가형으로 자자하도록 하였다.

셋째, 추방형인 천사(遷徙)와 안치(安置)를 도죄와 유죄 사이에 두었다. 죄인을 고향 땅 1000리 밖 변방으로 쫓아내는 유배의 한 가지인 천사는 법을 어긴 자가 '죄는 가벼우나 실정이 무거울' 경우에 쓰는 형벌이다. 즉 죄가 가벼우므로 삼류(三流)로 처벌하면 너무 혹독하고 실정이 무거우므로 오도(五徒)로 처벌하면 잘못을 징계하는 데 부족하기에 이 제도를 만들어 1000리 밖으로 유배 보내 종신토록 고향에 돌아오지 못하도록 한 것이다. 천사는 유죄의 절반에 해당하며 도 2년에 준한다. 안치는 2000리 떨어진 곳으로 보내어 그곳에 살게 하면서 다른 지역으로 가지 못하게 감시하는 형이다.

넷째, 충군(充軍)을 유죄와 사죄 사이에 두었다. 죄인을 군역(軍役)에 충당하는 충군은 범죄의 실정이 무거워서 유형으로는 그 죗값을 다 치를 수 없고 그렇다고 사죄(死罪)로 처벌하는 것 또한 합당하지 않을 때 가하는 형벌이다. 유형은 죄인을 평민으로 삼아 먼 지방에 보내 종신토록 돌아오지 못하는 데 그치지만, 충군은 변방에 있는 위소(衛所)로 유배 보내 군역을 지도록 하기 때문에 죄가 유형보다 무겁다.[34] 충군은 형벌이지만, 다른 한편으로 군역의 충원이란 측면도 있다.

34 《대청률집주(大淸律輯註)》(상), 3쪽.

다섯째, 사죄에 능지처사(陵遲處死)를 두었다. 능지처사는 대역죄(大逆罪), 부모 살해 등 특별한 죄인에게만 과하는 생명형으로, '능지(陵遲)'는 산이나 구릉의 완만한 경사를 말한다. 즉, 능지처사는 칼로 한 점 한 점 살을 베어 내고 배를 가르고 목을 잘라 죽이는 형벌로, 가능한 한 오랫동안 최고의 고통을 받으며 죽게 만드는 가장 무거운 형벌이다. 능지형은 중국의 사법 재판에서 판결을 내릴 수 있는 생명형 중 더할 나위 없이 가혹한 것이었다. 능지는 원대에 처음 공식으로 승인되었으며 정치적 범죄에 대한 예외적 극형으로 남겨 두었는데, 명대에 와서 최악의 정치적·윤리적 범죄에 적용하는 일반적 형벌로 간주되기 시작하여 청대에까지 지속되었다.

오형 체계는 자유형이 도형과 유형 2등급이며, 생명형이 교형(絞刑)과 참형(斬刑) 2등급인데, 대명률의 경우, 도형보다 무겁고 유형보다 가벼운 천사와 유형보다 무겁고 사형보다 가벼운 충군을 포함하면 자유형은 4등급이며, 생명형은 능지처사형을 포함하면 3등급이다. 이들까지 모두 아울러서 대명률 형벌 체계를 재구성하면, 신체형은 10등급으로 태형 5등급, 장형 5등급이고, 자유형은 11등급으로 도형 5등급, 천사, 안치, 유형 3등급, 충군이고, 생명형은 3등급으로 교형, 참형, 능지처사형이니, 모두 24등급이다.

### 2) 대명률에 담긴 형벌론

#### (1) 연대 처벌

오늘날의 형법은 형사 책임을 범인 이외의 관련자에 대해서는 묻지 않고 범인 일신(一身)에만 한정시키는 죄벌개인주의(罪罰個人主義)가 원칙이다. 그러나 전통 형법에서는 연대책임주의를 택해 그 개인과 관여하지 않은 타인의 범죄에 대해서까지도 책임을 지도록 하였다. 반역 등의 경우 이삼족(夷三族)·족주(族誅)·연좌(緣坐) 혹은 연좌(連坐) 등의 이름으로 불리는 형법상의 연대 책임이 그 예이다.[35]

35 니이다 노보루(仁井田陞) 지음, 임대희·박순곤 옮김, 《중국법제사연구-형법편》, 경북대학교 사범대학 역사교육과, 2003, 272~273쪽.

연좌제 적용의 가장 전형적인 사례는 모반(謀反)·모대역(謀大逆)·모반(謀叛)과 같은 국사범(國事犯)이다. 현재의 황제에 대한 반역인 모반(謀反)과 선대의 황제에 대한 반역인 모대역은 다만 역심만 품어도 실행에 옮겼는지 여부를 구분하지 않고, 수범(首犯)과 종범(從犯)의 구분도 없이 모두 능지처사로 처벌하며, 더하여 연좌(緣坐)로 처벌한다. 모반죄나 모대역죄를 범한 당사자를 능지로 처벌하는 것으로도 여전히 부족하기에 친속(親屬)까지 연좌하는 것이다. 행위자 이외의 타인인 부자(父子)·조손(祖孫)·처첩(妻妾)·형제(兄弟)·백질(伯姪) 등에게 연대적으로 형사상의 책임을 지우는 연좌제는 범죄 구성 요건인 당사자주의(當事者主義)에 위배되지만, 대명률은 엄한 형벌로 전제 정치를 위협하는 반란의 진압을 강화하였다.

연대 처벌에는 동료 관리가 범한 공죄(公罪)에 대해 형을 과하는 연좌(連坐)도 있다. 연좌(緣坐)가 혈연적인 관계를 기반으로 대상이 정해지는 반면, 연좌(連坐)는 공무를 수행하기 위하여 맺어진 상하 관계를 기반으로 동료가 저지른 범죄에 연관되어 처벌을 받는 것이다. 공죄인 연좌에 대한 처벌은 실무자인 이전(吏典)을 수범으로 삼고, 수령관(首領官)·좌이관(佐貳官)·장관(長官)으로 올라가면서 처벌을 1등급씩 감하는 공죄 체감(公罪遞減)의 원칙이 적용된다. 등급이 다름에 따라 향유하는 특권 또한 달라서 등급이 높으면 높을수록 특권도 많다는 등급 특권(等級特權) 관념이 반영된 것이다. 상급자일수록 감형의 특권을 부여하는 공죄 체감의 원칙은 전근대 사회의 법률 체계가 신분형법주의(身分刑法主義)에 입각하고 있음을 보여 주는 사례이다.[36]

### (2) 신분에 따른 차등적 법률 적용

전근대 시대의 형법은 친속 간의 모든 범죄 행위에 대한 형벌 가감의 분계

36 심희기, 〈18세기의 형사사법제도 개혁〉, 《한국문화》 20, 규장각한국학연구소, 1997.

선을 명분(名分)의 존비(尊卑)에 두었는데, 벌의 경중을 결정하는 기준이 복제(服制)였다. 오복(五服) 제도는 친소·존비·부자·형제 등과 같은 윤리 관계를 표현하는 것이며, 반드시 복제를 확정한 다음에야 비로소 죄와 형량을 정할 수 있었다.

대명률은 〈상복을 총론한 도해〔總論喪服之圖〕〉를 권두에 배치해 복제의 경중을 명확히 하고, 이를 기준으로 죄를 정하고 형벌을 가감하였다. 친속 간의 범죄 사건은 일반인 사이에서 일어난 동일한 성격의 범죄에 대한 처벌을 기준으로 하되, 복제 관계의 등급에 따라 처벌이 가중되거나 혹은 감경되었다. 복제의 존비·장유·친소가 정죄 양형(定罪量刑)의 근거가 된 것이다.

한편 노비와 가장과의 관계는 복제에서 자·손과 부·조와의 관계와 같은데, 노비가 주인을 섬기는 의리는 자식이 부모를 섬기는 것과 같기 때문이다. 노비와 구가장(舊家長)과의 관계는 일반인과 같게 보았고, 고공인(雇工人)은 일정 기간 품삯을 받고 노동하는 사람으로 평생 동안 주인에 매여 있는 노비와는 다르기 때문에 노비의 죄에서 1등급을 줄였다.

### (3) 죄형법정주의와 천단주의

국가 형벌권의 행사가 무제한 허용되어서는 안 되므로, 범죄와 형벌의 관계를 명시하여 국가의 형벌권 남용으로부터 국민의 자유를 보장할 수 있도록 한 기준이 죄형법정주의(罪刑法定主義)이다. 죄형법정주의는 새로이 형벌을 과하거나 법률에 규정이 없는 사항에 대해 그것과 유사한 성질을 가지는 사항에 관한 법률을 적용하는 유추 해석의 금지를 요구한다.

그러나 전근대 사회의 형법에서는 해당 법조문인 정조(正條)가 없을 경우 유추 해석을 허용하는 단죄무정조(斷罪無正條)를 적용하였다. 단죄무정조가 처음 등장한 것은 수의 개황률에서였다. 단죄무정조는 율문에 죄명이 규정되지 않은 행위를 죄명이 있는 다른 행위로 유추하여 처단함으로써, 죄를 범한 자가 요행히 법망을 빠져나가지 못하도록 하기 위해 마련되었다. 율문의 경직성을 보완하기 위해 고안해 낸 조문인 것이다.

대명률은 〈명례율〉에서 인율(引律)의 원칙을 규정하여, "율(律)과 영(令)에 기재된 것이 사정을 다 포섭할 수는 없으니 만약 단죄(斷罪)할 때 규정된 법조문이 없으면 인율비부(引律比附)를 할 수 있다."라고 하였다. 즉 대명률은 유추 해석의 범위를 양형뿐만 아니라 법에 명시되어 있지 않은 범죄 행위에 대해 성질이 비슷한 다른 조항을 끌어다 적용하는 것까지 포함하도록 적용 범위를 넓혔다.

다만 유추 해석이 무제한적으로 확대되면 범죄와 형법을 제멋대로 결단하는 죄형천단주의(罪刑擅斷主義)로 흐를 위험이 있으므로, 이를 방지하기 위해 유추 해석을 하는 절차를 법으로 정하였다. 그러나 당률에서는 유추 해석이 양형의 조정에 초점이 맞추어져 있는 데 반하여, 명률은 그뿐만 아니라 법조문에 명시되어 있지 않은 범죄 행위에 대해 성질이 비슷한 다른 조항을 끌어다 적용하는 것까지 포함하게끔 적용 범위를 넓혔기 때문에 형벌권의 확장과 자의적 행사의 가능성이 더 커졌다고 할 수 있다.

### (4) 행위시법주의와 재판시법주의

법률은 범죄 책임을 결정하기 위해 율문의 시간 한계를 규정한다. 율문이 효력을 발휘하는 시간에 관한 규정을 하는 것이다. 범죄와 형벌은 행위시법에 의하여 결정한다는 행위시법주의(行爲時法主義)가 현대 형법의 일반 원리이다.[37] 즉 행위시에 처벌 법규가 없던 것이 후에 범죄로 규정되었다 할지라도, 행위시에 죄가 되지 아니하는 행위는 사후 입법에 의하여 처벌을 받지 아니한다는 형벌불소급(刑罰不遡及)의 원칙에 따라 무죄라는 것이다.

형법의 효력불소급의 원칙은 늦어도 기원전인 한대(漢代)의 법 이래 확립되어 있었고, 당령(唐令)은 형벌불소급주의가 원칙이지만, 범죄시법과 재판시법 사이에 형벌의 경중이 있을 때 그 가벼운 쪽을 적용하고 이 경우에 한하여 소급효(遡及效)를 인정하였다.[38] 반면 대명률은 "율(律)은 반포

37 현행 형법 제1조 1항은 "범죄의 성립과 처벌은 행위시의 법률에 의한다."라고 규정하여, 행위시법주의를 원칙으로 하고 있음을 명백히 하였다.

일로부터 시행한다. 범죄가 반포일 이전에 발생하였어도 모두 신율(新律)에 따라 의단(擬斷)한다."라고 하여,[39] 신율주의를 원칙으로 하고 있다. 이에 따르면 율령은 공포일로부터 적용하며, 예컨대 범죄가 그날 전에 행해졌어도 소급 적용해야 한다. 이는 범죄 후의 법률에 의한 소급 처벌, 즉 재판시법주의(裁判時法主義)를 천명한 것이다.

한편 행위시와 재판시의 처벌 법규상 형의 경중에 변경이 있을 경우, 죄형법정주의가 확립된 현대 법에서는 "신법(新法)이 적용되기 위해서는 형이 구법(舊法)보다 가벼울 것을 요한다."라고 하여, 피고에게 이익을 주도록 하였다. 대명률 역시 신율주의를 원칙으로 하면서도 범죄인에게 고통보다는 이익을 주도록 하는 규정을 두었다. 예를 들어 형사 책임을 감면받는 노인·어린이·장애인의 자격 요건을 정하는 데 있어서 죄를 범한 시점과 발각된 시점 사이에 변동이 생긴 경우, 책임 능력과 수형(受刑) 능력을 고려하여 노인은 범죄의 발각 시점을 기준으로 하고, 어린이는 죄를 범한 행위시를 기준으로 하여 죄인에게 유리한 쪽으로 처리하도록 하였다. 형벌을 받는 사람을 동정하는 입장에서 범죄를 단결(斷決)함으로써 죄인을 흠휼(欽恤)하는 뜻을 드러낸 것이다.

### (5) 속인법주의와 속지법주의

형법이 어떤 사람에게 적용되는가의 문제를 형법의 인적 적용 범위라고 한다. 형법은 시간적·장소적 효력이 미치는 범위에서 모든 사람에게 적용된다. 따라서 형법의 인적 적용 범위는 예외적으로 그 적용을 받지 않는 사람의 범위에 관한 문제가 된다. 형벌 법규의 대인적 효력에 대해, 당률은 "화외인(化外人)이 자국인 간에 서로 범한 경우에는 각각 본국의 속법(俗法)에 의한다."[40]라는 속인법주의(屬人法主義)였다. 그러나 대명률은 화외인이

38 니이다 노보루(仁井田陞) 지음, 임대희·박순곤 옮김, 앞의 책, 179~180쪽.

39 《대명률》 46조 단죄의신반율(斷罪依新頒律)

40 《당률소의(唐律疏議)》 48조 화외인상범(化外人相犯)

명나라 황제에게 복종하는 한 그들도 왕조의 신민(臣民)이라는 원칙하에, "화외인이 죄를 범하면 모두 율에 따라 의단한다."라고 하여[41] 외국인이 죄를 범할 경우 모두 중국의 법으로 다스리도록 하는 속지법주의(屬地法主義)를 택하였다. 대명률은 중국화된 사람들에게도 동일한 왕조의 법이 적용된다고 선언함으로써, 당률과는 달리 외국법 적용의 가능성을 원천적으로 배제하였다.

41 《대명률》 36조 화외인유범(化外人有犯)

## 참고문헌

법제처 편, 《대명률직해》(법제자료집 제13집), 법제처, 1964.

조선총독부 중추원, 《校訂 大明律直解》(花村美樹 校註), 조선총독부 중추원, 1936.

고정의, 〈대명률직해의 이두와 그 특징〉, 《구결연구》 9, 구결학회, 2002.

김구진, 〈大明律의 編纂과 傳來-經國大典 編纂의 背景〉, 《白山學報》 29, 백산학회, 1984.

남권희, 〈《大明律直解》의 書誌學的 考察〉, 《고서연구》 12, 고서연구회, 1995.

박병호, 〈韓國法制史〉, 《韓國文化史新論》, 중앙문화연구원, 1975.

박병호, 《세종 시대의 법률》, 세종대왕기념사업회, 1987.

박성종, 〈명률의 변천과 문체, 그리고《대명률직해》의 저본〉, 《국어사연구》 17, 국어사학회, 2013.

박성종, 《조선전기 이두 연구》, 역락, 2016.

심희기, 〈18세기의 형사사법제도 개혁〉, 《한국문화》 20, 규장각한국학연구소, 1997.

안병희, 〈대명률직해 이두의 연구〉, 《규장각》 9, 서울대학교 규장각, 1985.

안병희, 〈《대명률직해》의 서명〉, 《한국어연구》 1, 한국어연구회, 2003.

이성무, 〈경국대전의 편찬과 대명률〉, 《역사학보》 125, 역사학회, 1990.

장경준, 〈고마자와대학과 호사문고에 소장된《대명률직해》 고판본에 대하여〉, 《한국어학》 64, 한국어학회, 2014.

장경준, 〈花村美樹의 대명률직해 교정에 대하여〉, 《규장각》 46, 서울대학교 규장각한국학연구원, 2015.

장경준, 〈조선초기 대명률의 이두 번역에 대하여〉, 《우리어문연구》 52, 우리어문학회, 2016.

장경준, 〈《大明律直解》, 《大明律講解》, 《律解辯疑》와 洪武律에 대한 試論〉, 《민족문화》 49, 한국고전번역원, 2017.

장경준·진윤정, 〈《대명률직해》의 계통과 서지적 특징〉, 《서지학연구》 58, 한국서지학회, 2014.

정긍식·조지만, 〈대명률 해제〉, 《大明律直解》(영인), 서울대학교 규장각한국학연구원, 2001.

정긍식·조지만, 〈朝鮮 前期 《大明律》의 受容과 變容〉, 《진단학보》 96, 진단학회, 2003.

진윤정, 〈대명률직해에 사용된 조선한자어 연구-유형 분류와 의미 고찰을 중심으로-〉, 고려대학교 석사학위논문, 2016.

한상권, 〈세종대 치도론(治盜論)과 대명률〉, 《역사와 현실》 65호, 역사비평사, 2007.

니이다 노보루(仁井田陞) 지음, 임대희 · 박순곤 옮김, 《중국법제사연구-형법편》, 경북대학교 사범대학 역사교육과, 2003.(원저는 《中國法制史研究1 : 刑法》, 東京大學出版會, 1959.)

장진번(張晋藩) 주편, 한기종 · 김선주 · 임대희 · 한상돈 · 윤진기 옮김, 《중국법제사》, 소나무, 2006.(원저는 《中國法制史 增訂版》, 岩波書店, 2005.)

楊一凡, 《明初重典考》, 湖南人民出版社, 1984.

陳戌國, 〈大明律與明代禮制以及相關問題〉, 《湖南大學學報(社會科學版)》, 湖南大學期刊社, 2002~3.

Jiang YongLin, 《The Great Ming Code》, University of Washington Press, 2005.

한국민족문화대백과사전 온라인판(http://encykorea.aks.ac.kr/)

## 《대명률》 총목 456조,[1] 계 30권

大明律總目 凡四百五十六條 計三十卷



1 456조 : 1397년(홍무30)에 확정된 《대명률》의 조문 수는 모두 460조이다. 《대명률직해(大明律直解)》에는 '대명률 총목(大明律總目)'의 제목 밑에 '범사백오십육조(凡四百五十六條)'라고 되어 있는데, 실제 수록되어 있는 각 편의 조문을 합하면 458조이다. 총목의 내용 중에 〈형률(刑律)〉의 〈소송(訴訟)〉과 〈수장(受贓)〉이 각각 '계십일조(計十一條)', '계십조(計十條)'라고 표시되어 있으나 실제 본문과 목록에 수록된 조문은 12조와 11조로 1조씩 더 많기 때문이다. 이처럼 《대명률직해》에 반영된 조문은 홍무30년율보다 2조가 적고 조문의 배열 순서도 일부 차이를 보이는데, 이는 《대명률직해》의 저본이 1397년 이전의 율문이기 때문에 나타난 현상이다. 한편 17세기 이후에 간행된 《대명률직해》의 이본(異本)인 진주판, 낙안판, 평양판에는 목록이나 본문에 홍무30년율을 반영하여 권13과 권28의 마지막에 각각 '현대관방패면(懸帶關防牌面)'과 '이전대사초초(吏典代寫招草)'를 추가하기도 하였으나, 이때 추가된 2조에는 직해문이 실려 있지 않다. 본 역주본에서는 홍무30년율과 비교·대조하기 편리하도록 조문 배열을 460조로 구성하였다.

예율(禮律)
제사(祭祀)-권11, 계 6조-
의제(儀制)-권12, 계 20조-

병률(兵律)
궁위(宮衛)-권13, 계 18조-
군정(軍政)-권14, 계 20조-
관진(關津)-권15, 계 7조-
구목(廐牧)-권16, 계 11조-
우역(郵驛)-권17, 계 18조-

형률(刑律)
적도(賊盜)-권18, 계 28조-
인명(人命)-권19, 계 20조-
투구(鬪毆)-권20, 계 22조-
매리(罵詈)-권21, 계 8조-
소송(訴訟)-권22, 계 11조-
수장(受贓)-권23, 계 10조-
사위(詐僞)-권24, 계 12조-
범간(犯姦)-권25, 계 10조-
잡범(雜犯)-권26, 계 11조-
포망(捕亡)-권27, 계 8조-
단옥(斷獄)-권28, 계 28조-

공률(工律)
영조(營造)-권29, 계 9조-
하방(河防)-권30, 계 4조-

# 오형도

五刑之圖

| 명칭 | 내용 | | | | |
|---|---|---|---|---|---|
| 태형(笞刑) 5종 | 10대 | 20대 | 30대 | 40대 | 50대 |
| 장형(杖刑) 5종 | 60대 | 70대 | 80대 | 90대 | 100대 |
| 도형(徒刑) 5종 | 1년 장 60 | 1년 반 장 70 | 2년 장 80 | 2년 반 장 90 | 3년 장 100 |
| 유형(流刑) 3종 | 2000리 장 100 | 2500리 장 100 | 3000리 장 100 | | |
| 사형(死刑) 2종 | 교(絞) 지체(肢體)를 온전히 함 | 참(斬) 몸통과 머리를 분리함 | | | |

## 오형의 명칭과 정의

五刑名義

| 명칭 | 정의 |
|---|---|
| 태형(笞刑) | 사람이 가벼운 죄를 범하였을 때에 작은 싸리나무 매[1]로 때리는 것을 이른다. 10대부터 50대까지 5등급으로 나눈다. 10대씩 때리는 것을 1등급으로 삼아 더하거나 줄인다. |
| 장형(杖刑) | 사람이 죄를 범하였을 때 큰 싸리나무 매로 때리는 것을 이른다. 60대부터 100대까지 5등급으로 나눈다. 역시 10대씩 때리는 것을 1등급으로 삼아 더하거나 줄인다. |
| 도형(徒刑) | 사람이 조금 무거운 죄를 범하였을 때 관에 잡아 두고 소금을 굽거나 쇠를 불리는 등, 온갖 힘들고 괴로운 일을 시키는 것을 이른다. 1년부터 3년까지 5등급으로 나눈다. 장 10대와 반년씩을 1등급으로 삼아 더하거나 줄인다. |
| 유형(流刑) | 사람이 무거운 죄를 범하였으나 차마 형벌로 죽이지는 못할 때, 먼 지방으로 추방하여 종신토록 고향으로 돌아갈 수 없게 하는 것을 이른다. 2000리부터 3000리까지 3등급으로 나눈다. 500리씩을 1등급으로 삼아 더하거나 줄인다. |
| 교형(絞刑)<br>참형(斬刑) | 두 가지는 형벌 중에 가장 무거운 것이다. |

| 천사형(遷徙刑)[2] | 고향에서 1000리 밖으로 옮겨 떨어져 살도록 하는 것을 이른다. |
|---|---|

1 싸리나무 매 : 19세기 초 조선의 군・현에서는 싸리나무 대신에 물푸레나무로 태(笞)와 장(杖)을 만들었다는 기록이 있다.〔案律雖用荊 今郡縣所用 多用梣木〕《牧民心書 卷9 刑典 愼刑》

2 천사형(遷徙刑) : 죄인을 살던 곳에서 1000리 밖으로 쫓아내 종신토록 고향에 돌아오지 못하도록 한 형벌이다. 송(宋)에 이르러 처음 시작되었고 명(明)에서도 사용되다가 청(淸)에 이르러 폐지되었다. 법을 어긴 이가 비록 '죄는 가벼우나 정상(情狀)이 무거울' 경우에 쓰는 형벌인데, 죄가 가벼우므로 유형으로 처벌하면 너무 혹독하고, 정상이 무거우므로 도형으로 처벌하면 잘못을 징계하는 데 부족하기에 이 제도를 만든 것이다. 《소의(상) 67~70쪽》

# 형벌 도구의 도해

獄具之圖

<table>
<tr><th>명칭</th><th colspan="3">크기와 용법</th></tr>
<tr><td rowspan="2">태(笞)</td><td>대두경(大頭徑)[1]<br>2푼 7리</td><td>소두경(小頭徑)[2]<br>1푼 7리</td><td>길이<br>3자 5치</td></tr>
<tr><td colspan="3">작은 싸릿대로 만든다. 반드시 마디나 옹이를 깎아 내고, 관에서 내려 준 교판(較板)[3]을 사용하여 법에 따라 대조하여 잘못된 부분을 바로잡는다. 여러 가지 물건을 덧붙여 장식하지 못하게 한다. 태를 칠 때는 직경이 가는 부분을 써서 볼기를 친다.</td></tr>
<tr><td rowspan="2">장(杖)</td><td>대두경<br>3푼 2리</td><td>소두경<br>2푼 2리</td><td>길이<br>3자 5치</td></tr>
<tr><td colspan="3">큰 싸릿대로 만든다. 또한 반드시 마디나 옹이를 깎아 내고, 관에서 내려 준 교판을 사용하여 법에 따라 대조하여 잘못된 부분을 바로잡는다. 여러 가지 물건을 덧붙여 장식하지 못하게 한다. 장을 칠 때는 직경이 가는 부분을 써서 볼기를 친다.</td></tr>
<tr><td rowspan="2">신장<br>(訊杖)</td><td>대두경<br>4푼 5리</td><td>소두경<br>3푼 5리</td><td>길이[4]<br>3자 5치</td></tr>
<tr><td colspan="3">싸리나무 몽둥이로 만든다. 무거운 죄를 범하여 그 범죄의 증거가 명백한데도 승복하여 자백하지 않으면 문목(問目)과 진술을 명백히 한 문안을 작성하여 법에 따라 고신(拷訊)[5]한다. 볼기와 넓적다리를 나누어 친다.</td></tr>
</table>

1 대두경(大頭徑) : 굵은 부분의 지름이다.

2 소두경(小頭徑) : 가는 부분의 지름이다.

3 교판(較板) : 중앙이나 지방의 관청에서 태·장·신장 등 형구를 만들 때 대소의 차이가 없도록 규격을 맞추어 보는 표준 틀이다.

4 길이 : 조선에서 사용된 신장의 규격은 명률(明律)과 달랐다.〔此法我朝不用〕《흠휼전칙(欽恤典則)》《경국대전(經國大典)》을 비롯한 국전(國典)에는 신장의 규격에 대해 길이는 3자 3치, 윗부분 1자 3치는 지름 7푼, 아랫부분 2자는 너비 8푼, 두께 2푼으로 정하였는데〔長三尺三寸 上一尺三寸則圓徑七分 下二尺則廣八分 厚二分〕 신장의 길이에 대하여는 3자 3치와 3자 5치 사이에 혼선을 빚고 있었다. 《경국대전》이 시행되던 시대에는 3자 3치로 정하였다가 《대전통편(大典通編)》과 《흠휼전칙》이 시행되던 시대에는 3자 5치로 정하였고, 《육전조례(六典條例)》가 시행되던 시대에는 다시 3자 3치로 돌아갔다. 신장을 치는 부위를 명률은

<table>
<tr><th>명칭</th><th colspan="2">크기와 용법</th></tr>
<tr><td rowspan="2">칼</td><td>길이 5자 5치</td><td>두활(頭闊) 1자 5치</td></tr>
<tr><td colspan="2">마른 나무로 만든다. 사죄(死罪)에는 무게가 25근이고, 도죄(徒罪)·유죄(流罪)에는 무게가 20근이며, 장죄(杖罪)에는 무게가 15근이다. 길이·무게를 그 위에 새겨 넣는다.</td></tr>
<tr><td rowspan="2">수갑</td><td>두께 1치</td><td>길이 1자 6치</td></tr>
<tr><td colspan="2">마른 나무로 만든다. 남자가 사죄를 범하면 수갑을 채운다. 유죄 이하의 죄를 범하거나 부인이 사죄를 범하면 채우지 않는다.</td></tr>
<tr><td rowspan="2">쇠줄</td><td colspan="2">길이 1길</td></tr>
<tr><td colspan="2">쇠로 만든다. 가벼운 죄를 범한 사람에게 사용한다.</td></tr>
<tr><td rowspan="2">족쇄</td><td>고리를 이은 것</td><td>전체 무게 3근</td></tr>
<tr><td colspan="2">쇠로 만든다. 도죄를 범하면 족쇄를 차고 일하게 한다.</td></tr>
</table>

'볼기와 넓적다리'로 설정하였지만 《경국대전》을 비롯한 국전은 '정강이'로 설정하였다.

5 고신(拷訊) : '고'는 죄를 자백받기 위하여 형장(刑杖)으로 때리면서 고문을 가하는 것이고, '신'은 고신할 때 사용하는 신장이다.〔拷拷打 訊訊杖〕《집해 1975쪽》 고신은 심문할 때 하는 것으로 오형에 속하지 않는다. 죄를 범하였음이 명백한데도 교활하게 부인하며 자백하지 않으면 고신을 가한다.〔拷訊是審時之事 不在五刑之內 罪犯已眞 而狡賴不承 乃加拷訊〕《집주(하) 1006쪽》

# 상복을 총론한 도해[1]

總論喪服之圖

| 명칭 | 상기 | 제작 시 유의 사항 |
|---|---|---|
| 참최(斬衰) | 3년 | 매우 거친 삼베로 짓는다.<br>아랫단을 꿰매지 않는다. |
| 자최(齊衰) | 3년 | 약간 거친 삼베로 짓는다.<br>아랫단을 꿰맨다. |
| | 장기(杖期) 1년이다. | |
| | 부장기(不杖期) 역시 1년이다. | |
| | 5개월 | |
| | 3개월 | |
| 대공(大功) | 9개월 | 거친 숙포(熟布)로 짓는다. |
| 소공(小功) | 5개월 | 약간 거친 숙포로 짓는다. |
| 시마(緦麻) | 3개월 | 약간 가는 숙포로 짓는다. |

1 상복을 총론한 도해 : 4책 357쪽 〈복제(服制)〉 참조.

## 여덟 글자의 뜻을 예를 들어 분별함

例分八字之義

| 글자 | 뜻 |
|---|---|
| 이(以) | '이'는 진범(眞犯)과 같다는 뜻이다. 가령 감수(監守)가[1] 관의 물건을 팔면 실제 훔친 것과 다르지 않기 때문에 왕법(枉法)'으로써' 논하거나 도적'으로써' 논하여 모두 제명(除名)하거나 자자(刺字)[2]하며, 죄가 참형이나 교형에 이르면 아울러 전과(全科)[3]하는 것을 이른다. |
| 준(準) | '준'은 진범과 차이가 있다는 뜻이다. 가령 왕법에 '준한다'거나 도적에 '준하는' 것으로 논할 때, 다만 그 죄에 '준할' 뿐 제명하거나 자자하는 예를 적용하지 않고, 사죄(死罪)에 이를지라도 죄는 장 100 유 3000리에 그치는 것을 이른다. |
| 개(皆) | '개'는 수범(首犯)과 종범(從犯)을 나누지 않고 같은 등급으로 과죄(科罪)한다는 뜻이다. 가령 감림·주수의 직역을 수행하는 이들이 뜻을 같이하여 자신들이 감수하는 관의 물건을 훔치면 병장(倂贓)[4]하여 40관의 관수(貫數)가 차면 모두 참형에 처하는 따위를 이른다. |

1 감수(監守) : '감림주수(監臨主守)'의 준말이다. 감림이란 사람 또는 사물에 대해 일반적으로 자신의 행정적 재량권을 미칠 수 있는 지위에 있는 사람을 가리키고, 주수란 문서·창고·잡물·옥수 등을 보관·간수하는 일에 직접 종사하는 사람을 가리킨다. ① 43 稱監臨主守

2 자자(刺字) : 292조 절도(竊盜)에 규정한 것처럼 대개 도둑질한 자에게 가했던 형벌로, 얼굴이나 팔뚝에 죄명을 새겨 넣는 벌이다. 중국 고대의 육형(肉刑) 가운데 하나였던 자자형은 한 문제(漢文帝)에 의해 공식적으로 폐지되었으나, 예외적으로 오대(五代) 시기에 다시 나타나기 시작하였고, 송대에는 국가의 공식적인 형벌 체계로 제도화되었다.

3 전과(全科) : 율문에서 '이(以)~'라 할 경우, 사죄(死罪)에 이르면 사형에 처하고 부가형(附加刑)도 가하는데, 이처럼 율문에 정해진 형량대로 온전히 과죄(科罪)하는 것을 '전과'라 한다. 율문에서 '이왕법론(以枉法論)', '이도론(以盜論)'이라 일컫는 따위는 그 일이 서로 동등하고 정상(情狀)이 아울러 중하기 때문에, 그 죄를 모두 진범과 똑같이 하여 자자·교형·참형을 모두 본율에 따라 과단(科斷)하는데, 이것이 전과의 뜻이다.〔若稱以枉法論及以盜論之類 迺其事之相等 而情則竝重 故其罪皆與眞犯同 刺字絞斬 皆依本律科斷 卽上文全科意也〕《집설 권1 66장》

4 병장(倂贓) : 여러 사람이 함께 훔친 물건을 각자 나누었어도 이를 모두 합친 액수로 논하는 것을 말한다. 예를 들면 10명이 공동으로 40관(貫)을 훔쳐 비록 4관씩 나누어 가졌더라도 각자가 40관을 가진 것으로 논하여 참형에 처한다. ③ 287 監守自盜倉庫錢糧

| 글자 | 뜻 |
| --- | --- |
| 각(各) | '각'은 쌍방에게 똑같이 이 죄를 과죄한다는 뜻이다. 가령 각종 장인(匠人)들이 뽑혀 내부(內府)[5]에 가서 작업할 때 자신이 직접 역(役)에 나가지 않고 사람을 사서 이름을 사칭하여 사사로이 대신하게 하면 대체한 사람과 대체된 사람에게 '각각' 장 100을 치는 따위를 이른다.[6] |
| 기(其) | '기'는 앞의 뜻에서 바뀐다는 뜻이다. 가령 팔의(八議)에 해당하는 사람의 범죄를 논할 때 여럿이 모여 의논할 것을 먼저 주청(奏請)하지만, '단' 십악(十惡)을 범하였으면 이 율을 적용하지 않는 따위를 이른다.[7] |
| 급(及) | '급'은 일의 정황이 뒤로 이어진다는 뜻이다. 가령 준 자와 받은 자 모두에게 죄가 되는 장물(贓物)[8] '및' 마땅히 금하는 물건[9]이면 관에 몰수하는 따위를 이른다.[10] |
| 즉(卽) | '즉'은 율문의 뜻이 다 드러났으나 다시 분명히 한다는 뜻이다. 가령 죄를 범하고 일이 발각되어 도망한 경우 여러 증거가 명백하면 '곧' 옥사가 성립된 것과 같게 보는 따위를 이른다.[11] |
| 약(若) | '약'은 문장은 비록 다르나 위의 뜻과 합치된다는 뜻이다. 가령 죄를 범하였을 때 노질(老疾)[12]이 아니더라도 일이 발각되었을 때 노질이면 노질로 논하는데, '마찬가지로' 도역(徒役)의 연한 내에 노질이면 또한 같이 처리하는 따위를 이른다. |

5 내부(內府) : 두 가지 의미가 있다. 첫째, 황성(皇城) 안으로, '내'는 궁궐의 안이며 '부'는 간직하는 것이다. 무릇 황성의 안은 모두 내부가 된다.〔內者 宮禁之內 府 藏也 凡皇城之內 皆爲內府〕《소의(하) 195쪽》 둘째, 황제의 창고로, 천자의 창고를 내부라고 한다. 황성의 금지(禁地)에 있다.〔天子之庫曰內府 在皇城禁地之中〕《집주(하) 556쪽》 ③ 283 盜內府財物

6 각은……이른다 : ③ 207 內府工作人匠替役

7 기는……이른다 : ① 4 應議者犯罪

8 준 자와……장물(贓物) : ① 23 給沒贓物

9 마땅히 금하는 물건 : 병장기·천문서(天文書)·도참서(圖讖書) 등과 같이 민간에서 가지고 있어서는 안 되는 물건이다. ③ 235 私藏應禁軍器

10 급은……이른다 : ① 23 給沒贓物

11 즉은……이른다 : ① 30 犯罪事發在逃

12 노질(老疾) : '노'는 70세 이상의 노인을 말하며, '질'은 불구의 정도에 따라 폐질(癈疾)과 독질(篤疾)로 구분한다. ① 22 犯罪時未老疾

# 대명률직해

## 제1권 명례율 名例律

## 명례율 名例律

〈명례율〉의 '명(名)'은 오형(五刑)에 상당하는 죄명(罪名)이며, '예(例)'는 이전(吏典)·호전(戶典)·예전(禮典)·병전(兵典)·형전(刑典)·공전(工典) 등 육전(六典)의 범례(凡例)이다. 전국 시대 이회(李悝, 기원전 455~기원전 395)가《법경(法經)》6편을 저술하였는데 그중 여섯째 편을 〈구법(具法)〉이라 한다. 진(秦)의 상앙(商鞅, ?~기원전 338)이 법(法)을 율(律)이라 개칭함에 따라 〈구법〉이 〈구율(具律)〉이 되었고, 한(漢)이 3편을 더하여《구장률(九章律)》이 되었으나, 〈구율〉은 이전 그대로였다. 삼국 시대 위(魏)가 〈구율〉을 〈형명(刑名)〉으로 개정하고 법전의 맨 앞에 두었으며, 진(晉)은 〈형명〉과 〈법례(法例)〉로 나누었고, 북제(北齊)는 합하여 〈명례(名例)〉라 하였다가 북주(北周)가 다시 〈형명〉이라 하였다. 수(隋)는 다시 〈명례〉라 하였고, 당(唐)은 그대로 따랐으되 〈명례〉를 여섯으로 나누었다.

명(明)은 합하여 하나로 하였으나 명의 제도와 합치되지 않는 경우 당률 10조 칠품이상지관(七品以上之官), 20조 부호관칭(府號官稱), 12조 부인관품읍호(婦人官品邑號), 13조 오품이상첩유범(五品以上妾有犯) 등은 산삭(刪削)하고, 5조 직관유범(職官有犯), 6조 군관유범(軍官有犯), 15조 유수가속(流囚家屬), 9조 응의자지부조유범(應議者之父祖有犯) 등을 추가하였다. 이를 총괄하여 〈명례〉라 하였다. 〈명례〉는 모든 율문의 준칙(準則)으로 총칙에 해당하기 때문에 육전의 첫머리에 배치하였다. 모두 47조이다.

# 1

# 오형[1]

五刑

태형(笞刑)[2]은 5등급이 있다.

10대.-속(贖)은 동전(銅錢) 600문(文)이다.-

**직해** 오승포(五升布)[3] 3필(疋)로 환산한다.

20대.-속은 동전 1관(貫) 200문이다.-

**직해** 오승포 6필로 환산한다.

30대.-속은 동전 1관 800문이다.-

**직해** 오승포 9필로 환산한다.

40대.-속은 동전 2관 400문이다.-

**직해** 오승포 12필로 환산한다.

1 오형 : 오형의 제도는 앞의 〈오형도〔五刑之圖〕〉에 보인다. 여기에 나열한 것은 속법(贖法)이다.〔五刑之制 已見五刑圖 此所列者 贖法也〕《전석 권1 1장》

2 태형(笞刑) : 사람에게 작은 허물이 있으면 법은 경고하고 타일러서 깨우치게 해야 한다. '태'는 때리는 것으로, 때려서 부끄럽게 만든다는 뜻이다. 작은 싸릿대로 쳐서 부끄러워 잘못을 고칠 줄 알게 하는 것으로, 《서경(書經)》〈우서(虞書) 순전(舜典)〉에서 말한 "회초리로 학생을 가르치는 형벌로 삼았다."는 것이다. 10대부터 50대까지 모두 5등급이다.〔笞者 擊也 擊以耻之之義 謂人有小過 法須警誡 以小荊條決打 使之耻而知改 卽書所謂扑作敎刑也 自一十至五十 凡五等〕《집주(상) 1~2쪽》

3 오승포(五升布) : 1승(升)은 날실 80가닥이므로, 5승이란 날실 400가닥을 1폭(幅)으로 하여 짠 베이다. 공용(公用)의 기준으로 삼는 베를 '정포(正布)'라고 하는데, 정포를 '오승포'라고도 하였다.

50대.-속은 동전 3관이다.-

**직해** 오승포 15필로 환산한다.

## 장형(杖刑)[4]은 5등급이 있다.

60대.-속은 동전 3관 600문이다.-

**직해** 오승포 18필로 환산한다.

70대.-속은 동전 4관 200문이다.-

**직해** 오승포 21필로 환산한다.

80대.-속은 동전 4관 800문이다.-

**직해** 오승포 24필로 환산한다.

90대.-속은 동전 5관 400문이다.-

**직해** 오승포 27필로 환산한다.

100대.-속은 동전 6관이다.-

**직해** 오승포 30필로 환산한다.

## 도형(徒刑)[5]은 5등급이 있다.

4 장형(杖刑) : 사람에게 죄가 있으면 법은 마땅히 징벌해야 한다. '장'은 잡는 것으로, 잡고서 친다는 뜻이다. 큰 싸릿대로 때려 아프게 하여 두려움을 알게 하는 것으로, 《서경》〈우서 순전〉에서 말한 "채찍으로 관리를 경계하는 형벌로 삼았다."는 것이다. 60대부터 100대까지 모두 5등급이다.〔杖者 持也 持以擊之之義 謂人有罪 法當懲創 以大荊條決打 使之痛而知畏 卽書所謂鞭作官刑也 自六十至一百 凡五等〕《집주(상) 2쪽》 태와 장은 모두 싸릿대를 쓰고 다만 크기로 구별하는데 율문에 비겨 죄명을 정한 후에 때린다.〔笞杖皆用荊條 但以大小爲別 擬定罪名而後決之也〕《집주(상) 2쪽》 수대(隋代)에 이르러 채찍 대신 장을 썼다.〔爰洎隋室 以杖易鞭〕《당률 2조 杖刑五》

1년, 장 60대.-속은 동전 12관이다.-

**직해** 오승포 60필로 환산한다.

1년 반, 장 70대.-속은 동전 15관이다.-

**직해** 오승포 75필로 환산한다.

2년, 장 80대.-속은 동전 18관이다.-

**직해** 오승포 90필로 환산한다.

2년 반, 장 90대.-속은 동전 21관이다.-

**직해** 오승포 105필로 환산한다.

3년, 장 100대.-속은 동전 24관이다.-

**직해** 오승포 120필로 환산한다.

## 유형(流刑)[6]은 3등급[7]이 있다.

5 도형(徒刑) : '도'는 노(奴)로 만들어 욕보인다는 뜻으로, 범한 죄가 조금 무거워 관에 분잡아 가두고 힘든 일을 노역하도록 하는 것을 말한다. 장 60 도 1년부터 장 100 도 3년까지 모두 5등급이다. 장은 많이 때리면 사람이 견딜 수 없으므로 100에 이르면 그치지만 죄의 무겁고 가벼움은 여전히 차등이 있으므로 장을 줄이고 도를 더하는 법이 있는 것이다.〔徒者 奴也 奴以辱之之義 謂罪犯稍重 拘收在官 使之役作辛苦之事 自杖六十徒一年 至杖一百徒三年 凡五等 蓋杖至一百而止 再多則人不能受 而罪之輕重 尙有差等 故有減杖加徒之法也〕《집주(상) 3쪽》

6 유형(流刑) : '유'는 멀리 보내 고향 땅을 떠나게 하여 한평생을 마칠 때까지 돌아오지 못하도록 하는 것으로 물이 흘러 되돌아오지 못하는 것과 같다. 사람이 중죄를 지었으나 죽여야 하는 법과는 그래도 차이가 있어서 차마 형살(刑殺)할 수 없으므로 낯선 땅으로 떠나보내는 것이다. 2000리부터 3000리까지 모두 3등급이다.〔流者 遣之遠去 使離鄕土 終身不歸 如水之流而不返也 謂人犯重罪 尙與應死之法有間 不忍刑殺 故流之異地也 自二千里至三千里 凡三等〕《집주(상) 3쪽》

7 3등급 : 《서경》〈우서 순전〉에서 "대죄를 범한 자는 사방의 변방 끝으로 옮겨 두는데, 혹 바다 밖으로 귀양 보내고, 다음은 9주(州) 밖으로, 그다음은 수도 밖으로 귀양 보낸다."라

2000리, 장 100대.-속은 동전 30관이다.-

**직해** 오승포 150필로 환산한다.

2500리, 장 100대.-속은 동전 33관이다.-

**직해** 오승포 165필로 환산한다.

3000리, 장 100대.-속은 동전 36관이다.-[8]

**직해** 오승포 180필로 환산한다.

사형(死刑)은 2등급이 있다.

교형(絞刑), 참형(斬刑).-속은 동전 42관이다.-

**직해** 오승포 210필로 환산한다.

고 하였다. 이 제도는 요순(堯舜) 때부터 비롯되었는데 3등급의 유형은 바로 이 뜻이다. 〔書云 大罪投之四裔 或流之于海外 次九州之外 次中國之外 蓋始於唐虞 今之三流 卽其義也〕《당률 4조 流刑三》

8 속은 동전 36관이다 : 1402년(태종2) 이 조문을 조선의 실정에 맞추어 조정하는 논의가 이루어졌다. 조선에서는 오승포 15필이 동전 1관에 준하므로 3000리 유형의 속전(贖錢)을 받는 액수인 36관은 오승포 540필이 된다. 그런데 조선의 지경(地境)이 3000리가 되지 않는데 속전은 3000리의 수대로 적용한다면 명실(名實)이 부합되지 않으므로 이에 대해 조정(朝廷)이 논의하였다. 그 결과 동전 36관을 속전으로 받는 3000리 유형은 조선에서 가장 먼 경원부(慶源府) 1680리를 기준으로 하여 36관에서 3분의 1을 감한 24관에 준해 계산해서 오승포 360필로 정하였다. 동전 33관을 속전으로 받는 2500리 유형은 경원부 다음으로 먼 동래현(東萊縣) 1230리를 기준으로 하여 33관에서 3분의 1을 감한 22관에 준해 계산해서 오승포 330필로 하였으며, 동전 30관을 속전으로 받는 2000리의 유형은 그다음으로 먼 축산도(丑山島) 1065리를 기준으로 하여 30관에서 3분의 1을 감한 20관에 준해 계산해서 300필로 정하였다. 그런 뒤 유죄(流罪)의 속전은 조선의 이수(里數)에 준하여 계산하도록 하였다.《太宗實錄 2年 9月 3日》 한편, 1406년(태종6)에는 동전을 오승포로 환산하는 비율을 3분의 2로 줄여 속전을 줄여 주었고, 1425년(세종7)에는 명률에 규정된 동전의 양을 3분의 1로 줄여 속전을 줄여 주었다.

해설

태형·장형·도형·유형·사형의 다섯 가지 형벌의 등급과 각 등급에 따른 속전(贖錢)의 양이 동전으로 얼마인지를 명시한 조문이다. 오형의 의미, 오형 각각의 등급, 사용되는 형구(刑具)에 대해서는 권수(卷首)의 〈오형의 명칭과 정의〉, 〈오형도〉, 〈형벌 도구의 도해〉에서 설명하였다. 《대명률》의 서장(序章)인 〈명례율〉은 맨 앞에 오형을 명기함으로써 각각의 형벌이 법률에 따라 규정된 정당한 것임을 보여 준다. 고대의 오형은 이마에 글자를 새기는 묵형(墨刑), 코를 베는 의형(劓刑), 발꿈치를 베는 월형(刖刑), 생식기를 제거하는 궁형(宮刑), 죽이는 대벽(大辟)이었는데, 이는 순임금 때 시작하여 주(周)에 이르기까지의 형벌이었다. 오형의 형벌 체계는 580년대 초반 제정하여 공포된 수 문제(隋文帝)의 개황률(開皇律)부터 태형·장형·도형·유형·사형으로 바뀌는데, 당(唐)·송(宋)·명(明)·청(淸)을 거쳐 20세기 초 심가본(沈家本, 1840~1913)의 법제 개혁으로 형벌 규정을 새로 제정할 때까지 큰 변화 없이 유지되었다. 오형의 형벌 체계는 조선·일본 등 동아시아의 다른 국가에도 널리 전파되었는데, 일본에서는 8세기부터 메이지 시대인 1871년의 신법에까지 오형의 틀을 사용하였고, 조선에서는 《대명률》의 수용을 통해 오형의 형벌 체계가 조선의 현실에 적용된 이후 대한제국이 《형법대전(刑法大全)》을 반시(頒示)하는 1905년 4월 29일까지 유지되었다.

오형의 형벌 체계는 태형 5등급, 장형 5등급, 도형 5등급, 유형 3등급, 사형 2등급 등 모두 20등급인데, 범죄의 심각성에 따라 신체에 주는 고통의 가혹한 정도를 체계화한 것이다. 그러나 사형의 등급을 나누는 기준은 수형자가 받을 고통이라기보다는 신체의 완전성 여부였다. 교형은 죽어도 신체가 온전하게 보전되는 반면, 목을 베는 참형은 몸통과 머리를 분리시켜 신체의 완전성을 손상하는 것이다. 당률에서는 도형과 유형이 그 자체 독자적인 형벌인데 반해, 명률에서는 도형과 유형에 장형을 부가하는 복합형으로 바뀌어, 유형에는 장 100이 병과(倂科)되었고, 도형도 장 60부터 장 100까지가 병과되었다.

한편, 오형의 형벌에 대해 속전을 내고 형의 집행을 면제받을 수 있게 하는 수속(收贖) 규정이 있다. 형벌의 등급에 따른 속전(贖錢)의 양은, 당률은 동(銅) 1근부터 동 120근까지 차등화되어 있고, 명률은 동전 600문(文)부터 동전 42관(貫)까지 차등화되어 있다. 또한 기예나 재능이 있는 사람이 도형이나 유형에 해당하는 죄를 범하였을 때, 장형만 집행하고 머물러 살게 하는 유주법(留住法)의 형태로 형벌의 집행을 대체하는 규정도 있었다. 가령 공장(工匠)이나 악호(樂戶)는 중앙 관청에 번상(番上)하여 소정의 역에 종사하는 의무를 지는데, 이들을 멀리 유배 보내면 중앙 관청의 역무(役務)에 지장이 생기므로 유형 대신 장만 치고 본래의 역소(役所)에 머물러 있으면서 역을 지게 하는 것이다.

# 2
## 십악[1]
## 十惡

첫째는 모반(謀反)[2]이다.-사직(社稷)[3]을 위태롭게 하려고 꾀하는 것을 이른다.-
**직해** 사직을 위태롭게 하기 위하여 꾀하는 것이다.

둘째는 모대역(謀大逆)[4]이다.-종묘(宗廟)와 산릉(山陵) 및 궁궐[5]을 훼손하려고 꾀하는 것을 이른다.-
**직해** 종묘・산릉・궁궐 등을 훼손하기 위하여 꾀하는 것이다.

셋째는 모반(謀叛)[6]이다.-본국을 배반하고 몰래 다른 나라를 따를 것을 모의하는

1 십악(十惡) : 열 가지 중대한 죄악이다. 《주례(周禮)》에서 "오형을 제정할 때 반드시 부자의 친함과 군신의 의로움을 근본으로 한다."라고 하였는데, 이 조문에 기록된 것은 모두 임금도 몰라보고 아비도 몰라보며, 인륜을 어그러뜨리고 덕을 어지럽히는 것으로, 하늘과 땅이 용납하지 못하고, 신령과 사람이 모두 분노하는 바이므로 통틀어 '악'이라고 이름 붙인 것이다.〔周禮曰 凡制五刑 必原父子之親 君臣之義 此條所載 皆是無君無親 敗倫亂德 天地之所不容 神人之所共憤者 故總名曰惡〕《석의 권1 2~3장》

2 모반(謀反) : ③ 277 謀反大逆

3 사직(社稷) : '사'는 토지의 신이고 '직'은 곡식의 신이다. 일반적으로 사직은 나라를 가리키지만 여기서는 황제를 가리키는 용어로 사용되었다. 감히 존호를 함부로 부를 수 없으므로 가탁하여 '사직'이라고 말한 것이다.〔不敢指斥尊號 故託云社稷〕《당률 6조 十惡》〔社稷者 天下之辭 社爲土神 稷爲田正 所以神地道而司稼穡 君爲神主 食爲民天 臣下將圖逆節 危及天下 則社稷安恃 不敢指斥 故曰社稷也〕《집주(상) 8쪽》

4 모대역(謀大逆) : ③ 277 謀反大逆

5 종묘(宗廟)와……궁궐 : 종묘와 산릉은 선왕의 사당이고 궁궐은 국왕 한 사람을 말하는 것인데, 감히 도모하는 것이 종묘・산릉・궁궐에 이르면 이보다 더 큰 반역이 없다.〔宗廟山陵者 先君之祠 宮闕者 一人之辭 敢謀及此 則逆莫大焉〕《집주(상) 8쪽》

6 모반(謀叛) : '반'은 배반하는 것으로, 성을 버리고 적국에 투항하고자 하거나 백성을 이끌고 나라 밖으로 달아나고자 하는 것이다.〔叛者 背也 或欲翻城投僞 或欲率衆外奔〕《집주

것을 이른다.-

**직해** 본국을 배반하고 다른 나라와 몰래 통하여 반란을 꾀하는 것이다.

넷째는 악역(惡逆)이다.-조부모[7]나 부모, 남편의 조부모나 부모를 때리거나 죽이려고 꾀하는 것, 백숙 부모(伯叔父母)나 고모나 형이나 누나나 외조부모 및 남편을 죽이는 것[8]을 이른다.-[9]

**직해** 조부모·부모나 남편의 조부모·부모 등을 때려 상처를 입히거나 죽이기를 꾀하거나, 아버지의 형제인 백숙부나 백숙부의 처인 백숙모나 아버지의 동복(同腹) 누이인 고모나 나의 형 또는 누나나 어머니의 부모나 자신의 남편 등을 죽이려고 꾀하는 것이다.[10]

다섯째는 부도(不道)이다.-한집안의 사죄(死罪)를 짓지 않은 세 사람을 죽이는 것,[11] 타인의 사지(四肢)를 해체하는 것,[12] 생기(生氣)를 채취하는 것,[13] 독충을 길러

(상) 9쪽》 ③ 278 謀叛

7 조부모 : ① 41 稱期親祖父母

8 백숙 부모(伯叔父母)나……것 : 원문에서 백숙 이하에 나오는 '살(殺)' 자는 모살(謀殺)·고살(故殺)·구살(毆殺)을 구분하지 않는다.〔伯叔以下殺字 不分謀故毆〕《집주(상) 9쪽》

9 조부모나 부모……이른다 : 조부모나 부모는 죽이려고 모의만 하거나 때리기만 하여도 바로 처벌하지만 백숙 이하는 반드시 살인의 결과가 발생해야 비로소 악역에 들어간다. 만약 모의하였으나 죽이지 않으면 불목(不睦)에 해당하는데, 악역은 일반 사면령에서는 용서받지 못하지만 불목은 사면령이 내려지면 용서받는다.〔祖父母父母 但謀但毆卽坐 伯叔以下 須據殺訖 方入惡逆 若謀而未殺 自當不睦之條 蓋惡逆者常赦不原 不睦則會赦原宥〕《집주(상) 9쪽》

10 죽이려고 꾀하는 것이다 : 악역에 대해 율주에서는 백숙 부모나 고모나 형이나 누이나 외조부모 및 남편을 죽인 경우를 지칭하는 반면, 직해에서는 죽이려고 꾀한 자까지도 포함하였다.

11 한집안의……것 : ③ 310 殺一家三人

12 타인의……것 : 사람을 죽일 때 바로 사지를 해체하거나, 먼저 사지를 해체한 뒤에 죽이거나, 일부러 불을 질러 죽이거나, 죽이고 불태운 경우 모두 지해(支解)이다. 죽이고 한참 지난 뒤에 다시 가서 그 사지를 해체하거나 혹은 다시 가서 불태우는 것은 지해에 해당되지 않는다.〔或殺死時 卽支解 或先支解而後殺死 或故焚燒而殺 或殺死卽焚燒 竝謂支解 若已殺訖 更隔良久 復去支解 或復去焚燒者 不同支解之限〕《강해 357쪽》 ③ 310 殺一家三人

독극물을 만드는 것,[14] 염매(魘魅)[15]를 이른다.-

**직해** 한집안 안의 사죄가 아닌 세 사람을 살해하거나, 다른 사람의 사지를 잘라 내거나, 다른 사람의 생기를 채취하거나, 사람을 해치는 독충 따위를 기르거나, 염매에 가탁하여 저주하는 것이다.

여섯째는 대불경(大不敬)이다.-대사(大祀)[16]에서 신에게 바치는 물건[17]이나 황제가 사용하는 물건[18]을 훔치는 것, 어보(御寶)를 훔치거나 위조하는 것,[19] 황제의 약을

13 생기(生氣)를 채취하는 것 : 타인을 채생절할(採生折割)하는 것을 가리킨다. ③ 311 採生折割人

14 독충을……것 : 독충은 종류가 많아서 다 자세히 살필 수 없고 사도(邪道)・요술(妖術)에 관계되는 것이므로 자세히 알 수 없으나, 여러 독충을 한 그릇 안에 모아 놓고 끝까지 서로 잡아먹게 하여 모든 독충이 다 없어지고, 만약 뱀만 남게 되면 곧 뱀의 독이 되는 따위이다. 원문의 '조(造)'는 이러한 독충을 스스로 만드는 것이고, '축(畜)'은 전해 받아 기르는 것이다.〔蠱有多種 罕能究悉 事關左道 不可備知 或集合諸蠱 置於一器之內 終而相食 諸蠱皆盡 若蛇在卽爲蛇蠱之類 造謂自造 畜謂傳畜〕《강해 359쪽》 ③ 312 造畜蠱毒殺人

15 염매(魘魅) : 염사(魘事)에는 방법이 많아 자세히 알기 어려운데, 형상을 그리거나 인체를 조각하여 심장을 찌르거나, 눈에 못을 박거나, 손을 묶거나 다리를 묶는 등 사람을 억누르거나 복종시키는 염사는 한두 가지가 아니다. '매(魅)'는 귀신에 가탁하거나, 혹은 망령되이 사도・요술을 행하는 따위이다.〔魘事多方 罕能詳悉 或圖畫形像 或刻作人身 刺心釘眼繫手縛足 如此魘勝事非一端 魅者或假托鬼神 或妄行左道之類〕《강해 360쪽》 ③ 312 造畜蠱毒殺人

16 대사(大祀) : 하늘과 땅에 제사 지내는 것을 '사(祀)', 종묘에 제사 지내는 것을 '향(享)'이라 하며, 모두 '대사'라 일컫는다.〔天地曰祀 宗廟曰享 俱名大祀〕《강해 227쪽》 대제는 천지에 제사 지내고, 묘향은 태묘에 제사 지내고, 산릉에 제사 지내는 것인데 이를 통틀어 '대사'라고 한다.〔大祭 祀天地也 廟享 祭大廟也 祀山陵也 以上統曰 大祀〕《부례(상) 500쪽》

17 신에게 바치는 물건 : 대사에서 천신과 지신에게 바치는 물건을 말한다. ③ 280 盜大祀神御物

18 황제가 사용하는 물건 : 황제가 입거나 쓰는 물건을 말한다. 군주는 천하를 가(家)로 삼아 수레를 타고 순행하는데, 감히 존호를 함부로 부를 수 없기에 '승여(乘輿)'를 가탁하여 말한 것이다.〔乘輿服御物者 謂主上服御之物 人主以天下爲家 乘輿巡幸 不敢指斥尊號 故託乘輿以言之〕《당률 6조 十惡》 원문 '복(服)'은 이불이나 방석 따위를 통틀어 말한 것으로 실제 사용하고 있는 것이나 예비용 모두 담당관이 안배(安排)하여 바쳐야만 비로소 어물(御物)이 된다.〔服通衾茵之屬 眞副等 皆須監當之官 部分擬進 乃爲御物〕《당률 6조 十惡》 ② 183 乘輿服御物 ③ 283 盜內府財物

19 어보(御寶)를……것 : ③ 283 盜內府財物

조제하는 데 착오로 본방(本方)[20]대로 하지 않거나 봉제(封題)[21]에 착오가 있는 것, 황제에게 올리는 음식을 만들 때 착오로 식금(食禁)[22]을 범하는 것,[23] 황제가 타는 배를 건조하는 데 착오로 견고하게 하지 못한 것 등을 이른다.-[24]

**직해** 태묘 및 능묘에서 신에게 바치는 물건과 임금에게 올리는 수레, 가마, 입고 쓰는 물건[25] 등을 훔치거나, 임금의 도장을 훔치거나 위조하거나, 임금에게 올리는 약을 착오로 본방에 따르지 않거나, 약봉지의 이름을 잘못 쓰거나, 임금에게 올리는 음식을 착오로 식금을 범하거나, 임금이 몸소 타는 배를 착오로 견실하게 만들지 않는 것이다.

일곱째는 불효(不孝)이다.-조부모나 부모, 남편의 조부모나 부모[26]를 고소하거나[27]

20 본방(本方) : 의약의 처방서에 실린 품질, 맛, 무게에 대해 원래 정해진 것을 이른다.《언해 권14 35장》 ② 182 合和御藥

21 봉제(封題) : ② 182 合和御藥

22 식금(食禁) : ② 182 合和御藥

23 식금(食禁)을 범하는 것 :《주례(周禮)》〈천관총재(天官冢宰)〉에 "식의(食醫)가 왕의 여덟 가지 진미를 관장한다."라고 하였으니 해당 관사는 특별히 공경하고 신중해야 한다. 황제에게 올리는 음식을 조리할 때에는 반드시《식경(食經)》에 의거해야 하는데 착오로 이를 따르지 않으면 이것이 불경이다.〔周禮 食醫掌王之八珍 所司特宜敬愼 營造御膳 須憑食經 誤不依經 卽是不敬〕《당률 6조 十惡》

24 대사(大祀)에서……이른다 : 대사에서 신에게 바치는 물건은 하늘과 조상의 신이 깃드는 것이며, 황제가 사용하는 물건은 황제가 쓰는 것이다. 어보는 관계되는 바가 더욱 크므로 훔치거나 위조하면 죄가 매우 무겁다. 황제의 약을 조제하는 등의 일은 비록 착오로 말미암은 것이나 또한 불경이 된다. 신하가 군주에 대해서는 모든 일에 공경하고 삼가야 하는데, 잘못하였다는 것은 틀림없이 업신여기고 소홀히 하는 데서 말미암은 것이므로 이보다 더 큰 불경이 없는 것이다.〔大祀神御物 天祖之所憑 乘輿服御物 人君之所用 而御寶所關尤大 盜及僞造 罪固至重 如合和御藥等項 雖出于誤 而亦爲不敬 蓋臣之于君 凡事皆當敬謹 誤必由於輕忽 則不敬莫大焉〕《집주(상) 9~10쪽》 ② 183 乘輿服御物

25 임금에게……물건 : 율주 원문의 승여(乘輿)를 당률 6조 십악(十惡)에서는 황제를 상징하는 단어로 사용하였으나 직해에서는 수레나 가마로 번역하였다.

26 남편의 조부모나 부모 : 당률에는 고소하거나, 저주하거나, 욕하면 불효가 되는 대상에 남편의 조부모나 부모가 포함되지 않는다.

27 조부모나 부모……고소하거나 : ④ 361 干名犯義

저주하거나 욕하는 것,[28] 조부모나 부모가 생존하여 있는데 호적을 따로 만들거나 재산을 나누거나[29] 또는 봉양함에 모자람이 있는 것,[30] 부모의 상중에 있으면서 자신이 시집가거나 장가들거나[31] 또는 음악을 연주하거나 상복을 벗고 길복(吉服)을 입는 것,[32] 조부모나 부모의 부음(訃音)을 듣고도 숨기고 거애(擧哀)[33]하지 않는 것,[34] 조부모나 부모를 돌아가신 것처럼 거짓으로 칭하는 것[35] 등을 이른다.-

**직해** 조부모나 부모나 남편의 조부모나 부모를 고소하거나, 악담으로 욕하거나, 조부모나 부모가 살아 있는데도 호(戶)를 나누어 따로 살며 재산을 나누어 가지거나, 봉양하지 않거나, 부모의 상중에 있으면서 혼인하거나 혹은 잔치를 벌여 음악을 연주하거나 혹은 상복을 벗고 길복을 입거나, 조부모나 부모의 부음을 듣고도 숨기고 거애하지 않거나, 생존해 있는 조부모나 부모를 돌아가신 것처럼 거짓으로 칭하는 것이다.

여덟째는 불목(不睦)이다.-시마(緦麻) 이상의 친속을 모살(謀殺)하거나[36] 팔아

28 저주하거나 욕하는 것 : 조부모·부모를 저주하는 것에는 두 종류가 있다. 하나는 조부모·부모를 증오하여 죽거나 병에 걸리라고 저주하는 것이고, 다른 하나는 조부모·부모의 사랑을 받으려고 저주하는 것이다. 전자는 모살(謀殺)로 논하며 십악 중 악역에 해당한다. 십악 중 불효에 해당하는 것은 후자이다. 조부모·부모를 욕하는 것은 352조 매조부모부모(罵祖父母父母)에 자세하다.

29 조부모나……나누거나 : ② 93 別籍異財

30 봉양함에……것 : ④ 362 子孫違犯教令

31 부모의……장가들거나 : ② 111 居喪嫁娶

32 음악을……것 : ② 198 匿父母夫喪

33 거애(擧哀) : 오복친(五服親)의 사망 소식을 들으면 통곡하여 슬픔을 표시하고 그 연유를 묻는 것이다. 《예기(禮記)》〈분상(奔喪)〉에 상세한 내용이 기술되어 있고 발애(發哀), 발곡(發哭), 봉애(奉哀), 통곡(慟哭)이라고도 한다.

34 조부모나 부모의……것 : ② 198 匿父母夫喪

35 조부모나 부모를……것 : ② 198 匿父母夫喪

36 모살(謀殺)하거나 : 모살은 단지 본종(本宗)을 지칭하여 말한 것이니, 무복(無服)인 사람을 모살해도 또한 이에 해당된다. 고살과 구살은 말하지 않았지만 고살과 모살은 죄가 같으므로 같이 논해야 한다. 그러나 구살은 같게 할 수 없다. 만약 시마 이상을 구살하면 역시 마땅히 불목에 들어가야 한다. 시마 이상의 친속을 팔아도 오히려 불목에 해당되니 하

버리는 것,[37] 남편 및 대공(大功) 이상의 존장(尊長)이나 소공(小功)의 존속(尊屬)을 구타하거나[38] 고소하는 것[39]을 이른다.-

**직해** 시마친인 동성 팔촌 이상 친속을 살해하려고 꾀하거나 팔아 버리거나, 자기의 남편 및 대공친인 동성 사촌 이상 손윗사람, 소공친인 동성 오촌이나 육촌 손윗사람 등을 때려 상해하거나 고소하는 것이다.

아홉째는 불의(不義)이다.-부민(部民)이 자신이 소속한 지부(知府)·지주(知州)·지현(知縣)을 죽이는 것, 군사가 자신을 관할하는 지휘(指揮)·천호(千戶)·백호(百戶)[40]를 죽이는 것, 이졸(吏卒)이 소속 관서의 5품 이상 장관을 죽이는 것,[41] 현재 가르침을 받고 있는 스승을 죽이는 것,[42] 남편의 부음을 듣고도 숨기고 거애하지 않거나 음악을 연주하거나 상복을 벗고 길복을 입거나 개가하거나 하는 것[43]을 이른다.-

**직해** 관할 지역 내의 인민(人民)이 자신을 관할하는 관원을 살해하거나, 군사가 자신을 관할하는 병마사·부사·천호·백호 등을 살해하거나, 아전이나 군졸 등이 자신이 소속된 지역의 5품 이상 관원을 살해하거나, 훈도를 받은 스승을 살해하거나, 자신의 남편의 부음을 듣고도 숨기고 거애하지 않거나 잔치를 벌여 음악을 연주하거나 상복을 벗고 길복을 입거나 다른 남자에게 개가하는 것이다.

물며 죽인 경우는 말할 것도 없이 불목이다.〔謂謀殺云云 則謀殺但指本宗言 卽無服者亦是 不言故殺毆殺 按故與謀罪同 亦應同論 而毆殺似不得同 若毆殺緦麻以上 則亦當入不睦 蓋賣者猶然 而況殺乎〕《집주(상) 10쪽》 ③ 307 謀殺祖父母父母

37 팔아 버리는 것 : ③ 298 略人略賣人

38 남편……구타하거나 : ③ 340 毆大功以下尊長

39 남편……것 : ④ 361 干名犯義

40 지휘(指揮)·천호(千戶)·백호(百戶) : 통솔하는 병사의 수를 살펴 5000인이면 지휘로 삼고, 1000인이면 천호로 삼고, 100인이면 백호로 삼는다.〔核其所部兵 五千人爲指揮 千人爲千戶 百人爲百戶〕《明史 卷90 衛所》

41 부민(部民)이……것 : ③ 306 謀殺制使及本管長官

42 현재……것 : ③ 334 毆受業師

43 남편의……것 : ② 198 匿父母夫喪

열째는 내란(內亂)이다.-소공 이상의 친속이나 아버지나 할아버지의 첩을 간음한 자 및 더불어 화간(和姦)한 경우[44]를 이른다.-

**직해** 소공 이상의 친속이나 아버지·할아버지의 첩 등과 간음을 범하거나, 화간하는 것이다.

## 해설

명분과 교화를 현저하게 위배한다고 판단되는 죄를 10개의 범주로 묶어 〈명례율〉 첫머리에 제시한 조문이다. 십악에 해당하는 죄를 지었을 때 받게 되는 형벌은 다양하며 경중의 차이가 있지만 유교 윤리에 대한 심각한 위반이라는 이데올로기적 공통성을 갖는다.

십악은 진·한대(秦漢代)에 시작되어 점진적으로 형성되었다. 북제(北齊)의 율에 '중죄십조(重罪十條)'라고 명확하게 설정되었으며, 수 문제(隋文帝) 때 개황률(開皇律)을 경정(更定)할 때 북제의 제도를 바탕으로 조항의 증감이 있었는데 이때 비로소 '십악'이라는 명칭이 생겼다. 그 뒤 양제(煬帝) 때 8조목으로 조정되었다가, 당률에서 다시 10조목으로 복원되어 명률까지 이르게 되었다.

1악 모반(謀反), 2악 모대역(謀大逆), 3악 모반(謀叛)은 황제·왕조·국가를 위협하는 국사범이다. 명률은 이들을 국권(國權)에 도전하는 중대한 범죄로 간주하여 더 엄격하게 취급하였다. 예컨대 팔의(八議)에 해당하는 자의 직계 가족이 죄를 저질렀을 때는 본래 황제에게 청의(請議)해야 하지만, 이 세 가지 죄는 그럴 필요가 없다. 또한 유형을 받은 죄인과 함께 유배지에 따라간 가속(家屬)의 경우, 본래 죄인이 죽으면 고향으로 돌아가는 것을 허락하나, 이 세 가지 죄는 허락하지 않는다.

4악 악역은 조부모나 부모, 남편의 조부모나 부모를 때리거나 죽이려고

44 더불어 화간(和姦)한 경우 : 부인이 남자와 화간한 경우를 말하는 것으로 남녀 모두 내란에 해당한다.〔與和者 謂婦人共男子和姦者 竝入內亂〕《당률 6조 十惡》④ 392 親屬相姦

꾀하는 것, 백숙 부모·고모·형·누나나 외조부모 및 남편을 죽이는 것을 말한다. 오복(五服)의 지친(至親)이 서로 죽이는 것은 극단적 악행(惡行)이고 역행(逆行)으로, 사람의 도리를 저버린 행위이므로 악역이라 하였다. 당률은 남편의 조부모나 부모를 죽인 경우 악역에 해당된다 하였으나, 명률은 때리거나 죽이려고 꾀한 경우까지 포함하여 더 엄격하게 다루었다. 또한 명률은 백숙 부모·고모·형·누나나 외조부모 및 남편을 죽인 경우에만 악역이라 하였으며, 만약 모의하였으나 죽이지 않으면 8악 불목에 해당한다.

5악 부도는 한집안의 사죄(死罪)를 짓지 않은 세 사람을 살해하거나, 사람을 살해하고 사지를 절단하는 등 인륜에 반하는 잔인하고 포악한 짓을 거리낌 없이 하는 범죄이다. 잔혹한 살인을 태연히 범하여 정도(正道)를 위배하였으므로 부도라고 한다.

6악 대불경은 어보(御寶)를 훔치거나 위조하는 것, 황제의 약을 잘못 조제하는 것, 황제의 음식을 짓는 데 잘못하여 식금을 범하는 것, 황제가 탈 배를 건조할 때 잘못하여 견고하게 하지 않는 것 등 황제의 권위를 훼손하는 것이다. 범한 행위가 중대하고 모두 삼가고 공경하는 마음이 없음을 처벌하였으므로 대불경이라 한다.

7악 불효는 조부모나 부모, 남편의 조부모나 부모를 고발·저주·욕하는 것, 조부모나 부모가 생존하여 계신데 호적을 따로 만들거나 가산을 나누는 것, 봉양함에 모자람이 있는 것, 부모의 상중에 있으면서 상례(喪禮)를 제대로 준수하지 않는 것 등을 말한다. 부모를 잘 섬기는 것이 효이므로, 이를 어기고 범하면 곧 불효가 된다.

8악 불목은 시마 이상의 친족을 죽이려고 꾀하거나 팔아 버리는 것, 남편 및 대공 이상의 존장이나 소공의 존속을 구타하거나 고발하는 것을 말한다. '목(睦)'은 친목의 뜻이니, 친족이 서로 범하면 구족(九族)이 서로 협력하여 화합하지 못하게 되므로 불목이라 한다.

9악 불의는 부민·군사·이졸이 각각 자신의 상관을 살해하거나, 제자가 스승을 살해하거나, 아내가 죽은 남편에게 도리를 다하지 않는 죄이다. 이들은 하늘에서 맺어 준 혈속(血屬)이 아니며 도의(道義)로 맺어진 관계이므로, 본분(本分)에 어그러진 행동을 할 경우 불의라고 한다.

10악 내란은 소공 이상의 친속이나 아버지나 할아버지의 첩과 간음하는 등의 근친상간 행위를 지칭한다. 내란의 '내(內)'는 가문의 내이며 '난(亂)'은 방종하여 기강이 없는 것이다. 그 행동이 금수와 같고 집안 내에서 짝지어 음란한 짓을 하여 예의 원칙을 문란하게 하였으므로 내란이라고 한다.

십악 가운데 1악부터 3악인 모반, 모대역, 모반은 그 자체가 하나의 독자적인 죄명이며, 각 조목에 대한 율문이 그 죄목의 구성 요건이 된다. 반면 4악 악역부터 10악 내란까지는 여러 죄명을 한데 묶고 그 위에 붙인 이름이다. 십악에 해당하는 죄를 지었을 때 받게 되는 형벌의 구체적인 내용은 〈형률〉에 규정되어 있다. 십악에 해당하는 죄를 범하였을 때는 속전을 바치게 할 수 없으며 팔의에 해당하는 자라도 청의, 사면 등의 특전을 받을 수 없다. 한편 십악의 모든 범죄가 사죄(死罪)[45]는 아니다.

45 사죄(死罪) : 사죄에는 진범 사죄(眞犯死罪)와 잡범 사죄(雜犯死罪)가 있는데, 그중 잡범 사죄를 가리킨다. '잡범 사죄'라는 명칭은 당대(唐代)부터 있었으나 명대(明代) 홍무(洪武) 연간에 일단 진범 사죄와 잡범 사죄가 정해졌고 1497년(홍치10)에 정비되었다. 십악, 모살(謀殺), 반역 연좌(反逆緣坐), 감수자도(監守自盜), 창략인구(搶掠人口), 수재왕법(受財枉法) 등 극악한 죄는 진범 사죄이고 나머지는 대개 잡범 사죄이다. 잡범 사죄를 지은 죄인은 실제로 참형이나 교형에 처해지는 경우는 비교적 적고, 일단 참감후(斬監候)나 교감후(絞監候)의 판결을 받은 뒤 추심(秋審)이나 조심(朝審)을 거쳐 정실(情實), 완결(緩決), 가긍(可矜), 유양승사(留養承祀) 네 종류의 정상을 참작하여 비교적 가벼운 형벌을 받게 되는 일이 종종 있었다. 진범 사죄와 잡범 사죄 각각에 속하는 죄명의 자세한 목록은《집해 89~114쪽》에서 볼 수 있다.

# 3
# 팔의[1]
## 八議

첫째는 의친(議親)[2]이다.-황가의 단문(袒免)[3] 이상 친속, 태황태후나 황태후의 시마(緦麻) 이상 친속, 황후의 소공(小功) 이상 친속, 황태자비의 대공(大功) 이상 친속을 이른다.-

**직해** 왕친(王親)으로 고조(高祖)가 같은 동성 팔촌이나 구촌 친속과, 왕의 조모 및 왕의 친모의 시마 이상 친속과, 왕비의 소공 이상 친속과, 세자비의 대공 이상 친속이다.

둘째는 의고(議故)[4]이다.-황가에 오랜 친분이 있는 사람으로서, 평소에 황제를 모시거나 알현할 수 있고 특별히 은혜로운 대우를 받은 지 오래된 자를 이른다.-

**직해** 왕실에서 이미 전부터 친애하고 후대하여 여러 해 동안 특별히 은덕을 입은 사람이다.

셋째는 의공(議功)[5]이다.-능히 적장의 목을 베고 적기(敵旗)를 빼앗아 만리에 걸

1 팔의(八議) : 황제에게 의논을 청하여 재가를 거쳐 형벌을 감면해 주는 여덟 가지 특수 신분이다.

2 의친(議親) : 황실의 친속을 소홀히 여기지 않는 것이다.〔不弛其親也〕《석의 권1 3장》

3 단문(袒免) : 오복친(五服親) 이외의 친척을 이르는 말로, 고조의 친형제, 증조의 종형제, 조부의 육촌 형제, 아버지의 팔촌 형제, 자기의 십촌 형제 및 팔촌 조카와 육촌 질손 등이다.《부례(상) 380쪽》'단(袒)'은 사람의 몸에서 꾸밈을 없애는 것으로, '단문(袒免)'은 윗옷의 한쪽을 벗어 상체의 일부를 드러내는 육단(肉袒)을 하고, 면(免)을 쓰는 것이다. 관(冠)은 지극히 존엄하여 육단을 하고 있는 몸에는 쓸 수 없으므로 면으로 대신하였다. 사방의 머리를 묶어서 짧게 하여 상투를 드러내는 것이며, 면류관의 '면'과 음이 서로 혼란되므로 음을 고쳐 '문'이라고 하였다.《經國大典註解 後集 禮典 喪葬 袒免》

4 의고(議故) : 황실의 오랜 친구를 저버리지 않는 것이다.〔不遺故舊也〕《석의 권1 3장》

5 의공(議功) : 그 공로를 기리는 것이다.〔念其功也〕《석의 권1 3장》

쳐 있는 적군의 예봉을 꺾거나, 무리를 거느리고 귀부해 와서 한 시대를 안정시키고 바로잡아 구제하거나,[6] 영토를 개척한 큰 공훈이 있어서 그 공훈이 태상기(太常旗)[7]에 기록된 사람을 이른다.-

**직해** 적장을 능히 베거나, 적군의 정기(旌旗)를 능히 빼앗거나, 만리에 걸친 군대의 예봉을 꺾거나, 다른 나라의 군인 무리를 거느리고 와서 항복해 한 나라의 인민을 편안하게 하거나, 변방의 국경을 개척한 큰 공로가 있어서, 그 공로를 태상기에 기록해 놓은 사람이다.

넷째는 의현(議賢)[8]이다.-큰 덕행이 있는 현인군자로서 그 언행이 본보기가 될 만한 사람을 이른다.-

**직해** 큰 덕행이 있는 현인군자로서 말하는 바와 행하는 바가 한 나라의 본보기가 될 만한 사람이다.

다섯째는 의능(議能)[9]이다.-큰 재능과 학문이 있어 군대를 정비할 수 있거나 정사를 다스릴 수 있어서 제왕의 보좌가 되고 인륜의 본받을 만한 모범이 되는 사람을 이른다.-

**직해** 큰 재능이 있는 사람으로서 군인의 무리를 능히 정돈하거나 정사를 잘 다스려 제왕의 보좌가 되고 인륜에 규범이 되는 사람이다.

6 적장의……구제하거나 : 원문의 4자 1구씩을 각각 한 가지 일로 해석하기도 하나 《집주》에서는 이를 잘못이라고 보고 '참장탈기(斬將奪旗) 최봉만리(摧鋒萬里)'가 한 가지, '솔중래귀(率衆來歸) 영제일시(寧濟一時)'가 또 한 가지 일이라고 하였다.〔斬敵之將 奪敵之旗 摧敵之鋒刃於萬里之外 是言戰功如此 指一事也 率未附之衆 束身歸朝 國家免於征伐 百姓得以保全 故曰寧濟一時 亦指一事也 指南諸書 將一句作一事解 大謬〕《집주(상) 11～12쪽》

7 태상기(太常旗) : 제왕의 기인데, 일월(日月)과 교룡(蛟龍)을 그리고, 기간(旗竿) 끝에는 용두(龍頭)를 달며, 국가에 큰 공이 있는 사람은 이 기에 그 이름을 기록하였다.

8 의현(議賢) : 덕을 높이는 것이다.〔尊德也〕《석의 권1 3장》

9 의능(議能) : 능력을 숭상하는 것이다.〔尙能也〕《석의 권1 3장》

여섯째는 의근(議勤)[10]이다.-고위 무관 또는 문관[11]으로 성실히 관직을 지키며 새벽부터 밤늦게까지 공무를 수행하거나, 혹은 먼 지방에 사신으로 나가 어려움을 겪어 내면서 매우 부지런히 힘쓴 사람을 이른다.-

**직해** 높고 낮은 군관·관원·아전들로서 능히 관직을 지키며 밤낮으로 공무를 수행하거나 혹 먼 지방에 사신으로 나가 어려움을 겪어 내어 큰 공로가 있는 사람이다.

일곱째는 의귀(議貴)[12]이다.-작(爵)[13] 1품 및 문무 직사관(職事官) 3품 이상과 산관(散官)[14]으로 2품 이상인 사람을 이른다.-

**직해** 관작이 1품이거나 문무 직사관 3품 이상인 관원과 낭계(郎階) 2품 이상인 사람이다.

여덟째는 의빈(議賓)[15]이다.-전 왕조의 대를 이은 후손으로 국빈(國賓)이 되는 사람을 이른다.-

**직해** 전대 군왕의 자손으로 선대의 제사를 이어 받들어 나라의 빈객이 되는 사람이다.

10 의근(議勤) : 그 수고로움을 인정하는 것이다.〔驗其勞也〕《석의 권1 3장》

11 무관 또는 문관 : 직임을 맡고 있는 무관을 '장(將)'이라 하고 문관을 '이(吏)'라 한다.〔謂見任武官爲將 文官爲吏〕《당률 451조 將吏追捕罪人》

12 의귀(議貴) : 대부에게는 형벌을 시행하지 않는다는 뜻이다.〔刑不上大夫之意也〕《석의 권1 3장》

13 작(爵) : 공·후·백을 모두 '작'이라고 일컫는다.〔公侯伯 皆稱爵〕《부례(상) 91쪽》

14 직사관(職事官)……산관(散官) : 관장하는 업무가 있는 자를 '직사관'이라 하고, 관장하는 업무가 없는 자를 '산관'이라고 한다.〔有執掌者爲職事官 無執掌者爲散官〕《당률 7조 八議》

15 의빈(議賓) : 전 왕조의 후손을 보살피는 것이다. 상(商)이 하(夏)의 후손을 기(杞)에 봉하고, 주(周)가 은(殷)의 후손을 송(宋)에 봉한 것과 같은 것이 국빈이다.〔恤先代之後也 如商封夏后氏之後於杞 周封殷氏之後於宋 卽所謂國賓也〕《석의 권1 3장》

해설

죄를 지었을 때 사법 기관에서 바로 추문(推問)하거나 처벌하는 절차에 들어가지 않고 황제에게 우선 의논을 청해야 하는 여덟 종류의 특권층을 규정한 조문이다. 팔의법은 《주례(周禮)》의 팔벽(八辟)에서 유래한 것으로, 한대(漢代)에 팔의로 고치고 위진남북조(魏晉南北朝) 시대부터 정식 입법되어 《당률소의》, 《대명률》, 《대청률례》에 이르기까지 계승되었다.

팔의에 해당되는 사람들은 왕족 · 공신 · 고급 관료 및 관료 제도의 운영에 크게 기여하는 사람들로서 바로 왕조 체제의 핵심 세력이다. 이 팔의에 해당되는 사람이 죄를 범하면 모두 먼저 주청(奏請)하여 그 추문이나 처벌 여부를 의논하므로 팔의라고 한 것이다.

한편 홍무제(洪武帝)는 황제 중심의 일원적인 통치 체제를 확립하기 위해 처벌 면제 조항인 팔의를 명대 봉전(封典) 체제에 적용하여 황제가 책봉(冊封) · 추숭(追崇)한 황실 인물과 공신 등의 승습(承襲)을 제도화하였다. 그러나 홍무제 이후 영락(永樂) 연간(1403~1424)을 경과하면서 팔의에 해당되는 대상이 급속하게 확대되자 봉전 체제에서 책봉 · 추숭 · 승습의 범위를 축소하여 과대하게 늘어난 팔의의 대상을 제한하였다.

## 4
# 팔의에 해당하는 사람이 죄를 범함
應議者犯罪

팔의(八議)에 해당하는 사람이 죄를 범하면 밀봉(密封)으로 주문(奏聞)하여 성지(聖旨)를 받고, 함부로 잡아다 추문(推問)하는 것을 허락하지 않는다.[1] 추문하라는 성지를 받으면 범한 죄상과 팔의에 해당하는 상황을 낱낱이 기록해서 여럿이 모여 의논할 것을 먼저 주청(奏請)하고, 의논이 정해지면[2] 주문(奏聞)하여 황제의 재가를 받는다.[3]

**직해** 팔의에 들어 있는 사람이 죄를 범하면 밀봉하여 임금에게 아뢰어 왕지(王旨)를 기다리고 함부로 나오게 하여 신문하지 말아야 한다. 왕지를 받들어 추문하는 사람은 범한 죄상과 팔의에 해당하는 상황을 낱낱이 기록하고, 도당(都當)[4] 한곳에 모여 의의(議擬)[5]하며, 의논이 정해진 후에야 임

1 밀봉(密封)으로……않는다 : 성지를 받들어 추문하지 말라고 하면 그것으로 그만이고, 성지를 받들어 추문하라고 해야만 추문한다.〔如奉旨免究 卽已 若奉旨推問 然後推問〕《집주(상) 13쪽》 추문할 때에는 형신(刑訊)을 가해서는 안 되며, 죄를 범한 사정만 낱낱이 열거하여 기록한다.〔不可加刑 但開具所犯事情〕《집주(상) 13쪽》

2 의논이 정해지면 : 팔의에 해당하는 사람을 국문할 때에는 고신(考訊)하지 말고 각 증거에 의거하여 죄를 정해야 한다.〔凡應八議之人問鞫 不加考訊 皆據各証 定罪〕《집해 183쪽》

3 성지(聖旨)를……받는다 : 원문의 취지(取旨)와 취자상재(取自上裁)에서 이 '취(取)' 자의 뜻은 '청(請)' 자와 같지 않다. '취'는 황제의 결정을 기다린다는 뜻이다. 팔의에 해당하는 사람의 범죄에 대해 잡아다 추문할 것을 청하지 않으며, 사형에 처하는 것이 마땅해도 감히 교형이니 참형이니 바로 말하지 않고 모두 황제의 결정을 기다리는 것을 이른다. '청'은 먼저 어떻게 할지를 작정하고 주청하여 시행하는 것을 이른다. 그러므로 마땅히 여러 관원이 회의해야 하면 '청의(請議)'라고 한다.〔取旨 取自上裁 此取字之義 與請字不同 取者 聽候裁奪之意 謂是應議之人犯罪 不敢輒請句問 應死不敢正言絞斬 皆聽候裁奪也 請者 謂先酌定如何 奏請而行耳 故應多官會議 則曰請議〕《집주(상) 14쪽》

4 도당(都當) : 내용상 도평의사사(都評議使司)를 가리키는 '도당(都堂)'의 다른 표기로 생각된다.

5 의의(議擬) : 정범(正犯)의 실정과 사유를 의논하여 마땅히 받아야 할 죄명을 견주어 정하

금에게 아뢰어 임금의 재가를 기다린다.

-'의(議)'라는 것은 그 실정을 살피고 그 범한 죄를 의논[6]하여 황제에게 아뢰는 주본(奏本)[7]에 친(親)·고(故)·공(功)·현(賢)·능(能)·근(勤)·귀(貴)·빈(賓) 등 팔의에 해당되는 사람이라는 것과 그가 범한 일을 낱낱이 기록하고, 밀봉해 주문하여 성지를 받는 것을 이른다. 추문하라는 성지를 받아야 비로소 추문한다. 신문하여 명백하게 자복을 받으면 마땅히 받아야 할 죄를 낱낱이 기록하여 먼저 황제에게 주청해서 오군도독부(五軍都督府)[8]·사보(四輔)[9]·간원(諫院)·형부(刑部)·감찰 어사(監察御史)·단사관(斷事官)으로 하여금 모여 의논하도록 하고, 의논이 정해지면 주문한다. 죄가 사형에 이르면 오직 "범한 죄를 헤아려 보니 율문에 의거해 사형하는 것이 마땅합

는 것이다.〔議其原犯情由 擬定應得罪名〕《집설 권1 9장》

6 의논 : 그 죄에 이르게 된 원인과 이유, 범한 죄의 가볍고 무거움, 아울러 팔의에 해당하는 정상을 의논하는 것이다. 가령 의친(議親)이면 단문(袒免) 이상 어떤 복을 입는 친속인지를 쓰며, 의공(議功)이면 공을 세운 내력을 쓰는 것이다.〔議者 議其致罪原由 所犯輕重幷應議事狀 如親 則敘其袒免以上何服之親 如功 則敘其立功來歷 是也〕《집주(상) 13~14쪽》

7 주본(奏本) : 명대(明代) 황제에게 상주하는 문서는 개인 자격으로 아뢰는 주본과 육부(六部)·오군도총부(五軍都督府)·통정사사(通政使司) 등 아문에서 공적인 내용을 아뢰는 제본(題本)으로 구분된다. 주본은 황제에게 사직으로 올리는 문서이므로 부본(副本)이 필요 없고 서극문(西極門)을 경유하여 환관 조직을 통해 황제에게 전달되는 반면, 제본은 각 아문에서 통정사사를 경유하여 전달되므로 반드시 부본을 갖추어야 한다. 각 아문의 관원이 황제에게 아뢰더라도 아문의 이름으로 올리지 않는다면 주본을 사용하도록 규정되어 있어 해당 범죄에 대해 논의하여 자신의 의견을 밀봉하여 아뢰기 때문에 주본을 사용하였다. 즉, "형부 상서 모모(某某)가 아룁니다."로 시작하는 문서는 주본이며, "형부에서 아룁니다."라고 시작하는 문서는 제본이다.

8 오군도독부(五軍都督府) : 명대의 최고 군령 아문(軍令衙門)이다. 황제 중심의 일원적인 통치 체계를 추구하였던 홍무제는 군대의 군령권을 집중시키기 위해 원대(元代) 추밀원(樞密院)을 모방하여 대도독부(大都督府)를 설치하고, 좌우 도독(左右都督)을 두어 분할하여 군령권을 행사하도록 하였다.

9 사보(四輔) : 옛날 제왕을 보필하고 왕실 자제를 가르치는 관인 사보(師保)와 천자에게 자순(咨詢)하는 의승(疑丞)의 직이다. 명 건국 초에 왕본(王本) 등을 사보(四輔)로 하고 태자빈객을 겸하게 하였으며, 지위는 공후(公侯)와 독부(督府) 다음이었다.〔四輔卽古師保 疑丞之職 國初以王本等 爲四輔 兼太子賓客 爲列公侯督府之次〕《전석 권24 13장》

니다."라고 이를 뿐 감히 교형이니 참형이니 바로 말하지 않고 황제의 재가를 받는다.-

**직해** '의'는 범한 정상을 의논하여 주본 안에 친족과 고구(故舊)와 유공과 현량과 재능과 존귀와 국빈 등과 같이 팔의에 해당하는 사람이 범한 일을 밀봉하여 임금에게 아뢰고 왕지를 기다린다. 왕지를 받들어 추문하는 사람은 왕지를 받고서 처음으로 추문하여 명백히 진술한 자복을 받아 범한 죄를 낱낱이 기록하고, 도평의사사·대성(臺省)·형조 등의 관원과 함께하여 의논이 정해진 뒤에야 임금에게 아뢰며, 사죄(死罪)는 오직 "조율(照律)하였는데 사형에 해당한다."고 아뢰고, 교죄(絞罪)·참죄(斬罪) 한 가지로 정하여 바로 말하지 않고 임금의 재가를 기다린다.

단, 십악(十惡)을 범하면 이 율(律)을 적용하지 않는다.[10]

**직해** 십악을 범하면 이 율을 적용하지 않는다.

해설

팔의에 해당하는 사람이 십악 이외의 죄를 범하였을 때 소환하여 추문하는 절차에 대한 조문이다. 팔의에 해당하는 사람이 죄를 범하였을 때 형사 절차상 우대하는 특별 규정으로, 통치 계급이 국가에서 점유하는 특수한 법적 지위를 잘 반영하고 있다. 3조 팔의에서는 팔의에 해당하는 사람의 자격 요건만 규정하였을 뿐이며, 팔의에 해당하는 사람이 죄를 범하였을 때 구체적으로 어떤 형사 처벌 절차를 거치는지는 이 조문에서 명시하고 있다. 팔의에 해당하는 사람은 법대로 처벌하는 것이 아니라 황제의 재가를 받아 평의(評議)하여 처벌하도록 하였기에, 서인(庶人)과는 전혀 다른 형사 처벌 원칙이 적용된다. 조문의 내용은 처벌 절차의 시작·중간·마지막의 3단계로 나뉘어 있다.

10 이 율(律)을……않는다 : 여럿이 모여 황제에게 죄를 의논하기를 청하고 재가를 구하는 절차를 밟지 않는다는 것일 뿐, 함부로 잡아다 추문한다는 것이 아니다.〔所謂不用此律者 特不用請議取裁耳 非徑直句問也〕《집설 권1 5장》

먼저 시작 단계인 취지(取旨)이다. 팔의에 해당하는 사람은 우대해야 하므로, 십악 이외의 죄를 범하면 소환하여 추문할지를 황제에게 아뢰어 윤허를 받아야 하며, 함부로 소환하여 추문해서는 안 된다. 만약 황제가 해당 사건에 관해 추고나 신문 또는 취조를 면제하라는 명을 내리면 그대로 따라야 한다. 팔의에 해당하는 사람을 함부로 소환하는 것을 허용하지 않는다는 뜻으로, 너그럽게 포용하고 용서함을 보여 주는 것이다.

다음 중간 단계인 청의(請議)이다. 황제의 윤허를 받아 추문할 경우에도 함부로 그 죄의 실정을 헤아려 의논하지 않는다. 다만 추문하여 범한 죄상과 마땅히 받아야 할 죄명, 그리고 팔의의 정상(情狀)을 자세히 갖추어 아뢰어 여럿이 모여 의논할 것을 청하며, 황제가 윤허할 경우 여러 관원이 모여 의논한다. 함부로 추문하는 것을 허용하지 않는다는 뜻으로, 정상과 법(法)을 폐하지 않음을 보여 주는 것이다.

끝으로 마지막 단계인 주재(奏裁)이다. 여러 사람의 의논이 정해지면 황제에게 아뢴다. 범한 것이 사죄(死罪)에 이르면 범한 것이 율문에 견주어 사죄에 합당하다고만 할 뿐 참형이나 교형을 확정적으로 말하지 않고 황제의 재가를 요청한다. 함부로 율문에 견주는 것을 허용하지 않는다는 뜻으로, 일을 후하게 처리함을 보여 주는 것이다.

취지, 청의, 주재 등 세 차례 황제에게 아뢰어 처벌은 신중히 하는 한편, 법을 지키면서 예의를 극진히 갖추는 이유는 팔의에 해당하는 사람을 소중히 여기고 높이기 때문이다. 단, 팔의에 해당하는 사람이 십악을 범하면 이는 은혜를 믿고 법을 어기는 것이 되므로 바로 소환하여 사실을 조사하고 율문에 따라 의논하여 아뢰며, 추문하기 위해 황제에게 아뢰어 윤허를 받거나, '청의하여 황제의 재가를 받는 율'을 적용하지 않는다.

당률(唐律)에서는 팔의에 해당하는 사람이 사죄에 해당하는 범법 행위를 하였을 경우, 황제에게 주청하여 황제의 윤허를 받아 의논해 처리하고, 유죄(流罪) 이하인 경우에는 1등급을 감하도록 규정하였다. 그러나 명률에서는 유죄 이하의 경우 1등급을 감한다는 규정이 삭제되었으며, 팔의에 해당하는 사람이 죄를 범한 경우 사형에 해당하지 않더라도 황제에게 주청하여 윤허를 받아 의논해 처리하도록 하였다. 즉 명률에 규정된 팔의의 특권은 형사 절차상 특전에 의한 감형이다.

•••

### 추국 관련 여러 용어

명률과 국전(國典)에는 국문(鞫問), 추문(推問), 신문(訊問), 심문(審問) 외에도 '~문(問)'의 용어가 자주 사용되고 있으나 뉘앙스 차이가 있을 뿐이고 명확한 의미 구분은 불가능하다. 《이학지남(吏學指南)》의 해설에 따르면, 옥송(獄訟)을 추궁하는 것이 국(鞫), 옥송의 정상을 자세히 묻는 것이 문(問), 죄를 다투는 것이 옥(獄), 재물을 다투는 것이 송(訟)이다. 그러므로 국문이 반드시 현대의 형사 재판에 상응하는 절차에서만 사용되는 용어가 아님을 알 수 있다. 물론 국문은 대체로 현대의 형사 재판에 해당하는 형옥(刑獄)에서 더 자주 사용되고 있었다. 추문은 상대방이 먼저 일정한 진술을 하였을 때 그 진술을 기초로 유추하여 추가로 묻는 것이고, 신문은 의심스러운 점이 있어 이치대로 따져 묻는 것, 혹은 윗사람이 아랫사람에게 묻는 것이라 하였는데, 조선에서는 고신(拷訊)하여 심문한다는 뜻으로 이해되고 있어서 차이가 있다. 심문은 시비를 따져 상세히 묻는 것이다. 《이학지남》에는 이 밖에 귀문(歸問), 녹문(錄問), 순문(詢問), 염문(廉問), 안문(案問), 고문(考問), 추문(追問), 체문(體問), 감문(勘問) 등에 대한 간략한 설명이 있다.

## 5
# 관직에 있는 관원이 죄를 범함
職官有犯

5-1 경관(京官)[1] 및 지방[2]의 5품 이상 관원이 죄를 범하면, 주문(奏聞)하여 성지(聖旨)를 청하며,[3] 함부로 추문(推問)하는 것을 허락하지 않는다. 지방 6품 이하의 관원은 분순 어사(分巡御史),[4] 안찰사(按察司),[5] 분사(分司)[6]가 함께 죄상을 명백히 추문하고,[7] 의의(議擬)하여 문주(聞奏)[8]해 구처

1 경관(京官) : 높고 낮은 관원을 아울러 말하는 것으로, 4품 이하의 관원과 유품(流品)에 들지 않은 사람을 가리킨다. 3품 이상은 팔의에 해당되어 의논해야 할 사람인 의귀(議貴)이다.〔京官兼大小而言 指四品以下及未入流者 三品以上 則應議之人矣〕《집해 194쪽》

2 지방 : 13성(省) 아래에 있는 지역을 가리킨다.〔在外指十三省下〕《집해 1082쪽》

3 주문(奏聞)하여 성지(聖旨)를 청하며 : 원문 청지(請旨)는 앞의 4조 응의자범죄(應議者犯罪)의 취지(取旨)와 뜻이 또한 같지 않다. 일반적으로 팔의에 해당하는 사람이 죄를 범하면 모두 반드시 황제의 재가를 얻어 결정하며, 감히 멋대로 "잡아들이는 것이 합당합니다." 라고 말하지 않는다. 그러므로 '취지'라 한 것이다. 그러나 이 율문에서는 관직에 있는 사람이 죄를 범하면 "소환하여 추문하겠습니다."라는 말을 명백히 기록하고 특별히 주청(奏請)하여 행하므로 '청지'라고 한 것이다. 이것이 취지와 청지의 뜻이 다른 까닭이다.〔請旨與前條所謂取旨 義亦不同 蓋應議之人犯罪 皆須取決于上 以定予奪 不敢輒用合拿之語 故曰取旨 今職官有犯 則明開提問詞語 特奏請以行之 故曰請旨 此取旨請旨之義 所由別也〕《집설 권1 10장》

4 분순 어사(分巡御史) : 어사는 하나의 성(省)을 순행하며 자세히 살펴 조사하므로 '분순'이라고 한 것이다.〔御史巡按一省 故曰分巡〕《석의 권1 4장》

5 안찰사(按察司) : 지방을 순시하며 관리의 선악과 정교(政教)를 살펴 주문하는 관직이다. 당(唐) 경운(景雲) 연간에 순찰사를 개칭한 것으로 송대에는 제로전운사(諸路轉運使)가 겸임하였고, 명대 이후에는 제형안찰사(提刑按察司)를 두어 한 개 성(省) 내의 사법 장관으로 삼았다.

6 분사(分司) : 부사(副使)·첨사(僉事)로서 안찰사와 역할을 나누어 지방을 순찰하는 자이다.〔分司 卽副使僉事 分巡地方者〕《집설 권1 10장》

7 분순 어사(分巡御使)……추문하고 : 이들 분순 어사, 안찰사, 분사 아문은 감찰하고 제형하는 임무가 있다. 모두 관할 관청의 법도와 기강을 바로잡고 관할 지역의 악한 자는 물리치고 선한 자는 포상하기 때문에 관원을 소환하여 추문하는 것은 그들의 직무이므로 외관

(區處)[9]하게 한다.

5-2 부 · 주 · 현의 관원이 죄를 범하면 관할하는 상급 관사[10]에서 함부로 잡아다 추문하지 못하고, 범죄 사유를 낱낱이 기록하여 밀봉(密封)하여 주문하는 것만을 허용한다.[11] 황제가 추문을 허락하면 율(律)에 따라 의의하여 다시 아뢰고, 위관(委官)이 사실을 심리하기를 기다려 비로소 판결[12]하는 것을 허락한다.

5-3 범한 바가 태결(笞決)[13] · 벌봉(罰俸)[14] · 수속(收贖)[15] · 기록(紀錄)[16]

6품 이하 관원을 편의대로 잡아다 추문하는 것을 들어준다.〔此等衙門 或監察 或提刑 均爲風紀所司 激揚所在 而提問官員 乃其職掌 故外官六品以下 聽從便句提〕《집설 권1 10장》

8 문주(聞奏) : 5조 1항의 바로 앞에서는 '주문(奏聞)'이라 하고 여기서는 '문주'라고 하였다. 앞에서는 소환하여 추문하기 전에 반드시 황제에게 아뢰어 소환 여부의 뜻을 청한 것이므로 '주문'이라 하였고, 여기서는 추문이 끝난 뒤에 황제에게 아뢰는 것으로 들어서 알게 하는 것에 불과하기에 '문주'라고 한 것이다.〔問曰 前言奏聞 而後言聞奏 何也 答曰 前言 未曾提問 必聞達以請旨 故曰奏聞 此言 問完之後所奏者 不過聞知而已 故曰聞奏〕《소의(상) 123쪽》

9 구처(區處) : 분별하여 처치하는 것이다. 《유서찬요(類書纂要)》와 《형서거회(刑書據會)》에서 사정을 분별하는 것이 '구', 그 죄를 결단하는 것이 '처'라고 하였다.〔類書纂要云 區處分別處置也 刑書據會云 分別事情曰區 決斷其罪曰處〕《언해 권16 15장》〔區是分別事情 處是決斷其罪〕《집해 194쪽》

10 관할하는 상급 관사 : 《집해》에서는 포정사(布政司)가 부를 관할하고, 부가 주를 관할하며, 주가 현을 관할한다고 하였고,〔所轄上司 卽布政司轄府 府轄州 州轄縣之類〕《집해 194쪽》《전석》에서도 부의 관할 상급 관사는 포정사이고 주 · 현의 관할 상급 관사는 부라고 하였으나,〔所轄上司 如府稱布政司 州縣稱府之類〕《전석 권1 14장》《집주》는 부가 주 · 현을 관할할 수 있고, 주도 현을 관할할 수 있는 것으로 보았다.〔府轄州縣 州亦轄縣……箋釋以布政司府州縣層累而言者 非是〕《집주(상) 17쪽》

11 관할하는……허용한다 : 부 · 주 · 현을 관할하는 상급 관사인 포정사 등은 비록 직접 다스린다 하더라도 법도와 기강을 바로잡고 드러내서 떨치게 하는 분순 어사, 안찰사, 분사와는 격이 같지 않다.〔若府州縣所轄上司 如布政司之類 雖係親臨 與激揚風紀者不同〕《집해 196쪽》

12 판결 : 그 일을 판별하여 단정하는 것을 '판(判)'이라 하고, 그 죄를 논의하여 결정하는 것을 '결(決)'이라 한다.〔判斷其事曰判 論決其罪曰決〕《집주(상) 15쪽》

13 태결(笞決) : 태죄로 처결하는 것이다.〔笞決 謂笞罪當決〕《집해 195쪽》

14 벌봉(罰俸) : 벌로써 일정 기간 녹봉을 지급하지 않는 것이다. 관원이 작은 잘못을 저지르면 부(部)에서 논의하여 벌로써 봉급으로 받아야 할 은전(銀錢)의 지급을 정지한다.〔官員

에 해당하면 주청(奏請)하는 규정을 적용하지 않는다.[17]

**5-4** 소속된 주·부·현의 관원이 관할 상급 관사에서 도리에 어긋나게 능멸당하고 괴롭힘을 당하면 또한 그 실상을 자세히 기록하여 밀봉해서 곧바로 황제에게 아뢰게 한다.

**직해** 경관 및 지방의 5품 이상 관원이 죄를 범하면 임금에게 아뢰어 왕지(王旨)를 기다리고 함부로 추문하지 말아야 한다. 6품 이하는 검찰사(檢察使), 안렴사(按廉使), 체찰사(體察使)가 죄상을 명백히 추문하고 죄를 의논하여 아뢰어 임금의 재가를 기다린다.

○ 주·부·군·현의 관원이 죄를 범하면 상급 관원이 함부로 추문하지 말고, 범한 일의 상황을 낱낱이 기록해서 밀봉하여 임금에게 아뢴다. 임금이 재가하여 내려보내면 조율(照律)하고 의의하여 다시 아뢰고, 위관이 자세히 조사하여 밝히기를 기다린 다음 한 가지로 정하여 결단한다.

○ 그 나머지 범한 바 태죄나 징록(徵祿)[18]이나 속죄(贖罪)나 지착과명(遲錯過名)[19] 등의 죄는 임금에게 아뢰지 않고 바로 처결한다.

○ 상급 관원이 소속 관원을 도리에 맞지 않게 침학하거나 핍박하면, 침학

有小罪 則部議罰其應得之俸銀〕《육부 16쪽》 88쪽 보충 해설 참고.

15 수속(收贖) : 동전을 받는 것으로 벌을 대신하는 것이다.〔收贖 收銅錢以贖罪〕《집해 195쪽》

16 기록(紀錄) : 죄명을 기재해 두었다가 장부에 기록하는 것이다.〔紀錄 紀其罪名 錄於籍也〕《집해 195쪽》

17 태결(笞決)……않는다 : 부·주·현에서 범한 것이 사죄(私罪)로써 태결해야 하고 공죄(公罪)로써 벌봉·수속·기록해야 할 것이라면 그 잘못이 작고 범한 것이 가벼우므로 황제를 번거롭게 할 필요가 없다. 관할하는 상급 관사가 스스로 처분하고 반드시 주청하지 않아도 된다.〔若府州縣所犯 係私罪 應該笞決 公罪應該罰俸收贖紀錄者 其過旣小 所犯亦輕 何庸上瀆 所轄上司 得以逕自發落 不必奏請也〕《집주(상) 15쪽》《전석》 등 여러 주석서는 3항의 내용이 1항과 2항을 받은 것으로 보았으나, 《집주》는 3항의 내용이 2항만 받아서 말한 것으로 보았다.〔據第三節之註 是止承第二節府州縣言 蓋一切公私小過 自是所轄上司之事 不煩御史等風憲官也 箋釋諸家 皆統承上二節言者 非是〕《집주(상) 17쪽》

18 징록(徵祿) : 징계 처분의 한 가지로 일정 기간 동안 녹봉 지급을 정지하는 것이다.

19 지착과명(遲錯過名) : 율문의 '기록(紀錄)'을 '지착과명'으로 직해한 것이다.

하거나 핍박한 일의 실상을 낱낱이 기록하여 바로 임금에게 아뢴다.

### 해설

황제를 대리하여 백성을 행정적, 군사적으로 다스리는 관원이 죄를 범하였을 때 황제의 재가를 얻어서 소환하여 추문하거나 또는 처벌하는 절차를 규정한 것으로, 관원이라는 특수 지위의 사람을 우대하려는 취지에서 마련한 조문이다. 홍무제(洪武帝)는 원(元) 말의 사회 혼란과 원의 멸망이 몽골 지배층의 가혹한 탐학과 관리의 불법에서 초래되었다고 인식하고, 명(明) 통치 체제에서 관리의 탐학과 불법 행위에 대해 엄정히 처벌할 것을 강조하였다. 홍무제는 이치(吏治)를 강조하면서, 한편으로 관원의 권위를 확보해 주고 다른 한편으로 명확한 조사 과정을 통해 관원의 불법을 처벌하고자 하였다. 단순 혐의만으로 관원을 처벌한다면 행정 공백을 초래할 수 있기 때문에, 이 조문처럼 관원의 불법에 대해 엄정한 절차를 설정하여 관원을 임명하고 처벌하는 주체가 황제임을 분명히 하였다. 이 조문에 해당하는 관원은 4품 이하의 문관이다. 3품 이상은 팔의(八議)의 의귀(議貴)에 해당하므로 이 규정에 해당되지 않으며, 무관은 6조 군관유범(軍官有犯)에서 다루었다.

•••

## 벌봉

벌봉(罰俸)이란 가벼운 죄가 있는 관원에게 일정 기간 녹봉을 지급하지 않는 것으로, 범죄를 속전(贖錢)으로 받는 수속(收贖)과 더불어 재산형(財產刑)이다. 대명령(大明令)에는 "민관(民官)의 월봉(月俸)은 돈과 쌀로 이루어져 있다. 벌봉의 처벌을 시행할 때는 봉전(俸錢)과 봉미(俸米) 중 봉전만 지급을 중지한다. 봉미 1석(石)은 환산하면 봉전 100문(文)에 해당한다. 의죄(議罪)할 때 벌봉은 태죄보다 가벼운 것으로 취급된다."라고 하였다. 예컨대 정7품인 지현(知縣)의 경우 봉록은 연간 쌀 90석, 매월 7.5석이므로 '벌봉전 한 달'의 처분을 받은 지현은 쌀 7.5석에 대하여 750문이 벌로 부과되었다는 이야기가 된다. 이는 홍무 연간(1368~1398) 쌀 1석이 전 1000문이므로, 봉록의 10퍼센트만 벌로 부과하는 셈이 된다.

한편 봉록의 지급 정지에 해당하는 '주봉(住俸)'의 처분이 따로 있었다. 주봉은 봉록을 아예 지급하지 않으므로 봉록의 100퍼센트를 벌로 부과하는 셈이 되고, 따라서 주봉이 벌봉보다 무거운 처분이 되는 것이다.

조선에서는 관인(官人)이 지은 죄가 파직될 정도가 아니어서 동반(東班)을 서반(西班)으로 보내는, 즉 송서(送西)하는 자에게 녹을 징수하는 것을 '벌봉전(罰俸錢)'이라고 하였다. 벌봉전은 1535년(중종30)에 구체적으로 논의되었다. 그러나 2년 뒤에 바로 벌봉전을 혁파하자는 논의가 제기되었다. 중국에서는 녹봉 외에 봉전이 있으나 조선에는 봉전이 없는데 벌봉전을 시행하면 사일(仕日)을 깎고 속전을 거두는 데다 또 녹봉을 줄이게 되는 셈이라 거듭 벌을 받는 폐단이 심하다는 것이다.

# 6
# 군관이 죄를 범함
軍官有犯

6-1 군관(軍官)[1]이 죄를 범하면 관할하는 아문[2]에서 사유를 낱낱이 기록하여 오군도독부(五軍都督府)에 신문(申文)[3]으로 보고하고, 오군도독부에서 황제에게 주문(奏聞)하여 성지(聖旨)를 청해 추문(推問)한다.

6-2 육부(六部), 찰원(察院),[4] 안찰사(按察司)와 분사(分司) 및 유사(有司)[5]가 함께 공사(公事)[6]를 살펴 조사할 때, 만약 연루된 군관이나 다른 사람에게 고발당한[7] 군관이 공정하지 않거나 법을 위반하는 등의 일이 있으

1 군관(軍官) : 총기(總旗) 위에 있는 지휘(指揮)·천호(千戶)·백호(百戶)·진무(鎭撫) 등을 이른다.〔總旗之上 指揮千百戶鎭撫 皆軍官也〕《집주(상) 461쪽》 대대로 공훈이 있어 군아(軍衙)에서 군직을 세습하는 관원이다. 그 할아버지나 아버지, 혹은 본인이 나라를 위하여 공을 세웠을 경우 마땅히 우대하는 것이다.〔此軍官 乃世有勛績 軍衙襲職之官也 或其祖父 或卽本身 曾爲國立功 所宜優待〕《집주(상) 20쪽》

2 관할하는 아문 : 백호소(百戶所)를 관할하는 천호소(千戶所), 천호소를 관할하는 위(衛), 위를 관할하는 도지휘사사(都指揮使司) 등을 말하며 오군도독부는 군정과 관련된 여러 관사를 총괄하여 다스린다.〔本管衙門 謂都指揮使司管衛 衛管千戶所 千戶所管百戶所 五府則總統軍政諸司也〕《석의 권1 5장》

3 신문(申文) : 명대 상행문(上行文)으로 사용된 공문이다. 명 초에는 '신상(申狀)'이라 불렸으며, '신문'이라 통칭하였다. 일반적으로 본문에서 신보(申報)와 신달(申達)의 경우, 신문(申文)을 갖추어 보고하는 것이며, 신문(申聞)의 경우는 신문(申文)을 갖추어 아뢰는 것이다.

4 찰원(察院) : 감찰 어사의 아문인데 명 건국 초에는 도찰원(都察院)이 없었기 때문에 찰원이라 하였다.〔察院乃監察御史之衙門 以國初未有都察院也〕《집해 203쪽》

5 유사(有司) : 문맥에 따라 포정사(布政司)가 추가될 수 있지만〔有司 指布政司府州縣言〕《집해 203쪽》 일반적으로 유사란 문형(問刑)을 하는 아문, 즉 부·주·현을 가리킨다.〔有司卽府州縣等衙門〕《집해 507쪽》〔有司謂府州縣及問刑衙門 卽前條官司也〕《집해 837쪽》

6 공사(公事) : 형사 사건 등과 관련된 공무이다. ④ 379 詐傳詔旨

7 고발당한 : 원문 승고(承告)는 다른 사람에게 그 범한 일을 고발당한 것이다.〔承告 則受人告其所犯之事矣〕《석의 권1 6장》

면 반드시 엄밀하게 밀봉하여[8] 주문하며, 함부로 잡아다 추문[9]하는 것을 허락하지 않는다.

6-3 성지를 받들어 추문할 때,[10] 태죄(笞罪)에 해당하여 속전을 받고 황제에게 명백히 회주(回奏)할 경우[11]를 제외하고, 장죄(杖罪) 이상은 반드시 그 공훈[12]을 논하고 받아야 할 죄명을 의논해 정하여 성지를 청한 다음 구처(區處)한다.[13]

6-4 군을 관장하는 아문의 수령관(首領官)[14]이 죄를 범하면 이 규정을 적

8 엄밀하게 밀봉하여 : 본래 군관을 관할하는 아문이 아니므로 범죄 사실이 사전에 누설되어 변란이 발생할까 두려워하였기 때문이다.〔曰密切 曰實封 以非本管 恐先泄漏 因而生變也〕《집주(상) 21쪽》

9 잡아다 추문 : 1항에 나온 '추문'의 원문은 취문(取問)으로 소속 군직 아문에서 잡아들여 추문하는 것이고, 2항에 나온 '추문'의 원문은 구문(句問)으로 문직 아문에서 잡아들여 추문하는 것인데, 취문에 비교하여 구문이 조금 무겁다. 이 때문에 취문과 구문을 나누어 쓴 것이다.〔前曰取問 在本衙門不過取之而已 繼曰句問 從文職衙門句攝之 較前稍重 此取問句問之所由分也〕《집설 권1 13장》 1항은 군직 아문이 군관을 참론(參論)하는 것에 대해 말한 것이고, 2항은 문직 아문이 군관을 제문(提問)하는 것에 대해 말한 것이다.〔此自軍職衙門參論軍官者言之也……此自文職衙門提問軍官者言之也〕《집주(상) 20쪽》

10 성지를……때 : 위 1항과 2항을 함께 받아서 말하였다.〔兼承上兩節而言〕《집주(상) 20쪽》

11 태죄(笞罪)에……경우 : 군관이 범한 공죄(公罪)나 사죄(私罪)가 태죄에 해당하면 문초 전에 공훈을 서술할 필요가 없고 의논한 뒤에도 성지를 청할 필요 없이 모두 속전을 받는다. 다만 범한 죄명과 속전을 받는 연유를 모두 나열하고 범죄의 내용을 주본(奏本)으로 갖추어 황제에게 회주한다. 대체로 범죄 사실이 가벼워 임의로 처분할 수 있으며 자세히 의논하여 황제에게 번거롭게 아뢸 필요가 없다.〔應犯公私笞罪 招前不必序功 議後不必請旨 皆令收贖 但將所犯罪名 併收贖緣由 具本回奏 蓋事犯既輕 取便發落可也 何必詳議瀆奏哉〕《집설 권1 13장》

12 공훈 : 문초 전에 반드시 아버지와 할아버지 및 본인의 공적의 많고 적음과 군직(軍職)을 이어받은 연유를 서술해야 한다.〔須要敍其父祖及本身功次 陞{承}襲緣由〕《집해 204쪽》

13 성지를 청한……구처(區處)한다 : 추문한 뒤 범죄 사실이 너무 무거우면 황제의 재가 없이는 함부로 처분할 수 없다.〔此言推問之後 事犯既重 又不可擅自發落也〕《집설 권1 13장》 공훈과 작위를 우대하기 때문이다.〔所以優勛爵也〕《집주(상) 20쪽》

14 수령관(首領官) : 명대 각 아문의 관원은 주관(主官), 좌이관(佐貳官), 수령관, 잡직관(雜職官) 등으로 구분되며, 주관은 정관(正官)이라 하여 주로 정책과 총괄을 담당하고, 좌이관은 주관을 보좌하여 업무를 수행하며, 수령관은 직접 사무를 총괄하여 시행하였다.

용하지 않는다.[15]

**직해** 군관이 죄를 범하면 안렴사(按廉使)·절제사(節制使)가 일의 상황을 낱낱이 기록하여 도평의사(都評議使)에 보고하고, 거기서 임금에게 아뢰어 왕지(王旨)를 기다린 다음 추문한다.

○ 문하부(門下府)·사헌부·형조, 지방의 안렴사·절제사, 주·부·군·현의 관원 및 임무를 맡은 관원은 당시 추고한 공사가, 무릇 군관원(軍官員)에 연루된 일이거나, 소장을 접수하여 추고한 군관이 공도(公道)·법도(法度)를 지키지 않은 일 등이면 반드시 정밀하게 밀봉하여 임금에게 아뢰고, 함부로 잡아와서 추문하지 말아야 한다.

○ 왕지를 받들어 추고할 때 태죄나 속죄(贖罪) 등의 일[16]은 추고하여 결단한 뒤에 일의 내용을 임금에게 아뢴다. 장죄 이상은 반드시 공훈을 논하고 의논을 정해서 임금의 재가를 기다려 결단한다.

(○) 군사를 거느리는 아문의 수령관이 죄를 범하면 이 규정을 적용하지 않는다.

해설

명(明) 초 관제는 문직(文職)의 최고 관부로 1품의 중서성(中書省)을 두고, 무직(武職)의 최고 관부로 1품의 오군도독부를 두었다. 그러나 1380년(홍무13) 호유용(胡惟庸)의 모반 사건 이후 중서성을 폐지하고 관제를 전

15 군을……않는다 : 군을 관장하는 아문의 수령관은 비록 군무를 담당하더라도 팔의(八議)에 해당하는 의공(議功)이 아니다. 그러므로 이들이 죄를 범하면 경위(京衛)는 추문하여 처리하고, 외위(外衛)는 곧바로 자체적으로 잡아다 추문하며 '군직이 죄를 범하면 주청한다'는 규정을 적용하지 않고 문직관의 경우에 따라 의단한다.〔其管軍衙門首領官 雖掌軍務 不係有功應議之人 或有所犯 如係京衛 參問發落 外衛 徑自提問 不在軍職有犯奏請之限 自依文職官擬斷〕《집해 204~205쪽》 5조 직관유범(職官有犯)에 따라 처리한다.〔俱依職官有犯律〕《집주(상) 20쪽》

16 태죄나……일은 : 《집설》에서는 율문의 원문 '태죄수속(笞罪收贖)'을 '태죄로서 속전을 받는다'고 해석하였는데, 직해에서는 '태죄나 속죄'로 번역하였다.

면적으로 개편하여, 황제가 직접 육부(六部)를 통괄하여 천하를 통치하는 황제 중심의 통치 체제를 마련하였다. 황제의 군사력 장악을 보다 확고히 하기 위해, 무관의 권력 남용을 엄격히 제한하고, 변방 및 각지에 편제된 군사 지휘 체계를 통제하기 위해, 이 조문과 같이 군관이 죄를 범하였을 때 추문하기 전에 황제의 재가를 받도록 한 규정을 마련한 것이다. 대대로 공훈이 있는 군관은 우대해야 하므로 군관의 범죄를 각 아문이 독단으로 추문하여 처리할 수 없도록 하였다.

## 7
# 문무 관원이 공죄를 범함
文武官犯公罪

중앙과 지방[1]의 높고 낮은 군정·민정 아문의 관원이나 이전(吏典)[2]이 공죄(公罪)를 범하여 태죄(笞罪)에 해당하면[3] 관원은 속전을 받고, 이전은 계절마다 죄를 분류하여 처결하되 부과(附過)[4]할 필요는 없다. 장죄(杖罪) 이상이면[5] 명백히 문안을 작성하여 매년 한 차례 고과(考課)하여 죄명을 기록한다. 9년에 한 차례, 범한 횟수와 죄의 경중을 통틀어 고과하여 강등하거나 승진시키는 근거로 삼는다.[6]

1 중앙과 지방 : 중앙은 서울을 이르고, 지방은 직례와 13성을 이른다.〔內謂在京 外謂直隷與十三省〕《석의 권1 6장》

2 이전(吏典) : '이(吏)'의 총칭으로, 여러 아문에서 문서나 장적(帳籍)을 담당하는 사람을 '이'라고 한다. 이는 각각 주수(主守)하는 것이 있기 때문에, 이전이라고 말할 때 '전(典)'은 '주(主)'와 같다. 《대명회전(大明會典)》에서는 이원(吏員)을 이의 총칭으로 사용하였다. 《국자해 130쪽》《언해 권5 44장》《역의 155쪽》《회전 권7 吏員》

3 태죄(笞罪)에 해당하면 : 관문서를 기한에 맞추지 못하거나 착오를 일으키는 것과 같은 따위이다.〔如官文書稽程違錯之類〕《집설 권1 15장》

4 부과(附過) : 죄명을 관리의 명부에 그때그때 기록하는 것이다.〔附過 謂隨時附其過名〕《집설 권1 16장》

5 장죄(杖罪) 이상이면 : 관원과 이전이 황제에게 아뢰는 일에 착오를 일으켜 일에 해를 끼치면 장 60에, 공무를 지체하여 때를 놓치거나 일을 그르치면 장 80에 처하는 것과 같은 따위이다. 각각 일에 따라 논죄하며, '관원은 속전을 받고 이전은 죄를 분류하여 처결한다'는 규정을 적용하지 않는다.〔如官吏犯奏事錯誤有害于事 杖六十 耽誤公事 杖八十之類 各隨事論罪 不在收贖類決之限〕《집설 권1 15장》

6 9년에……삼는다 : 공무로 인해 장죄를 얻어 그 죄가 다소 무겁더라도 번번이 처벌한다면 아래에서 온전할 사람이 없을 것이다. 그러므로 문무 관원과 이전은 모두 그 죄명을 기록함으로써 인사 고과에 대비해 놓고 9년 뒤에는 이를 근거로 강등하거나 승진시키는 것으로 즉시 죄주지 않는 죄이다.〔因公得杖 罪雖稍重 若輒坐刑 則下無全人矣 故官與吏 皆書其過名 以備稽考 九年之後 由此黜陟 蓋亦不罪之罪焉〕《소의(상) 131쪽》 이전도 인사 행정에서 강등하거나 서용(敍用)하는 데 대비한다.〔吏典亦備銓選降敍〕《집해 211쪽》 5조 직관유범(職

**직해** 중앙과 지방의 높고 낮은 군정·민정 관사의 관원이나 아전 등이 공적인 일로 죄를 범하면, 태죄에 해당하는 관원은 속죄(贖罪)하고, 아전은 매 계절 마지막 달을 맞아 이전의 죄상을 아울러 논하여 처결하고 죄명은 기록하지 않으며, 장죄 이상이면 명백히 문안을 작성하여 매년 한 차례 고과하고 죄명을 기록한다. 9년째에 한 번 그동안 범한 일의 경중과 수효를 통틀어 고과하여서 강등하거나 승진시킨다.

### 해설

명대 관리의 범죄는 사익(私益) 추구 여부를 기준으로 처벌 수준이 현격하게 차이가 있었다. 관리가 사익을 위해 군인이나 백성을 침학하는 사죄(私罪)는 강력하게 처벌하였지만, 직무 수행 과정에서 부득이하게 발생하는 공죄(公罪)는 관대하게 처벌하였다. 이 조문은 문무 관원이나 이전이 공죄를 범하였을 때 처리하는 원칙을 규정하였다. 앞의 5조 직관유범(職官有犯)과 6조 군관유범(軍官有犯) 두 조문이 관원의 추문(推問) 여부를 결정하는 단계의 규정이라면, 이 조문과 뒤의 8조 문무관범사죄(文武官犯私罪)는 추문 이후의 형사 절차에 관한 규정이다.

官有犯)과 6조 군관유범(軍官有犯)은 취문(取問)하는 일을 논하였고, 7조 문무관범공죄(文武官犯公罪)와 8조 문무관범사죄(文武官犯私罪)는 취문한 뒤에 죄를 의의(擬議)하고 처리하는 일을 논하였다.〔前職官軍官有犯二條 論取問之事 此條與下條則取問之後 擬罪發落之事〕《집주(상) 23쪽》

# 8
# 문무 관원이 사죄를 범함
文武官犯私罪

**8-1** 문관[1]이 사죄(私罪)를 범하여 태 40 이하이면 부과(附過)한 뒤 본직으로 돌려보낸다. 50이면 현임을 해임하여 다른 관직에 서용(敍用)한다.[2] 장 60이면 1등급을 강등하고, 70이면 2등급을 강등하고, 80이면 3등급을 강등하고, 90이면 4등급을 강등하되 모두 현임을 해임한다. 유관(流官)[3]은 잡직(雜職)[4] 내에 서용[5]하고, 잡직은 변방 먼 곳에 서용한다. 장 100이면 유관과 잡직 모두 파직하고 서용하지 않는다.

**8-2** 군관이 사죄를 범하여 태죄에 해당하면 부과하고 속전을 받으며, 장죄이면[6] 현임을 해임하고 강등하여 서용하며,[7] 파직하여 서용하지 않는 것

1 문관 : 여기서 문관은 모두 품급(品級)이 있는 자이다.〔此文官 俱是有品級者〕《집주(상) 25쪽》

2 50이면……서용(敍用)한다 : 현재 맡은 관직을 해임하고 다른 아문의 품급이 서로 같은 곳에 서용한다.〔解去其現任之職 而於別衙門品級相同處敍用〕《소의(상) 132쪽》

3 유관(流官) : '유'는 흐르는 물의 흐름으로, 정도(正道)를 따라 순행하는 것을 말한다. 맡은 임무가 백성과 직접 관련된 관원으로, 중앙의 육부·도찰원 등과 지방의 포정사·안찰사 및 부·주·현에 속한 관원 따위이다.〔流官 謂流水之流 循行正道 乃正{政}務親民之官 內而六部都察院等 外而布按二司 及府州縣之類〕《집설 권1 17장》 '유'는 등차(等次)의 뜻이니, 유관은 품급이 있는 관원이다.〔有品級之官 流乃等次之意〕《육부 19쪽》

4 잡직(雜職) : 한산관(閑散官)으로서 업무가 백성과 직접 관련되지 않는 관원이다. 크게는 염운사(鹽運司)·태복시(太僕寺)·제거사(提擧司)의 관원과 작게는 곡식을 수납하거나 창고를 관리하는 일을 맡은 관원 따위로 모두 품급이 있는 자를 말한다.〔雜職 乃閑散不親民之官 如大而鹽運司太僕寺提擧司 及小而倉場庫務之類 皆以有品級者說〕《집해 214쪽》 정인(正印)이 없는 관원으로서 보좌하는 관원이다.〔非正印之官 稱曰雜職 卽佐貳也〕《육부 19쪽》

5 서용 : 순서에 따라 등용하는 것이다.〔敍用 謂循序而用也〕《집설 권1 17장》

6 장죄이면 : 장 60부터 90까지이다.〔自六十至九十〕《집해 216쪽》

7 현임을……서용하며 : 지휘사(指揮使)를 동지(同知)로 강등하고, 동지를 천호(千戶)로 강등하는 것과 같은 따위이다. 그러나 또한 모두 서용할 수 있다.〔如指揮降同知 同知降千戶之類 然亦皆得敍用〕《석의 권1 8장》

에 해당하면 강등하여 총기(總旗)[8]에 충원한다. 도죄나 유죄에 해당하면 거리의 멀고 가까움을 살펴서 각 위(衛)에 보내 충군(充軍)한다.[9] 전공(戰功)[10]을 세우면 직급의 차례를 따지지 않고 선발하여 임용한다.

**8-3** 유품(流品)에 들지 못한 관원 및 이전(吏典)이 사죄를 범하여 태 40이면[11] 각각 부과하고 직(職)과 역(役)에 돌려보낸다. 태 50이면 현재 맡고 있는 역을 파하여 다른 곳에 서용한다.[12] 장죄이면 관원과 이전 모두 직과

8 총기(總旗) : 통솔하는 병사의 수가 10인이면 소기(小旗), 50인이면 총기, 두 총기 즉 100인이면 백호(百戶), 10백호 즉 1000인이면 천호로 삼았다. 천호에는 정(正)・부(副)가 있고, 천호 이상에는 지휘가 있으며, 지휘에는 사(使)・동지(同知)・첨사(僉事)가 있는데, 모두 세습하는 관직이다.〔大明之制 十軍立一小旗 五十軍一摠旗 兩摠旗一百戶 十百戶一千戶 千戶有正有副 千戶以上有指揮 指揮有使有同知有僉事 皆世襲之官也〕《이문 12》

9 거리의……충군(充軍)한다 : 도죄 5등급은 모두 2000로 보내며, 유죄 3등급은 각각 범한 바를 거리의 멀고 가까움으로 조율(照律)하여 혹은 2000리 혹은 2500리 혹은 3000리에 있는 각 위(衛)에 보내어 충군한다.〔徒五等 皆發二千里 流三等 各照依所犯地理遠近 或二千里或二千五百里或三千里 發各衛 充軍〕《집설 권1 17장》 문관은 장 100의 죄를 범하면 즉시 서용하지 않는데, 군관은 도죄나 유죄를 범해도 선발하여 임용한다. 그 까닭은 무관은 난(亂)을 평정하는 일을 전적으로 맡기 때문에 법기(法紀)를 크게 어긴 것이 아니면 버릴 수 없기 때문이다.〔文官犯杖一百 卽不敍用 軍官至徒流 尙得擢用者 以武職專主于定亂 苟非大干法紀 不得終棄也〕《집주(상) 25쪽》

10 전공(戰功) : 적의 목을 베거나 오랑캐를 죽인 공로가 있는 것이다.〔事功 謂有斬敵殺虜之功也〕《집해 215쪽》

11 태 40이면 : 1항에서 품급이 있는 관원이 사죄를 범하면 '태 40 이하'는 부과한 뒤 본직에 돌려보낸다고 하였으므로 태가 10・20・30・40인 자는 모두 부과하는 벌을 받는다. 여기서 유품에 들지 못한 관원이나 이전은 '태 40'이라고만 하고 '이하'라는 말이 없다. 그러나 유품에 들지 못한 관원이나 이전과 같이 낮은 직책이라 하더라도 태 30 이하의 죄를 용서하지는 않을 것이므로 역시 부과한다고 보아야 할 것이다.〔前有品級官 曰笞四十以下 則一二三十者 皆附過 此未入流與吏典 但曰笞四十 無以下字 則三十以下不附過矣 豈以其微而原之耶〕《집주(상) 25쪽》

12 태 50이면……서용한다 : 《집설》과 《집해》에서 태 50이면 관원과 이전 모두 현재의 직과 역에서 해임하여 다른 곳에 서용하는 것으로 보았다. 하지만 청대의 주석서인 《집주》에서는 원문의 '오십(五十)'과 '파현역별서(罷見役別敍)' 사이에 '관유부과환직리(官猶附過還職吏)'라는 세주(細注)를 삽입하여, 관원과 이전에 대한 조처가 다른 것으로 보았다. 즉 태 50이면, 관원은 태 40과 마찬가지로 부과하고 본래의 직으로 돌려보내는 반면, 이전은 현재 맡고 있는 역을 파하고 별도로 서용한다고 본 것이다. 이는 율문에서 태 40이면 '환직역(還職役)', 장죄이면 '파직역(罷職役)'이라고 하여, 관원의 직과 이전의 역을 병기한 데 비

역을 파하고 서용하지 않는다.[13]

**직해** 문관이 사죄를 범하면 태 40 이하는 죄명을 기록하고 본직으로 돌려보낸다. 태 50이면 현임을 파하고 다른 관직으로 옮겨 차정한다. 장 60이면 직급을 1등급 강등하고, 70이면 2등급 강등하고, 80이면 3등급 강등하고, 90이면 4등급을 강등한다. 모두 현임을 파하되 정관(正官)은 잡직 내에 서용하고, 잡직은 먼 지방에 서용한다. 장 100인 자는 정직(停職)하고 서용하지 않는다.

○ 군관이 사죄를 범할 경우 태죄에 해당하면 죄명을 기록하며 속죄(贖罪)하고, 장죄는 현임에서 파하고 강등하여 서용한다. 파직하여 서용하지 않은 데에 해당하면 백호(百戶)로 강등하여 충군하고, 도죄·유죄에 해당하면 거리의 멀고 가까움을 계산하여 각 방호소(防護所)에 보내 충군하고, 충군된 곳에 있으면서 뚜렷한 공적을 이루면 차례를 따지지 않고 등급을 뛰어넘어 녹용(錄用)한다.

(○)정관에 들지 못하는 관원 및 영사(令史)·색원(色員)이 사죄를 범하면, 태 40이면 죄명을 기록하고 본래의 직과 역으로 돌려보내 충정(充定)한다. 태 50이면 현재의 역을 파하고 다른 역으로 옮겨 정한다. 장죄이면 모두 직과 역을 파하고 서용하지 않는다.

## 해설

문무 관원이나 이전이 사죄를 범하였을 때 처벌을 규정한 조문이다. 사죄란 관원이 공무와 상관없이 범한 범죄 또는 공무와 관련되더라도 고의로 법령을 어긴 경우를 말한다. 문관이 무거운 사죄를 범하면 파직하고 서용

해, 태 50은 '파현역(罷見役)'이라고 하여 역만 적기(摘記)한 점에 주목한 것이다.

13 장죄이면……않는다 : 직과 역이 이미 낮은 데다, 죄를 범한 것이 이와 같으면 더 강등할 수 있는 등급도 없고 또한 속죄할 수 있는 공도 없으므로 직과 역에서 파하는 것이 마땅하다.〔蓋職役旣卑 而過犯若此 旣無可降之等 亦無可贖之功 其罷之也宜矣〕《집설 권1 17장》

하지 않는 반면, 무관은 직급을 낮추어 서용하거나 변방의 각 위(衛)로 보내어 군역에 충원하였다. 무관은 대대로 전공(戰功)이 있기 때문에 우대해야 하며, 또한 직무가 오로지 무력을 사용하여 화란(禍亂)을 평정하는 데 있으므로 법도와 기강을 관장하는 문직(文職)과 같지 않다. 한편 품급(品級)이 없는 관원이나 이전은 직과 역이 낮아 강등할 등급이 없으므로 문무 관원과 다르게 처리하였다.

•••

## 공죄와 사죄

중국 전통 사회는 범죄를 공죄(公罪)와 사죄(私罪)로 구분하였다. 공죄란 관리가 공무를 처리하는 과정에서 사리(私利)를 추구하지 않으면서 범하는 착오나 실수를 말하며, 오로지 관직과 관련된 죄로서 공무로 말미암기 때문에 관직에 있는 관리가 아니라면 공죄가 성립할 수 없다. 즉 범법자가 관리여야 하고, 범행에 사익을 추구하는 사사로움이나 법을 굽히는 불공정함이 없어야 하며, 위법이 고의가 아닌 착오나 실수에 따른 과실이라는 요건을 동시에 만족시켜야 공죄가 성립한다.

공죄에 대칭되는 사죄는 공무로 말미암지 않고 지은 죄를 말한다. 설령 공무로 말미암았을지라도 사익을 추구할 의도가 있으면 사죄가 된다. 즉 사죄란 일반인이 사익을 추구하는 과정에서 저지른 고의성 범죄이며, 관리라도 공무를 빙자하여 사사로움을 추구하면 역시 사죄이다. 현대 형법은 범죄에 대해 "형벌을 과(科)할 필요가 있는 불법일 것을 요(要)하며, 그것은 사회적 유해성 내지 법익(法益)을 침해하는 반사회적 행위를 의미한다."라고 해석하고 있는데, 사죄가 이에 해당한다.

범죄를 공죄와 사죄로 나누는 구분은 이미 한대(漢代)에 있었으며, 서진(西晉) 시대에 이르러 법률상 구분의 기본 원칙이 확립되었다. 당률(唐律)은 이전 시대의 입법 경험을 종합하여 공죄와 사죄의 구분 및 처리 원칙을 명확히 규정하였고, 송대(宋代)에는 기본적으로 당률 규정을 계승하였지만 실제 적용은 당률에 비해 엄격히 하였다. 가령 공죄를 범한 사람은 동전으로 속죄(贖罪)할 수 있으나, 사죄를 범하면 속전(贖錢)을 바치는 것을 허용하지 않았다. 명대(明代)에 이르러 《대명률》 7조 문무관범공죄(文武官犯公罪)와 8조 문무관범사죄(文武官犯私罪)에서 공죄와 사죄의 구분, 처벌 원칙, 처벌 방식 등이 당·송에 비해 구체적으로 정비되었다.

첫째, 공죄와 사죄를 명확히 구분하였다. 당률과 마찬가지로 양자는 범죄 의사를 기준으로 구분하였다. 사죄는 사익을 위해 의도적으로 죄를 범한 고의범으로 범죄 의사가 확고한 유심고범(有心故犯)인 반면, 공죄는 공무와 관련되어 실수나 착오로 인한 과실범으로 범죄 의사가 개입되지 않은 무심오범(無心誤犯)이라고 보았다. 이 때문에 범죄자가 범행을 뉘우치는 행위를 사죄는 '자수(自首)'라고 하는 반면, 공죄는 '각거(覺擧)'라고 하였다. 각거란 '각찰검거(覺察檢擧)'의 준말인데, 공무를 실수나 착오로 잘못 처리하였을 때 스스로 잘못을 깨닫고서 즉 각찰하여, 사유를 갖추어 해당 상급자에게 제출하는 곧 검거하는 일이다. 또한 범행에 함께 참여한 사람에 대해서도 차이가 있다. 사죄는 범죄를 공동으로 실행하였다는 의미에서 '공범(共犯)'이라고 일컫는 반면, 공죄는 공무를 수행하기 위한 상하 관계에서, 타인이 저지른 범죄에 연관되어 처벌을 받는다는 의미에서 '연좌(連坐)'라고 부른다.

둘째, 공죄와 사죄의 처벌 원칙을 명시하였다. 사죄는 범죄를 조의(造意)한 수범(首犯)과 수행(隨行)한 종범(從犯)으로 나누고 종범은 1등급을 줄이는 반면, 공죄는 체감(遞減)의 원칙을 적용한다. 높고 낮은 관원이 공죄를 범하였을 때, 실무자인 이전(吏典)을 수범으로 보고 수령관(首領官)은 이전에서 1등급을 줄이고, 좌이관(佐貳官)은 수령관에서 1등급을 줄이며, 장관(長官)은 좌이관에서 1등급을 줄이는 것이 공죄 체감이다. 신분이 다름에 따라 향유하는 특권 또한 차이가 나서 등급이 높으면 높을수록 특권도 많다는 신분 특권 관념이 반영된 것이다. 상급자일수록 형사상 특권을 부여하는 공죄 체감의 원칙은 전근대 사회의 법률 체계가 신분형법주의(身分刑法主義)에 입각하고 있음을 보여 주는 사례라 하겠다.

셋째, 공죄와 사죄의 처벌 방식을 명시하였다. 사죄의 경우, 태죄(笞罪)

이면 과실을 관리의 명부에 기록하는 부과(附過), 장죄(杖罪)이면 관원 임명장을 빼앗는 탈고신(脫告身) 또는 관직을 빼앗는 파직 처분 등의 행정 처벌을 내리며, 죄가 무거우면 장형(杖刑)·유형(流刑)·사형(死刑) 등을 가한다. 반면 공죄의 경우, 태죄이면 속전을 바치는 재산형을, 장죄이면 부과(附過)의 명예형을 가하며, 사죄와는 달리 신체형이 없다. 이처럼 공죄는 사죄에 비해 가볍게 처벌하는데, 착오나 실수에 사사로움이 개입되지 않았다고 보았기 때문이다.

공죄와 사죄를 분간하는 기준은 객관적 범죄 행위가 아니라 주관적 범죄 동기에 있다. 이는 공죄와 사죄의 법원(法源)이 객관적인 법 해석보다는 주관적인 법 해석에 바탕을 둔 것임을 말해 준다. 이의 사상적 연원은 춘추 결옥(春秋決獄)이다. 춘추 결옥이란 공자가 지은 《춘추》의 정신과 사례를 근거로 삼아 단옥(斷獄)하는 것이다. 《춘추》의 핵심 사상은 부모를 비롯하여 친속을 친히 하는 '친친(親親)', 신분이 높은 사람을 존중하는 '존존(尊尊)', 관작이 높은 사람을 귀하게 여기는 '귀귀(貴貴)'에 있다. 이를 구현하기 위해, 춘추 결옥은 '논심정죄(論心定罪)'를 한다. 범죄의 행적으로 죄를 판정하는 것이 아니라 그 죄를 저지르게 된 심리 상태를 규명하여 죄를 판정하는 것이다. 즉 범죄자의 본심을 규명하고, 범죄 동기를 고려하여 정죄 양형(定罪量刑)하는 유심주의적(唯心主義的) 단옥 방식이다.

그러나 공죄와 사죄의 구분은 범죄와 형벌이 서로 상응하지 않는 죄형불일치(罪刑不一致)의 현상을 낳게 마련인데, 똑같은 범죄를 두고 누구는 사죄로 하고 누구는 공죄로 하면 법 적용이 공평하지 않다는 문제점이 두고두고 제기될 수밖에 없다. 이처럼 중국의 전근대 사회에서는 범죄를 공죄와 사죄로 나누고 법률로 체계화하였고, 이는 전근대 법률의 중요한 특징 가운데 하나이다. 그러나 근대 사회에 이르러 만인이 법 앞에 평등하다는 법률상 평등권이 확립되었고, 신분제가 폐지되고 사민평등(四民平等)이 이루어지면서, 범죄를 공죄와 사죄로 분간하는 방식도 사라져 모든 범죄는 사죄로 통일되었다. 그 결과 공죄는 행정법 체계 속으로, 사죄는 형법 체계 속으로 흡수되었다.

# 9
# 팔의에 해당하는 사람의 부나 조부가 죄를 범함
應議者之父祖有犯

9-1 팔의(八議)에 해당하는 사람의 조부모·부모·처·자·손이 죄를 범하면 밀봉하여 주문(奏聞)해서 성지(聖旨)를 받아야 하며, 함부로 잡아다 추문(推問)하는 것을 허락하지 않는다. 추문하라는 성지를 받들면, 범한 죄상과 팔의에 해당하는 상황을 낱낱이 기록해서 여럿이 모여 의논할 것을 먼저 주청(奏請)하고 의논이 정해지면 주문하여 황제의 재가를 받는다.

9-2 황친(皇親)[1]·국척(國戚)[2] 및 공신[3]의 외조부모·백숙 부모·고모·형제·자매·사위·조카[4] 그리고 문무 4품·5품[5] 관원의 부모와 처 및 습음(襲蔭)[6]에 합당한 자·손이 죄를 범하면,[7] 유사(有司)가 율에 따라 추문

1 황친(皇親) : 황가의 단문(袒免) 이상 친속, 태황태후와 황태후의 시마(緦麻) 이상 친속, 황후의 소공(小功) 이상 친속, 황태자비의 대공(大功) 이상 친속으로, 3조 팔의(八議)의 의친(議親)에서 지칭하는 자들이다.〔皇親 卽議親條所指者 是也〕《석의 권1 9장》

2 국척(國戚) : 왕비, 부마(駙馬), 의빈(儀賓)이다.〔國戚者 王妃駙馬儀賓也〕《부례(상) 120쪽》

3 공신 : 공훈이 있는 신하로서 팔의에 속하는 사람들이다.〔有功勳之臣 如八議中所載者〕《소의(상) 137쪽》

4 황친(皇親)……조카 : 팔의 중에서도 의친(議親)과 의공(議功)을 가장 중시하기 때문에, 특별 대우를 받는 친속의 범위를 더 넓게 잡는다.〔八議之中 親與功爲尤重 則待之尤厚〕《집주(상) 27~28쪽》

5 문무 4품·5품 : 중앙과 지방의 문관과 무관을 겸하여 한 말이다. 3품 이상은 의귀(議貴)에 해당되어 그 부모와 자·손은 황제에게 의논을 청하는 반열에 있으므로 언급하지 않았다.〔四五品 兼內外文武官言 若三品以上 則應議貴者 其父母子孫 自在上請之列 故不及也〕《집설 권1 19장》

6 습음(襲蔭) : ① 51 官員襲蔭

7 문무……범하면 : 여기서 문무 4품·5품 관원의 부·모·처는 봉작을 받지 않은 자를 말하고, 자·손은 습음에 합당하나 아직 습음하지 않은 자를 말한다. 부·모·처로서 이미 봉작을 받았으면 현임관(現任官)과 같고, 자·손이 이미 습음하였으면 5조 직관유범(職官有犯), 6조 군관유범(軍官有犯)을 따른다.〔若父母妻已受封者 與現任官同 子孫已襲蔭者 照職官軍官有犯律〕《집주(상) 28쪽》

(追問)하고, 의의(議擬)하여 주문하고 황제의 재가를 받는다.

**9-3** 십악(十惡)을 범하거나, 모반(謀反)이나 모대역(謀大逆)에 연좌되거나, 간음하거나, 도적질하거나, 살인하거나, 재물을 받고 왕법(枉法)[8]하면 이 율을 적용하지 않는다.[9]

**9-4** 그 밖의 친속이나 노복(奴僕)·관장(管莊)[10]·전갑(佃甲)[11]이 세력을 믿고 양민을 침해하거나 관부(官府)를 능멸하면 일반인의 죄에 1등급을 더하되[12] 범인만 처벌하는 데 그치며,[13] 여럿이 모여 의논할 것을 먼저 주청하는 율을 적용하지 않는다.[14]

**직해** 팔의에 들어가는 사람의 조부모·부모·처 및 자·손이 죄를 범하면 밀봉하여 임금에게 아뢰어 왕지(王旨)를 기다리고, 함부로 나오게 하여 추문하지 말아야 한다. 왕지를 받들어 추문하는 사람은 그가 범한 죄와 의의한 상황을 낱낱이 기록하여 먼저 임금에게 아뢰어 의논하기를 청하고, 의

8 왕법(枉法) : 왕법과 범법(犯法)은 같지 않다. '왕(枉)'은 굽히는 것으로, 관리가 마땅히 법을 집행해야 하는데 스스로 한쪽으로 치우치고 굽혀 남의 뜻을 따르는 것을 이른다. 그러므로 '왕법'이라고 한다. '범(犯)'은 어기는 것으로, 일반인이 법을 지켜야 하는데 감히 어겨 죄짓는 것을 이른다. 그러므로 '범법'이라고 한다.〔蓋枉法與犯法 不同 枉者 曲也 謂官吏應執法 乃自偏曲以徇人 故曰枉法 犯者 違也 謂凡人應遵法 乃敢違悖以致罪 故曰犯法〕《집주(하) 851쪽》

9 십악(十惡)을……않는다 : 1항과 2항을 받아 말한 것이다. 그 죄상이 매우 심각하기에 팔의에 해당하는 자의 조부모 등을 곧바로 처벌할 것을 주청할 수 있게 하고, 훈척(勳戚)의 외조부모 등을 곧바로 스스로 결단하는 것을 허락하며, 황제에게 아뢰어 윤허를 받고 재가를 청하는 율을 적용하지 않는다.〔承上兩節而言 以其情罪 深重 應議者之祖父母等 許逕自參提 勛戚之外祖父母等 許逕自決斷 不用取旨奏裁之律〕《집주(상) 28쪽》

10 관장(管莊) : 전장(田莊) 관리를 담당하는 자이다.〔莊舍也 管莊管田畝之居者也〕《소의(상) 139쪽》

11 전갑(佃甲) : '전'은 농사를 짓는 사람이며, '갑'은 우두머리가 되는 사람이다.〔佃治田之人 甲爲首者〕《소의(상) 139쪽》

12 1등급을 더하되 : 교만하고 방종함을 막고자 하기 때문이다.〔所以杜驕縱也〕《집주(상) 28쪽》

13 일반인의……그치며 : 죄를 다스리는 것은 일반인보다 무겁게 하지만 본주(本主)는 추문하지 않는다.〔治罪重于常人 追究不及本主〕《집주(상) 29쪽》

14 그 밖의……않는다 : 4항은 2항을 받아 말한 것이다.〔第四節 承第二節言〕《집주(상) 29쪽》

논이 정해진 후에 임금의 재가를 기다린다.

○ 종친 및 공신의 외조부모와, 부의 형제와 처〔백숙 부모〕와, 부의 동복(同腹) 누이〔고모〕와, 본인의 형제와 자매와 사위와, 형제의 자식〔조카〕과, 4품·5품 관원의 부모와 처와 자·손과, 문음(門蔭)의 승습(承襲)에 나아가 있는 자·손이 죄를 범하면 임무를 맡은 관원이 율에 의거하여 추문하고 의의하여 아뢰고, 임금의 재가를 기다린다.

(○) 십악·모반·모대역죄에 관련된 범인과 간음·도적·살인·재물을 받고 왕법을 한 사람은 이 율을 적용하지 않는다.

○ 그 밖의 친족·노복이나 각 마름이나 작인(作人) 등이 세력을 의지하여 양인을 침해하거나 관사를 능멸하여 범하면 일반인의 죄에서 1등급을 더한다. 범인을 율에 따라 처벌하고 임금에게 아뢰지는 않는다.

-'그 밖의 친속'이란 황친·국척·공신의 방족(房族)[15] 형제, 방족 백숙, 외삼촌, 이모부, 고모부, 처의 형제, 이종형제, 생질, 처조카와 같은 따위를 이른다. 이들 및 황친·국척·공신의 가인(家人)·반당(伴倘)·관장·전갑들이 위세를 빙자하여 양민을 침해하거나 관부를 능멸하다가 일이 발각되면 주문할 필요 없고, 일반인의 죄에 1등급을 더하여 과단하되 범인 본인만 처벌하는 데 그친다.-

**직해** 왕친·국척·공신의 동성 사촌·육촌 형제 및 동성 오촌 숙부와, 어머니의 동복 남자 형제와, 어머니의 동복 자매의 남편과, 아버지의 동복 자매의 남편과, 자신의 처남과, 어머니 쪽 사촌 형제의 자식[16]과, 딸의 자식[17]과, 처의 동성 삼촌 조카 등과,

15 방족(房族) : 가족에서 나뉜 지파를 '방'이라 하며, 방족은 가주(家主)의 친족으로 같은 지파를 이루는 종친의 총칭이다.

16 어머니 쪽……자식 : 율주의 해당 원문 양이자(兩姨子)는 이종형제를 가리키는데, 직해에서는 이것을 '어머니 쪽 사촌 형제의 자식'으로 옮겼다. 문자 그대로 나를 기준으로 외가의 육촌 형제를 말하는 것인지, 아니면 어머니 쪽으로 나와 사촌 관계에 있는 자식들 즉, 이종형제들인지는 명확하지 않다.

17 딸의 자식 : 율주의 해당 원문은 외생(外甥)인데, 자매의 아들을 외생이라고 본 경우도 있다.〔爲姊妹之子 卽外甥〕《집해 83쪽》

가인·반당(伴黨)·마름·우두머리 작인 등이 위세를 빙자하여 양민을 침해하거나 관사를 능멸하면 일반인의 죄에 1등급을 더하여 결죄(決罪)하되 범인 자신만 처벌한다.

각 아문이 추문(追問)할 때에 황친·국척·공신 등이 잡아 두고 내주지 않으면 모두 해당 관사가 밀봉하여 황제에게 주문하여 구처(區處)하도록[18] 한다.[19]

**직해** 각 관사에서 범인을 나오게 하여 추문할 때 숨겨 두고 보내지 않으면 모두 담당 관사에서 밀봉하여 임금에게 아뢰어 결단한다.

–어떤 사람이 관할하는 아문에 고발하여 아문에서 사람을 차정(差定)하여 잡아다 추문하려고 하는데, 그 황친·국척·공신이 그들을 잡아 두고 관사에 보내지 않으면, 모두 해당 관사에서 밀봉하여 주문해서 구처하도록 함을 이른다.–

**직해** 어떤 사람이 관할하는 관사에 고발함으로써 사람을 보내 잡아와 추문하려는데, 종친이나 공신 등이 숨기고 관사에 보내지 않으면, 모두 담당 관사에서 밀봉하여 임금에게 아뢰어 결단한다.

## 해설

4조 응의자범죄(應議者犯罪)에서는 팔의에 해당하는 사람의 형사 처벌 절차를 다루었는데, 이 조문은 팔의에 해당하는 사람의 직계 가족 등이 죄를 범하였을 때 사전에 황제의 재가를 얻어 형사 처벌하는 절차를 규정하였다.

팔의에 해당하는 사람의 직계 존속·비속이나 부인 등은 팔의에 해당하는 사람 본인과 밀접한 관계에 있는 존재로서 나라가 돌보아 주는 은혜가

18 구처(區處)하도록 : 여기서 구처는 아랫사람을 잡아 두고 내주지 않은 훈척을 구처한다는 말이다. 훈척의 친속 등은 1등급을 더하는 본법을 따른다.〔區處 卽區處占吝之勛戚 若親屬等 自依加一等本法〕《집주(상) 29쪽》

19 각……한다 : 5항은 4항을 받아서 말한 것이다.〔末節 承第四節言〕《집주(상) 29쪽》

크기 때문에 죄를 범하면 팔의에 해당하는 사람과 똑같은 취지(取旨)・청의(請議)・주재(奏裁) 등의 형사 처벌 절차를 밟는다. 황친・국척・공신은 팔의 가운데 의친(議親)과 의공(議功)에 해당하여 특히 중요한 존재이므로, 그 은전이 미치는 범위가 더 넓다. 문무 4품・5품 관원은 의귀(議貴)에는 해당하지 않지만 나라가 우대하여 돌보아 준다는 취지에서 그 은전이 부모와 처 및 습음(襲蔭)에 합당한 자・손에까지 미친다. 이들이 십악(十惡) 등 중대 범죄를 범하면 앞서 말한 형사상의 특전을 베풀지 않는다. 황친・국척・공신의 그 밖의 친속이나 노비・마름・작인 등이 세력을 믿고 양민을 침해하거나 관부를 능멸하면 일반인의 죄에서 특별히 1등급을 더하는데, 관아와 백성이 피해를 입기 때문이다. 이들을 잡아다 추문하려 할 때 훈척(勳戚)이 숨겨 두고 관아로 보내지 않으면 황제에게 아뢰어 죄를 결단한다. 훈척이 저항하는 싹을 없애려는 취지이다.

# 10
# 군관이나 군인이 죄를 범하면 도형이나 유형을 면제함
軍官軍人犯罪免徒流

10-1 군관이나 군인이 죄를 범하여 율문에서 도형이나 유형에 해당하면 각각 장 100이다. 도형 5등급은 모두 2000리 안에 있는 위(衛)로 보내어 충군(充軍)하고,[1] 유형 3등급은 거리의 멀고 가까움에 따라 각 위로 보내어 충군한다.[2] 변방 먼 곳으로 보내어 충군하는 것에 해당하는 자는 율에 따라 보낸다. 모두 자자는 면제한다.[3]

10-2 군정(軍丁)·군리(軍吏)·교위(校尉)[4]가 죄를 범하면 모두 군인에 준(準)하여[5] 의단(擬斷)[6]하며, 역시 도형·유형·자자를 면제한다.[7]

1 군관이나……충군(充軍)하고 : 민인이 도형을 범하면 장수(杖數)가 차등이 있고 도형 연한이 길고 짧음이 있으나, 군관이나 군인은 5등급의 도죄 모두 구별 없이 장 100을 치고, 2000리에 보낸다.〔民人犯徒 杖數有差等 徒限有久近 而軍官軍人 則五等徒 皆杖一百 皆發二千里 無復分別〕《집주(상) 30쪽》

2 군관이나……충군한다 : 군관은 대대로 쌓은 공훈이 있고 군인은 정해진 인원수가 있다. 만약 죄를 범한 자를 모두 도형이나 유형에 충당하면 군오(軍伍)가 점차 줄어들게 되므로 그 거리를 정해 징발하여 충군하는 데 그치는 것이다.〔軍官有世勳 軍人有定額 若犯罪者 皆充徒流 則軍伍漸乏 故止定其里數 調發充軍〕《주해 156쪽》 ① 8 文武官犯私罪

3 군관이나……면제한다 : 군관이나 군인이 감수도(監守盜), 상인도(常人盜), 절도, 도모(掏摸), 창탈(搶奪) 등의 죄를 범하면, 장물의 액수에 따라 도죄·유죄·장죄의 어느 것에 해당하든 상관없이 모두 자자를 면제하고 경적인(警跡人) 명부에 넣지 않는다. 그가 앞서 세운 공적을 우대하고, 뒷날 공을 세울 것을 독려하는 것이다.〔其犯一應監守常人盜及竊盜掏摸搶奪等項 不拘徒流杖罪 幷免剌字 不充警跡 優其前績而責其後功也〕《전석 권1 28장》《집주(상) 30쪽》

4 교위(校尉) : 명대 무관의 직명이며, 홍무 연간에 황제 어가(御駕)의 시위를 위하여 설치하였다. 이후 수도에 있는 금의위(錦衣衛)를 비롯한 여러 위(衛)와 친왕부(親王府)에 두어 황궁 수호, 어가 시위, 의전 행사 등의 임무를 수행하였다.

5 준(準)하여 : 여기서 '준'은 다만 그들이 군인과 다름이 없다는 것이며, '~죄에 준한다'고 할 때의 준과는 같지 않다.〔準者 但明其與軍人無異 非如準罪者之準也〕《집설 권1 23장》

**직해** 무릇 군관이나 군인이 죄를 범할 경우, 율문에서 도형・유형에 해당하면 각각 장 100이고, 도형 5등급은 모두 2000리 안에 있는 방어소(防禦所)에 충군한다. 유형 3등급은 거리의 멀고 가까움을 계산하여 각 방어소로 보내 충군한다. 변방 먼 곳에 보내 충군함이 합당하면 율에 따라 보낸다. (○) 군정이나 군리가 죄를 범하면 모두 군인의 예에 준하여 결단하고, 도형・유형 및 자자는 모두 면제한다.

-군정은 군관・군인호의 군역에 충당하고 남은 장정(壯丁)을 이르고, 군리는 군대에 편입되어 군량을 받는 군인 중에 문자를 이해하여 군리로 선발・충원된 자를 이른다. 군정・군리가 죄를 범하면 처벌은 군인과 같다. 각 아문에 소속된 이원(吏員)으로서 각 위소(衛所)에 보내져서 충원되어 녹봉을 받는 사리(司吏)이면 부・주・현의 사리와 똑같이 과단(科斷)한다.-

**직해** 군정은 군관 및 군인의 정해진 수 외의 나머지 장정이다. 군리는 패(牌)에 소속되어 급료를 받는 군인이 문자를 이해하여 군리에 선발・충원된 사람인데, 이 사람들이 죄를 범하면 죄가 군인과 같다. 다른 아문의 아전으로 일하다가 양료(糧料)를 받는 사리로 보내져 충원된 사람이 죄를 범하면 주・현의 사리와 동일한 예로 과단한다.

## 해설

군관이나 군인이 도죄나 유죄를 범하면 도형・유형・자자형을 면제해 주는 대신 먼 곳의 위(衛)로 보내어 충군하도록 한 조문이다. 8조 문무관범

6 의단(擬斷) : 의의판단(擬議判斷)한다는 말로,《소의(상) 519쪽》율문대로 죄를 다스린다는 것이다.

7 군정(軍丁)……면제한다 : 여정(餘丁)・군리・교위는 명색이 비록 군인과 다르지만 노역(勞役)을 담당하고 고향을 떠나는 것은 군인과 마찬가지이므로 군인을 의단하는 예에 따라 자자를 모두 면해 준다. 그들이 앞서 세운 공적을 우대하고, 뒤에 공을 세우기를 바라는 것이다.〔餘丁軍吏校尉 名色雖與軍殊 執勞役 離鄕土 則與軍一也 故依軍人擬斷 刺字俱免 優其前蹟 而冀其後功〕《소의(상) 143쪽》

사죄(文武官犯私罪)에서 군관이 도죄나 유죄를 범하면 충군하는 법이 있는데, 여기에서 다시 군인이 범하는 경우도 포함하였다.

## 11
# 죄를 범하였을 때 누계하여 줄임
犯罪得累減

한 사람이 죄를 범하였을 때 형량을 줄여야 할 경우란, 가령 종범(從犯)이면 줄이는 것,[1]

**직해** 한 사람이 죄를 범하였는데 이치상 죄의 등급을 줄이는 것이 합당한 일이란, 종범이면 줄이는 것,

-공동으로 죄를 범하면, 조의자(造意者)[2]를 수범(首犯)으로 하고, 수종자(隨從者)[3]는 1등급을 줄이는 것을 이른다.-

**직해** 공동으로 죄를 범하였을 때 처음 발의한 자를 수범으로 삼고, 수종자는 1등급을 줄인다.

자수하면 줄이는 것,[4]-법을 어기고 나서 다른 사람이 고발하려는 것을 알고 자수하면 2등급을 줄여 주는 것을 이른다.-

**직해** 법을 어긴 사람이, 다른 사람이 고발할 거라 여기고 먼저 자수하여 고하면 2등급을 줄이는 것을 들어준다.

고의나 과실로 남의 죄를 가볍게 하거나 무겁게 하면 줄이는 것,[5]-이를테면

1 한 사람이……것 : ① 27 共犯罪分首從

2 조의자(造意者) : 조의는 계책을 꾸미는 것을 주관하는 것을 이른다. 죄를 범하려는 뜻은 모두 그 꾸민 데서 말미암는다.〔造意 謂首事設謀 犯罪之意 皆由其造作者也〕《집주(상) 93쪽》

3 수종자(隨從者) : 수종은 못된 짓을 하는 사람끼리 서로 도와 가며 나쁜 일을 행하는 것을 이른다. 조의가 지휘하는 대로 잘 듣고 따라서 그를 좇아 힘을 쓰는 것이다.〔隨從 謂同惡相濟 聽從造意之指揮 隨之用力者也〕《집주(상) 93쪽》

4 자수하면 줄이는 것 : ① 24 犯罪自首

다음과 같다. 이전(吏典)이 고의로 타인의 죄를 가볍게 하여 석방하였다가 다시 체포하면 단지 1등급을 줄인다. 수령관(首領官)이 실정을 몰랐으면 과실로 논한다. 타인의 죄를 과실로 가볍게 하면 가볍게 한 본죄에서 5등급을 줄이는데, 수령관은 이전에 비하여 또 1등급을 줄이므로 통틀어 7등급을 줄인다.-

**직해** 영사(令史)·색원(色員)이 범죄인의 죄상을 고의로 가볍게 논하여 놓아 보냈다가 다시 잡아들이면 1등급을 줄인다. 낭청관(郎廳官)이 실정을 몰랐으면 과실로 논한다. 죄상의 경중을 자세히 살피지 않고 가벼운 죄라 하여 놓아주도록 하였으면 5등급을 줄인다. 낭청관은 영사·색원의 예에서 또 1등급을 줄여 통틀어 7등급을 줄인다.

공죄(公罪)이면 차례로 줄이는 것[6] 따위이다.-이를테면 다음과 같다. 동료가 공죄를 범하였는데 과실로 죄를 무겁게 하였으면 이전은 3등급을 줄인다. 아직 죄를 집행하지 않았으면 또 1등급을 줄여, 통틀어 4등급을 줄인다. 수령관은 5등급을 줄이고, 좌이관(佐貳官)은 6등급을 줄이며, 장관(長官)은 7등급을 줄이는 따위이다.-

**직해** 동료 관원이 공죄를 범하였는데, 범한 내용을 자세히 살피지 않아 무겁게 죄를 얻도록 잘못 일을 처리하면, 영사·색원은 3등급을 줄이고, 아직 죄를 집행하지 않았으면 또 1등급을 줄여 통틀어 계산하여 4등급을 줄인다. 방장(房掌)은 5등급을 줄이고, 지차관(之次官)은 6등급을 줄이며, 장관은 7등급을 줄인다.

모두 누계(累計)하여 줄인다.[7]-이와 같은 따위는 모두 누계하여 줄여서 과죄한

5 고의나……것 : 만약 단죄하는데 과실로 무겁게 하면 각각 무겁게 한 본죄에서 3등급을 줄이고, 과실로 가볍게 하면 각각 가볍게 한 본죄에서 5등급을 줄인다.〔若斷罪 失於入者 各減三等 失於出者 各減五等〕 ④ 433 官司出入人罪 이는 모두 관사가 죄수의 죄를 가볍게 하거나 무겁게 하여 이미 처결하거나 이미 석방한 경우 그렇게 하는 것이다.

6 공죄(公罪)이면……것 : 관원과 이전의 공죄는 이전을 수범으로 보아, 수령관은 이전에서 1등급을 줄이고, 좌이관은 수령관에서 1등급을 줄이며, 장관은 좌이관에서 1등급을 줄이는데, 이를 공죄 체감(公罪遞減)이라고 한다.〔官吏公罪 以吏典爲首 首領官減吏典一等 佐貳官減首領官一等 長官減佐貳官一等 是公罪遞減也〕《집설 권1 27장》 ① 28 同僚犯公罪

7 모두 누계(累計)하여 줄인다 : '누(累)'라는 것은 이미 줄였는데 다시 줄이는 것을 이른다. 가령 절도에서 종범이면 1등급을 줄이는데, 다른 사람이 고발하려는 것을 알고 자수하면

다.–8

**직해** 위와 같은 범죄는 모두 누차(累次)로 등급을 줄여 과죄한다.

## 해설

형벌을 줄이는 사유가 둘 이상일 때 이것을 모두 누계하여 줄이는 것을 규정한 조문으로, 종범, 자수, 고실(故失), 공죄 등은 모두 죄를 누계하여 줄여 준다. 당률에서는 팔의(八議)에 해당하는 자 등에 대해 줄여 주는 '의감(議減)', 3품 이상 관원의 자제에 대해 줄여 주는 '청감(請減)', 7품 이상 관원에 대해 줄여 주는 '예감(例減)'과 같은 특권적인 감경(減輕)끼리는 누계를 불허하고 특권적인 감경과 통상적인 감경 사이에서는 누계를 허용하고 있는데 반해, 명률은 특권적인 감경은 없어지고 통상적인 감경끼리의 누계만 규정하고 있다.

또 2등급을 줄여 통틀어 3등급을 줄인다. 이와 같은 부류가 원문의 병득루(竝得累)로 모두 누계하여 줄이는 것이다.〔累者 已減而復減之謂 如竊盜爲從 減一等 若知人欲告而自首 又減二等 通減三等 如此之類 竝得累 累而減也〕《집설 권1 27장》

8 이와……과죄한다 : 누계하여 줄이는 경우는 위에 나열된 네 가지 외에도 물건의 다과(多寡)에 따라, 정상(情狀)의 경중에 따라, 가해자와 피해자 사이의 관계, 복제(服制)의 존비(尊卑)와 친소(親疏)에 따라 누계하여 줄이는 경우 등이 있어 이루 다 열거할 수 없으니, 유추하여 이해할 수 있다.〔再有因物之多寡而累減 情之輕重而累減 名分服制之尊卑親疏而累減 不能悉擧 可以類推〕《집주(상) 37쪽》 예컨대 두 사람이 싸웠는데 때린 사람이 때릴 만한 이유가 있어서 때렸으면 구상죄(毆傷罪)에서 2등급을 줄이고, 피해자가 보고(保辜) 기한 내에 치료하여 회복되면 또 2등급을 줄이니, 통틀어 4등급을 줄이게 된다.〔如二人鬪毆 下手理直 減毆傷罪二等 辜限內醫治平復 又減二等 通減四等〕《집주(상) 37쪽》 ③ 326 保辜限期

# 12
# 정당한 이유로 관직을 떠남
以理去官

임만(任滿),[1] 득대(得代),[2] 개제(改除),[3] 치사(致仕)[4]한 관원은 현임과 같게 대우한다.

**직해** 임기가 만료되어 교체되거나,[5] 다른 직으로 옮겨 가거나, 연로하여 벼슬에서 물러난 관원은 현임과 같게 대우한다.

-이를테면 범죄로 말미암지 않고 해임된 경우로써[6] 불필요한 관원을 감원하거나, 아문을 폐지하는 것과 같은 따위는 비록 일 때문에 해임되거나 강등되었을지라도 고신(告身)을 환수하지 않으면 모두 현임과 같게 대우한다.[7]-

**직해** 죄를 범하지 않고 파직된 경우와, 불필요한 관원을 없앤 경우와, 남설된 아문을

1 임만(任滿) : 관원의 직위와 임기가 차고 봉급이 다 지급되어 더 이상 일을 관장하지 않게 된 것이다.〔職任已滿 俸已住支 不管事者〕《집해 245쪽》

2 득대(得代) : 구관이 이미 신관과 교대하여 떠난 것이다.〔得代 是舊官已得新官交代 而去者〕《집해 246쪽》 원문의 임만득대(任滿得代)를 직해처럼 하나의 항목으로 보는 설도 있으나, 《GMC》·《전석》·《집주》에서는 두 항목으로 보았다.

3 개제(改除) : 불필요한 관직이나 아문 등이 없어져서 이부(吏部)나 병부(兵部)로 보내졌다가, 관직을 바꾸거나, 아문을 바꾸어 다른 자리에 임용되는 것이다.〔改除 如沙汰裁革 起送赴部 或改官 或改衙門 別項除用者〕《집해 246쪽》

4 치사(致仕) : 늙거나 병들어 정당한 이유로 벼슬을 내놓고 물러나는 것이다.〔致仕 則老病以理休致者也〕《집해 246쪽》

5 임기가 만료되어 교체되거나 : 원문의 임만득대를 율문에서는 임만과 득대 두 항목으로 보았으나, 직해에서는 '임만하여 득대하는 것'으로 보았다.

6 범죄로……경우로써 : 일과 관련하여 죄를 범하여 해임된 것과 구별하려는 취지이다.〔所以別于緣事革職得罪者也〕《집주(상) 38쪽》

7 현임과 같게 대우한다 : 비록 현임과 같게 대우하지만 강등된 품급(品級)으로 논한다.〔雖同現任 以降等之品級論〕《집주(상) 38쪽》

혁파한 경우, 이와 같은 일로 말미암아 파직되거나 강등되어도 사첩(謝貼)[8]을 거두어 들이지 않았으면 현임과 같게 대우한다.

봉관(封官)이나 증관(贈官)[9]은 정관(正官)과 같게 대우한다.[10] 부인이 남편에게 죄를 지었거나[11] 의절(義絶)[12]하면 그 아들의 관품(官品)과 같게 대우할 수 있다.

**직해** 부인이 남편의 집에서 죄를 짓거나 의절하여서 쫓겨나더라도 그의 아들의 관직 품차(品次)와 같게 논한다.

–부인이 비록 남편의 집과 의절하였거나 남편이 살아 있을 때 쫓겨났어도, 그 아들이 관직이 있으면 아들의 관품과 같게 대우할 수 있는 것을 이른다. 모자의 관계는 끊을 도리가 없기 때문이다.–[13]

**직해** 부인이 비록 남편의 집에 죄를 지어 쫓겨났어도 그의 아들이 관직이 있으면 아들의 관직과 같게 논하는 일은, 모자가 서로 인연을 끊을 도리가 없는 것이다.

8 사첩(謝貼) : 벼슬아치에게 주는 임명장으로, '고신(告身)' 또는 '고명(告命)'이라고도 한다.

9 봉관(封官)이나 증관(贈官) : 은전이 부모에게 더해질 때, 생전에 더해지면 '봉(封)'이라 하고, 사후에 더해지면 '증(贈)'이라 한다.〔恩典加于父母 生前曰封 死後曰贈〕《집해 246쪽》

10 정관(正官)과 같게 대우한다 : 모두 현임 정관과 같은 복식을 하고, 장사(葬事)·제사(祭事)·비갈(碑碣) 따위를 현임관의 제도처럼 할 수 있다.〔皆如現任正官同服也 葬祭碑碣之類皆得如現任官之制〕《소의(상) 147쪽》

11 부인이……지었거나 : 일곱 가지 쫓겨날 죄를 범하여 쫓겨난 것을 이른다.〔婦人犯夫 謂犯七出之條而被出者〕《집설 권1 29장》 ② 123 出妻

12 의절(義絶) : 남편을 받들어 섬기는 것이 의(義)에 합당하지 않는 것을 이른다.〔義絶 謂義不當承事其夫〕《집설 권1 29장》

13 부인이……때문이다 : 가령 남편이 죽어서 타인에게 개가하였거나 시가에서 쫓겨나서 개가한 부인에 대해서는 율문에 기재되어 있지 않으므로 모두 그 아들의 관품과 같게 대우할 수 없다.〔若婦人 夫亡及被出 而改嫁他人者 律不該載 竝不得與其子之官品同〕《강해 59쪽》 개가하였으면 아들의 관품과 같게 대우할 수 없다.〔義絶被出 未失婦節也 若改嫁失節 不得同子之官 卽未嫁前曾受封 已嫁後亦追奪〕《집주(상) 38쪽》

죄를 범하면 모두 직관(職官)이 죄를 범하였을 때 적용하는 율[14]에 따라 의단(擬斷)한다.[15]

**직해** 위의 사람들이 죄를 범하면 모두 관직에 있는 관원이 죄를 범한 예에 따라 그에 준하여 결단한다.

14 직관(職官)이……율 : ① 5 職官有犯

15 모두……의단(擬斷)한다 : 이들이 죄를 지으면 주청(奏請), 문주(聞奏), 강출(降黜), 추탈(追奪) 등을 모두 5조 직관유범(職官有犯)에 따른다.〔凡此之類 有得罪者 奏請聞奏降黜追奪一如職官之法〕《집해 247쪽》 다만 치사한 관원・봉관・증관이 장죄(贓罪)를 범하면, 모두 무록인(無祿人)과 같이 과단한다.〔惟致仕封贈官犯贓 併與無祿人同科〕《집주(상) 38쪽》 치사한 관원은 비록 현임관과 같고, 봉관・증관은 비록 정관과 같으나, 모두 녹봉을 받지 않는 자이다. 그러므로 주(註)에서 "장죄를 범하면, 모두 무록인과 같이 과단한다."고 한 것이다. 그러나 임만・득대 및 개제되어 아직 관직에 보임되지 않았고, 도임하여 아직 녹봉을 받지 않았더라도 이들은 무록인과 같이 처리할 수는 없다. 이들은 곧 녹봉을 받을 수 있기 때문이다. 추가적인 고찰이 필요하다.〔致仕雖同現任 封贈雖同正官 然皆不食俸者 故註云犯贓 併與無祿人同科 然任滿得代 改除尚未補官 到任之時亦未食俸 此等不得照無祿者 以其卽得食俸也 俟考〕《집주(상) 39쪽》

# 13
# 관직이 없을 때 죄를 범함
無官犯罪

13-1 관직이 없을 때 죄를 범하였으나 관직이 있을 때 일이 발각되면 공죄(公罪)는 역시 속전을 받거나 기록할 수 있다.[1]

13-2 낮은 직위에 있을 때 죄를 범하였는데 관직을 옮긴 후에 일이 발각되거나, 재임 시에 죄를 범하였는데 직임을 떠난 후에 일이 발각된 경우, 공죄를 범하였으면 태죄 이하는 논하지 않고,[2] 장죄 이상은[3] 기록해 두었다가 통틀어 고과(考課)한다.[4] 공무 때문에 쫓겨나거나 파직되면 그 일이 태죄이든 장죄 이상이든 모두 논하지 않는다.[5] 그러나 돈이나 양곡을 축내거나 관물(官物)[6]을 유실한 데 관련된 일이면,[7] 죄는 비록 기록만 하고 논하

1 역시……있다 : 태죄에 해당되면 역시 속전을 받을 수 있고 비록 장죄 이상이라도 기록할 수 있다.〔應笞者 亦得收贖 雖杖以上 亦得紀錄〕《집설 권1 39장》 '역시~있다'에서 '역시'의 의미는 관직이 없을 때 죄를 범하는 것은 관직이 있는 사람과 차이가 있지만 관직이 있는 사람과 같게 논하는 것을 허용한다는 것이다.〔亦得字義 見與有官犯罪者有間 許與有官犯罪者同論也〕《집주(상) 40쪽》 공죄는 오로지 관직과 관련된 죄인데, 공무(公務)로 말미암아 죄를 얻게 된 경우이므로 관직이 없을 때라면 공죄가 성립할 수 없다. 따라서 자기가 고의로 죄를 범한 것이 아니라 타인의 범죄에 연루된 것도 공죄와 같게 취급해야 할지는 고찰해 봐야 한다.〔按 公罪專就官職上說 謂不係己私 因公事而得罪也 若無官時 安得有公罪 或謂如因人連累 不由自己故犯 亦同公罪 俟考〕《집주(상) 40쪽》

2 논하지 않고 : 범한 죄가 가볍고 또 전임의 일이므로 특별히 용서하는 것이다.〔所犯旣輕 又在前任 故特原之〕《집주(상) 40쪽》

3 장죄 이상은 : 도죄, 유죄, 사죄까지 이른다.〔杖以上 至徒流死罪者〕《소의(상) 150쪽》

4 기록해……고과(考課)한다 : 비록 관직을 옮기거나 직임을 떠났더라도 여전히 관직이 있는 사람이므로 9년을 기다려 통틀어 고과하는 것이다.〔以雖遷官去任 仍是有官之人 當候九年通考也〕《집주(상) 40쪽》

5 공무……않는다 : 관직에 있을 때 범한 것이 공죄이면 관에 재직 중이어도 과명(過名)을 기록할 뿐인데 관에서 이미 쫓겨났거나 파직되었으면 다시 논할 것이 없다.〔蓋所犯者 官中之公罪 卽官在 亦不過紀錄而已 官旣黜革 更何論哉〕《집설 권1 29장》

지 않더라도 그 일은 반드시 자세히 조사하여 사실을 명백히 밝힌다.[8] 단, 일체의 사죄(私罪)를 범하면 모두 율(律)[9]대로 논한다.[10]

**직해** 관직이 없을 때 죄를 범한 사람이 관직이 있을 때에야 일이 발각될 경우 공죄이면 속죄(贖罪)하고 죄상을 기록한다.

○ 낮은 관직에 있을 때 죄를 범한 사람이 관직을 옮긴 후에야 일이 발각되거나, 직임을 맡고 있을 때 죄를 범하고 직임을 떠난 후에야 일이 발각될 경우, 공죄를 범한 것이 태죄 이하이면 논하지 않고 장죄 이상이면 죄상을 기록하여 인사할 때 한꺼번에 통틀어 고과한다. 공무로 말미암아 파면되면 태죄나 장죄 이상을 모두 논하지 않는다. 만약 그 일이 돈이나 양곡을 축내거나 관물을 유실한 것이면, 죄상을 비록 기록만 하고 논하지는 않지만, 그 일을 반드시 자세히 조사하여 명백히 추고한다. 무릇 사죄를 범하면 모두 율에 의거하여 논죄한다.

-'관직을 옮긴다'는 것은 개제(改除)되거나, 차출되어 임시로 인근 관사의 직을 맡거나, 득대(得代)된 것을 이른다. '직임을 떠난다'는 것은 임기가 만료되거나, 정우(丁

6 관물(官物) : 제서(制書), 부험(符驗), 인신(印信), 순패(巡牌), 관문서와 같은 따위이다. 〔官物 如制書符驗印信巡牌官文書之類〕《십해 249쪽》

7 그러나……일이면 : 원문의 매몰전량 유실관물(埋沒錢糧遺失官物)은 위의 천관거임(遷官去任)과 위사출혁(爲事黜革)을 받아서 말한 것으로 관직이 없는 상태에서 죄를 범하면, 당연히 돈이나 양곡·관물과 관련된 일은 없을 것이다. 천관거임은 태죄 이하는 논하지 않고 장죄 이상은 기록하며, 위사출혁은 장죄 이상도 모두 논하지 않는다.〔埋沒錢糧 遺失官物 止承上遷官去任 爲事黜革二項言 若無官犯罪者 自無錢糧官物之事也 遷官去任者 笞以下勿論 杖以上紀錄 爲事黜革者 杖以上皆勿論〕《집주(상) 41쪽》

8 그 일은……밝힌다 : 배상해야 할 것은 배상하고 관에 돌려주어야 할 것은 관에 돌려준다. 〔應賠償者賠償 應還官者還官〕《청률 無官犯罪》

9 율(律) : ①8 文武官犯私罪

10 일체의……논한다 : 사죄를 범하면 모두 현임관의 경우에 따라 의단한다. 장죄를 범하면 1항의 원문 무관범죄 유관사발(無官犯罪有官事發)은 무록인에 따르고, 2항의 원문 천관거임과 위사출혁 두 경우는 유록인에 따른다.〔私罪概照現任擬斷 若犯贓 則前一項照無祿人 後二項照有祿人也〕《집주(상) 41쪽》

憂)[11]해야 하거나, 치사(致仕)한 것 따위를 이른다.-

**직해** 관직을 옮기는 것은 다른 관직에 옮겨 차정(差定)되거나, 사신으로 나가거나, 인근 관직을 임시로 맡는 것이다. 직임을 떠나는 것은 임기가 만료되어 교체되거나, 상중(喪中)에 있거나, 나이가 차서 치사하는 것 따위이다.

이전(吏典)이 공죄나 사죄를 범하여도 역시 위에 따라 의단(擬斷)한다.[12]

**직해** 아전들이 공죄나 사죄를 범한 경우에도 아울러 위와 같은 예로써 의의(擬議)하여 결단한다.

해설

범행 시점과 발각 시점 사이에 범죄인의 관직·관품 등에 변동이 생겼을 때의 처리 방법을 규정한 조문이다. 공죄는 관원으로서의 특전을 인정하였는데, 공죄는 고의가 아닌 오범(誤犯)이므로 용서할 수 있기 때문이다. 반면 사죄는 8조 문무관범사죄(文武官犯私罪)의 율대로 논죄하였다. 조정을 속이고 사익(私益)을 추구하였기에 모두 해당 법률에 따라 처벌함으로써 간악함을 징계한다는 취지이다.

11 정우(丁憂) : 본래 자신의 부모상을 만나는 것을 뜻하는데, 때로는 조부모를 포함하기도 하였다. 후대에는 관원(官員)의 거상(居喪)만을 가리키게 되었으며 점점 '부모상을 당하여 자손이 행해야 할 의무'라는 의미가 더 중요하게 되었다. 정우를 당하면 관직 있는 자는 녹(祿)을 버리고 가정에 복귀하여 삼년상을 치러야 하며, 법제에서 '관을 떠나 삼년상을 치러야 하는 사람'을 응정우(應丁憂) 즉 정우를 해야 할 사람으로 칭한다.《언해 권14 85장》

12 이전(吏典)이……의단(擬斷)한다 : 이전이 충역(充役)되기 전에 공죄를 범하고 충역·고만(考滿)한 뒤에 일이 발각되면 역시 속전을 받고 기록한다. 충역되었을 때 공죄를 범하고 고만한 뒤에 일이 발각되면 역시 태죄는 논하지 않고 장죄 이상은 기록한다. 충역·고만하였을 때 공죄를 범하고 혁역(革役)한 뒤에 일이 발각되면 태죄·장죄 모두 논하지 않는다. 사죄는 모두 율대로 논한다.〔其內外軍民衙門典吏 未充之前犯公罪 充役考滿之後事發 亦得收贖紀錄 充役之時犯公罪 考滿之後事發 亦得笞弗論 杖以上紀錄 充役考滿之時犯公罪 革役之後事發 笞杖皆弗論 一應私罪 竝論如律 照常發落也〕《집주(상) 40쪽》

# 14
# 사적에서 이름을 지우고 본래의 신역을 지게 함
除名當差

관직이 있는 관원[1]이 죄를 범하여 파직되어 서용되지 않고, 뒤이어 고신(告身)을 빼앗기고[2] 사적(仕籍)에서 이름이 지워지면[3] 관품(官品)과 훈작(勳爵)을 모두 박탈한다.[4] 승(僧)·도사(道士)가 죄를 범하여 처벌을 받고 나면 모두 환속시킨다. 군호·민호·장호(匠戶)·조호(竈戶)[5] 등은 각각 본래 신역에 따라 원적(原籍)으로 돌려보내 그 역을 지게 한다.[6][7]

1 관직이 있는 관원 : 문관과 무관을 겸해서 하는 말이다.〔職官 兼文武言〕《집해 253쪽》

2 고신(告身)을 빼앗기고 : 원문 추탈(追奪)은 벼슬길에 나온 이래 전임(轉任)할 때마다 받은 고칙(誥勅)들을 모두 빼앗아 태워 버리는 것이다.〔追奪ハ初テ出身シテヨリ以來轉任ノタビゴトニ賜リタル誥勅ヲ悉ク皆奪ヒ取テ焚棄也〕《언해 권3 12장》

3 고신(告身)을……지워지면 : 임명장을 빼앗고 벼슬아치의 명부에서 성명을 지워 버리는 것이다.〔謂追去誥勅 削去仕籍姓名〕《집해 253쪽》

4 관품(官品)과……박탈한다 : 관직에 나온 이후에 받은 관품과 훈작을 모두 박탈하는 것이다.〔出身以來 官階勳爵 皆從革除〕《전석 권1 37장》 1위부터 9위까지의 관품과 공(公)·후(侯)·백(伯)의 훈작을 모두 박탈하는데, 관품은 공무를 처리하게 하기 위해 임명하는 것이고 훈작은 그 덕을 표창하기 위해 주는 것이다. 죄를 범하여 파직된 사람은 일도 처리할 수 없고 덕도 표창할 수 없으므로, 관품과 훈작을 모두 박탈하여 서민과 똑같게 만드는 것이다.〔一位ヨリ九位マテノ官ト公侯伯ノ爵トヲ皆除ク也官ハ公事ヲ理メシメン爲ニ敍シ爵ハ其德ヲ彰サン爲ニ賜フ者也罪ヲ犯テ職ヲ罷ル人ハ事トメ理ムベキ無ク德トシテ彰スベキ無シ故ニ官爵皆除テ庶民ト一體也〕《언해 권3 12장》

5 조호(竈戶) : 소금 만드는 역을 담당하는 호를 가리킨다. ② 150 鹽法

6 원적(原籍)으로……한다 : 본래의 신분에 맞게 신역을 지는 것이다.〔當本等差役〕《집해 254쪽》

7 군호……한다 : 군호·민호·장호·조호는 원문의 직관(職官)과 승도(僧道)를 받아서 말한 것이다.〔軍民匠竈 統承職官僧道而言〕《집주(상) 42쪽》 직관이 죄지어 파직되었더라도 고신을 추탈당하지 않으면 사적에서 제명되지 않는다. 군관도 죄지어 현임에서 해임되더라도 세습 군직은 그대로 유지하는 경우가 있다. 그러므로 관작(官爵)을 모두 제거한 연후에야 본래의 역을 지게 한다. 직관이 파직되어 서용되지 않을 뿐 고신을 빼앗기고 사적에서

**직해** 관직에 있는 관원이 죄를 범하여 정직시켜 서용하지 않고 사첩(謝貼)을 거두어들이고 이름을 지우면 이전 관작(官爵)을 모두 삭제한다. 승이 죄를 범하여 이미 처결하였으면 모두 환속하여 군역·민역 및 공장(工匠)·염간(鹽干) 등의 본역으로 정하여 보낸다.

해설

문무 관원이나 승·도사가 죄를 지었을 때 처벌 이후의 추가 조치를 규정한 조문이다. 문무 관원이 죄를 범하면 관품과 훈작을 모두 박탈하는데, 사악한 짓을 하였기 때문이다. 승·도사가 죄를 지어 이미 처벌을 받았으면 환속시키는데, 청정(淸淨)해야 하는 근본을 저버렸기 때문이다. 이 경우 관원과 승·도사는 일반 백성과 다르지 않게 되었으므로 각각 원적으로 되돌려 보내 본래의 역을 지도록 한다.

이름이 지워지는 데에 해당하지 않는 경우 및 승·도사가 환속에 해당하지 않는 경우에는 본래의 역을 지게 하지 않는다.〔本條以除名爲目 蓋有罷職而不追奪者 則其名猶未除也 軍官更有止罷現任 仍留世職者 故必官爵皆除 然後當差 若職官止是罷職不敍 而例不該追奪除名 與僧道例不該還俗者 不在當差之限〕《집주(상) 43쪽》 5조 직관유범(職官有犯)의 조례에 승·도사가 사죄(私罪)를 범하면 환속시키고 공죄(公罪)를 범하면 환속시키지 않는 내용이 있으니 참조할 필요가 있다.〔前職官有犯條例 有僧道分公私罪還俗不還俗之別 當參看〕《집주(상) 43쪽》

## 15

# 유죄수의 가속

流囚家屬

유죄(流罪)를 범하면 처 · 첩이 따라간다.[1] 아버지 · 할아버지 · 아들 · 손자가 따라가고자 하면 들어준다. 천사(遷徙)나 안치(安置)[2]된 사람의 가구(家口)[3] 또한 이에 준한다. 유배되거나 천사된 사람이 죽으면 따라간 가구는 비록 유배된 지방의 호적에 올랐더라도 고향으로 돌아가기를 원하면 석방하여 돌려보낸다. 단, 모반(謀反) · 모대역(謀大逆)[4] · 모반(謀叛)[5]을 범

1 유죄(流罪)를……따라간다 : 여자는 죽을 때까지 한 남편을 좇아야 하므로 남편이 유죄를 범하거나 천사나 안치되면 처 · 첩은 따라간다.〔婦人 從一而終故 犯流及遷徙安置者 妻妾 從之〕《석의 권1 14장》 유죄를 범한 자의 처 · 첩은 비록 유배 가야 할 사람은 아니지만 반드시 따라가도록 하여 가족이 있어 도망가지 못하도록 하는 것이다.〔凡身犯流者 其妻妾 雖非應流之人 須令從之 使之有家 不得逃也〕《집설 권1 31장》

2 천사(遷徙)나 안치(安置) : 천사형은 권두의 〈오형의 명칭과 정의〔五刑名義〕〉에 나온다. 고향으로부터 1000리 떨어진 곳으로 보내어 그 지역의 호적에 민호(民戶)로 편입시켜 부과된 역을 맡게 하는 것이다. 죽을 때까지 고향으로 돌아갈 수 없다. 도형보다는 무겁고 유형보다는 가벼운 형이다. 송대(宋代)의 배례(配隷)에서 기원을 찾을 수 있다. 안치는 2000리 떨어진 곳으로 보내어 그곳에서 살게 하면서 다른 지역으로 가지 못하게 감시하는 형이다.〔遷徙安置 鄕里ヲ離ルコト一千里ノ地ヘ遷シ遣テ民トシテ其地ノ戶籍ニ姓名ヲ編入レテ差役ニ當ツル也徒ヨリハ重ク流ヨリハ輕キ刑也安置ハ二千里ノ遠キ地ヘ遣リ置テ其地ニ安放メ時丶考察メ他ヘ適クコヲサセシメサルヲ安置ト云……講解云 今之遷徙 卽宋配隷之類也 其制實原於宋〕《언해 권3 14~15장》

3 가구(家口) : 율문에서 가구는 부 · 조 · 처 · 첩 · 자 · 손을 말하고, 가소(家小)는 처 · 첩만을 말하고, 처소(妻小)는 처만을 말하고, 인구(人口)는 처 · 첩 · 자 · 손만을 말한다.〔律稱家口 父祖妻妾子孫也 家小 止妻妾也 妻小 止妻也 人口 止妻妾子孫也〕《집주(상) 44쪽》 처 · 첩 · 할아버지 · 아버지 · 아들 · 손자 등만을 거론하고, 할머니 · 어머니 · 아들이나 손자의 아내 등에 대해서는 말하지 않았는데 이는 문구를 생략하였을 뿐이다.〔家口 卽妻妾祖父子孫 不言祖母母及子孫之婦者 省文耳〕《집해 255쪽》

4 모반(謀反) · 모대역(謀大逆) : ③ 277 謀反大逆

5 모반(謀叛) : ③ 278 謀叛

한 자, 독충을 길러 독극물을 만든 자,[6] 사람을 채생절할(採生折割)한 자,[7] 한집안의 사죄(死罪)를 짓지 않은 세 사람을 죽인 자[8] 등 사면을 만나도 그대로 유형에 처해야 하는 자[9]의 가구[10]는 고향으로 돌아가도록 허락하는 율(律)을 적용하지 않는다.[11]

**직해** 유죄를 범하면 처·첩을 아울러 보내되 아버지나 할아버지나 자·손이 따라가려고 하면 들어준다. 지방에 천사시키거나 부처(付處)시킨 자 및 유배지를 원하는 대로 정한 자들의 가구도 이와 같이 한다. 유배되거나 천사된 사람이 죽으면, 그 가구는 비록 그 마을의 호적에 이름이 기록되었어도 스스로 원하여 고향으로 돌아가고자 하면 놓아 보내 준다. 남의 간장을

6 독충을……자 : ③ 312 造畜蠱毒殺人

7 사람을 채생절할(採生折割)한 자 : ③ 311 採生折割人

8 한집안의……자 : ③ 310 殺一家三人

9 사면을……자 : ① 16 常赦所不原

10 모반(謀反)……가구 : 모반·모대역·모반한 자의 부·모·조·손·형·제, 독충을 길러 독극물을 만든 자의 처·자·동거 가구는 유 2000리 안치이고, 채생절할한 자나 한집안의 사죄를 짓지 않은 세 사람을 죽인 자나 사지(四肢)를 해체한 자의 처·자는 유 2000리이다. 이들 죄를 범한 정범(正犯)은 사형이고, 그 가구는 정범에 연좌되어 유형에 처해지는데, 이 가구도 죄인으로 간주하며, 사면을 만나도 유형에서 석방하지 않는다.〔其中若謀反逆叛之父母祖孫兄弟 造畜蠱毒者之妻子及同居家口 皆應流二千里安置 採生折割人 殺一家非死罪三人 及支解人者之妻子 應流二千里 此等流囚 係常赦所不原之數 雖會赦猶流者也〕《전석 권1 38장》

11 단……않는다 : 모반·모대역·모반 등을 범한 죄수는 원래 능지처참(陵遲處斬)해야 한다. 마침 사면령을 만나 특별히 사죄를 면하고 먼 지방에 유배되었으면 유죄라는 점은 비록 같으나 사죄를 면하여 유죄에 충당되는 자이므로 가속(家屬)도 연좌되어 죄가 있는 사람이라 할 수 있다. 그러므로 설사 정범이 죽더라도 앞에 나온 죄가 없는 가구처럼 원적(原籍)에 돌아갈 수 없는 것이다.〔如謀反逆叛等項 原係凌遲處斬囚犯 偶遇赦書 特恩免死 猶流遠方者 流罪雖同 乃免死而充者 其家屬 正緣坐有罪之人 卽使正犯身死 不得如前項無罪之家口可還原籍也〕《집해 256쪽》《집해》의 주석과 《소의》·《언해》에서는 모반·모대역·모반 등을 범한 정범이 본래 사형에 처해져야 하나 특별히 감형되어 유형에 처해졌고, 이 정범을 따라 배소(配所)에 온 가구에 대해 말한 것으로 보았다. 그러나 《전석》과 《집주》에서는 모반·모대역·모반 등을 범한 정범은 당연히 사형에 처해지는 것이고, 그 정범에 연좌된 가구가 죄인으로서 유형에 처해진 경우를 말하는 것으로 보았다.

베어 내어 생기(生氣)를 채취한 사람과 모반·모대역·모반 및 독충을 길러 독극물을 만든 사람과 한집안의 세 사람을 살해한 사람들로서, 마침 사면의 교지(敎旨)가 있더라도 풀려나지 못할 유죄인(流罪人)의 가구는 돌아가는 것을 허락하지 않는다.

### 해설

유배형을 받은 죄수의 가속(家屬)이 유배지에 따라가거나 석방하여 돌려보내는 일에 관한 규정이다. 정범(正犯)이 유배되면 그 처·첩은 반드시 따라가게 하고 아버지·할아버지·아들·손자 등은 원하면 따라가게 해 준다. 정범이 유배지에서 죽었을 때 따라간 가속이 고향으로 돌아가기를 원하면 석방하여 돌려보내는데, 당초 정범을 따라간 것일 뿐 '죄가 없는 가속'이기 때문이다. 반면 모반·모대역·모반 등의 중죄인이 사면을 받아 사죄(死罪)는 면하였으나 그대로 유배형에 처해진 자의 가속은 모두 원래 연좌되어 유배된 죄인으로서 '죄가 있는 가속'이기 때문에 석방하여 고향으로 돌려보내지 않는다.

## 16
# 일반적인 사면으로는 용서받지 못함
常赦所不原

십악(十惡)[1]이나 살인[2]을 범하거나, 관의 재물을 도둑질하거나,[3] 강도질을 하거나, 절도를 하거나, 방화를 하거나, 무덤을 파헤치거나,[4] 왕법장(枉法贓)이나 불왕법장(不枉法贓)을 받거나, 사위(詐僞)하거나, 간음을 범하거나,[5] 사람을 약취(略取)하거나 약취하여 팔거나, 사람을 화유(和誘)[6]하거나,[7] 간사한 무리를 짓거나, 참언(讒言)으로써 부당하게 타인을 죽게 만들거나,[8] 고의로 타인의 죄를 무겁게 하거나 가볍게 하거나, 실정을 알고서도 범인을 고의로 묵인하거나 범인의 요구를 들어주거나 숨기거나 도주하도록 안내하거나, 세사과전(說事過錢)[9]하는 따위의 모든 진범(眞犯)은 비록 사면을 만나더라도 모두 사면하지 않는다.

**직해** 십악・살인이나, 관물을 훔치거나, 강도질을 하거나, 절도를 하거나,

1 십악(十惡) : ① 2 十惡

2 살인 : '살인'이라고만 하고 무슨 '살'인지 구분해서 말하지 않았으므로, 모살(謀殺)・고살(故殺)・구살(毆殺)・희살(戲殺)・오살(誤殺) 등이 모두 포함되는 것으로 보이나, 고찰이 필요하다.〔但云殺人 竝未分別何殺 則似謀故毆戲誤等殺皆是矣 俟考〕《집주(상) 46쪽》

3 관의 재물을 도둑질하거나 : ③ 287 監守自盜倉庫錢糧 ③ 288 常人盜倉庫錢糧

4 무덤을 파헤치거나 : ③ 299 發塚

5 간음을 범하거나 : ④ 390 犯姦

6 화유(和誘) : 여러 가지 유혹하는 방법을 써서 20세 미만의 남녀나 배우자가 있는 사람을 감호(監護)하는 사람이나 가정으로부터 벗어나게 하는 것이다.

7 사람을 약취(略取)하거나……화유(和誘)하거나 : ③ 298 略人略賣人

8 간사한……만들거나 : ① 60 姦黨

9 세사과전(說事過錢) : 서리(胥吏) 따위의 사람들이 은밀히 자기의 소속 관원에게 타인 즉 뇌물 공여자를 대신하여 말로써 정리나 안면을 내세워 뇌물을 전달하는 것이다.〔胥吏人等暗中向本官 代他人 說合情面 竝通送賄賂 曰說事過錢〕《육부 28쪽》 ④ 367 官吏受財

방화를 하거나, 무덤을 파헤치거나, 왕법·불왕법으로 장물을 받거나, 허위로 일을 조작하거나, 간음을 범하거나, 양인을 모략으로 꾀거나 양인을 모략으로 꾀어 팔거나, 사람을 화유하거나, 간악한 당을 만들거나, 참언으로 사지에 빠뜨려 해치려고 불법 살인하거나, 고의로 남의 죄를 줄이거나 늘리거나, 실정을 알면서도 고의로 죄인을 놓아주거나 숨겨 주거나 도주를 도와주거나, 죄인을 생각하여 관원 처소에 뇌물을 청하여 올리거나 하는 등, 참으로 죄를 범하면 마침 사면의 교지(教旨)가 있을지라도 모두 사면하지 않는다.

-고의로 범죄를 저질러 죄를 얻으면[10] 비록 사면을 만나더라도 모두 죄를 면해 줄 수 없음을 이른다.-

**직해** 고의로 범하여 죄를 얻으면 마침 사면이 있더라도 죄를 면해 주지 못한다.

과오(過誤)로 죄를 범하거나,[11] -과실로 타인을 살상하거나,[12] 과실로 불을 내거나,[13] 관물(官物)을 착오로 훼손하거나 유실하는[14] 따위를 이른다.-

**직해** 알지 못하고서 착오로 사람을 죽이거나 상해하거나, 과실로 불을 내거나, 관물을 착오로 훼손하거나 유실하는 일이다.

10 고의로……얻으면 : 사람이 작은 죄가 있더라도 모르고 지은 죄가 아니면 바로 끝까지 저지르려고 작심한 것으로, 스스로 떳떳하지 않은 일을 하여 이와 같이 된 것이니, 그 죄가 작더라도 죽이지 않을 수 없다.〔人有小罪 非眚 乃惟終 自作不典 式爾 有厥罪小 乃不可不殺〕《書經 周書 康誥》

11 과오(過誤)로 죄를 범하거나 : 큰 죄가 있더라도 끝까지 저지르려고 작심한 것이 아니면 바로 모르고 지은 죄이거나 재앙 때문에 이와 같이 된 것이니, 이미 그 죄를 빠짐없이 말하였으니 죽이지 말아야 한다.〔乃有大罪 非終 乃惟眚災 適爾 既道極厥辜 時乃不可殺〕《書經 周書 康誥》

12 과실로……상해하거나 : ③ 315 戲殺誤殺過失殺傷人

13 과실로 불을 내거나 : ④ 406 失火

14 관물(官物)을……유실하는 : ② 104 棄毀器物稼穡等

타인으로 말미암아 연루되어 죄를 짓거나,-타인이 지은 죄로 말미암아 연루되어 죄를 얻는다는 것은 이를테면 타인이 죄를 범하였는데 각찰(覺察)[15]·관방(關防)[16]·검속(鈐束)[17]을 제대로 하지 못하였거나, 범인과 관련이 있거나,[18] 지시에 따른 것[19] 따위를 이른다.-

**직해** 다른 사람의 범죄로 말미암아 관련되어 죄를 지은 연고란, 범죄인을 제대로 각찰하지 못하여 단속하지 않거나, 범인과 관련되거나, 범인이 시키는 일을 들어주거나 하는 것이다.

관원이나 이전(吏典)이 공죄(公罪)를 범하면[20]-관원이나 이전 등이 공무로 인하여 죄를 얻는 것, 과실로 타인의 죄를 가볍게 하거나 무겁게 하는 것,[21] 문서 처리 기한을 넘기거나 착오가 있는 것[22] 따위를 이른다.-

**직해** 관원이나 아전이 공무로 인하여 죄를 얻거나, 또는 모르고 남의 죄를 줄이거나 늘리거나, 문서를 지체하거나 착오하는 일이다.

모두 사면에 따라 용서해 준다.-사면을 만나면 모두 죄를 면해 줄 수 있음을 이른다.-

**직해** 마침 사면이 있으면 모두 용서하여 놓아준다.

15 각찰(覺察) : ② 138 錢糧互相覺察

16 관방(關防) : ② 97 檢踏災傷田糧

17 검속(鈐束) : ② 155 鹽法

18 범인과 관련이 있거나 : 비록 직접 범행하지는 않았지만 정황상 깊이 관련된 것을 '간련(干連)'이라 한다.〔雖無手犯 情迹緊重爲干連〕《檢考 定色目》

19 지시에 따른 것 : ③ 229 縱軍擄掠

20 관원이나……범하면 : ① 7 文武官犯公罪

21 과실로……것 : ④ 433 官司出入人罪

22 문서……것 : ① 28 同僚犯公罪

단, 사면 문서를 내릴 당시 죄명을 정하여 특별히 사면하거나,-사면 문서에 '상사소불원(常赦所不原)'이라 하지 않고 사면을 내릴 당시 죄명을 정해서 관대히 용서해 준다고 하면 특별히 사면에 따라 용서해 주는 것을 이른다.-[23]
**직해** 사면의 교지 안에 '상사소불원'이라 칭하지 않고 지은 죄의 이름을 그때에 정하여 관대히 용서한 죄인은 특별히 사면하여 놓아준다.

죄를 줄이고 낮추어 가볍게 하면-사죄(死罪)는 낮추어 유죄(流罪)로 하고, 유죄는 도죄(徒罪)로 하며, 도죄는 장죄(杖罪)로 하는 따위를 이른다.-
**직해** 사죄를 유죄로 강등하거나 유죄를 도죄로 강등하거나 도죄를 장죄로 강등하면, 죄를 면해 주어 등급을 낮추어 준다.

이 규정을 적용하지 않는다.-모두 '상사소불원'의 규정을 적용하지 않음을 이른다.-
**직해** 이상의 죄상은 모두 '일반적인 사면으로 죄를 용서해 주지 않는 예'에 들지 않는다.

해설

사면이 내렸을 때 죄를 면해 줄지 여부를 규정한 조문이다. 십악 등 윤리를

23 사면 문서에……이른다 : 당률(唐律)에서는 사면을 만나면 형벌은 사면하되 개정・징수해야 할 것은 그대로 개정・징수한다고 규정하였다.〔諸會赦 應改正徵收 經責簿帳而不改正徵收者 各論如本犯律〕《당률 36조 會赦改正徵收》 예컨대 적자(嫡子)를 서자(庶子)로 삼거나 서자를 적자로 삼거나, 법을 어기고 양자를 들이거나, 허가 없이 입도(入道)하거나, 호구(戶口)를 탈루(脫漏)하면 모두 바로잡고, 감림(監臨)・주수(主守)가 관의 재물을 멋대로 사용하면 추징한다. 명률(明律)의 율문에는 이 내용이 없으나, 《대명령》에 관련 내용이 있다.〔若係干錢糧婚姻田土事 須追究 雖已經赦 必合改正徵收者 不拘此例〕《大明令 刑令》〔然罪雖赦宥 若有干係錢糧贓物婚姻田土等項 仍須追征改正〕《집주(상) 46쪽》 감수도(監守盜)・상인도(常人盜)는 사면을 받아도 자자를 그대로 시행한다. 청률(淸律)에서 새로 조례(條例)를 만들어, 절도・창탈(搶奪)・도모(掏摸)는 사면을 받으면 자자를 면제하도록 하였다.〔監守常人各盜 仍須刺字 所謂仍盡本法也 今竊盜搶奪掏摸 遇赦免罪 幷免刺字 有新例〕《집주(상) 46쪽》

심각하게 위반한 경우나 고의성이 짙은 중대한 범죄 행위는 일반적인 사면으로는 죄를 면해 주지 않는 '불사(不赦)'인 반면, 과실로 인한 범죄나 다른 사람으로 인하여 범죄에 연루된 경우, 관원·이전의 공죄는 일반적인 사면이 내리면 죄를 면해 주는 '상사(常赦)'이다. 사면을 내리는 문서에 죄명을 명기하여 사면해 주는 경우 그에 해당하는 자는 죄를 면해 주는 '특사(特赦)'이고, 비록 완전히 죄를 사면하지 않지만 감경(減輕)하는 경우도 특사에 해당된다. 비록 일반적인 사면으로는 용서받지 못하는 자라 할지라도 한때의 특별한 은혜로 용서하는 것이다.

# 17
# 도죄수나 유죄수가 도중에 사면을 만남
徒流人在道會赦

17-1 도형이나 유형에 처해진 사람[1]이 도중에 사면을 만났을 경우, 노정(路程)을 계산하여 도착할 기한이 지났으면 사면하여 석방할 수 없다.[2]

**직해** 도죄수나 유죄수가 길을 가던 차에 마침 사면의 교지(教旨)가 있었는데 길을 간 일수가 기한을 넘도록 도착하지 못하면 사면하여 놓아주는 것을 허락하지 않는다.

-이를테면 가령 유 3000리는 하루에 50리씩 가서 총 60일 거리에 해당하는데, 만약 60일이 차기 전에 사면을 만나면, 이미 간 거리의 멀고 가까움을 불문하고 모두 사면하여 석방한다. 그러나 출발한 날로부터 지나간 거리를 모두 계산하여 도착해야 될 기한을 어기면 사면 대상에 포함되지 않는다.-

**직해** 3000리에 유배하였을 때 법례에 따라 하루 50리로 합계하면 60일 거리이다. 그런데 60일이 차지 않아 사면의 교지가 있으면, 이미 간 거리의 멀고 가까움을 불문하

1 도형이나……사람 : 이 조문에 나오는 원문 도류(徒流)가 1740년(건륭5) 개정된 청률(淸律)에서는 모두 유범(流犯)으로 바뀌었고, 청률 이 조의 맨 뒤에 "도형에 처해진 사람이 도중에 사면을 만나거나 이미 배소에 도착한 후 사면을 만나면 모두 방면한다.-유범가도에 처해진 자도 가도를 면해준다.-〔其徒犯 在道會赦 及已至配所遇赦者 俱行放免【流犯加徒者亦免加徒】〕"라는 내용이 추가되었다. 도형에 처해진 사람은 배소에 이르렀는지 여부와 상관없이 사면을 만나면 방면(放免)한다는 것이다. 도형은 연한이 있어서 연한이 차야 처벌이 끝나는 것인데, 그 기간 중에 사면을 만나면 사면해야 한다는 것이다. 이 점에서 도형은 무기형(無期刑)인 유형과 차이가 있다. 《집주(상) 48쪽》

2 도형이나……없다 : 도형 · 유형 · 천사형에 처해진 사람이 이미 배소에 이르렀으면 사면을 만나도 모두 방면할 수 없다. 배소로 가는 도중에 사면을 만나면 일정 · 기한을 계산하여 기한 내이면 사면하고 기한을 넘겼으면 사면하지 않는다. 간악한 이가 사면이 있을 것이라는 소문을 듣고 고의로 지연시켜서 요행히 사면받으려 하는 것을 막기 위한 것이다.〔徒流遷徙人已至配所 雖遇赦皆不得放免 若在道會赦 則計其日程限期限內者赦放 限外者不赦 恐姦徒聞知有赦 而遲延倖免 所以杜姦也〕《집주(상) 47쪽》

고 모두 사면하여 놓아주되, 출발한 날부터 지나간 길을 계산하여 길을 간 일수가 기한을 넘도록 도착하지 못하였으면 사면 대상에 포함되지 않는다.

부득이한 사정이 있으면 이 율을 적용하지 않는다.-부득이한 사정이 있다는 것은 예컨대 길을 가던 중에 병이 나거나, 바람으로 뱃길이 막히거나, 도적을 만나는 따위를 이른다. 소재 관사가 증빙 문서로 보증하면 모두 사고 일수를 빼어 노정 기한에 넣지 않도록 해 준다. 그러므로 "이 율을 적용하지 않는다."라고 말한 것이다.-
**직해** 가는 길에 병이 나거나, 뱃길에서 바람을 만나거나, 도적을 만난 것과 같은 상황들로써 소재 관사에서 명문(明文)을 받으면 이 율을 적용하지 않는다.

일찍이 도망한 적이 있으면 비록 노정 기한 내라 할지라도 또한 방면하지 않는다. 도망한 사람이 죽었을 경우, 따라왔던 가구[3]가 돌아가기를 원하면 들어준다.[4] 천사(遷徙)나 안치(安置)된 사람도 이에 준한다.[5]
17-2 도형・유형・천사・안치된 사람이 이미 배소에 이르렀거나,[6] 모반

3 따라왔던 가구 : ① 15 流囚家屬

4 도망한 사람이……들어준다 : 《전석》은 유죄수가 도망하였다가 죽으면 그 가구는 본래 고향으로 돌려보내지 않으나, 사면을 만나면 돌려보내는 것으로 보았다.〔其在逃所身死 本不在放還之限 但以其遇赦故願還者亦聽放還耳〕《전석 권1 40장》《집주》는 이 견해를 비판하고, 사면을 만났는지 여부와 상관없이 유죄수가 죽으면 가구는 고향에 돌아가기를 원하면 허락한다고 보았다. 그렇게 보아야 15조 유수가속(流囚家屬)의 내용과 부합된다는 것이다.〔箋釋云……非也 按流囚家屬徒流人身死 家口雖經附籍願還者聽 夫徒犯不僉妻室 流犯止妻妾從之 從行之家口 皆無罪之人也 正犯在則從之 死則聽還 不待赦也 今正犯在逃 遇赦不放 則家口自當從之 已死亦當聽還 家口之還不還 在正犯之死不死〕《집주(상) 47~48쪽》

5 이에 준한다 : 앞 문장의 도형・유형에 처해진 자에 준하여 그와 같게 처리한다는 것이다. 예컨대 배소에 가는 기한을 어기지 않거나 부득이한 사정이 있으면 역시 면해 주고, 기한을 어기거나 도망한 적이 있으면 역시 면해 주지 않으며, 정범(正犯)이 죽으면 따라왔던 가구 역시 돌아가도록 해 주는 것 등이다.〔準此者準上文徒流人而擬之 如程限不違及有故者亦免 過限及在逃者亦不免 正犯身死而所隨家口亦得聽還是也〕《집해 260쪽》

6 도형……이르렀거나 : 도형・유형・천사형에 처해진 사람이 이미 배소에 이르렀으면 범죄에 대한 처벌이 이미 이루어진 것이고 죄인을 배소의 호적에 올리는 일도 이미 이루어진 것이다.〔其徒流遷徙已至配所 則罪犯已決 籍隸已成〕《집주(상) 47쪽》 사면이 내린 날짜는

(謀反)・모대역(謀大逆)・모반(謀叛)을 범한 죄인에 연좌되어 유형에 처해야 하거나, 독충을 길러 독극물을 만들거나, 사람을 채생절할(採生折割)하거나, 한집안의 사죄(死罪)를 짓지 않은 세 사람을 죽여 사면을 만나도 여전히 유형에 해당하면 모두 사면하여 석방하는 규정을 적용하지 않는다.

**직해** 일찍이 도망하였던 사람은, 비록 배소로 가는 기한이 차지 않았더라도 방면하여 놓아주는 것을 허락하지 않는다. 도망한 사람이 죽으면, 따라가 있던 가구가 스스로 고향으로 돌아가기를 원하면 돌아가도록 놓아주는 것을 들어주며, 천사나 부처(付處)된 사람들의 가구도 앞의 예와 같이 돌아가도록 놓아준다.

○ 도죄수・유죄수・천사 죄인・안치형의 죄수들 중 이미 배소에 이른 사람과, 모반・모대역・모반을 하여 유죄에 해당하는 사람과, 독충을 길러 독극물을 만들거나, 사람을 채생절할하거나, 한집안의 사죄를 짓지 않은 세 사람을 죽인 사람 등은 비록 사면의 교지가 있더라도 유배가 합당하므로 모두 사면하지 않는다.

## 해설

도형・유형・천사형・안치형에 처해진 죄인이 배소(配所)로 출발하였는데 도중에서 사면을 만날 때, 석방할 수 있는 경우와 석방할 수 없는 경우를 규정한 조문이다. 유배지에 도착하지 않은 경우, 도착한 경우, 기한 내에 배소에 도착하지 않았어도 석방하지 않는 경우로 나누어 규정하였다. 그러나 이것은 명 건국 초의 제도일 뿐이고, 나중에는 사면령을 내리는 교서에 황제가 정한 날짜 이전에 범한 죄이면 죄를 면해 주고 그 이후이면 죄를 면해 주지 않는 방식으로 처리한 사례도 있다.

사면이 지방에 도달한 날을 기준으로 하는 것이 아니라 황지(皇旨)가 내린 날을 기준으로 한다.〔赦以旨下之日爲限 不論頒到地頭之期 皇恩所沛 普天同被 不以地之遠近 分赦之先後也〕《집주(상) 47쪽》

# 18
# 죄를 범하였으나 집에 머물면서 부모를 봉양하게 함
## 犯罪存留養親

사죄(死罪)를 범하여 일반적인 사면으로는 용서받을 수 없는 경우[1]가 아니라면 조부모나 부모가 늙거나 병들어[2] 응당 모셔야 하지만 집에 대신할 다음 성정(成丁)[3]이 없으면 범한 죄명을 자세히 기록하여 주문(奏聞)하여 황제의 재가를 받는다. 도죄나 유죄를 범하면[4] 다만 장 100에 그치고 여죄(餘罪)[5]는 속전을 받고[6] 집에 머물면서 부모를 봉양하게 한다.[7]

1 일반적인……경우 : ① 16 常赦所不原

2 늙거나 병들어 : 늙었다는 것은 70세 이상이고, 병들었다는 것은 잔질(殘疾)·폐질(癈疾)·독질(篤疾)을 말한다.〔老是年七十以上 疾是殘癈篤疾也〕《부례(상) 149쪽》《집주》에서도 70세 이상으로 보았으나, 《전석》에서는 80세 이상으로 보았다.〔老卽大明令所稱八十以上者〕《전석 권1 41장》《집주》에서는 원문의 질(疾)에 폐질과 독질만 포함되는 것으로 보았다.〔疾兼癈疾篤疾言〕《집주(상) 49쪽》

3 성정(成丁) : 역을 담당하는 연령대의 장정(壯丁)을 말하는데, 연령대는 시대별로 차이가 있다. 수대(隋代)에는 21세, 당대(唐代)에는 23세 이상을 말한다. 송대(宋代)에는 15세 이상을 '성정'이라 하고, 60세가 되면 '파로(破老)'라 하여 참호(站戶)나 군호(軍戶)와 같이 직접 군역을 담당하지 않는다. 명대(明代)에는 4세가 되면 호적에 기재하되 16세 이상을 '성정'이라 하고 15세 이하는 '불성정(不成丁)'이라 하였다.〔人年四歲附籍 十六以上曰成丁 始有差役 十五以下曰不成丁〕《집해 540쪽》 청대(淸代)에도 16세가 되면 '성정'이라 하였다.

4 도죄나 유죄를 범하면 : 원문에서 비상사소불원(非常赦所不原)이 범사죄(犯死罪)의 아래에 있으니, 사죄에만 적용되고 도죄·유죄 이하는 사면을 만나면 용서해 주는지 여부를 따지지 않는 것으로 보인다. 즉 도형과 유형 이하는 사면을 만나지 않아도 용서해 준다.〔非常赦所不原 字在犯死罪下 似止言死罪 而徒流以下 不論當赦應原與否〕《집주(상) 49쪽》

5 여죄(餘罪) : 먼저 정해진 수가 있는데, 얻은 죄를 이것과 비교·계산하여 정해진 수보다 넘치는 것을 '여죄'라고 한다. 장 100이 정해진 수이다.〔先有定數 將所得之罪 按此計算 溢于額數之外者 曰餘罪 其杖一百卽定數也〕《집주(하) 822쪽》

6 여죄(餘罪)는 속전을 받고 : ① 19 工樂戶及婦人犯罪

7 사죄(死罪)를……한다 : 21조 노소폐질수속(老小癈疾收贖)은 범죄인 자신이 늙거나 병자(病者)인 경우 불쌍히 여겨 가볍게 처리하는 내용이고, 이 조는 범죄인의 조부모·부모가

**직해** 사죄를 범하고 일반적인 사면으로 용서해 줄 수 없는 사람이, 조부모나 부모가 늙어 병들었고 본인 대신 병구완할 다음 남정(男丁)이 없으면, 그가 범한 죄명을 낱낱이 기록하고 임금에게 아뢰어 임금의 재가를 기다린다. 도죄나 유죄를 범하면 오직 장 100을 치고, 그 여죄는 속전을 받고 집에 머물며 부모를 봉양하게 한다.

### 해설

사죄·도죄·유죄를 범한 죄인이 늙거나 병든 부모를 봉양할 필요가 있는 경우 특별히 형벌을 감면하거나 집행을 보류하는 등의 은전을 베푸는 조문이다. 이에 해당하려면 범인이 일반적인 사면으로 면제받을 수 있어야 하며, 조부모·부모가 70세 이상이거나 잔질·폐질·독질인 경우와 집안에 성인 남자가 없는 경우 두 가지 요건을 동시에 채워야 한다. 천하의 모든 백성에게 효를 권장함으로써 국가에 대한 충성을 이끌어 내려 했던 명의 통치 이념에 따라 마련한 조문이다.

늙거나 병자인 경우 불쌍히 여겨 가볍게 처리하는 내용이다. 청률(淸律)의 조례(條例)에는 조부모·부모가 늙거나 병자인 경우 아들 형제가 모두 사형에 처해지게 되면, 그중 한 명을 살려 주어 조부모·부모를 봉양하게 하는 내용, 집에 머물면서 부모를 봉양할 자식이 존장(尊長)을 구살(毆殺)하는 등의 패륜적인 범죄를 저질렀으면 존류양친(存留養親)을 허락하지 않는다는 내용, 살인자가 집에 머물면서 부모를 봉양할 처지라 하더라도 피살자가 외아들이라서 피살자의 부모에게 봉시(奉侍)할 자식이 없으면 살인자의 존류양친을 허락하지 않는다는 내용 등이 실려 있다.

# 19
# 공장이나 악호 및 부인이 죄를 범함
工樂戶及婦人犯罪

공장(工匠)이나 악호(樂戶)[1]가 유죄(流罪)를 범하면[2] 3등급의 유형 모두 장 100을 치고, 그대로 머물면서 4년 동안 역을 지게 한다.[3] 흠천감(欽天監)[4]의 천문생(天文生)[5]으로서 학업 습득을 이미 성취하여[6] 능히 그 일을

1 공장(工匠)이나 악호(樂戶) : 이들은 모두 항상 관에서 복역하고 있어 일반 사람과 다르다. 그러므로 유죄를 범하면 모두 장 100을 치고, 공장은 원래 일을 하는 곳에, 악호는 원래 기예를 익히는 곳에 그대로 머물면서 역을 지게 한다.〔皆常服役於官 與凡民不同 故其犯流皆決杖一百 匠於原做工之所 樂戶於原習業之所 常川拘役〕《석의 권1 17장》이 두 부류의 사람은 주·현의 호적에 딸려 있지 않아 일반 사람과 같이 과죄(科罪)하기 어렵다.〔此二等人不隸州縣戶籍 難與民人同科〕《소의(상) 165쪽》

2 유죄(流罪)를 범하면 : 유죄만 말하였으므로 도죄는 연한에 맞게 역을 지게 하는 것임을 알 수 있다.〔但言流 則徒罪亦照年限拘役可知矣〕《석의 권1 17장》공장이나 악호가 도죄 이하의 죄를 범한 경우, 천문생(天文生)이 장죄 이하의 죄를 범한 경우에 대해서는 율문에 언급이 없는데, 이에 대해서는 명대(明代)에 조례(條例)가 마련되었다.〔工樂戶不言徒罪以下天文生不言杖罪以下 今俱有例〕《전석 권1 43장》

3 공장(工匠)이나……한다 : 공장은 공부(工部)에 예속된 장인이고, 악호는 교방사(敎坊司)에서 관할하는 악인이다. 이 둘은 호적이 관에 예속되어 있어 발견(發遣)하기에 불편하므로 유죄를 범하면 3등급의 유형 모두 장 100을 치고 공장은 원래 일하던 곳에, 악호는 원래 기능을 익히던 곳에 돌려보내어 월봉(月俸)의 지급은 중지한 채 4년간 역을 지게 한다. 3등급의 유형를 도죄로 환산하면 4년이다.〔工匠者 工部所隷之匠人 樂戶者 教坊所轄之樂人 二者籍隷在官 不便發遣 有犯流罪者 三流竝決杖一百 工匠于原做工處 樂戶于原習業處 住支月糧拘役四年 蓋流罪準徒之限也〕《집주(상) 50쪽》이 4년의 복역 기간 동안은 출퇴근을 하지 않고 근무지에 계속 머물면서 일하며, 4년을 채운 뒤에야 본래의 역으로 돌아간다.〔常川拘役 不在上班下班之例 四年滿日 仍從本役〕《전석 권1 41장》

4 흠천감(欽天監) : 명대에 천문을 맡은 관서이다. 천문 계산, 월력(月曆) 계산, 역서(曆書) 편수, 시보(時報) 등 천문과 기상 현상의 관측이나 기록을 맡아본다.

5 천문생(天文生) : 흠천감 천문생의 직책은 측량하고 검사하여 천체 현상과 역법을 추산하는 일이다.〔欽天監天文生職 專測驗推步〕《석의 권1 17장》

6 학업……성취하여 : 학업이 완성되지 못한 자는 이 예로 논할 수 없다.〔言習業已成 則未成

전담할 수 있는 자가 유죄나 도죄(徒罪)를 범하면 각각 장 100을 치고 여죄(餘罪)는 속전을 받는다.[7]

**직해** 공장·악호가 유죄를 범하면 3등급의 유형을 모두 장 100을 치고 그대로 머물면서 4년 동안 역을 지게 한다. 서운관(書雲觀)에서 임무를 맡은 사람이 천문 공부가 이미 이루어졌으며 그 일을 능히 전담할 수 있으면, 유죄나 도죄를 범하여도 각각 장 100을 치고 그 나머지 도죄나 유죄는 속전을 받는다.

-모반(謀反)·모대역(謀大逆)·모반(謀叛)을 범한 자에 연좌되어 유배되어야 하거나, 독충을 길러 독극물을 만들거나, 사람을 채생절할(採生折割)하거나, 한집안의 사죄(死罪)를 짓지 않은 세 사람을 죽인 가구는 사면을 만나도 그대로 유배형에 처하거나, 절도를 범하면 그대로 머물러 있게 하는 규정을 적용하지 않는다.[8] '여죄는 속전을 받는다'는 것은 이를테면 장 100 유 3000리에 해당하는 죄를 범하면 장 100을 치고 동전 30관을 속전으로 받으며, 장 100 도 3년에 해당하는 죄를 범하면 장 100을 치고 동전 18관을 속전으로 받는 따위이다.[9] 다른 조문도 이에 준한다.-

者 不得以此例論 明矣〕《석의 권1 17~18장》

7 각각 장 100을……받는다 : 공장이나 악호가 유죄를 범하면 그대로 머물러 역을 지게 하고, 천문생이 유죄를 범하면 속전을 받는 것은 대체로 천문생이 익힌 바가 공장이나 악호의 천한 기예와 견줄 바가 아니기 때문이다.〔工樂戶犯流則留役 天文生犯流則收贖 蓋天文生所習 非工樂賤藝可倫〕《집해 270쪽》

8 모반(謀反)……않는다 : 이러한 죄를 지으면 곧 버림받은 사람이 된다. 비록 기예와 재능이 있다 할지라도 용서할 수 없으니 유배와 자자를 모두 일반인과 똑같이 보아 과단(科斷)하며, 그대로 머물면서 역을 지게 하는 규정을 적용하지 않는다.〔則爲棄人矣 雖有藝能不可容矣 編配刺字 俱與常人一體科斷 不在留住拘役之限〕《집설 권1 36장》

9 여죄는……따위이다 : 〈명례율〉 1조 오형(五刑)의 규정에 의하면 장 100 유 3000리는 속전이 동전 36관이고, 장 100 도 3년은 속전이 동전 24관이며, 장 100은 속전이 동전 6관이다. 그러므로 여기서는 장 100에 해당하는 동전 6관을 뺀 동전 30관과 동전 18관을 속전으로 받는 것이다. 장 60 도 1년일 경우도, 장 60만 치는 것이 아니라, 장 100을 치고 여죄는 속전을 받는다. 20조 도류인우범죄(徒流人又犯罪)에서 '장을 더해야 할 자'라고 한 것이 바로 이것이다. 모든 도죄와 유죄는 장 100보다 무거운 죄인데, 장을 더 칠 수 없어 다른 형벌을 추가한 것이며, 그 속에 장 100이 포함되어 있기 때문이다. 이곳의 수속법(收贖法)은

부인이 죄를 범하여 장을 쳐야 하면 간음죄는 옷을 벗기고 형을 받도록 하며, 여죄는 홑옷을 입힌 채 형벌을 집행한다. 모두 자자는 면제한다.[10] 도죄나 유죄를 범하면 장 100을 치고 여죄는 속전을 받는다.[11]

**직해** 부인이 죄를 범하여 장을 치는 데 해당할 경우, 간음죄이면 옷을 벗기고 형벌을 받도록 하며, 다른 죄는 홑옷을 입힌 채 형벌을 집행하고, 자자는 하지 않는다. 도죄나 유죄를 범하면 장 100을 치고 여죄는 속전을 받는다.

해설

공장이나 악호, 천문생, 부인 등이 도죄나 유죄를 범하였을 때의 처벌 규정이다. 공장이나 악호가 유죄를 범할 경우, 이들을 멀리 유배 보내면 중앙 관청의 역무(役務)에 지장이 생기기 때문에, 유배 대신 장 100을 치고 해당 관아에 머물면서 역을 지게 하였다. 천문생은 장 100을 치고 여죄는 수

359조 무고(誣告)의 '잉죄수속법(剩罪收贖法)'과 다르다. 이곳의 수속법은 일단 도죄 · 유죄 전체를 속전으로 환산한 뒤, 이미 친 장의 수에 해당하는 속전을 빼는 식이며, 무고의 수속법은 우선 도죄 · 유죄 전체를 장의 수로 환산한 뒤, 여기서 이미 친 장의 수를 빼고, 나머지를 속전으로 환산하는 식이다. 그 죄의 무겁고 가벼움에 차이가 있기 때문이다.〔凡律言杖一百餘罪收贖者 雖罪該杖六十徒一年 亦決杖一百 律所謂應加杖者是也 皆先依本律 議其所犯徒流之罪 以誥減之 至發落處 某係天文生 某係婦人 依律決杖一百 餘罪收贖 所決之杖竝須一百 庶包五徒之數 今或先引收贖之律 却以誥減九十 誤矣 又收贖餘罪 皆於誥減實徒應該全贖鈔法 除去六貫 以抵決一百之數 與誣告剩杖照杖數收贖不同 蓋收贖餘徒者 決杖贖徒 收贖剩杖者 折徒贖杖 其輕重固有間矣〕《전석 권1 42장》

10 모두 자자는 면제한다 : 자자를 면제한다는 것은 공장 · 악호 · 천문생 · 부인을 아울러 말하는 것이다.〔免刺 兼工樂天文生婦人言〕《석의 권1 18장》 그러나 《전석》에서는 자자를 면제하는 것이 공장 · 악호 · 천문생 · 부인을 겸한다는 주장에 반대하면서, 지금은 장인 · 악호 · 천문생이 절도를 범하면 모두 자자한다 하여 자자의 면제는 오로지 부인에게만 적용되는 것으로 보았다.〔舊註 免刺 兼工樂天文生婦人言 今詳上下文勢 似專指婦人 勿泥皆字 蓋今例 民匠樂戶天文生 犯盜 皆刺字充警矣〕《전석 권1 42장》

11 도죄나……받는다 : 부인은 도형이나 유형의 노역을 감당할 수 없기 때문이다.〔以其不能任徒流之役也〕《집설 권1 36장》

속(收贖)하였는데, 천문생은 노역(勞役)을 지기 힘들고 학업에 전념해야 하기 때문이다. 부인 역시 장 100을 치고 여죄는 수속하였다. 부인은 홀로 유배지로 보내는 것이 적절치 않고, 아버지·남편·아들을 유배지에 동행시키는 것 또한 적절치 않기 때문이다.

## 20
# 도죄수나 유죄수가 또 죄를 범함
徒流人又犯罪

죄를 범하여 이미 발각되었는데[1] 또 죄를 범하면, 무거운 쪽으로 과단(科斷)한다. 이미 도역을 지거나 유배되었는데 또 죄를 범하면, 율(律)에 따라 뒤에 범한 죄를 다시 과단한다.[2] 유죄를 거듭 범하면 유주법(留住法)[3]에 따라 3등급의 유형 모두 장 100을 치고 유배지에서 4년 동안 역을 지게 한다. 도죄를 거듭 범하면 범한 죄에 해당하는 장(杖)의 수에 따라 장을 치고, 해당하는 도형 연한만큼 역을 지게 하는 것으로 처결하되, 역시 총 4년을 넘지 못한다.[4]

**직해** 전에 범한 죄상이 이미 발각되었는데 또 죄를 범하면, 무거운 쪽으로 과단한다. 이미 도형이나 유형에 처해진 죄인이 또 죄를 범하면, 율에 따라 뒤에 범한 죄를 율에 따라 과단한다. 유죄를 거듭 범하면 유주 법례에 따라 3등급의 유형을 모두 장 100을 치고 배소에서 4년 동안 역을 지게 한다. 도죄를 범하면 범한 바의 장수(杖數)에 따르며 도형 연한 중 이미 지난 연수

1 이미 발각되었는데 : 죄는 이미 발각되었으나 관에서 아직 처결하지 않은 것을 이른다.〔已發 謂已發 在官未決放也〕《석의 권1 18장》

2 뒤에……과단한다 : 이미 유배된 사람이 또 유죄를 범하면 4년 동안 역을 지게 하며, 이미 도형에 처해진 사람이 또 도죄를 범하면 총 4년 도형에 처하며, 이미 도형에 처해지거나 이미 유배된 사람이 또 태죄나 장죄를 범하면 그 범한 태죄나 장죄의 수를 집행한다. 이것이 이른바 뒤에 범한 죄를 다시 과단한다는 것이다.〔已流犯流者 拘役四年 已徒犯徒者 總徒四年 已徒已流而又犯笞杖罪者 則決其所犯笞杖之數 此所謂再科後犯之罪也〕《석의 권1 18장》

3 유주법(留住法) : ① 19 工樂戶及婦人犯罪

4 유죄를……못한다 : 거듭 유죄를 범한 사람에게 만약 다시 유배형을 더하면 거리가 너무 멀게 되고, 거듭 도죄를 범한 사람에게 만약 도형을 전부 추가하면 연한이 너무 길어진다. 그러므로 거듭 유죄를 범한 사람은 한곳에 머물러 역을 지도록 하였으며, 거듭 도죄를 범한 사람은 도역 연한이 4년을 넘지 못하도록 한 것이다.〔重流之人 若再加流 則地過遠矣 重徒之人 若盡加徒 則年過深矣 故重流者 止於拘役 重徒者 不過四年〕《소의(상) 171쪽》

를 합쳐 계산하여 다시 역을 지게 하되 4년을 넘지 못한다.

-이를테면 다음과 같다. 먼저 도 3년의 죄를 지어 이미 1년 복역하였는데 또 도 3년의 죄를 범하면, 장 100 도 1년을 더하는 데 그치는 따위로 곧 도형이 총 4년을 넘지 못한다. 3등급의 유형은 비록 모두 장 100에 모두 4년 동안 역을 지지만, 만약 먼저 범한 도죄의 연한이 차지 않았으면 또한 총 도역이 4년에 그친다.-

**직해** 먼저 도 3년의 죄를 범하여 역을 진 지 1년이 지난 후에, 다시 도 3년의 죄를 거듭 범한 사람은, 오직 장 100 도 1년만 죄를 더하여, 모두 합한 도죄가 4년을 넘지 않게 한다. 3등급의 유죄도 모두 장 100에 4년 동안 도역을 지게 한다. 먼저 범한 도죄의 연한이 차지 않은 사람은 모두 4년만 도역을 지게 한다.

장죄 이하의 죄이면 또한 각각 그 수대로 처결한다.[5] 장을 더해야 할 자도 또한 이와 같다.[6]

**직해** 장죄 이하는 수에 따라 결단하고, 이치상 장을 더 쳐야 하는 자도 역시 이와 같다.

-공장, 악호 및 부인이 또 범하면 역시 율에 따라 과죄하는 것을 이른다.-

## 해설

죄가 발각된 뒤에 또 죄를 범하였을 때의 처리 방법을 규정한 조문이다. 죄

5 장죄……처결한다 : 태, 장을 거듭 치는 것은 가벼운 죄를 용서하지 않는 것이다.〔笞杖再加輕者不貸也〕《소의(상) 171쪽》

6 장을……같다 : '장을 더해야 할 자'란 공장·악호·천문생·부인을 가리킨다. 도죄나 유죄를 거듭 범하면 공장·악호는 역을 지고 천문생이나 부인은 속전으로 받되 또한 총 4년을 넘지 않게 하지만, 태죄나 장죄를 거듭 범하면 또한 그 수대로 처결한다. 따라서 "역시 이와 같다."고 한 것이다.〔應加杖之人 則專指工樂戶天文生及婦人 重犯徒流 或拘役或收贖 亦總不得過四年 重犯笞杖 亦照數決之 故曰亦如之〕《집해 279쪽》

가 발각되었으나 아직 형을 집행하지 않은 경우와 이미 판결하여 형을 집행하고 있는 경우를 나누어 설명하였다. 죄를 아직 처결하지 않았는데 또 죄를 범하면, 법에 따라 거듭 처벌하되 가벼운 죄는 면해 주고 무거운 죄만 처벌한다. 그러나 형벌을 집행 중인 경우에는 죄의 경중에 관계없이 뒤에 범한 죄를 처벌하는데, 개전(改悛)의 정이 없음을 징계하는 뜻이다.

한 사람이 두 가지 이상의 죄를 범하였을 때의 처리 방법은 당률과 명률 규정에 차이가 있다. 두 가지 이상의 죄가 한꺼번에 발각되었을 때 무거운 쪽으로 처벌하는 원칙인 종중과단(從重科斷)은 당률과 명률이 마찬가지이다. 그러나 하나의 죄가 발각된 이후에 다른 죄를 범한 경우, 당률은 두 가지 죄를 모두 처벌하는 병과주의(倂科主義)이나 명률은 무거운 쪽으로 처벌하는 흡수주의(吸收主義)이다.

## 21
# 노인이나 어린이, 폐질인 자는 속전을 받음
老小癈疾收贖

70세 이상이나 15세 이하 및 폐질(癈疾)[1]인 사람이 유죄(流罪) 이하의 죄를 범하면 속전을 받는다.[2]

**직해** 70세 이상이나 15세 이하 및 폐질인 사람이 죄를 범하면 유죄 이하는 모두 속전을 받는다.

-사죄(死罪)를 범하거나, 모반(謀反)·모대역(謀大逆)·모반(謀叛)에 연좌되어 유배되어야 하거나, 독충을 길러 독극물을 만들거나, 사람을 채생절할(採生折割)하거나 한집안의 사죄를 짓지 않은 세 사람을 죽인 가구는 사면을 만나도 그대로 유배형에 처해야 하면 이 율(律)을 적용하지 않는다. 그 밖에 타인에게 해를 끼친[3] 일체의 죄명은 모두 속전을 받는 것을 허락한다.[4]-

80세 이상이거나 10세 이하 및 독질(篤疾)[5]인 사람이 모반(謀反)·모대

1 폐질(癈疾) : 팔이나 다리 하나가 부러지거나, 허리나 척추가 부러지거나, 한쪽 눈이 멀거나, 난쟁이·벙어리·치매·방광병·치루·문둥병·다리를 저는 병 등에 걸린 자이다.〔癈疾者 折一手 或折一足 或折腰脊 或瞎一目 侏儒 啥啞 痴呆 膀胱 痔漏 瘋患 脚瘸〕《부례(상) 166쪽》

2 유죄(流罪)……받는다 : 유죄 이하는 속전을 받는다고 하였으므로 사죄(私罪)에 해당하는 죄를 범한 사람은 그대로 통상적인 율에 따라 과단한다.〔曰流罪以下收贖 則犯該死罪者 仍依常律科斷矣〕《집해 285쪽》

3 타인에게 해를 끼친 : 도둑질하거나 타인을 상해하는 것이다.〔侵損于人 卽盜及傷人也〕《집주(상) 62쪽》

4 그 밖에……허락한다 : 만약 유죄 이하 도죄·장죄·태죄에 이르기까지의 죄를 범하면, 비록 타인에게 해를 끼쳐도 모두 속전으로 받을 수 있다.〔若犯流罪以下 至於徒杖笞罪 雖侵損於人者 皆得收贖〕《소의(상) 172쪽》

5 독질(篤疾) : 미치거나, 중풍에 걸리거나, 나병에 걸리거나, 두 눈이 멀거나, 사지(四肢)

역·살인을 범하여 사죄에 합당하면 의의(議擬)하고 주문(奏聞)하여 황제의 재가를 받는다. 도둑질하거나[6] 타인을 상해해도[7] 역시 속전을 받는다.
**직해** 80세 이상이거나 10세 이하 및 독질인 사람이 모반·모대역·살인죄를 범하여 사죄에 해당하면 임금에게 아뢰어 임금의 재가를 기다리고, 도적질을 하거나 남을 상해하면 죄를 속전을 받는다.

-이미 타인에게 신체나 재산상의 피해를 입혔으므로 완전히 죄를 면해 주지 않고 역시 속전으로 받게 하는 것을 이른다.-
**직해** 다른 사람을 침해하였기 때문에 완전히 죄를 면해 주지 않고 죄를 속전으로 받게 하는 것이다.

그 밖에는 모두 논하지 않는다.
-모반·모대역·살인 등의 사죄에 해당하여 황제에게 주청해야 하는 것, 도둑질이나 사람을 상해하여 속전으로 받는 것을 제외하고 그 밖에는 죄를 범해도 모두 처벌하지 않는 것을 이른다.-

90세 이상이거나 7세 이하이면 비록 사죄를 지어도[8] 형벌을 가하지 않는다.[9]

중 둘이 부러지거나, 양손에 모두 엄지손가락이 없거나, 혹은 사지 중 하나가 부러지고 눈 한쪽이 먼 것이다.〔篤疾者 顚狂 癱瘓 瞎兩目 折兩肢 兩手無大指 或折一肢又瞎一目也〕《부례(상) 166쪽》

6 도둑질하거나 : 강도·절도를 구분하지 않는다.〔不分强竊〕《집주(상) 62쪽》

7 타인을 상해해도 : 경상(輕傷)·중상(重傷)을 따지지 않는다.〔不論輕重〕《집주(상) 62쪽》

8 사죄를 지어도 : 앞의 원문에서 70세나 80세에 대해서는 모두 '범(犯)'이라 하고 여기서는 '유(有)'라고 한 것은 90세나 7세 되는 사람은 지력(智力)이 짧고 적어 아마 자신이 범한 것이 아니라 다른 사람으로 인해 연루되었을 것이므로 '유'라고 하였다.〔前言七十八十 皆稱犯 此稱有者 九十與七歲之人 智力短少 恐非自己能犯 而因人以累之者 故曰有〕《소의(상) 173쪽》

9 90세……않는다 : 모두 율에 따라 속전으로 받도록 하고, 반드시 형을 가하지 않은 것 및 속전을 받는 연유를 주문(奏聞)한다.〔竝令依律收贖 仍須將不加刑及收贖緣由奏聞〕《집해 286쪽》

-모반・모대역을 범한 것에 연좌되어 유배 보내거나 노역시켜야 하면 이 율을 적용하지 않는다.-

**직해** 90세 이상이거나 7세 이하인 사람이 비록 사죄를 범하였어도 형벌을 가하지 않되, 모반・모대역을 범한 것에 연좌되어 속공(屬公)[10]이 합당하면 이 율을 적용하지 않는다.

어떤 사람이 시켰으면 그 시킨 사람을 처벌한다. 마땅히 변상해야 할 장물이 있으면 장물을 받은 자가 변상한다.-이를테면 다음과 같다. 90세 이상이거나 7세 이하인 사람은 모두 지력(智力)이 떨어지므로 만약 시킨 사람이 있으면 시킨 사람을 처벌한다. 혹 재물을 훔쳤는데 옆 사람이 받아 썼으면 받아 쓴 자가 변상한다. 노인이나 어린이가 직접 썼으면 그대로 노인이나 어린이에게서 추징한다.-

**직해** 90세 이상이거나 7세 이하인 사람을 꾀어 죄를 범하게 하면 꾄 사람을 지목하여 죄를 추궁한다. 재물을 훔쳐서 옆에 있는 사람이 받아 쓰면 쓴 사람을 지목하여 그대로 추징한다. 노인이나 어린이가 직접 썼으면 노인이나 어린이를 지목하여 그대로 추징한다.

## 해설

노인・어린이・장애인에 대한 형사 책임을 감면하는 조문으로, 뒤의 22조 범죄시미노질(犯罪時未老疾)과 함께 노인을 동정하고 어린이를 보살피며 장애인을 불쌍히 여긴다는 뜻을 담고 있다. 노인이나 어린이, 장애인은 자신이 주도해서 죄를 범하기보다 다른 사람으로 인해 범죄에 연루된 경우가 많기 때문에 특별 처분을 내려 형사 책임을 감면해 주는 취지에서 마련한 조문이다.

10 속공(屬公) : 죄인을 관아의 노비로 삼는 일이다.

# 22
# 죄를 범할 당시 늙거나 폐질·독질이 아님
犯罪時未老疾

죄를 범한 당시에는 비록 늙거나 폐질(癈疾)·독질(篤疾)[1]이 아니더라도 일이 발각되었을 때에 늙거나 폐질·독질이면 늙거나 폐질·독질인 것으로 논한다.[2]-이를테면 다음과 같다. 69세 이하일 때 죄를 범하고 나이가 70이 되어 일이 발각되거나, 혹 폐질이 없을 때 죄를 범하고 폐질이 생긴 후에 일이 발각되면, 죄를 범할 당시에 늙거나 폐질·독질인 것으로 보아 속전으로 받을 수 있다. 혹 79세 이하일 때 사죄(死罪)를 범하고 80세일 때 일이 발각되거나, 혹 폐질일 때 죄를 범하고 독질일 때 일이 발각되면 황제에게 주청(奏請)할 수 있다. 89세일 때 사죄를 범하고 90세일 때 일이 발각되면 논하지 않는 따위이다.-

**직해** 69세 이하일 때 죄를 범하고 70세 후에야 일이 발각되거나, 폐질이 없을 때 죄를 범하고 폐질이 생긴 후에 일이 발각되면, 늙거나 폐질·독질일 때 속전을 받는 예로 죄는 속전을 받는다. 79세 이하일 때 사죄를 범하고 80세 때 일이 발각되거나, 폐질일 때 죄를 범하고 독질일 때 일이 발각되면 임금에게 아뢰어 재가를 기다린다. 89세 때 사죄를 범하고 90세 때 일이 발각되면 논죄하지 않는다.

도역(徒役) 연한 내에 늙거나 폐질·독질이 되어도 또한 이와 같다.[3]

1 늙거나 폐질(癈疾)·독질(篤疾) : ① 21 老小癈疾收贖

2 늙거나 폐질……논한다 : 바로 현재의 상태를 늙거나 폐질·독질로 논한다는 것이다.〔依老疾論卽其現居之時〕《석의 권1 20장》 범죄 행위를 할 때는 정상적인 상태였을지라도 발각된 현재 비정상적인 상태, 즉 폐질 혹은 독질이라면 비정상적인 상태에서 범죄 행위를 한 것으로 간주한다. 이것은 행위자에게 유리하게 취급하는 것이다.

3 도역(徒役)……같다 : 도역 연한 내에 늙거나 폐질·독질이 되면 모두 죄를 범할 당시 늙거나 폐질·독질이 아닌 예에 따라 똑같이 계산하여 속전으로 받을 수 있다. 그러므로 "또한 이와 같다."고 한 것이다.〔若在徒年限內老疾者 皆得依犯罪時未老疾之例 一體照算收贖 故曰亦如之〕《집설 권1 43장》

**직해** 도역 연한 내에 늙거나 폐질·독질이 되면 앞의 경우와 같이 죄를 논한다.

-이를테면 다음과 같다. 69세 이하인 사람이 도 3년의 형을 받고 도역 연한이 차지 않았는데 70세가 되거나, 혹 도역을 시작할 때는 병이 없다가 도역 연한 내에 폐질이 생기면, 모두 늙거나 폐질·독질인 예에 준하여 속전을 받을 수 있다. 이때 도 1년은 360일로 계산하여 해당 속전의 액수를 계산해서 도역을 환산하여 속전을 받는다. 가령 어떤 사람이 장 60 도 1년의 죄를 범하였는데 이미 단죄되어 5개월 동안 복역한 뒤에 범인이 늙거나 폐질·독질이 되면 다음과 같이 속전을 받는다. 장 60 도 1년에 대한 해당 속전은 총 12관이므로, 이미 집행한 장 60에 준하는 전(錢) 3관 600문을 제하면, 남은 도 1년에 해당하는 속전은 8관 400문이 된다. 이를 12개월로 나누어 계산하면 도형 1개월마다 전 700문에 해당하므로 이미 복역한 5개월에 대해서는 전 3관 500문에 준하여 제외하고, 아직 복역하지 않은 7개월에 대해서는 전 4관 900문을 속전으로 받는 따위이다. 그 외의 도역 연한은 속전이 같지 않으므로 각 연월을 액수에 비추어 환산하여 속전을 받는다.-

**직해** 69세 이하인 사람이 도역 연한 내에 70세에 이르거나, 처음 도역을 질 때 병이 없다가 연한 내에 폐질이 생기면 모두 늙거나 폐질·독질인 예로 죄는 속전을 받는다. 무릇 1년이 360일을 기한으로 삼으므로 도 1년의 역을 전으로 환산하여 죄는 속전을 받는다. 만일 장 60 도 1년의 죄를 범한 사람이 이미 장 60을 맞고 1년 도역형으로 5개월을 이미 역을 진 후에 이 범죄인이 늙거나 폐질·독질이 되면 다음과 같이 속전을 받는다. 무릇 장 60 도 1년의 죄를 속전으로 받을 때 총계한 속전이 12관이지만, 이미 받은 장 60의 속전 3관 600문을 제하면 도 1년의 속전이 8관 400문이 된다. 매 1개월 도역의 속전이 700문이므로, 이미 도역을 진 5개월의 속전 3관 500문을 제외하고 아직 역을 지지 않은 7개월의 속전으로 4관 900문을 추징한다. 그 나머지 2년·3년의 도역 연한은 속전이 같지 않기도 하므로, 각 연월을 계산하여 죄는 속전을 받는다.

죄를 범할 때에는 어렸으나 일이 발각될 때 장성하였으면, 어렸을 때로 죄를 논한다.[4]

-이를테면 다음과 같다. 7세 때 사죄를 범하여 8세 때 일이 발각되면 논하지 않는다. 10세 때 살인하여 11세 때 일이 발각되면 여전히 황제에게 주청한다. 15세 때 도둑질하여 16세 때 일이 발각되면 그대로 속전을 받는 것으로 논한다.-

## 해설

행위자가 죄를 범한 시점에서는 폐질・독질이 아니었지만 발각 시점에서는 폐질・독질일 때 어떻게 처벌할 것인가에 대하여 규정한 조문이다. 현대 형법은 행위시법주의(行爲時法主義)이기 때문에 행위자가 죄를 범한 시점에서 폐질・독질이 아니었다면 발각 시점에서 폐질・독질이 되었더라도 배려하지 않는다. 그러나 명률은 행위자가 발각 시점에서 폐질・독질인 경우에도 행위자가 죄를 범한 시점에서 폐질・독질인 때로 간주하여 행위자에게 유리하게 배려하고 있다. 명률 입법자들에게는 현대 형법이 구별하고 있는 책임 능력과 수형(受刑) 능력의 구분이 희미하고 수형 능력을 매우 중시한 측면이 있다. 또 현대 형법의 책임 능력은 내면적인 정신 능력을 기준으로 판정하는 데 반하여 명률은 외면적인 신체장애의 정도를 척도로 책임 능력을 가늠하려는 발상을 보여 주고 있는 점, 외면적인 신체장애의 정도에 대해 당률(唐律)은 잔질-폐질-독질의 3단계로 파악하고 있는 데 비해 명률은 폐질-독질의 2단계로 파악하고 있는 점 등에서 차이가 있다.

4 어렸을……논한다 : 어렸을 때로 논하는 것은 죄를 범한 시점을 따르는 것이다.〔依幼少論從其所犯之時也〕《석의 권1 20장》

# 23
# 장물을 주인에게 되돌려 주거나 관에 몰수함
給沒贓物

23-1 준 자와 받은 자 모두에게 죄가 되는[1] 장물(贓物)[2]이나-재물을 받고 왕법(枉法)이나 불왕법(不枉法)[3]을 범하면 장물을 계산하여 죄로 삼는 것을 이른다.-
**직해** 피차 재물을 받으면 왕법・불왕법에 대해 사실을 조사하여 장물의 많고 적음을 계산하여 죄로 삼는다.

범금물(犯禁物)[4]은-마땅히 금해야 할 병기 및 금서(禁書)와 같은 따위를 이른다.-

관(官)에 들인다.[5] 받거나 주는데 서로 합의하지 않고,[6] 억지로 일을 꾸며

1 준……되는 : 수재왕법(受財枉法), 수재불왕법(受財不枉法), 수소감림재물(受所監臨財物), 좌장(坐贓) 등은 법에 따라 재물을 준 자도 받은 자와 함께 역시 죄를 받는다.〔受財枉法 不枉法 及受所監臨財物 并坐贓 依法 與財者亦各得罪〕《당률 32조 彼此俱罪之贓》

2 장물(贓物) : 재물을 탈취하거나 수수한 것이 범죄가 되었을 때 탈취나 수수의 대상이 된 재물을 지칭한다. 장물의 평가액에 상응하여 단계적으로 형의 경중이 정해진다. 명률의 장물에는 구체적인 재화뿐 아니라 강제 매매로 인한 가격 차액, 사람이나 우마 등의 노임, 배나 점포 등의 임대료 등도 포함한다. 절도의 대상이 된 재물만을 가리키는 현대의 장물 개념보다 범위가 훨씬 넓다.

3 왕법이나 불왕법 : ④ 367 官吏受財

4 범금물(犯禁物) : 사가(私家)의 소유가 금지된 물건으로, 사람이나 말의 갑옷 등, 금서(禁書), 천문 관측 도구, 천문서, 도참서, 역대 제왕의 도상(圖像)이나 금옥(金玉)으로 만든 부절(符節)・어새(御璽) 따위이다.〔犯禁者 人馬甲等 禁書 玄象器物 天文圖讖 歷代帝王圖像 金玉符璽之類〕《부례(상) 175쪽》 제조・소유・거래・점유 등이 법으로 금지된 현대 한국의 금제품(禁制品), 법금물(法禁物)과 유사한 개념이다. ② 184 收藏禁書及私習天文 ③ 235 私藏應禁軍器

5 관(官)에 들인다 : 원문은 입관(入官)인데, 입관과 환관(還官)은 같지 않다. 입관은 민의 물건을 관에 들이는 것이고, 환관은 관의 물건을 관에 돌려보내는 것이다.〔入官與還官不同 入官謂本係民物入官也 還官謂本係官物還官也〕《집설 권1 45장》

협박하여 얻거나[7] 부당하게 요구[8]한 장물은 모두 주인에게 돌려준다.

**직해** 또한 마땅히 금해야 할 물건은 관에 들인다. 받은 자와 준 자가 서로 합의하지 않고 억지로 일을 꾸며 강요·토색한 장물은 모두 본래 주인에게 돌려준다.

-공갈·협박,[9] 사기,[10] 강매(强買)로 이득을 남기는 것[11]과 과렴(科斂)[12] 및 부당하게 재물을 요구하는 것[13] 따위를 이른다.-

**직해** 으르고 달래거나, 속이거나, 강제로 매매하여 이익을 남기거나, 취렴(取斂)하고 구청(求請)하는 따위이다.

죄를 범하여[14] 적몰(籍沒)이 합당한 재산[15]은, 사면 문서가 도착한 뒤 비록

6 받거나……않고 : 공갈·협박·사기 따위를 이른다.〔謂恐嚇詐欺之類〕《소의(상) 178쪽》 마땅히 조금 취해야 하는데 많이 취하는 것으로 예컨대 이자를 지나치게 받는 따위나, 마땅히 많이 주어야 하는데 적게 주는 것으로 예컨대 값을 치를 때 액수를 줄이는 따위를 이른다.〔謂應少取而多取 如過取利息之類 應多與而少與 如給價減數之類〕《집해 295쪽》

7 억지로……얻거나 : ④ 370 有事以財求請

8 부당하게 요구 : ④ 371 在官求索借貸人財物 ④ 372 家人求索

9 공갈·협박 : ③ 296 恐嚇取財

10 사기 : ③ 297 詐欺官私取財

11 강매로……것 : ② 173 把持行市

12 과렴(科斂) : '과'는 나누어 배당하는 것이고, '염'은 거두어들이는 것이다. 사람들에게 분배하여 거두어들이는 것을 '과렴'이라 한다.〔科者 分派之謂 斂者 聚斂之謂 分派於人 而聚斂之曰科斂〕《집주(하) 880쪽》 ④ 374 因公擅科斂

13 부당하게……것 : ④ 371 在官求索借貸人財物 ④ 372 家人求索

14 죄를 범하여 : 모두 일반적인 사면으로 용서되지 않는 죄이다.〔皆是常赦不原之罪〕《집주(상) 68쪽》 ① 16 常赦所不原

15 죄를……재산 : 다음의 죄를 지어 재산을 적몰하는 경우를 말한다. 첫째, 조정에 있는 관원이 서로 연결하여 붕당을 맺어 나라의 정사를 문란하게 하면 모두 참형에 처하고, 처와 자식은 노비로 삼으며, 재산은 관에 들인다.(① 60 姦黨) 둘째, 관리가 재상이나 집정 대신의 훌륭한 정치·재능·덕행을 황제에게 상언(上言)하면 곧 간당이므로, 죄상이 명백하면 참

죄인에 대한 처결을 이미 마쳤더라도 아직 적몰할 재산 목록을 작성하여 관에 들이지 않았으면 모두 사면하는 예에 따라 적몰을 면해 준다. 단, 이미 목록을 작성하여 관에 들여 관리하고 있거나[16] 모반(謀反)·모대역(謀大逆)·모반(謀叛)을 범하면 모두 연좌된 가구(家口)를 석방하거나 적몰을 면해 주지 않는다.[17] 죄는 아직 처결하지 않았는데, 비록 재산을 이미 관에 보냈더라도[18] 아직 분배하지 않았으면[19] 여전히 관에 들이지 않은 것이 된다. 그 연좌된 사람의 가구는 비록 관에 들였을지라도, 죄인이 사면을 만나 죄를 면해 주면 적몰을 면해 주고 가구도 석방한다.[20]

형에 처하고, 처와 자식은 노비로 삼으며, 재산은 관에 들인다.(① 62 上言大臣德政) 셋째, 타인을 죽일 수 있는 고독(蠱毒)을 만들거나 저장하거나 제조법을 가르치거나 제조하도록 시키면 참형이며, 이를 만들거나 저장한 사람의 재산은 관에 들인다.(③ 312 造畜蠱毒殺人)

16 이미……있거나 : 비록 분배하지 않았더라도 일은 이미 완결된 것이다.〔雖未分配 卽事已完結〕《집설 권1 44장》

17 모반(謀反)……않는다 : 모반·모대역·모반은 죄악이 중대하므로 범인을 이미 처결하였는지 아직 처결하지 않았는지, 가구와 재산을 이미 관에 들였는지 아직 들이지 않았는지를 논하지 않고 가구와 재산은 똑같이 적몰을 면하거나 방면할 수 없다.〔至于謀反逆叛 罪惡重大 無論已未決訖 已未入官家口財產均不得免放也〕《집주(상) 68~69쪽》 모반(謀反)이나 모반(謀叛)을 제외한 여죄(餘罪)를 범하여 가산을 적몰할 때 전지 안에 조상의 분영(墳塋)이 있으면 초몰(抄沒)하지 않는다.〔大明令 凡籍沒家產 除反叛外 其餘罪犯 止沒田產孳畜 田地內有祖先墳塋者 不在抄沒之限〕《전석 권1 56~57장》

18 관에 보냈더라도 : 비록 관에 보냈지만 아직 분배하여 타인에게 주어 맡기지 않는다.〔送官者 雖送在官 尙未配與人守掌也〕《집주(상) 70쪽》

19 분배하지 않았으면 : 가령 고발하여 체포하도록 한 사람에게 주어야 하는데 지급하지 않았거나, 창고에 들여야 하는데 들이지 않은 것을 말한다.〔謂如當給告捕而未給 當入倉庫而未入者〕《집설 권1 45장》 직해에서는 '배류(配流)'라 하여 유배를 보내는 것으로 번역하였다.

20 죄인이……석방한다 : 적몰은 그 죄로 인해 이루어진 것이니, 본죄가 이미 사면되면 적몰할 수 없다.〔蓋籍沒者 皆以其罪致之 本罪旣免 何籍沒之有〕《집설 권1 44장》 원문의 '면(免)' 자는 재산에 대응하여 말하고, '방(放)' 자는 가구에 대응하여 말하였다. 따라서 앞에서 재산을 적몰하면 '사면'이라고 말하되 '방' 자를 쓰지 않았고, 모반·모대역을 말할 때는 "모두 '방'하거나 '면'하지 않는다."라고 하였으며, 여기서는 "또한 따라서 '면'과 '방'한다."라고 하였다. 원문의 병불방면(幷不放免)과 역종면방(亦從免放)의 주에 모두 재산과 가구 글자가 있다.〔按免字 貼財產言 放字 貼家口言 故前籍沒財產 則云赦免 無放字也 次言謀反叛逆則云幷不放免 此則云亦從免放 而註皆有財產家口字 其意甚明〕《집주(상) 71쪽》

**23-2** 장(贓)으로 인해 죄를 지었는데,[21] 정장(正贓)[22]이 현존하면 추징하여 관이나 주인에게 돌려준다.

**직해** 죄를 범하여 몰관이 합당한 재산을, 사면의 교지(敎旨)가 내려진 뒤에 비록 이미 죄의 처결을 마쳤으나 재산의 수효를 발기(件記)에 적어 관에 들이지 않으면 모두 적몰을 면해 준다. 수효를 적은 발기를 이미 관에 들여 확인받은 것과 모반(謀反), 모대역, 모반(謀叛)을 범한 재산은 모두 적몰을 면해 주지 않는다. 범한 죄를 결단하지 않고 재산을 비록 몰관하였더라도 범죄인이 유배 가지 않았으면 여전히 아직 관에 들이지 않은 것이다. 범죄에 연좌된 사람의 가구는 비록 관에 들였어도 범인이 죄를 면하면 아울러 풀어 준다.

○ 장물을 받음으로써 죄를 범한 경우, 장물이 현재하면 관물은 관에 돌려주고 사물은 주인에게 돌려준다.

-관물은 관에 돌려주고 사물은 주인에게 돌려주는 것을 이른다. 또 본래의 장물이 나귀인데 바꾸어 말을 얻었거나, 또한 말이 망아지를 낳거나, 양이 새끼를 낳아서 길러 불어난 것도 모두 정장이 현존하는 것이 된다.-

**직해** 관물은 관에 돌려주고 사물은 주인에게 돌려준다. 또 본래의 장물이 나귀인데 말로 바꾸거나, 말이 망아지를 낳거나, 양이 새끼를 낳은 것은 모두 현재한 것으로 본다.

이미 써 버렸는데 만약 범인이 죽으면 추징하지 않는다.

**직해** 이미 써 버린 경우 범인이 죽으면 추징하지 않는다.

21 장(贓)으로……지었는데 : 예컨대 강도(强盜), 절도(竊盜), 왕법장(枉法贓), 불왕법장(不枉法贓), 감림주수도(監臨主守盜), 상인도(常人盜), 좌장(坐贓) 따위로 죄를 짓는 것이다.〔以贓入罪 如强竊盜受財枉法不枉法監守常人盜坐贓致罪之類〕《소의(상) 180쪽》

22 정장(正贓) : 범죄 당시 얻은 진정한 장물이다.〔原得眞正贓物〕《집설 권1 48장》

-장죄(贓罪) 이외의 다른 죄를 범하고 죽어도 또한 같다.[23]-

**직해** 다른 죄를 범하고 죽어도 또한 같다.

나머지는 모두 추징한다.[24] 고공전(雇工錢)이나 임대료[25]를 계산하여 장죄가 성립하였는데 범인이 죽으면 또한 추징하지 않는다.[26]

**23-3** 장물의 액수를 계산할 때에는 모두 죄를 범한 지역과 범행 당시의 평균 물가를 기준으로 계산하여 죄를 정한다. 고공전을 계산할 때에는 한 사람당 하루에 동전 60문으로 한다. 소, 말, 낙타, 노새, 나귀, 수레, 배, 연자매, 점포, 가옥 따위는 범행 당시 그 지역의 고공전 및 임대료를 따른다.[27] 임대료는 아무리 많더라도 각기 그 본래 가격을 넘을 수 없다.

23 다른……같다 : 장죄에 관계되지 않은 범인에게 장례 비용인 매장은(埋葬銀) 따위를 추징할 재물이 있더라도 그가 죽으면 역시 추징하지 않는다.〔其不係贓罪犯人 亦有應追財物 如埋殯銀兩之類 死亦勿徵〕《집설 권1 44장》 장물로 인해 죄를 얻은 경우도 오히려 면해 주므로 다른 이유로 죄를 지었다면 당연히 면해 준다.〔因贓入罪者尙免 況因別罪乎〕《집주(상) 69쪽》

24 나머지는 모두 추징한다 : 만약 범인이 죽지 않았으면 그 장물을 비록 써 버렸어도 범인에게 독촉하여 상환하게 하거나, 범인이 이미 죽었더라도 장물이 자손 명의로 남아 있으면 추징한다.〔如犯人未死 其贓雖費 仍於名下追償 犯人凡死 而贓見在子孫名下者 追之〕《부례(상) 176쪽》

25 고공전(雇工錢)이나 임대료 : 예컨대 관리가 감림(監臨)하는 지역의 정부(丁夫)나 잡장(雜匠)을 사사로이 부리거나, 감림이나 주수(主守)가 수레・배・연자매・점포・가옥 따위를 사사로이 빌리는 것과 같은 따위이다.〔如私役所監臨夫匠 及監守私借車船碾磨店舍之類〕《소의(상) 181쪽》 ② 92 私役部民夫匠

26 고공전(雇工錢)이나……않는다 : 관아에서 사사로이 궁병(弓兵)을 부리거나 사사로이 관의 수레나 배를 빌리는 따위는 율에 마땅히 고공전이나 차임전(借賃錢)을 계산하여 장죄에 준해야 한다. 여기서 논죄하지 않는다는 것은 이것이 비록 써 버린 것과 같지 않으나 다만 범인이 죽으면 역시 징수하지 않는다는 것이다. 대개 원래 정물이 아니므로 용서하는 것이 옳다.〔若私役弓兵私借官車船之類 律應計雇工借賃之錢 準爲贓 勿論罪者 此雖不同于費用 但犯人身死 則亦不徵 蓋原非正物 因其有而宥之可也〕《집설 권1 44장》

27 고공전을……따른다 : 심문할 때의 가격을 기준으로 삼으면 안 된다.〔不得以取問之時價直爲準也〕《소의(상) 182쪽》 사람과 노비, 소・말・낙타・나귀・노새 등 가축과 수레는 노임으로 계산하고, 배・물레방아・점포는 임대료에 준한다.〔人畜車計庸 船以下準賃〕《당률 53조 役使所監臨》

**직해** 신역(身役)이나 공전(功錢)도 범인이 죽으면 추징하지 않는다.
○ 장물을 시가대로 계산하되 범인이 범죄한 장소에서 그 당시 물가로 계산하여 죄를 정한다. 신역이나 공전을 계산할 때 한 사람이면 하루에 동전 60문씩으로 추징한다. 소, 말, 낙타, 노새, 나귀, 수레, 배, 연자매, 점포, 가옥 등은 죄를 범하였을 때의 시가로 계산하여 임대 가격이 비록 높더라도 물건의 본래 가격보다 액수를 초과하지 않도록 추징한다.

-배의 가격이 동전 10관이면 그 임대료로 11관을 추징하지 못하는 따위를 이른다.-

장벌(贓罰)[28] 금・은은 모두 범인이 처음 자백한 금・은의 순도에 따라 실제 가격대로 추징하여 관에 들이거나 주인에게 돌려준다. 금・은을 이미 써 버리고 없으면 순금이나 순은[29]으로 추징한다.
**직해** 징동(徵銅)으로 추징하는 금이나 은은, 모두 범인이 처음 자백하여 진술한 본래 순도대로 추징하여 관에 들이거나 본래 주인에게 돌려준다. 이미 써 버리고 없어도 본래 순도대로 되돌려 추징한다.

-어떤 사람이 본디 훔쳤거나 혹은 남에게서 받은 정장인 금・은을 써 버려서 남아 있지 않으면 모두 순금이나 순은으로 추징하는 것을 이른다.-
**직해** 처음에 훔치거나 혹은 취하거나 받은 정장인 금・은을 이미 썼으면 모두 본래 순도대로 되돌려 추징한다.

### 해설

장물을 처리하는 대강(大綱)을 규정한 조문이다. 먼저 장물의 성격에 따라

28 장벌(贓罰) : ② 146 擬斷贓罰不當

29 순금이나 순은 : 원문 족색(足色)은 본래 물품의 100퍼센트를 채운 것이다.〔足色 足十分之色〕《집해 802쪽》 ② 143 起解金銀足色

관에 들이는 것과 주인에게 되돌려 주는 것으로 나누고, 사면을 만났을 경우 적몰 재산 및 연좌된 가족을 기결과 미결로 구분하였다. 이 밖에도 장물로 죄를 지었을 경우의 추징에 대한 규정, 장물의 액수를 계산하는 규정, 추징하는 금·은의 순도에 관한 규정 등도 구체화하였다.

# 24
# 죄를 범하고서 자수함
犯罪自首

죄를 범하고서 발각[1]되기 전에 자수[2]하면 그 죄는 면해 주되 정장(正贓)은 그대로 추징한다.[3]

**직해** 죄를 범한 사람이 발각되기 전에 자수하면 그 죄를 면해 주고 범죄로 얻은 장물은 그대로 추징한다.

-이를테면 다음과 같다. 왕법장(枉法贓)이나 불왕법장(不枉法贓)은 추징하여 관에 들인다. 억지로 일을 꾸며 협박하여 얻거나,[4] 사기하거나,[5] 과렴(科斂)하거나,[6] 부당하게 요구하여[7] 얻은 장물 따위 및 강도·절도를 통해 얻은 장물은 추징하여 주인에게

1 발각 : '발(發)'의 의미를 당률(唐律)에서는 다른 사람에 의해 관청에 고발당한 것으로 정의하고 있는데, 실제로는 그뿐 아니라 관에 의해 적발된 것도 포함하는 것으로 이해된다. 《율연5 172쪽》

2 자수 : 자신이 저지른 죄에 대해 스스로 사연을 갖추어 관에 직접 출두하여 알리는 것이다. 죄가 발각되지 않았는데 미리 스스로 출두하여, 법을 두려워하고 죄를 후회하는 것이 본심에서 우러나왔기에 죄를 면해 준다. 크게 잘못을 뉘우쳤기 때문이다. 그러나 자수한 실정이 사실이어야 하고, 장물(贓物)도 빠짐이 없어야 하며, 일이 반드시 타인의 고발로 말미암지 않아야만 죄를 전부 면제받을 수 있다.〔自首者 將已身所犯之罪 自具狀辭 而首告于官也 於未經發覺之時 先自出首 畏法悔罪 出于本心 則免其罪 所以大改過也 然情必實 贓必盡 事必不由人告發 方得全免〕《집주(상) 73쪽》

3 정장(正贓)은 그대로 추징한다 : 원래 얻은 바로 그 장물을 추징하는 것이다. 만약 이미 써버렸으면 배상하여 보충하도록 책임 지우되 만약 범인이 가난하면 실정을 살펴 관대한 쪽을 따름으로써 반드시 법을 세운 본래의 뜻을 잃지 않게 해야 할 것이다.〔追正贓者 追其原得眞正贓物也 若已費用 責令陪補 如果貧乏 亦照從寬 須不失其立法之意可也〕《집설 권1 48장》

4 억지로……얻거나 : ④ 370 有事以財求請

5 사기하거나 : ③ 297 詐欺官私取財

6 과렴(科斂)하거나 : ④ 374 因公擅科斂

7 부당하게 요구하여 : ④ 371 在官求索借貸人財物 ④ 372 家人求索

돌려준다.-

**직해** 왕법이나 불왕법으로 받은 장물은 관에 몰수한다. 협박하여 빼앗거나 거두어들인 물건과 강도·절도로 얻은 장물 등은 그대로 추징하여 주인에게 돌려준다.

가벼운 죄가 비록 발각되었으나 이로 인하여 무거운 죄를 자수하면 그 무거운 죄를 면해 준다.

**직해** 가벼운 죄가 드러난 뒤에 무거운 죄를 자수하면 무거운 죄를 면해 준다.

-이를테면 다음과 같다. 절도한 일이 발각되어 자수하였는데, 또 사사로이 동전을 주조한 사실을 자수하면 동전을 주조한 죄는 면해 주고 절도죄만 과단(科斷)한다.-

**직해** 절도한 일이 발각된 다음 사사로이 동전을 주조한 것을 자수하면 사사로이 주조한 죄는 면해 주고 절도죄만 과단한다.

고발된 사건에 대해 추문(推問)하던 중에 별도로 여죄(餘罪)[8]를 말하면 역시 이와 같다.

**직해** 고발된 사건을 추문하던 차에 다른 죄를 자수하면 역시 이와 같다.

-이를테면 다음과 같다. 사염죄(私鹽罪)를 범한 일이 발각됨으로 인하여 문초할 때 고신(拷訊)하지 않았는데도 스스로 소를 훔쳤거나 또 타인을 속여 재물을 취한 적이 있었다고 별도로 말하면, 사염죄만 과죄하고 여죄는 모두 면해 주는 따위이다.-

**직해** 사염죄를 범한 것을 추고하던 차에, 추문 없이 앞서 저지른 소를 훔친 일이나 다른 사람을 속여 재물을 빼앗은 일 등을 자수하면, 사염죄를 논하고 여죄는 모두 면해 준다.

타인을 관에 보내 대신 자수하게 하거나, 법에서 서로 용은(容隱)[9]할 수 있

8 여죄(餘罪) : 가벼운 죄와 무거운 죄를 아울러 말하는 것이다.〔餘罪 兼輕重說〕《집해 306쪽》

는 자가 죄인을 위해 자수하거나 죄인을 고발하면,[10] 각각 죄인 자신이 자수한 법과 똑같이 처리하도록 한다.

**직해** 다른 사람으로 하여금 대신 자수하게 하거나, 법에 서로 숨겨 줄 수 있는 사람이 자수하거나, 서로[11] 자수한 사람은 죄를 범한 사람이 자수한 예로 논하여 죄를 면해 준다.

-'타인을 관에 보내 대신 자수하게 한다'는 것은 가령 갑(甲)이 죄를 범하고 을(乙)을 보내 대신 자수하게 하는 것을 이르는데, 갑과 을의 관계가 가깝고 먼 것을 한정하지 않고 또한 직접 자수한 것과 같게 보아 죄를 면해 준다. 법에 '서로 용은할 수 있는 자가 죄인을 위해 자수한다'고 하였을 때 서로 용은할 수 있는 자는 동거인 및 대공(大功) 이상의 친속을 이른다.[12] 노비나 고공이 가장을 위하여 자수하거나 고발하면 모두 죄인 자신이 자수한 것과 같게 보아 죄를 면해 준다. 소공(小功)이나 시마(緦麻)의 친속이 죄인을 위해 자수하거나 고발하면 일반인의 죄에서 3등급을 줄여 준다. 무복친(無服親)이면 1등급을 줄여 준다. 가령 모반(謀反)・모대역・모반(謀叛)을 실행하지 않은 상태에서 친속이 자수・고발하거나 범인을 체포하여 관에 보내면 정범(正

9 용은(容隱) : ① 31 親屬相爲容隱

10 법에서……고발하면 : 비유가 존장을 고발하면 존장은 자수율(自首律)에 따라 죄를 면해 주고 비유는 361조 간명범의(干名犯義)의 율에 따라 과단한다.〔卑幼告言尊長 尊長依自首律 免罪 卑幼依干名犯義律 科斷〕《청률 犯罪自首》 서로 용은할 수 있는 자가 고발하면 비록 사실일지라도 역시 간명범의의 죄가 있게 된다. 단 그 실정을 자세히 살펴야 하는데, 예컨대 아들이 아버지가 도둑질하는 것을 보고 나중에 일이 발각되어 아버지가 처벌받을 것을 염려하여 아버지를 위하여 자수하면, 이는 아버지를 고발한 것과는 달라서 간명범의로 의단(擬斷)하기 어렵다. 그러나 예컨대 원한으로 말미암아 아버지를 죄에 빠뜨리고자 하면 이는 간명범의에 속한다.〔得相容隱者告言 雖得實 亦有干名犯義之罪 但當詳察其情 如子見父爲盜 恐後事發父有罪而爲父首 則與告父者不同 難擬干名犯義 如因怨忿 欲陷父有罪 則屬干名犯義矣〕《집설 권1 49장》

11 서로 : 《석의》・《부례》・직해 등에서는 율문 원문의 상(相)을 '호상(互相)'으로 파악하였는데, 이것은 서로 용은 관계에 있는 A와 B 두 사람 사이에서 A가 B를 고발하고 B가 A를 고발한다는 양방향적 행위만을 뜻하는 것이 아니라, 서로 용은 관계에 있는 두 사람 사이에서 어느 한 사람이 다른 한 사람을 고발한다는 일방향적 행위도 포함하는 것으로 이해된다.

12 서로……이른다 : ① 31 親屬相爲容隱

犯)은 모두 자수한 율과 똑같이 처리하여 죄를 면해 준다. 이미 실행하였으면 정범은 죄를 면해 주지 않고, 그 나머지 연좌된 사람들은 또한 자수한 율과 똑같이 처리하여 죄를 면해 준다.-

**직해** 갑이 죄를 범하고 을로써 대신 자수하게 하면, 둘 사이 관계의 친소와 상관없이 자신이 직접 자수한 것과 같다. 동거하는 사람 및 대공 이상 친속의 일이나, 노비가 가장의 일을 고발하거나 서로 자수하면 범죄인이 자수한 것과 같아서 모두 면해 준다. 소공친이나 시마친이 죄를 범한 일을 자수하면 일반인의 죄에서 3등급을 줄여 준다. 무복친은 1등급을 줄여 준다. 모반·모대역·모반을 한 사람이 일을 꾸미되 아직 이루지는 못하던 차에 그의 친속이 붙잡아 관에 넘기면 정범인이 자수한 율로 죄를 면해 준다. 이미 실행하였으면 정범인은 죄를 면해 주지 않고, 그 나머지 연좌시켜 죄 줄 사람들은 자수한 예로써 죄를 면해 준다.

자수한 내용이 실정과 다르거나 다 말하지 않으면 부실(不實)·부진(不盡)의 죄[13]로써 처벌한다. 사죄(死罪)에 이르면 1등급을 줄이게 한다.[14]

13 부실(不實)·부진(不盡)의 죄 : 부실은 실정에 대한 말이며, 부진은 장물에 대한 말이다. 〔不實以情言 不盡以贓言〕《집해 306쪽》 자수가 '실정과 다르다'는 것은 즉, 강도질을 하여 장물을 취하였는데, 자수하여서 절도에 의한 장물이라고 말한다면, 비록 자수하면서 장물의 수를 모두 다 말하였더라도 여전히 '강도질하였으나 재물을 얻지 못한 것'으로 파죄하는 것과 같은 따위이다. 그리고 '다 말하지 않았다'는 것은 예컨대 왕법으로 15필의 재물을 취하였는데 비록 14필에 대해 자수하더라도 나머지 1필은 '다 말하지 않은' 죄가 된다.〔自首不實 謂强盜得贓 首云竊盜贓 雖首盡 仍以强盜不得財科罪之類 及不盡者 謂枉法取財十五 雖首十四疋 餘一疋 是爲不盡之罪〕《당률 37조 犯罪未發自首》 마찬가지로 100관을 절도하였으나 60관을 절도하였다고 자수하면, 절도한 40관을 다 말하지 않은 죄로 처벌하여 장 100이 된다.〔不盡 如竊盜一百貫 而首作六十貫 則坐以竊盜四十貫不盡之罪 杖一百〕《석의 권1 24장》

14 사죄(死罪)에……한다 : 가령 어떤 사람이 20필을 강도질하여 10필에 대해 자수하고 나머지 10필에 대해서는 자수하지 않으면, 본래의 법 규정에는 여전히 사죄에 해당한다. 그러나 스스로 뉘우치는 마음이 있고, 죄상이 자수로 인해 드러나게 되었으므로 사죄에 이르면 1등급을 줄여 주는 것이다.〔假有人强盜二十疋 自首十疋 餘有十疋不首 本法尙合死罪 爲其自有悔心 罪狀因首而發 故至死聽減一等〕《당률 37조 犯罪未發自首》 또 다른 예를 들어보면, 강도질을 하여 재물을 얻었는데 절도하여 재물을 얻었다고 자수하면 그 실정을 말하지 않은 정상이 여전히 강도 사죄에 해당하고, 감수(監守)가 자기가 지키고 관리하는 재물 60관

**직해** 자수하되 똑바로 진술하지 않거나 누락하고 다 말하지 않으면 부실·부진의 죄로 벌을 주고, 자수한 사람이 사죄에 해당하면 1등급을 줄이는 것으로 논한다.

-자수하되 장물의 수를 다 말하지 않으면 말하지 않은 수만큼만 계산하여 과죄(科罪)한다.-

**직해** 장물의 수를 빠짐없이 말하지 않으면, 말하지 않은 장물의 수를 계산하여 과단한다.

타인이 고발하려는 것을 알고 자수하거나, 도망하거나 본국을 배반하였다가[15] 자수하면 죄를 2등급을 줄여 처벌한다. 도망하거나 배반한 자가 비록 자수하지 않았더라도 능히 제자리로 돌아오면[16] 죄를 2등급 줄인다.[17]

**직해** 타인이 고발할 것이라 여기고 자수하거나, 죄인이 도망하거나 반역

을 훔치고서 20관을 훔쳤다고 자수하면 그가 다 말하지 않은 장이 여전히 감수자도(監守自盜) 사죄에 해당하므로 이것이 모두 응당 사죄로 의죄(擬罪)해야 할 경우이다. 그러나 그가 자수한 뜻과 두려워하는 마음이 있음을 참작하여 1등급을 줄여 주어 장 100 유 3000리의 죄를 얻는 데 그치는 것이다.〔如强盜得財 首作竊盜得財 其不實之情 尙該論强盜死罪 監守盜六十貫 首作二十貫 其未盡之贓 尙該論監守盜死罪 此皆應擬至死者 然原其所首之念已有畏懼之心 故聽減一等 止得杖一百流三千里之罪也〕《집설 권1 47장》

15 도망하거나 본국을 배반하였다가 : 원문 도반(逃叛)에서 '도'는 산이나 늪지로 도피하여 소환에 불복하는 따위이며, '반'은 본국을 저버리고 떠나서 다른 나라로 몰래 들어가는 따위이다.〔逃 如逃避山澤 不服句喚之類 叛 是叛去本國 潛入他國之類〕《집해 306쪽》

16 제자리로 돌아오면 : 예컨대 역에 차정된 것을 도피하였다가 차정된 곳으로 되돌아가는 것, 산이나 늪지로 도망하였다가 집으로 돌아가는 것, 남편을 저버리고 도망하였다가 다시 남편에게 돌아가는 것, 정벌에 따라가서 지키는 곳에서 도망하였다가 정벌군이나 지키던 곳으로 돌아가는 것 따위이다.〔還歸本所 如逃避差役還歸當差 逃山澤而還家 背夫逃而復歸夫 從征守禦逃還歸征守之類〕《부례(상) 184쪽》

17 도망하거나 배반한……줄인다 : 죄를 범하고 도주하면 율에서 본죄에 2등급을 더하므로 도망·배반하였다가 자수하거나 제자리에 돌아오면 역시 2등급을 줄인다. 이것이 이른바 원인이 된 죄는 면할 수 없으나 도주한 죄는 면하는 것이다.〔犯罪逃走 律加本罪二等 故逃叛自首及還歸本所者 亦減二等 此所謂雖不得免所因之罪 得免逃走之罪也〕《석의 권1 24장》

(叛逆)하였다가 자수하면 2등급을 줄여 죄를 준다. 도망하거나 배반한 죄인이 비록 자수하지는 않았더라도 제자리에 돌아오면 죄를 2등급 줄인다.

타인에게 손상을 입히거나,[18]-다른 범죄로 말미암아 타인을 살상(殺傷)하고 자수하면, 살상의 원인이 된 죄는 면해 주나[19] 그대로 '고의로 살상한 법'[20]에 따른다. 본디 과실에 해당하면 본법(本法)[21]을 따르게 한다.[22]-

**직해** 범죄로 말미암아 인명을 살해하고 자수한 자는 원인이 된 죄를 면해 주고 살상한 죄는 고의로 살상한 법으로 과단하며, 과오(過誤)로 인한 살상은 본래의 법을 따르는 것을 들어준다.

물건을 배상할 수 없거나,

**직해** 본래 물건으로 되돌려 추징할 수 없는 물건을 훔친 것과

-이를테면 인신(印信), 관문서, 금지된 병기 및 금지된 서적 같은 따위는 사가(私家)에서 원래 소유할 수 없는 것으로, 이것들은 배상할 수 없는 물건이므로 자수법(自首法)에 준하지 않는다. 본래의 물건이 그대로 남아 있으면서 자수하면 자수법과 같이 처리하여 죄를 면하게 해 준다.-

18 타인에게 손상을 입히거나 : 범죄로 인하여 타인을 살상하는 따위이다. 비록 자수하여도 목숨이나 신체는 배상할 수 없다.〔如因犯殺傷人之類 雖首而人不可陪償矣〕《집설 권1 47장》

19 살상의……주나 : 이를테면 본래 타인과 재산을 쟁탈하거나 강도·절도를 범하다가 타인을 살상하고 자수하면 원인이 된 재산 쟁탈 및 강도·절도를 한 죄는 면해 줄 수 있다는 것이다.〔得免所因之罪 如本因與人爭奪財産及因犯强盜竊盜 殺傷于人而自首者 得免所因爭奪財産及强盜竊盜之罪〕《집설 권1 48장》

20 고의로……법 : ③ 313 鬪毆及故殺人 ③ 325 鬪毆

21 본법(本法) : ③ 315 戲殺誤殺過失殺傷人

22 본디……한다 : 가령 도둑질하다가 타인을 고의로 살상하거나, 과실로 재물 주인을 살상하고 자수하면 도둑질한 죄는 면제받지만 고의로 살상한 죄는 그대로 과죄한다. 만약 과실로 살상하면 과실의 본법을 그대로 따른다.〔假有因盜故殺傷人 或過失殺傷財主而自首者 盜罪得免 故殺傷罪仍科 若過失殺傷 仍從過失本法〕《당률 37조 犯罪未發自首》

**직해** 인신, 관문서 및 금지된 병기나 문서 등이 사가에 본래 없는 물건이어서 추징하기가 곤란하므로 자수에 준하지 않으며, 본래 물건이 현재하면 자수한 사람은 자수법과 같게 처리하여 죄를 면해 준다.

일이 발각되어 도망하거나,[23]-비록 범한 죄를 자수한 것으로 볼 수 없으나 도주한 죄는 2등급을 줄일 수 있다.[24-25] 관문(關門)을 사도(私渡)[26]·월도(越渡)[27]하거나,[28] 간음하거나,[29] 사사로이 천문(天文)을 익히면[30] 모두 자수의 율을

23 일이 발각되어 도망하거나 : 일이 발각되었는데 관에 나와 죄를 순순히 인정하지 않고 고의로 도주하면 비록 자수하더라도 모두 부득이한 계책에서 나온 것이다.〔事發 不肯出官伏罪 故意逃走 則雖首而皆出于計不得已矣〕《집설 권1 48장》 ① 30 犯罪事發在逃

24 도주한……있다 : 도주한 죄에 대해 2등급을 줄여 주는 것이므로 정죄(正罪)는 줄이지 않음을 알 수 있다. 앞의 11조 범죄득누감(犯罪得累減)에서 이른바 "자수하면 죄를 2등급 줄인다."는 것과는 같지 않다.〔又曰得減逃走之罪二等 則正罪不減可知 與前所謂減罪者不同〕《집설 권1 48장》

25 비록……있다 : 도반(逃叛)한 사람이 자수하면 2등급을 줄이지만, 일이 발각되어 도망하였다가 자수하면 2등급을 줄여 주지 않는다. 왜냐하면 도반한 자가 자수하면 죄가 도반일 뿐 다시 별다른 죄가 없으므로 자수하면 2등급을 줄이지만, 만약 일이 발각되어 도망하면 범한 일이 발각된 것 외에 다시 도망한 죄가 있으므로, 자수하더라도 도망한 죄만 면해 주고 본디 발각된 죄는 면해 주지 않는 것이다.〔按逃叛者則準減罪二等 事發在逃 首則不準 何也 蓋逃叛首者 罪止逃叛 更無別罪 故首則準減二等 若事發在逃 是犯事旣發之外 復有在逃之罪 故止免其逃罪 而不免其原發之罪也〕《집해 309쪽》

26 사도(私渡) : 통행증 없이 사람이 알아채지 못한 틈을 타 몰래 관(關)이나 진(津)을 건너는 것이다.〔無文引而乘人不覺 竊過關津 爲私渡〕《부례(하) 56쪽》 ③ 241 私越冒渡關津

27 월도(越渡) : 통행증이 없어서, 관(關)은 문을 거치지 않고, 진(津)은 나루를 거치지 않고 몰래 다른 지름길을 따라 건너는 것이다.〔因無文引 而關不由門 津不由渡 潛從他徑而過者 爲越渡〕《석의 권15 1~2장》 ③ 241 私越冒渡關津

28 관문을 사도(私渡)·월도(越渡)하거나 : 만약 관이나 진을 사도·월도하면, 비록 자수해도 이미 관이나 진을 넘은 것으로 본다.〔若私越渡關津者 雖首 而其身已渡矣〕《집설 권1 48장》 그러므로 관문을 사도·월도하면 이 조문의 율을 적용하지 않는다.

29 간음하거나 : 간음한 자는 비록 자수해도 부끄러움은 씻을 수 없다.〔姦者雖首 而其恥已不可雪矣〕《집설 권1 48장》 그러므로 간음하면 이 조문의 율을 적용하지 않는다.

30 사사로이 천문(天文)을 익히면 : 184조 수장금서급사습천문(收藏禁書及私習天文)에 의하면 사사로이 천문을 익히면 죄가 장 100이다. 그러나 이미 그 학업이 이루어졌으므로 비록

적용하지 않는다. 강도·절도·사기 등으로 타인의 재물을 취하였으나 피해자에게 잘못을 인정하고 죄를 청하거나,[31] 타인에게 왕법장이나 불왕법장을 받았다가 잘못을 뉘우치고 주인에게 돌려주면, 관사를 경유하여 자수한 것과 같게 보아 모두 죄를 면해 준다. 다른 사람이 고발하려는 것을 알고 재물 주인에게 자수하고 돌려주면 또한 죄 2등급을 줄인다. 강도·절도를 범한 사람이 함께 죄를 범한 자를 잡아 관에 넘기면 역시 죄를 면해 주고, 더하여 일반인이 도적을 잡아 관에 넘긴 예에 따라 똑같이 상을 준다.[32]

**직해** 범인이 일이 발각되고서 도망하거나, 사사로이 관진(關津)을 넘거나, 또는 간음을 범하거나, 천문을 사사로이 익히면, 자수율을 적용하지 않는다. 강도·절도 등의 범인이 남의 재물을 훔치고 본래 주인이 있는 곳에서 자수하거나, 다른 사람이 왕법으로 얻은 장물이나 불왕법으로 얻은 장물 등을 받아 가지고 있다가 잘못을 뉘우치고 본래 주인에게 돌려주면, 관사에서 자수한 예와 같게 보아 모두 죄를 면해 준다. 다른 사람이 고발할 것이라 여기고 물건 주인에게 돌려주면 죄를 2등급 줄여 준다. 강도·절도 등의 범인이 자기 패거리를 붙잡아 관에 넘기면 역시 죄를 면해 주고 다른 사람이 붙잡은 예로써 상을 준다.

자수하여도 천문을 익히기 전의 상태로 되돌릴 수 없다.〔私習天文者 其業已成 雖首而不可改矣〕《집설 권1 48장》 그러므로 사사로이 천문을 익히면 이 조문의 율을 적용하지 않는다.

31 잘못을……청하거나 : 원문 수복(首服)에서 '수'는 강도·절도·사기한 실정을 스스로 말하는 것이며, '복'은 사과하고 죄를 청한다는 뜻이다.〔首者 自言强竊詐欺之情 服者 謝過請罪之意也〕《집주(상) 75~76쪽》 도둑질과 사기로 타인의 재물을 취하였다가 잘못을 뉘우치고 재물 주인에게 자수하면 관사를 경유하여 자수하는 것과 같다.〔諸盜詐取人財物 而於財主首露者 與經官司自首同〕《당률 39조 盜詐取人財物首露》

32 강도……준다 : 그 공로에 보답하여 상을 주는 법례는 대명령에 보인다.〔以酬其功給賞例見大明令〕《소의(상) 193쪽》 강도나 절도 죄를 범한 자가 발각되기 전에 자수하거나 주인에게 자수하면 죄를 면해 주고, 함께 강도나 절도를 범한 자를 포획할 수 있게 하면 일반인이 도적을 잡아 관에 넘긴 예에 따라 똑같이 상을 준다. 그러나 재범이거나 다른 사람에게 손해를 끼쳤으면 자수에 준하지 않는다.〔凡强竊盜賊未發而自首 及於事主處首露者 免罪 若能捕獲同伴者 依常人一體給賞 再犯及侵損於人者 不準首〕《大明令 刑令》

해설

범인이 스스로 관아에 나아가 자신의 범죄 사실을 알리는 자수에 대한 조문이다. 자수의 가장 전형적인 경우는 범죄가 발각되기 전에 관아에 자신의 죄를 온전히 알리는 것으로, 이 경우에는 죄를 온전히 면제받는다. 다른 죄로 추문을 받다가 죄를 자수하거나, 다른 사람을 시켜서 자수하거나, 용은 관계에 있는 자가 대신 자수・고발하거나, 강도・절도・사기를 범한 뒤 피해자에게 자수하고 물건을 돌려주거나, 왕법장・불왕법장을 범한 뒤 뉘우치고 장물을 주인에게 돌려주거나, 강도・절도를 범한 뒤 공범을 잡아 관에 넘기면 죄를 면해 준다. 범죄 사실을 온전히 다 자백하지 않거나, 다른 사람이 고발할 것을 알고서 자수하거나, 도망・모반(謀叛)하였다가 자수・복귀하면 죄가 감등된다. 다만 인명을 살상하거나, 민간에서 지니면 안 되는 관아의 물건을 훼손하거나, 일이 발각되어 도망하거나, 관(關)을 사도・월도하거나, 간음하거나, 사사로이 천문을 익히는 경우 등은 자수로 인정되지 않는다. 개인이나 국가에 대해 원상회복이 불가능한 법익 침해(法益侵害)를 하였기 때문에 자수로 인정하지 않는 것이다.

## 25
# 두 가지 범죄가 함께 발각되면 무거운 쪽으로 논함
二罪俱發以重論

두 가지 이상의 죄가 함께 발각되면 그중 무거운 쪽으로 논한다. 죄가 각각 같으면 그중 하나에 따라 과단(科斷)한다. 한 건의 죄가 먼저 발각되어 이미 논죄하여 처결하였는데[1] 여죄(餘罪)가 나중에 발각되었을 경우, 그것이 가볍거나 같으면 논하지 않고, 무거우면 다시 논하되 앞서 발각된 죄를 통틀어 계산하여 나중에 발각된 죄의 형량에 충당한다.

**직해** 두 건의 죄가 일시에 모두 발각되면 무거운 죄에 따라 논한다. 두 죄가 서로 같으면 하나의 죄에 따라 과단한다. 한 건의 죄가 먼저 발각되어 논죄하여 이미 처결한 후에 여죄가 나중에 발각되어, 나중에 발각된 죄가 그 가볍기가 먼저 발각된 죄와 같으면 논죄하지 않고, 무거우면 다시 논죄하여 앞의 죄에 덧붙여 뒤의 죄를 함께 계산하여 논한다.

-이를테면 다음과 같다. 가령 두 차례 절도를 범한 경우, 한 차례의 절도가 먼저 발각되어 장(贓)을 계산하니 10관이어서 장 70을 쳤는데, 또 한 차례의 절도가 나중에 발각되어 장을 계산하니 40관이어서 장 100에 해당되므로[2] 장 30을 덧붙이는 것이다.[3] 가령 유록인(有祿人)[4]이 여러 차례에 걸쳐 타인에게 왕법장(枉法贓) 80관을 받았는데, 그중

1 이미 논죄하여 처결하였는데 : 태죄와 장죄는 집행하였고, 도죄는 노역에 처하였으며, 유죄는 배소에 보낸 것이다.〔已經論決 謂笞杖已決 徒已役 流已配〕《집설 권1 50장》

2 한 차례의 절도가 먼저……해당되므로 : ③ 292 竊盜

3 이를테면……것이다 : 이 부분은 율문의 원문 '약일죄선발(若一罪先發)……통계전죄이충후수(通計前罪以充後數)'에 대해 예를 들어 설명한 것이다. 이 뒤에 나오는 부분인 '여유록인(如有祿人)……사십관후발(四十貫後發)'과는 성격이 다른데, 전자는 복수의 범죄 행위에 대한 것이고, 후자는 하나의 또는 하나로 간주되는 범죄 행위에 대한 것이다. 전자는 나중에 발각된 장만을 누계하는 '지루현발지장(止累見發之贓)'의 원칙을 적용하는 경우이고, 후자는 '지루현발지장'의 원칙을 적용할 수 없는 경우이다.

40관이 먼저 발각되어 장 100 도 3년의 형을 받았고, 40관이 나중에 발각되면 나중에 발각된 장만을 누계하는 경우와 똑같이 논하기 어렵다.[5] 앞서의 장을 취해 모두 합해 통틀어 계산하여 80관으로 해서 다시 전과(全科)하여 교형에 처하는 데에 따라 처단하는 따위이다.[6]-

**직해** 두 건의 절도를 범한 후에, 한 건이 먼저 발각되어서 훔친 장물(贓物)을 계산하여 10관으로써 장 70을 쳤으나, 한 건이 나중에 발각되어서 장물을 계산하였는데 40관이면 장 100을 치는 것이 합당하니, 이미 집행한 장 70에 덧붙여 나머지 장 30을 수에 충당하여 결단한 합계가 장 100이다. 유록인이 두 차례 남에게 왕법으로 장물 80관을 뇌물로 받은 후, 40관이 먼저 발각되어서 이미 장 100을 친 다음에 40관이 나중에 발각되면, 앞뒤의 장물을 통틀어 계산한 데 따라 80관으로써 전과하여 죄를 처결한다.

마땅히 관에 들여야 할 것, 배상해야 할 것, 자자해야 할 것, 파직해야 할 것, 죄가 어느 형에 그친다고 한 것 등은 각각 본법대로 적용한다.[7]

4 유록인(有祿人) : 녹봉을 받는 지위에 있는 사람이다. 대체로 녹봉이 1석 이상인 자로부터 유록인이며, 1석에 미치지 못하면 무록인이다.〔大率自俸至一石以上者爲有祿人 不及一石者爲無祿人也〕《집설 권7 82~83장》

5 나중에……어렵다 : 누계한다는 것은 현재, 즉 나중에 발각된 장물(贓物)만을 누계함을 말한다.〔累 謂止累見發之贓〕《당률 45조 二罪從重》 1740년(건륭5)에 개정된 《대청률례》에서는 이 부분의 뜻이 분명치 않다고 하여 원문 난동지루현발지장(難同止累見發之贓)을 삭제하였다.

6 유록인(有祿人)이……따위이다 : 만약 유록인이 장죄를 범하고 또 왕법이면 실정이 중하고 미워할 만하므로 각 관련자들이 준 장물의 양을 통틀어 계산하여 전과하는 본율인 367조 관리수재(官吏受財)를 따르고 이 율을 쓰지 않는다. 이 조문의 율문에서 "뒤에 발각된 죄가 이미 논죄하여 처결한 죄와 같으면 뒤에 발각된 죄는 논하지 않는다."라고 한 것은 두 가지 범죄가 함께 발각되는 일반적인 경우를 총괄하여 예시한 것이다. 그러므로 율주에서, 유록인이 여러 차례 나누어 장을 받으면 예외적으로 무겁게 처리해야 하므로 "나중에 발각된 장만을 누계하는 경우와 똑같이 하기 어렵다."라고 말한 것이다.〔若有祿人犯贓 又係枉法 情重可惡 自有各主通算全科之本律當依 故不得以此律 若等勿論之 總言其常者例之也 故曰難同止累見在{發}之贓〕《집해 316쪽》

7 마땅히……적용한다 : 이 조문은 기본적으로 두 가지 이상의 죄가 발각되었을 때, 그중 가장 무거운 죄만을 처벌한다는 흡수주의(吸收主義) 즉 병합(倂合)의 원칙을 따르고 있지만, 그것은 주형(主刑)에 대해서 그런 것이고, 범죄로 인해 발생한 위법 상태의 해소, 원상회복, 장물

-한 사람이 여러 죄를 범하였을 때, 예컨대 왕법장이나 불왕법장(不枉法贓)으로 관에 들이는 것이 합당한 죄,[8] 기물을 훼손하거나 손상시켜 배상이 합당한 죄,[9] 절도하여 자자가 합당한 죄,[10] 관직에 있는 관원이 사죄(死罪)로 장 100 이상이어서 파직에 합당한 죄,[11] 불왕법장이 120관 이상으로 장 100 유 3000리에 그치는 죄[12]와 같은 따위는 각각 본법대로 적용하여 의단(擬斷)하는 것을 이른다.[13]-

의 몰수, 손해 배상, 자자, 파직 등의 부가 조치는 병합에 의해 소멸하는 것이 아니라 각각 병과(倂科)한다.《율연5 285쪽》 다만 원문의 죄지(罪止)는 형량의 상한선에 대한 규정으로서 피고인 보호의 취지이므로, 앞에 제시된 '입관(入官), 배상(陪償), 자자, 파직'과는 성격이 정반대이다. 왜 여기서 '죄지'를 언급하였는지 이해하기 어려우나, 병합하기 이전의 각각 범죄 행위에 대해 율문에서 형량의 상한선을 정해 두었는데, 병합된 결과 형량이 병합 이전의 각 범죄의 상한선을 넘을 수 없다는 취지라고 이해할 수 있다.《율연5 283~284쪽》

8 왕법장이나……죄 : ④ 367 官吏受財

9 기물을……죄 : ② 104 棄毁器物稼穡等

10 절도하여……죄 : ③ 292 竊盜

11 관직에……죄 : ① 8 文武官犯私罪

12 불왕법장이……죄 : 만약 유록인이 불왕법장 120관을 받아 이미 발각되어 먼저 논죄하여 장 100 유 3000리에 처해졌는데, 또 이보다 앞서 불왕법장 120관 이상을 받은 사실이 발각되면 이 장은 전에 비해 많으므로 죄도 전에 비해 무거워야 한다. 그러나 본법에 "죄가 장 100 유 3000리에 그치는 것이 마땅하다." 하였으므로 이 본법에 비추어 죄를 의단해야 하고 "무거우면 다시 논죄한다."는 율문에 구애되어 그 죄를 다시 논하는 것은 옳지 않다.〔如有祿人受不枉法贓一百二十貫 已發先論決 杖一百流三千里矣 又曾于前日 受不枉法贓一百二十貫之上 是贓比前既多 則罪比前宜重 然本法應罪止杖一百流三千里 卽當照罪止本法擬斷 不可泥重更論之文而復論其罪也〕《집설 권1 51장》 ④ 367 官吏受財

13 각각……이른다 : 다음의 사례들이 이에 해당한다. 첫째, 어떤 사람이 형벌이 장 60 도 1년인 사위서응(詐僞瑞應)과 또한 장 100인 왕법장 15관을 수령한 죄를 범하여 함께 발각되면, 죄가 무거운 전자로 병합해서 처벌하나, 왕법장을 관에 들이는 부가 조치는 그대로 시행한다. 둘째, 백호(百戶)가 형벌이 장 80인 군기(軍器) 1건을 버린 죄와 또한 장 100 파직충군(罷職充軍)인 군인 10명을 은점(隱占)한 죄를 범하여 함께 발각되면, 죄가 무거운 후자로 병합해서 처벌하나, 버린 군기를 수대로 추징·배상하는 부가 조치는 그대로 시행한다. 셋째, 어떤 사람이 형벌이 장 60 도 1년에 자자는 면하는 민간의 재물 50관을 취하는 사기죄를 범하고 또한 장 90에 자자하는 재물 30관을 절도하는 죄를 범하면, 죄가 무거운 전자로 병합하여 처벌하나 후자의 부가형인 자자는 그대로 시행한다. 넷째, 관직에 있는 관원이 형벌이 도죄(徒罪)에 해당하는 공죄(公罪)를 범하고 또한 장 100에 해당하는 사죄(私罪)를 범하면, 죄가 무거운 전자로 병합하여 처벌하나, 후자의 부가 조치인 파직은 그대로 시행한다. 다섯째, 어떤 사람이 형벌이 장 100 유 3000리인 사신을 사칭하여 역마를 타는 죄를 범하고 또 장 100 유 3000리

**직해** 한 사람이 여러 죄를 범하였을 때, 왕법장·불왕법장과 같은 이치상 몰관이 합당한 것과, 기물을 부수거나 훼손하여 이치상 추징이 합당한 것과, 절도하여 이치상 자자가 합당한 것과, 관직을 가진 관원이 범한 장 100에 해당하는 사죄로서 이치상 파직이 합당한 것과, 불왕법장 120관 이상을 받아 죄가 장 100 유 3000리에 그치는 것들은, 각각 본법대로 적용하여 의단한다.

### 해설

둘 이상의 범죄가 한꺼번에 발각될 경우 단죄하는 규정이다. 발각된 죄를 병과(倂科)하는 규정은, 논결하기 이전에 둘 이상의 죄가 발각되었을 경우, 하나의 죄가 발각되었을 시점을 기준으로 그 이전에 범한 여죄가 뒤에 발각되면, 저지른 죄 중에서 가장 무거운 하나의 죄만 처벌하며 나머지는 죄를 면해 준다. 논결한 뒤에 여죄가 발각되었을 경우, 뒤에 발각된 죄가 이미 논결한 죄보다 가볍거나 대등하면 뒤에 발각된 죄는 논죄하지 않고, 뒤에 발각된 죄가 이미 논결한 죄보다 무거우면 가벼운 죄를 무거운 죄에 병합(倂合)하여 논죄한다. 다만 봉록을 받는 유록인이 왕법장을 범하면, 장물이 가장 많은 한쪽을 따르는 절도죄와는 달리, 여러 건의 장물을 통틀어 계산하여 모두 과죄한다는 특례 조항을 두었는데, 이는 죄를 범한 정상이 무겁고 죄가 미워할 만하기 때문이다. 20조 도류인우범죄(徒流人又犯罪)는 하나의 죄에 대한 처벌이 끝난 뒤 또 다른 죄를 범한 경우이며, 이 조문은 이미 여러 죄를 범하였는데 발각에 선후가 있는 경우이다.

•••

당률과 명률의 장죄 병합 방식

당률 45조 이죄종중(二罪從重)과 명률 25조 이죄구발이중론(二罪俱發以重

인 불왕법장 120관 이상을 수령한 죄를 범하여 함께 발각되면, 후자의 조문에 '죄지장일백유삼천리(罪止杖一百流三千里)'라고 되어 있으므로 이를 따른다. 《전석 권1 66장》

論)은 주로 복수(複數)의 범죄를 병합(倂合)하여 처리하는 문제를 다루고 있다. 병합의 일반 원칙은 한 사람이 범한 복수의 죄를 모두 처벌하는 것이 아니라, 그중 가장 무거운 죄만 처벌한다는 것이다. 이는 복수의 죄가 동시에 발각되었든 시차를 두고 발각되었든 상관없이 적용되는 원칙이다. 따라서 가벼운 죄가 먼저 발각되어 형이 집행된 뒤에 무거운 죄가 발각되면, 무거운 죄의 형량에서 가벼운 죄의 형량을 뺀 차이만큼만 추가 집행한다. 그런데 장죄(贓罪)의 경우에는 상황이 훨씬 더 복잡하다. 장물의 액수뿐 아니라 장의 종류가 왕법장, 불왕법장, 감수자도, 상인도, 절도, 좌장치죄 등의 육장(六贓) 가운데 어디에 해당하는지도 고려해야 하기 때문이다. 그래서 당률에서는 장죄를 위한 특별 조치를 따로 규정하고 있다. 그런데 명률은 당률의 해당 부분을 계승하면서 상당히 간략화하였다. 명률 25조 이죄구발이중론에 보이는 '지루현발지장(止累見發之贓)'은 당률 45조에 있던 표현인데, 해당 조를 대폭 간략화하면서 관련 내용을 삭제하였기 때문에 그 의미가 명률·청률에서는 이해하기 어렵게 되었다. 지루현발지장의 의미를 이해하기 위해서는 당률 45조의 구조를 알 필요가 있다.

당률 45조 이죄종중은 세 부분으로 이루어져 있는데, 제1부는 명률 25조 이죄구발이중론의 앞부분에 해당하고, 제2부는 장죄에 대한 특수 규정이고, 제3부는 하나의 범죄 행위를 둘로 나누어 처리하는 경우에 대한 내용이다. 제2부의 요지는 두 가지 이상의 장죄를 병합할 때에는 누병(累幷) 즉 장물 액수를 합계한 다음, 배절(倍折) 즉 그것을 반분한 액수에 해당하는 형에 처한다는 것이다.

육장 중 동종(同種)의 장, 예컨대 왕법장과 왕법장을 합계하는 것을 '누과(累科)'라 하고, 이종(異種)의 장, 예컨대 왕법장과 불왕법장을 합계하여 그 총액을 가벼운 쪽의 장 즉 왕법장과 불왕법장 중에서는 불왕법장으로 간주하는 것을 '이중장병만경장(以重贓幷滿輕贓)'이라 하며 이를 '병만(幷滿)'이라 약칭하는데, 누과와 병만을 합쳐서 '누병(累幷)'이라고 한다. 당률 장죄의 병합 원칙은 기본적으로 누과와 병만을 합친 다음 이를 반분하는 '누병배절(累幷倍折)'이라고 할 수 있다.

명률에서는 장죄를 처리할 때, 왕법장은 각 관련자들이 준 재물을 통산하여 전과(全科)하는 '각주자통산전과(各主者通算全科)'의 원칙을 적용하고, 불왕법장은 각 관련자들이 준 재물을 통산하여 절반만 과죄하는 '각주자통산절반과죄(各主者通算折半科罪)'의 원칙을 적용하는데, 당률의 누병배절은 후자와 비슷하다.

여기서 '누(累)'의 의미는 '지루현발지장'이라고 풀이하고 있다. 즉 여러 범죄 행위 중 일부가 먼저 발각되어 논죄하여 처결되고 나머지 범죄 행위들이 나중에 발각된 경우, 나중에 발각된 범죄 행위들만을 대상으로 누병배절하여 병합하는 것이다. 그런데 복수의 범죄 행위가 아니라 하나의 범죄 행위인데, 그 장 중 일부가 먼저 발각되어 논결된 뒤 장의 나머지 일부가 발각되면, 누병배절의 원칙을 적용하지 않고 달리 처리한다. 그래서 명률 25조 이죄구발이중론에서 '난동지루현발지장(難同止累見發之贓)'이라고 한 것이다. 이럴 때는 앞서 발각된 장과 뒤에 발각된 장을 합쳐서 전량을 과죄한다. 예를 들어, 관원이 여러 차례에 걸쳐 뇌물을 받았더라도 이 뇌물들을 하나로 합쳐서 하나의 범죄 행위로 간주하는 것이다. 감림(監臨)·주수(主守)가 자신이 관할하는 관물(官物)을 여러 차례에 걸쳐 훔친 경우도 마찬가지이다. 이는 관원이 뇌물을 고의로 여러 차례에 걸쳐 나누어 받거나 그렇게 하였다고 진술함으로써 복수의 범죄 행위로 간주되어 가볍게 처벌받는 것을 막기 위한 조치이다. 이를 정리하면 다음 표와 같다.

명률의 장죄 병합 방식

| 구분 | 복수의 범죄 행위 동시 발각·미논결. 병합의 일반 원칙 적용 | 복수의 범죄 행위 중 일부 먼저 발각·논결, 일부 나중 발각 | 하나의 범죄 행위의 장 일부가 먼저 발각·논결, 장 나머지가 나중에 발각 |
|---|---|---|---|
| 일반죄 | 가장 무거운 죄로 흡수·병합해서 그 죄 하나만 처벌 | 병합의 일반 원칙대로 하되 이미 집행된 형량은 뺌 | |
| 장죄 | 누병배절의 특수 조작을 가하여 병합 | 누병배절의 특수 조작을 가하여 병합하되, 이미 집행된 형량은 뺌 | 하나의 범죄 행위로 간주. 누병배절 적용 안 함. 앞서 논결된 장과 뒤에 발각된 장을 합쳐서 전과 |

# 26
# 죄를 범하고 함께 도망함
## 犯罪共逃

죄를 범하고 함께 도망하였다가, 그중 가벼운 죄를 범한 죄인이 무거운 죄를 범한 죄인을 붙잡아 자수하거나, 죄의 경중이 서로 같은 죄인이 만약 나머지 죄인의 반 이상을 붙잡아 자수하면[1] 그 죄를 모두 면해 준다.[2]

1 나머지……자수하면 : 원문 획일반이상(獲一半以上)의 정확한 의미에 대해 논란의 여지가 있다. 율주(律註)에 제시된 예는 범죄인 5인 중 1인이 나머지 4인 중 2인을 붙잡아 자수하면 이 조문의 적용을 받는다고 하였다. 5인 중 본인을 제외하면 모두 4인이고 그중 2인을 붙잡았으니 4분의 2로 반 이상이라고 할 수 있다. 또는 전체 5인 중 본인을 포함해서 3인의 체포에 공을 세운 셈이니, 5분의 3으로 계산해서 역시 반 이상이라고 할 수 있다. 그런데 장 100의 죄를 범한 자 10인이 함께 도주하였다가 그중 6인이 돌아와 자수하였는데, 이때 나머지 4인 중 2인을 붙잡아 왔다면, 10인 중 자수자 본인 6인을 제외한 나머지 4인 중 2인을 붙잡았으니 '획일반이상'이라고 할 수 있을까? 이에 대한 당률(唐律)의 대답은 '획일반이상'이라고 할 수 없다는 것이다. 이 율의 입법 취지는 경죄인(輕罪人)이 중죄인(重罪人)을 체포하거나 죄의 경중이 같을 때 소수가 다수를 체포한 경우를 대상으로 한 것이다. 6인이 2인을 체포하였다면 이것은 다수가 소수를 체포한 것이므로 이 율의 입법 취지에 부합하지 않는다. 요컨대 '획일반이상'은 자수자가 1인일 수도 있고 복수일 수도 있는데 함께 도망한 죄인들 중 자신들과 동수(同數) 또는 그 이상을 체포해 와야 이 율의 적용을 받을 수 있다는 의미로 이해해야 한다. 《율연5 231쪽》

2 모두 면해 준다 : 본죄와 도망한 죄가 모두 용서되기 때문에 그 죄를 모두 면해 준다고 한 것이다.〔本罪及亡罪 竝得從原 故云皆除其罪〕《당률 38조 犯罪共亡》 일이 발각되어 도망하였다가 자수하면 비록 자수로 인정하지는 않지만 죄인을 붙잡은 공은 속죄(贖罪)할 수 있는데 이 또한 도망한 사람을 잡는 권도(權道)이다. 붙잡은 죄인은 율에 따라 죄를 더하여 처벌한다.〔蓋事發在逃 雖不準首 而捕獲之功 亦足贖罪 是亦捕亡命者之微權也 所獲之囚 如律加等坐之〕《집설 권1 52장》 24조 범죄자수(犯罪自首)의 강도·절도가 동료를 붙잡는 것 역시 이 조문 가운데 내용이다. 그러나 그 조문에서는 겸하여 상을 주나 이 조문에서는 겨우 죄를 면해 주기만 하는데 이는 도망한 죄가 있기 때문이다. 그러므로 24조에서는 포획한 공에 상을 주는 것을 겸하지만 여기서는 본죄와 도망한 죄를 용서하는 데 그칠 뿐이다.〔然自首條强竊盜捕獲同伴者 亦此條中之情 而彼兼給賞 此僅免罪者何也 蓋此有在逃之罪 故彼兼賞其功而此止宥其罪耳〕《집설 권1 52장》 붙잡은 공범이 자기보다 중죄인도 아니고 그 수가 일반(一半)에도 미치지 못하면, 본죄는 온전히 면할 수 없으나, 자수하였기 때문에 도망한 죄는 면한다.〔若捕獲非重罪 相等無一半 雖不得全免本罪 亦得免加逃之罪 蓋已首告也〕《집주(상) 88쪽》

-함께 죄를 범한 사실이 발각되거나 혹은 각각 죄를 범한 사실이 발각되어 함께 도망하였을 때, 만약 유죄수가 사죄수를 포획하거나 도죄수가 유죄수를 붙잡아 자수하는 경우, 또는 가령 5인이 같이 죄를 범하고 도망하였는데 그 가운데 1인이 다른 2인을 붙잡아 자수한 따위는 본죄와 도망한 죄 모두 면할 수 있음을 이른다. 사람을 상해하였거나 간음하였으면 죄를 면해 주지 않고 그대로 통상의 법을 따른다.[3]-

**직해** 무릇 함께 무리 지어 죄를 범하고 일이 발각되거나, 혹은 각각 죄를 범하고 일이 발각되었는데 함께 도망하였다가, 유죄에 해당하는 사람이 사죄에 해당하는 사람을 붙잡거나 도죄에 해당하는 사람이 유죄에 해당하는 사람을 붙잡고 이로 인하여 자수하거나, 5인이 함께 무리 지어 죄를 범하고 도망간 사람 가운데 1인이 2인을 붙잡아 자수하면, 죄를 모두 면해 준다. 사람을 상해하거나 간음을 범하면 죄를 면해 주지 못하고 통상의 법으로 논한다.

## 타인에 연루되어 죄를 지었는데[4] 죄인인 정범(正犯)이 죽으면 본죄[5]에서 2등급을 줄여 준다.[6]

3 죄를……따른다 : 본죄는 면해 주지 않고 도망한 죄만 면해 준다.〔不免 止免在逃之罪〕《집해 318쪽》

4 타인에……지었는데 : 이 조의 조문명이 '죄를 범하고 함께 도망함〔犯罪共逃〕'인 점을 감안하면 원문 기인인연루치죄(其因人連累致罪) 이하도 도망을 전제로 한 내용으로 볼 수 있다. 그러나 '기인인연루치죄' 이하에는 '범죄공도'와 관련된 '장닉인송자급(藏匿引送資給)'의 죄와 함께 조문명과 관련되지 않은 '보감공증부실(保勘供證不實)' 이하의 죄도 묶여 있다. '장닉인송자급'의 죄가 범인 도망과 연루된 것이기 때문에 여기에서 말하고 있으며, 기타 범인 도망과 직접 관련이 없더라도 타인에 연루되어 범할 수 있는 죄가 많이 있기 때문에 여기에서 덧붙여 말하고 있는 듯하다.

5 본죄 : 연루된 사람이 받아야 할 본죄이지 정범의 본죄가 아니다.〔乃被累人所當得之本罪 非正犯之本罪也〕《전석 권1 68장》

6 죄인인……준다 : 옥(獄)이 아직 이루어지기 전에 죽은 것을 말한다.〔謂死在獄尙未成之先也〕《집주(상) 88쪽》 죄인이 관가의 형을 받아 죽은 것이 아니라 병환이나 자살 등으로 죽으면 연루된 사람은 그 본죄에서 2등급을 줄여 준다.〔倘罪人非被官府刑殺 而或患病或自盡身死者 連累人聽減其本罪二等〕《집설 권1 52장》 타인에 연루되어 죄를 지었는데 그 타인이 죽어서 죄를 감해 주는 것은 진실로 인정이고 또한 법이다.〔蓋旣以他人之累而致罪 則以他人之死而減罪 固情也 亦法也〕《집설 권1 52장》

**직해** 정범 죄인에 연루된 경우, 정범인 자신이 죽으면 연루된 사람은 본범죄에서 2등급을 줄여 논한다.

-다른 사람의 범죄에 연루되어 죄를 얻은 것, 예컨대 죄인을 숨겨 주거나 도주하도록 안내하거나 물자를 제공하거나, 보감·공증을 사실대로 하지 않거나,[7] 혹은 각찰(覺察)[8]·관방(關防)·검속(鈐束)을 제대로 하지 못하거나, 지시에 따르는 것과 같은 따위로, 그 정범이 형을 받아 죽은 것이 아니라 다른 이유로 죽은 것이면 또 죄 2등급을 줄여 주는 것[9]을 이른다.-

**직해** 다른 사람의 범죄에 연루되어 죄를 얻는 연고란, 죄인을 숨겨 주거나, 꾀어내 도망 보내거나, 식량을 공급하거나, 거짓으로 보증하거나, 각찰을 제대로 하지 않거

7 보감……않거나 : ④ 432 獄囚誣指平人 원문 보감공증부실(保勘供證不實)은 당률 38조 범죄공망(犯罪共亡)의 소의(疏議)에 나오는 '보증부실(保證不實)'을 계승한 것인데, '보(保)'는 당률 386조 보임불여소임(保任不如所任)의 '보임(保任)'을 가리키고 '증(證)'은 당률 387조 증불언정(證不言情)의 '증'을 가리킨다. 당률 387조 증불언정은 명률 432조 옥수무지평인(獄囚誣指平人)에 흡수되었으나, 당률 386조는 명률에 반영되지 않았다. 따라서 당률의 '보증(保證)' 중 '보'는 버려야 마땅한데, 명률에서 '보'를 '보감(保勘)'으로 계승한 것은 착오라고 할 수 있다. '보임'은 일반적으로는 '사실의 유무·진위 또는 그 발생·불발생을 담보(擔保)하는 것'을 가리키나, 당률 386조에서는 형사 사건의 피고인에 대해 그가 죄를 저지르지 않았다는 것 또는 도망하지 않을 것을 보증하고, 그것이 사실과 어긋날 때에는 형사책임을 지겠다는 것을 승인하여 선서 공술서(宣誓供述書)를 제출하는 것을 의미한다.《율연8 85쪽》 형사 피고인에 대해 행한 보임이나 증언에 허위가 있어서 이로 인하여 피고인에게 내려진 형량에 출입이 발생하면, 보임·증언한 사람은 그 격차만큼의 형량에서 2등급을 줄인 처벌을 받게 된다.《율연5 140쪽》

8 각찰(覺察) : ② 138 錢糧互相覺察

9 또……것 : 장닉(藏匿) 등의 항목은 417조 지정장닉죄인(知情藏匿罪人)에서 이미 각각 정범에 비해 1등급 줄였다. 여기서는 정범이 형벌이 아닌 다른 이유로 죽은 것으로 인해 다시 2등급을 줄였기 때문에 '또' 줄인다고 한 것이다.〔蓋藏匿等項 本條已各減等 此因正犯自死而再減之 故曰又減〕《집해 319쪽》 고자(庫子)가 자신이 감수하는 초(鈔) 1관을 도둑질하였으면 장 80에 해당하고, 창고 담당 관리는 제대로 각찰하지 못하였으므로 도둑질한 사람의 죄에서 3등급을 줄여 태 50에 해당한다. 만약 도둑질한 사람이 죽으면 창고 담당 관리는 태 50의 본죄에서 2등급을 줄여 태 30이다. 앞서 이미 줄이고 다시 줄여 주기 때문에 율주에서 죄 2등급을 또 줄여 준다고 하였다.〔如庫子盜所監守鈔一貫 該杖八十 庫官失覺察 減盜者罪三等 該笞五十 若盜者死 庫官又於五十本罪上減二等 笞三十 爲其先已減 而今復減 故註云又聽減罪二等也〕《전석 권1 68장》

나, 금지 단속을 하지 않거나, 정범인의 지시에 따라 행동하거나 하는 등이다. 연루된 사람은, 정범인이 형벌로 죽은 것이 아니라 다른 이유로 죽으면, 자신의 본죄에서 2등급을 줄여 죄를 처결한다.

정범 죄인이 나중에 스스로 자수하거나, 사면을 만나 죄가 면제되거나, 또는 특별한 은전을 입어 죄가 줄거나 속전으로 받게 되면, 연루자 또한 정범 죄인의 전면(全免)·감등(減等)·속죄(贖罪)의 법에 준한다.

**직해** 범죄인이 자수하거나, 교지(敎旨)를 통해 사면을 받거나, 특별히 임금의 은전을 입어서 죄가 줄거나 속전을 바치게 된 사람들은, 연루된 사람도 죄인이 사면이나 감등을 받은 예 및 속전을 받는 예에 따라 그에 준하여 시행한다.

-정범 죄인에 연루되어 죄를 얻었는데 만약 정범 죄인이 나중에 스스로 자수하거나, 또는 사면의 은전을 만나 죄가 완전히 면제되거나, 또는 특별한 은전을 입어 죄가 1등급이나 2등급 감등하거나, 또는 벌을 속죄하는 따위는 모두 정범 죄인을 완전히 면해 주거나, 등급을 줄여 주거나, 속전으로 받는 법에 따르는 것을 이른다.-

해설

죄를 범하고 함께 도망하였다가 자수한 범죄인의 방면(放免) 및 정범에 연루된 자의 감형에 대한 조문이다. 다른 사람의 범죄에 연루된 경우란 의도치 않게 과오를 저지르는 것을 말한다. 동료 죄인을 붙잡아 와서 자수한 경우의 면죄, 정범에 연루된 자의 감형, 정범이 감죄·속죄·면죄될 경우 연루자를 처리하는 내용 등을 담고 있다. 범인이 동료 죄인을 붙잡아 와서 자수한 경우, 범인의 본죄와 도망한 죄 모두를 면해 주는데, 범인을 체포하는 데에 협력한 것을 포상하는 법가적인 취지이다. 정범이 병이나 자살 등으로 죽었을 경우, 연루자는 본죄에서 2등급을 줄여 주는데, 범인이 죽었으므로 연루자도 너그럽게 그 죄를 줄여 주는 것이다. 정범이 감죄·속죄·

면죄되면 연루자도 정범에 준하여 처리한다. 이 조문은 스스로 잘못을 고치고 새사람으로 거듭나는 길을 열고, 도적을 체포하는 길을 넓히려는 취지를 담고 있다.

# 27

## 공동으로 죄를 범하였을 때 수범과 종범을 구분함[1]

共犯罪分首從

27-1 공동으로 죄를 범하면,[2] 조의자(造意者)를 수범으로 하고, 수종자(隨從者)는 1등급을 줄인다.[3]

27-2 가인(家人)[4]이 공동으로 죄를 범하면 존장(尊長)만 처벌한다.[5] 존장이 80세 이상이거나 독질(篤疾)이면 공동으로 죄를 범한 자 가운데 다음 차례의 존장에게 죄를 돌린다.[6]

-이를테면 다음과 같다. 가령 존장과 비유(卑幼)가 공동으로 죄를 범하면 존장만 죄

1 공동으로……구분함 : 이 조문이 홍무30년율에는 29조에 배치되어 있다.

2 공동으로 죄를 범하면 : 여러 사람이 공동으로 한 가지 일을 범하는 것이다.〔共犯罪 謂數人共犯一事〕《집해 329쪽》

3 수종자(隨從者)는 1등급을 줄인다 : 수종자가 비록 못된 짓을 하는 사람끼리 서로 도와 가며 나쁜 일을 하였더라도 모두 수범이 처음으로 꾸며 시킨 것이기 때문에 각각 수범의 죄에서 1등급을 줄이는 것이다.〔隨從者之人 雖爲同惡相濟 然皆首謀者 創之使然 故各減爲首罪一等〕《집설 권1 55장》

4 가인(家人) : 함께 동거하는 사람으로, 이성(異姓)이나 무복친(無服親)을 구분하지 않는다.〔俱同居 不分異姓無服〕《부례(하) 160쪽》〔家人 謂弟男子侄 凡同居者 皆是〕《집해 1354쪽》〔家人 不分異姓有無服 但同居 卽是〕《부례(하) 161쪽》 한집안 사람으로, 예를 들면 형·동생·아들·손자·노복(奴僕) 따위가 모두 이에 해당한다.〔家人 是一家之人 如兄弟子孫奴僕之類 皆是〕《집해 1778쪽》

5 가인(家人)이……처벌한다 : 예들 들어 아버지가 두 아들을 끌어들여 함께 도박을 하다가 일이 발각되면 그 아버지만 죄주고 두 아들은 죄주지 않는 것이다. 만약 아버지가 늙거나 폐질·독질이면 두 아들 중 나이가 많은 자를 죄준다.〔父引二子 同賭博事發 止坐其父 二子免科 若父老疾 則於二子中 輒年長者 當罪〕《부례(상) 207쪽》

6 존장이……돌린다 : 존장이 늙거나 폐질·독질이면 일을 전적으로 처리할 수 없고 율문에 또 형벌을 더할 수 없다고 하였다. 그러므로 그 죄를 공동으로 범한 자 가운데 다음 차례의 존장을 죄주는 것이다. 만약 다음 차례의 존장이 없으면 비유를 처벌한다.〔尊長老疾 事旣不能專制 律又不得加刑 故其罪自應坐之共犯次尊長也 如無以次尊長 方坐卑幼〕《집해 329쪽》

주고 비유는 죄주지 않는다. 가령 존장이 80세 이상이거나 독질이면 율에서 죄를 처벌하지 않으므로[7] 곧 공동으로 죄를 범한 자 가운데 다음 차례의 존장을 죄준다. 또 가령 부인으로서 존장인 자가 남자로서 비유인 자[8]와 함께 죄를 범하면 비록 부인이 수범일지라도 그대로 남자만 죄준다.[9]-

**직해** 함께 무리 지어 죄를 범하면 처음에 주도한 사람을 수범으로 삼고 수종자는 1등급을 줄인다.

(○) 동거하는 사람이 함께 모의하여 죄를 범하면 오직 가장을 처벌하되, 가장이 80세 이상이거나 독질에 걸린 병자이면 함께 죄를 범한 사람들 중에서 다음 차례의 가장을 처벌한다. 부인인 존장이 비록 수범이라 하더라도 같이 죄를 범한 남자를 처벌한다.

타인의 재산이나 신체에 피해를 입히면 일반인의 수범과 종범으로 논한다.[10]-'침(侵)'이란 재물을 도둑질한 것을 이르며, '손(損)'이란 다투다가 때려서 살상한 따위를 이른다. 가령 부자(父子) 등 집안사람이 함께 죄를 범하면 모두 일반인의 수범과 종범의 법에 따른다. 그것이 타인의 재산이나 신체에 피해를 입혔기 때문에 존장만 처벌하지 않는 것이다.-

**직해** 다른 사람을 침해하여 재물을 훔치거나 신체를 손상하면 일반인의

7 존장이……않으므로 : ① 21 老小癈疾收贖

8 남자로서 비유인 자 : 동생 · 조카 · 아들 · 손자 등이다.〔男夫猶男子之稱 如弟姪子孫之類 皆是〕《집해 329쪽》

9 비록……죄준다 : 수범과 종범을 나누는 수종법에 구애받지 않는다.〔不拘首從之法〕《집해 330쪽》

10 타인의……논한다 : 존장과 비유를 가리지 않고 조의자를 수범으로 논하고 수종자는 종범으로 논하는 것으로, 존장만 처벌하는 규정을 적용하지 않는다.〔蓋不問尊長卑幼 凡造意者首論之 凡隨從者 從論之 不在獨坐尊長之限〕《집설 권1 55장》 존장이 조의하면 비유가 종범이 되고, 비유가 조의하면 존장이 종범이 된다. 비록 부인 및 늙거나 폐질 · 독질인 사람이라 할지라도 역시 과죄해야 하며 '가인이 공동으로 죄를 범하면 과죄하지 않는다'는 율을 적용하지 않는다.〔尊長造意 卑幼爲從 卑幼造意 尊長爲從 雖婦人及老疾 亦當科罪 不在家人共犯免科之律〕《집해 330쪽》

수범과 종범의 예로써 함께 범한 집안사람을 모두 논죄하고 가장만을 처벌하지 않는다는 것은, 다른 사람에게 피해를 입혔기 때문에 가장만을 논죄할 바가 아니라는 조문이다.

공동으로 죄를 범하였으나 수범과 종범의 본죄가 각기 다르면 각각 본율(本律)에 따라 수범과 종범으로 논한다.[11]

**직해** 함께 모의하여 죄를 범하였으되 수범과 종범의 본죄가 각기 다르면, 본율의 수범과 종범의 예로써 그에 준하여 논한다.

-이를테면 다음과 같다. 가령 갑(甲)이 타인을 끌어들여 공동으로 친형을 때리면 갑은 '아우가 형을 때린 죄'에 의거하여 장 90 도 2년 반이고,[12] 타인은 '일반인이 서로 싸우며 때린 죄'로 논하여 태 20이다.[13] 또 가령 비유가 외부인을 끌어들여 자기 집의 재물 20관을 도둑질하면 비유는 '재물을 사사로이 함부로 쓴 죄'에 따르되[14] 2등급을 더해서 태 40이고,[15] 외부인은 범도(凡盜)[16]의 종범으로 논하여 장 70인 것[17]과 같은 따위이다.-

11 공동으로……논한다 : 만약 공동으로 죄를 범하였는데 수범과 종범의 본죄가 각각 본조에 합당한 죄명이 있으면, 각각 본율에 의거하여 수범과 종범으로 과단(科斷)하여 가볍게 하거나 무겁게 하며, 또한 이 조문 수범과 종범의 통상적인 법에 구애받지는 않는다.〔若共犯 而首從本罪 各有本條合得罪名者 則各依本律 首從科斷 或輕或重 又不拘此條首從之常法〕《집해 330쪽》

12 가령……반이고 : ③ 341 毆期親尊長

13 타인은……20이다 : ③ 325 鬪毆

14 비유가……따르되 : ② 94 卑幼私擅用財

15 2등급을……40이고 : ③ 295 親屬相盜

16 범도(凡盜) : 문맥에 따라서 다양하게 사용되는데, 여기서는 가해자와 피해자 사이에 친속 관계가 없는 사람 사이의 절도를 가리킨다. 만약 가해자와 피해자 사이에 친속 관계가 있는 사람 사이의 절도이면 292조 절도(竊盜)가 아니라 295조 친속상도(親屬相盜)가 적용된다.

17 외부인은……것 : 292조 절도에 의거하여 절도 20관이면 장 80인데, 종범은 수범의 죄에서 1등급을 줄이므로 장 70이다.

**직해** 어떤 갑이라는 사람이 타인을 끌어들여 함께 친형을 때리면, 그 갑 자신은 아우가 형을 때린 율에 따라 그에 준하여 장 90 도 2년 반이다. 끌어들인 타인은 일반인이 싸우다 상해한 예로 논하여 태 20이다. 어린 사람이 외부인을 끌어들여 자기 집에서 20관을 훔치게 하면, 그 어린 사람은 사사로이 재물을 함부로 쓴 예에 따라 그에 준하여 2등급을 더하여 태 40이다. 끌어들인 외부인은 범도에서 종범이 된 예로써 장 70이다.

본조에 '모두'라고 말하였으면 죄에 수범과 종범을 구분하지 않고,[18] '모두'라고 말하지 않았으면 수범과 종범을 구분하는 법을 따른다.

**27-3** 황성(皇城), 궁(宮)이나 전(殿) 등의 문에 함부로 들어가는 죄를 범하거나, 관문(關門)을 사도(私渡)·월도(越渡)하거나,[19] 또는 역을 피하여 도망하거나, 간음죄를 범하면 또한 수범과 종범을 나누지 않는다.[20]-각자 그 자신이 직접 죄를 범하였으므로 또한 수범과 종범을 나누지 않고 모두 정범(正犯)으로 과죄(科罪)하는 것을 이른다.-

**직해** 본조 안에 '개(皆)' 자가 있으면 수범과 종범을 논하지 않고 과죄한다. '개' 자가 없으면 수범과 종범의 규정에 따라 논한다.

(○) 함부로 궁성 안이나 궁전 문 안으로 곧바로 들어가거나, 공문서 없이 관진(關津)을 넘어가거나, 역을 피해 도망하거나, 간음을 범하면 수범과

18 본조에……않고 : 만약 아들이 아버지를 위해 친숙부를 모살(謀殺)하는 데 따랐다면, 아버지는 비유를 모살한 것에 의거하되 이미 죽었으면 고살(故殺)에 따르고, 자제는 숙부를 모살한 것에 따르는데 이는 본율에 '개(皆)' 자가 있기 때문이다.〔如子爲父 從謀殺親叔 父依謀殺卑幼 已殺者 依故殺 子弟依謀殺叔 以本律有皆字故也〕《부례(상) 207쪽》

19 관문(關門)을 사도(私渡)·월도(越渡)하거나 : ① 24조 犯罪自首 ③ 241 私越冒渡關津 여기서 사도·월도만 언급하고 모도(冒渡)를 언급하지 않은 것에 주의할 필요가 있다. 사도·월도는 각자가 스스로 직접 금소(禁所)를 통과함으로써 성립되는 데 비해, 모도는 자기 명의의 통행증을 빌려준 자, 통행증을 부정(不正)하게 발급해 준 자 등 타인의 지원을 받아 부정한 통행증을 입수함으로써 성립되는 죄이므로 관계인 각각의 처벌에 차이가 있을 수 있기 때문이다.《율연5 255~256쪽》

20 관문(關門)을……않는다 : 241조 사월모도관진(私越冒渡關津)에서 집안사람들 사이에서 모도가 발생하면 가장만 처벌한다고 하였다.

종범의 구분 없이 각각 그가 범한 바로써 정범으로 논한다.

### 해설

공범(共犯)에 관한 일반적인 규정이다. 범행이 누구의 손에 의해 실행되었는가와 무관하게 누가 범행 의지를 발의하였는가를 따져 주범과 종범을 나누는데, 범죄 의지 형성의 주도성에 착안한 것이다. 가인(家人)이 공동으로 죄를 범하였을 경우 남성 존장(尊長) 한 사람에게만 죄를 묻는 것은 존장의 절대성을 중시해서이고, 비유(卑幼)는 존장의 뜻에 따라 행동하는 것이 일반 사람들 사이에서의 수범과 종범의 관계와 다르기 때문에 죄를 면해 준다. 율문의 원문에 '개(皆)'라는 글자가 없으면 수범과 종범을 구분하는 것이 일반적인 원칙이나, '개'라는 글자가 없어도 수범과 종범을 구분하지 않는 특수한 범죄의 양태에 대해서도 규정하였다.

•••

### 조의와 수종

조의(造意)는 범죄를 수행하려고 하는 공동 의지의 형성 및 지속에 있어서 가장 주도적인 역할을 하는 것을 말하며, 수종(隨從)은 조의자에게 이끌려서 범죄에 참여하는 것이다. 조의와 수종은 범죄 의지의 형성에 있어서 주도성에 주목한 개념으로, 범행 자체가 어느 사람의 손에 의해 실행되었는가와는 직접 관련이 없다. 수종은 구상(毆傷)·모살(謀殺) 등의 조건에서 '하수(下手)·가공(加功)·행(行)' 등의 원문 용어로 범주화된다. 조의와 수종은 정형적(定型的)인 행위 양태를 가리키는 용어가 아니라, 비교에 의해서 정해지는 상대적 개념으로, 공범들 가운데 가장 주도적인 한 사람이 조의로 간주되고 나머지는 수종으로 간주된다.

조의는 수범(首犯)과, 수종은 종범(從犯)과 대응하지만, '조의-수종'과 '수범-종범' 이 두 쌍의 용어는 구분해야 한다. 조의·수종은 사실 인정(事實認定) 단계에서의 개념이고, 수범·종범은 법적 평가(法的評價) 단계에서의 개념이다. 범죄 행위에서 조의로 인정된 자를 수범으로 하여 법정형(法定刑)을 전과(全科)하고, 수종으로 인정된 자를 종범으로 하여 1등급을 줄이는 것이다. 그러나 드물지만 조의자가 수범이 되지 않는 일도 있을 수 있는데, 예컨대 301조 도적와주(盜賊窩主)에서 절도(竊盜)의 와주가 조의하였으나 실행하지 않고 장(贓)도 나누지 않으면 종범으로 논한다.

당률·명률에서의 공범(共犯) 개념은 현대 형법학에서 말하는 광의의 공동 정범(共同正犯)에 가깝고, 수범·종범은 공동 정범 가운데 형(刑)의 양정(量定)에서 차등을 두기 위한 개념 장치이다. 교사범(教唆犯)·방조범(幇助犯)의 개념은 당시 별도의 범주로 확립되어 있지는 않았다. 당률·명률·청률에서 교사범이 어떻게 이해되고 처리되었는가에 대해서는 대염휘(戴炎輝)와 시가 슈조(滋賀秀三) 사이에 논쟁이 있었는데, 대염휘는 교사범을 조의자에 가깝게 보는 입장이고, 시가 슈조는 교사범이 하나의 범주로 간주되지 않았으므로 경우에 따라 처리가 다르지만 대개는 조의자보다 훨씬 가볍게 처리되는 것으로 보는 입장이다.《율연5 251~253쪽, 256~265쪽》

## 28
# 동료가 공죄를 범함[1]
同僚犯公罪

동료(同僚)[2]가 공죄(公罪)[3]를 범하면,-동료 관원과 이전(吏典)이 문안에 연명으로 서명하고 공무를 판단함에[4] 착오는 있으나 사사로움과 불공정함이 없는 것을 이른다.-

**직해** 동료 관원과 아전이 문안에 함께 서명하고 공무를 결단(決斷)하였는데 착오를 일으켰을 뿐이고 사사로운 의도가 없으면

모두 이전을 수범으로 하고, 수령관(首領官)은 이전의 죄에서 1등급을 줄이고, 좌이관(佐貳官)은 수령관의 죄에서 1등급을 줄이고, 장관(長官)은 좌이관의 죄에서 1등급을 줄인다.[5]

1 동료가 공죄를 범함 : 이 조문은 홍무30년율에는 27조에 배치되어 있다.

2 동료(同僚) : 공무를 공동으로 처결하는 자이다. 동급(同級)의 관직에 있는 자를 말하는 것은 아니다.〔同僚是公同裁決者 與職行不同〕《부례(상) 202쪽》 하나의 안건에 대해 문서에 함께 서명하는 관리들을 동료라고 한다.《율연5 243쪽》

3 공죄(公罪) : ① 7 文武官犯公罪

4 동료……판단함에 : 이전은 서기(書記)여서 서명은 하지만 판단하는 과정에는 참여하지 않는다. 따라서 연명으로 서명하는 데에는 이전이 포함되지만 판단에는 포함되지 않는다.《율연5 238쪽》

5 모두……줄인다 : 장관의 수는 모든 아문이 같으나 좌이관의 수는 아문에 따라 다르다. 예컨대 현에는 현승(縣丞)·주부(主簿) 2인, 부에는 동지(同知)·통판(通判) 2인이 있는데 모두 좌이관이며, 소현(小縣)에는 현승 1원만 있는데 그가 좌이관이다. 수령관은 예컨대 현의 전사(典史) 따위로 1원인데 이것이 1등급이고, 부에는 경력(經歷)·지사(知事) 2원이 있는데 역시 1등급이다. 그 나머지 아문은 각각 장관 이하 수령관 이상의 모든 관원이 좌이관이고, 막부(幕府)에 있는 자가 모두 수령관이다. 이전은 비록 도령(都令)과 사전(司典)이 있으나 모두 1등급으로 보아 과단(科斷)한다.〔長官諸衙門同 佐貳官則多少不一 如縣有丞簿二人 共爲佐貳 府有同知通判二人 共爲佐貳 小縣止有丞一員 自爲佐貳 首領官則或一員 如縣典史之類 是一等 府有經歷知事二員 亦共爲一等 其餘衙門 各以長官以下 首領以上 俱爲

**직해** 모두 영사(令史)·색원(色員)을 수범으로 삼아 논하고 방장관(房掌官)은 영사·색원의 죄에서 1등급을 줄인다. 지차관(之次官)은 낭청관(郎廳官)에서 1등급을 줄이고, 장관은 지차관에서 1등급을 줄여 논한다.

-4등급의 관원 안에 만약 결원이 있더라도 또한 4등급의 관원에 의거하여 차례로 줄여 과죄(科罪)한다.[6] 본 아문에 설치된 바에 본래 4등급의 관원이 없으면 단지 현재 설치되어 있는 인원수에 준하여 차례로 줄인다.-

**직해** 4등급의 관원 안에 인원수가 갖추어져 있지 않아도 4등급의 관원 수에 따라 차례로 줄인다. 본사(本司)의 관원이 본래부터 4등급의 관원이 없으면, 그때 재임 중인 인원수대로 차례로 줄인다.

동료 관원 한 사람이 사사로움이 있으면[7] 본디 고의로 타인의 죄를 가볍게 하거나 무겁게 한 죄로 논한다. 그 나머지 실정을 모른 사람들은 다만 과실로 타인의 죄를 가볍게 하거나 무겁게 한 죄의 예로 논한다.[8]

**직해** 동료 관원 가운데 한 사람이 사사로이 일을 처리한 정상이 있으면 고의로 다른 사람의 죄를 가볍게 하거나 무겁게 한 예에 따라 그에 준하여 논하고, 나머지 다른 사람들이 실정을 몰랐으면 오직 과실로 다른 사람의 죄를 가볍게 하거나 무겁게 한 예에 따라 그에 준하여 논한다.

佐貳 凡在幕者俱爲首領 吏雖有都令司典 竝同一等科斷〕《소의(상) 202쪽》

6 4등급의……과죄(科罪)한다 : 좌이관의 액수(額數)가 2원이면 2원 모두 이전과의 차이를 2등급으로 하고, 혹 결원이 있더라도 또한 반드시 그 수대로 차례로 줄인다.〔佐貳額有二員 還作兩等 或遇缺員 亦須作數遞減〕《부례(상) 202쪽》

7 사사로움이 있으면 : 사사로운 정에 얽매여 왕법하여 타인의 죄를 가볍게 하거나 무겁게 하는 것이다.〔徇私枉法 出入人罪者〕《집해 322쪽》 친한 정 때문에, 혹은 미워하고 원망하는 마음을 품고서 뇌물을 받거나 청탁을 받는 것이다.〔或爲親情 或挾讎怨 或受貨賄 或聽囑托〕《집주(상) 90쪽》

8 본디……논한다 : ④ 433 官司出入人罪

-이를테면 다음과 같다. 동료로서 문안에 연명으로 서명한 관리가 5인인데, 만약 1인이 사사로움이 있으면 본디 고의로 타인의 죄를 가볍게 하거나 무겁게 한 죄로 논하고, 그 나머지 4인은 비록 문안에 연명으로 서명하였더라도 동료가 사사로움이 있는 줄 몰랐으면 다만 타인의 죄를 과실로 가볍게 하거나 무겁게 한 죄로 논하고, 4등급을 차례로 줄이는 원칙에 따라 그대로 과죄한다.[9]-

**직해** 동료 관원으로 문안에 함께 서명한 5인 가운데 1인이 사사로이 일을 처리한 정상이 있으면 고의로 다른 사람의 죄를 가볍게 하거나 무겁게 한 예로 논하고, 그 나머지 실정을 모른 4인은 다만 과실로 다른 사람의 죄를 가볍게 하거나 무겁게 한 예에 따라, 4등급의 관원을 차례로 줄이는 방식으로 과단한다.

상급 관사에 보고하였는데 실착(失錯)[10]인 줄 알아차리지 못하고 그대로 따라 시행하면 상급 관사 관리는 각각 그 하급 관사 관리의 죄에서 2등급을 차례로 줄인다.[11]-가령 현에서 주에 보고하고, 주에서 부에 보고하고, 부에서 포정사(布政司)[12]에 보고하는 것 따위를 이른다.-

9 동료로서……과죄한다 : 과실로 타인의 죄를 가볍게 하거나 무겁게 하면 공죄이다. 본율 433조 관사출입인죄(官司出入人罪)에, 실입(失入)은 과실로 타인의 죄를 무겁게 한 것으로 무겁게 한 본죄에서 3등급을 줄이고 실출(失出)은 과실로 타인의 죄를 가볍게 한 것으로 가볍게 한 본죄에서 5등급을 줄이되, 이전을 수범으로 하여 수령관・좌이관・장관은 차례로 줄이도록 되어 있다. 그러므로 예컨대 실입이면 장관은 6등급을 차례로 줄여야 하는데 만약 내부에서 좌이관이 사사로움이 있으면, 좌이관은 고의로 타인의 죄를 무겁게 한 것으로 과단하지만 장관은 그대로 본법에 따라 6등급을 차례로 줄이며 좌이관 때문에 따로 논죄하지 않는다.〔失出入卽公罪也 本律失入減三等 失出減五等 以吏典爲首 而首領佐貳長官遞減之 如失入 長官應遞減六等 內若佐貳有私 自依故入科斷 而長官仍依本法 遞減六等 不因佐貳別論〕《집주(상) 90~91쪽》

10 실착(失錯) : ① 29 公事失錯

11 상급……줄인다 : 그 과실이 원래 아래에서 시작되었으므로, 각각 하급 관사 관리의 죄에서 2등급을 차례로 줄이는 것이다.〔但以其所失 原起于下 各遞減下司官吏罪二等〕《집설 권1 53장》 가령 하급 관사에서 이전이 수범이 되어 규정을 어기거나 착오를 일으켜 장 100의 죄에 해당하는데 상급 관사에서 그대로 따랐다면 상급 관사의 이전은 2등급을 줄여 장 80이고 수령관・좌이관・장관은 각각 1등급씩 차례로 줄인다.〔如下司以吏爲首 該違錯杖一百 上司準行 吏得減二等杖八十 首領官佐貳官長官各遞減〕《집설 권1 54장》

**직해** 하급 관사가 상급 관사에 보고하였는데 상급 관사에서 착오가 있는 일을 상세히 살피지 않고 그에 따라 승인하여 내려보내면, 하급 관사 관리의 죄에서 2등급을 차례로 줄인다.

상급 관사에서 소속 관사에 공문을 내려보냈는데 착오가 있는 그대로 시행하면 소속 관사의 관리는 각각 상급 관사 관리의 죄에서 3등급을 차례로 줄인다.[13] -가령 포정사에서 부에 내려보내고, 부에서 주에 내려보내고, 주에서 현에 내려보내는 것 따위를 이른다.[14]-

역시 각각 이전을 수범으로 한다.[15]

**직해** 상급 관사에서 소속 관사에 내려보냈는데 소속 관사에서 착오가 있는 일을 그대로 따라 시행하면, 상급 관사 관리의 죄에서 3등급을 차례로 줄이되, 모두 영사·색원을 수범으로 논한다.

12 포정사(布政司) : 명대의 지방관으로 1376년(홍무9) 행중서성(行中書省)을 고쳐서 승선포정사사(承宣布政使司)라 하였다. 뒤에 전국을 양경(兩京)과 13개 포정사가 관할하도록 하여 매 사(司)마다 좌우 포정사 각 1명씩을 두어 성(省)의 최고 행정 장관으로 삼았다. 중앙 곧 북경(北京)과 남경(南京) 부근에는 포정사를 두지 않고 직례(直隷)를 설치하여 중앙 정부가 직할하였다.

13 상급 관사에서……줄인다 : 그 과실이 위에서 말미암았기 때문에 상급 관사 관리의 죄에서 3등급을 차례로 줄이는 것이다.〔但以其所失 實由于上 各遞減上司官吏三等〕《집설 권1 53장》 위는 아래를 통할하여 제어할 수 있으므로 착오대로 준행하면 상급 관사의 관리는 2등급을 줄이는 데 그치고, 아래는 위를 섬겨 거스르기 어려우므로 착오대로 시행하면 소속 관사의 관리는 3등급을 줄여 준다.〔上統下 得以專制 故失錯準行止減二等 下事上 難以違拒 故依錯施行 得減三等〕《집주(상) 91쪽》 만약 관리가 동료의 잘못을 각거(覺擧)하면 29조 공사실착에 따라 죄를 면해 준다.〔如官吏有覺擧者 依下條公事失錯條 免罪〕《집해 324쪽》

14 포정사에서……이른다 : 만약 현에서 중간 단계인 부를 거치지 않고 바로 포정사에 상달하였는데 포정사에서 실착하여 준행하면 포정사가 부의 죄를 지며, 부는 처벌하지 않는다. 포정사가 부를 거치지 않고 현에 바로 내려보내도 그러하다.〔若縣逕達布政司失錯準行者 布政司得府之罪 罪不坐府 司逕行縣者亦然〕《집주(상) 91쪽》

15 역시……한다 : 당률(唐律)에서는 소유(所由)를 수범으로 하였으나 명률(明律)에서 이전을 수범으로 하는 것으로 바뀌었다.

### 해설

하나의 관사에서 함께 근무하는 관리들 중 한 사람이 공죄(公罪)를 범하였을 때, 특히 문서 행정상의 잘못을 범하였을 때, 함께 근무하는 관리들에게 연대 책임을 지워 처벌하는 규정이다. 하나의 관사에서 문서 행정이 이루어지는 절차는 4단계로 이루어진다. 이전이 실제로 문서를 작성하면 수령관은 판단을 내리고, 좌이관이 가판(加判)을 하고, 해당 관사의 우두머리인 장관이 결재하므로, 하나의 문서에는 이들 네 사람이 연대 서명을 하게 된다. 사곡(邪曲)한 실정이 없이 과실로 문서 행정에 잘못이 발생하면 공죄로 처리되는데, 동일 관사 내 동료 관리의 연좌, 사곡한 동기에서 고의에 의해 발생한 잘못, 타 관사의 잘못에 대한 연대 책임 등 세 부분으로 나누어 규정하고 있다.

# 29
# 공무 수행 중의 실착[1]
公事失錯

관리가 공무 수행 중의 실착(失錯)[2]을 스스로 각거(覺擧)[3]하면 죄를 면해 준다. 동료 관리로서 연좌되어야 할 자[4] 중에서 한 사람이 스스로 잘못을 각거하면 나머지 사람들도 모두 죄를 면해 준다.

**직해** 공무를 실착으로 처리하고 스스로 깨달아 자수하면 죄를 면해 준다. 동료 관리가 모두 처벌받을 범죄를, 그중 한 사람이 스스로 깨달아 자수하면 나머지 다른 사람은 모두 죄를 면해 준다.

-공무로 인하여 죄를 지었으나 사사로움이나 불공정함이 없고, 일이 만약 아직 드러나지 않았는데 다만 동료로서 문안을 같이 처리하고 서명한 관리 중 한 사람이라도 능히 검거하여 바로잡으면 실착한 사람과 바로잡은 사람 모두 죄의 책임이 없음을 이른다.-

**직해** 공무로 인하여 죄를 범하였으되 사사로이 일을 처리한 것이 아니고 그 일이 발각되기 전에 문안에 같이 서명한 동료 관원 중 한 사람이 자세히 살펴 바로잡으면 모

1 공무……실착 : 홍무30년율에는 28조에 배치되어 있다.

2 실착(失錯) : 고의가 없는 실수와 착오이다.〔失錯違失差錯也〕《집해 325쪽》 사사로움과 불공정함이 없는 것이다.〔失錯 是無私曲者〕《부례(상) 205쪽》

3 각거(覺擧) : '검거(檢擧)'라고도 하는데 모두 '각찰검거(覺察檢擧)'의 약자이며 체포의 의미가 있는 현대의 검거와는 다르다. 직해의 원문에서 각찰검거를 '성각현고(省覺現告)'로 표기하고 있음이 주목된다. 각거의 뜻은 자수와도 다르다. 자수의 경우 다른 사람이 장차 고발하려는 것을 알고 하면 2등급을 줄이지만, 각거에는 이 구절이 없으니, 만약 발각되기 전에 스스로 말하면 그 죄를 모두 면해 준다.〔覺擧之義與自首有殊 首者知人將告減二等 覺擧既無此文 但未發自言皆免其罪〕《당률 41조 公事失錯自覺擧》 공죄(公罪)의 각거는 사죄(私罪)의 자수에 대응하는 개념이다.《율연5 248쪽》

4 동료……자 : ① 28 同僚犯公罪

두 무죄로 처리한다.

단죄(斷罪)에 실착이 있어 이미 논죄하여 처결하였으면 이 율(律)을 적용하지 않는다.

**직해** 단죄하는 데에 실착으로 논죄하여 처결이 이미 끝났으면 이 율을 적용하지 않는다.

–이를테면 사죄와 태죄・장죄를 이미 집행하였거나, 유죄로 단죄된 자가 배소에 이르렀거나, 도죄로 이미 도역을 마치면 이 경우는 모두 이미 논죄하여 처결한 것이다. 관사에서 비록 스스로 검거하더라도 모두 죄를 면해 주지 않고 각각 과실로 타인의 죄를 무겁게 한 율[5]에 의거하여 3등급을 줄이되, 관원과 이전(吏典)은 등급에 따라 차례로 줄여 과죄(科罪)하므로 "이 율을 적용하지 않는다."라고 말한 것이다. 과실로 타인의 죄를 가볍게 하였을 때, 비록 처결하여 석방하였더라도 만일 잘못이 드러나기 전에 능히 스스로 검거하여 추가로 단죄하면 모두 그 실착의 죄를 면해 줄 수 있다.–

**직해** 사죄 및 태죄・장죄를 이미 집행하였거나, 유죄를 받은 자를 이미 배소로 보냈거나, 도죄를 받은 자를 이미 역소로 보냈거나 하는 등으로 이미 결단하였으면 관원이 그 뒤에 비록 스스로 잘못을 깨달아 자수하더라도 모두 죄를 면해 주지 않고 각각 과실로 남의 죄를 무겁게 한 죄의 예에 따라 그에 준하여 3등급을 줄여 논죄한다. 관원과 아전을 차등을 두어 차례로 줄여 과단하기 때문에 이 율을 적용하지 않는 것이다. 죄를 범한 사람을 착오로 가볍게 논하여 이미 집행한 뒤, 그 일이 발각되기 전에 깨달아 죄인을 다시 나아오게 하여 부족한 형벌의 수를 채워 결단하면 모두 실착한 죄를 면해 준다.

관문서의 처리 기한을 넘겨[6] 연좌될 사람 가운데 한 사람이 스스로 각거하

5 과실로……율 : ④ 433 官司出入人罪

6 관문서의……넘겨 : ① 71 官文書稽程

면 나머지 사람들도 죄를 면해 주나 주전(主典)은 죄를 면하지 못한다.-주전이란 문안 작성을 주관한 사람을 이른다.[7] 이를테면 다음과 같다. 문안은 소사(小事)가 5일 기한, 중사(中事)가 10일 기한, 대사(大事)가 20일 기한인데, 이 기한이 넘도록 끝내지 못하면 이를 '계정(稽程)'이라 한다. 관인이 스스로 검거하면 관련된 사람 모두가 죄를 전부 면할 수 있으나 오직 담당 이전은 죄를 면하지 못한다.-

**직해** 관문서를 머물러 두며 더디게 처리하여 함께 처벌함이 합당한 사람들 중에 한 사람이 스스로 깨달아 자수하면 다른 나머지 사람들을 모두 죄를 면해 주고 담당 영사(令史)・색원(色員)은 죄를 면해 주지 않는 것은, 무릇 문안을 소사이면 5일, 중사이면 10일, 대사이면 20일 내에 마쳐야 하는데, 이 기한이 넘도록 마치지 못하는 것을 '계정'이라고 하는 것이다. 그런데 한 사람이 스스로 깨달아 자수하면 모두 죄를 면해 주고 오직 일을 맡은 영사만 죄를 면해 줄 수 없다.

주전이 스스로 검거하면 모두 2등급을 줄인다.[8]-해당 이전이 스스로 검거하면 모두 본죄에서 2등급을 줄이는 것을 이른다.-

**직해** 일을 맡은 영사가 스스로 깨달아 자수하면 모두 2등급을 줄인다.

## 해설

명률에서는 잘못을 저지른 자가 스스로 그 잘못을 드러내 처벌을 청하는 의사 표시로 자수(自首)・자복(自服)・각거(覺擧)・검거(檢擧)를 설정하

7 주전이란……이른다 : 《강해》・《소의》・《석의》・《부례》・《집해》・《전석》 등의 주석서에는 이 구절이 없다. 내용상 율주이지만 직해와 같이 소자쌍행(小字雙行)의 형식으로 되어 있는 점도 특이하다. 예외적으로 직해의 번역자가 추가한 주석일 가능성이 높다.

8 모두 2등급을 줄인다 : 관원과 이전을 겸하여 말한 것이다.〔竝減二等兼官吏言〕《집설 권1 54장》 대개 일의 책임은 주관하여 맡은 주전에게 있다. 주전이 스스로 잘못을 깨달아 드러내면 비록 죄를 전부 면해 주기는 어려우나 형벌을 줄이는 것은 마땅하다. 이전은 이미 형벌을 줄였는데 관원만 죄를 전부 물을 수 없으므로 모두 줄여 주는 것이다.〔蓋事在主掌 雖難全免亦應減科 然吏旣減而官豈容以全坐哉 故亦得以竝減〕《집설 권1 54장》

고 있는데, 사죄(私罪)는 자수·자복으로, 공죄는 각거·검거로 표현한다. 이 조문은 공무를 실착하였지만 발각되기 전에 관리 스스로 잘못을 깨달아 드러내면 형벌을 면제받거나 감경받을 수 있는 통로를 열어 둔 것으로 각거·검거를 장려하는 조문이다.

# 30
# 죄를 범하고 일이 발각되어 도망함

犯罪事發在逃

30-1 두 사람이 함께 죄를 범하였는데, 한 사람은 도망하였고, 잡힌 사람이 도망간 사람이 수범이라고 일컫고 달리 증거가 없으면, 잡힌 사람을 종범으로 처결한다.[1] 나중에 도망친 사람을 잡았는데, 앞서 잡힌 사람이 수범이라고 일컫고, 국문하여 이것이 사실이면, 앞서 잡힌 사람을 도로 수범으로 논하되, 앞서 처결한 죄를 통틀어 계산하여 뒤의 형량에 충당한다.[2]

30-2 죄를 범하고 일이 발각되어 도망하였을 경우, 여러 증거가 명백하면[3] 곧 옥성(獄成)과 같으므로 도망한 범인에 대한 추문을 반드시 기다릴 필요는 없다.[4]

**직해** 두 사람이 함께 죄를 범하고 한 사람이 도망가 있는데, 한 사람이 잡혀서 도망간 사람이 바로 수범이라 자백하고 다시 증거가 없으면 현재 잡

1 두……처결한다 : 죄가 의심스러우면 가볍게 처리한다는 뜻이다.〔罪疑惟輕之意也〕《집주(상) 97쪽》 누가 수범이고 누가 종범인지 불확실하나, 이 때문에 형의 집행을 마냥 연기하면 혹시 간사한 자가 법망을 빠져나갈 우려가 있기 때문에, 불확실한 상태에서도 형을 집행하는 것이다. 이때 체포된 자를 수범으로 간주하여 처벌하였다가 나중에 종범으로 판명되면 처리가 어려우나, 일단 종범으로 간주하여 처벌하였다가 나중에 수범으로 판명되면 형벌을 추가하는 것은 어렵지 않다.〔獄責初情 若因在逃之人停囚待對 則事久遷延 姦人得以漏網 若無證據而懸坐爲首 恐決後不可贖還 故先決從罪 以俟獲逃 果其爲首 前人不必加刑 如其係從 決者何難貼斷〕《집주(상) 97쪽》

2 앞서 처결한……충당한다 : 25조 이죄구발이중론(二罪俱發以重論)에서 여죄(餘罪)가 나중에 발각되어 무거우면 다시 논죄한다는 예와 같은 것이다.〔如前二罪俱發條內 餘罪後發重者更論之之例〕《집주(상) 97쪽》

3 여러 증거가 명백하면 : 여러 증거에 의해 누가 수범이고 누가 종범인지가 명백하다는 뜻이다.〔或係爲首 或係爲從〕《집주(상) 97쪽》

4 추문을……없다 : 429조 국옥정수대대(鞫獄停囚待對)에서 말하는 '옥수(獄囚)에 대한 심리를 중지하고 다른 죄수가 도착하기를 기다려 대질(對質)하는' 조치를 취할 필요가 없다는 뜻이다.

혀 있는 사람을 종범의 죄로 논죄하여 처결한다. 그 뒤에 도망갔던 사람을 잡아 추문하던 차에 전에 잡힌 사람이 바로 수범이라 자백한 일이 있어서 추문하였는데 사실이면, 전에 잡힌 사람을 다시 수범으로 논죄하여 이전에 이미 논죄하여 처결한 죄의 수량을 통틀어 계산하고, 나중의 죄에 덧붙여 부족한 수를 채워 죄를 처결한다.
(○) 이때 죄를 범하고 일이 발각된 뒤에 도망가 있는 경우는 여러 증거가 명백하면 옥성의 죄에 해당하는 예로 논죄하고 반드시 직접 신문할 바는 아니라는 조문이다.

해설
체포된 범인과 체포되지 않은 공범자가 있을 경우 옥사(獄事)를 처리하는 규정으로, 27조 공범죄분수종(共犯罪分首從)을 이어서 말한 것이다. 공범이 도망간 경우, 공범 가운데 체포된 갑(甲)이 범행을 인정하면서도 도망간 을(乙)이 주범(主犯)이라고 자백하면, 우선 갑을 종범으로 간주하여 1등급을 줄여 집행한다. 실정에 따라 옥사를 결단함으로써 실수로 타인의 죄를 더하는 일이 없도록 한 것이다. 도망갔던 공범이 잡힌 경우는 도망갔던 을을 나중에 체포하여 심문한 결과 먼저 체포된 갑이 주범으로 판명되면, 앞서의 오판을 바로잡아 다시 주범으로서의 본래 형을 갑에 과하되 이미 집행된 형을 제하고 잔여분을 추가 집행한다. 실정을 확인하고 법대로 처리함으로써 과실로 타인의 죄를 감하는 일이 없도록 한 것이다. 증거가 명백할 경우, 뒤에 공범이 잡혔다 할지라도 이미 내린 판결을 바꾸지 않는다. 옥사는 맨 처음 조사한 정황을 중요하게 여기는데, 만약 공범이 도망갔다고 하여 공범이 잡히기를 기다리면 옥사가 지연되어 간사한 무리가 모면할 꾀를 내기 때문이다.

•••

### 옥성과 수금, 중증명백

당률(唐律)에 따르면 '옥성(獄成)'은 장상노험(贓狀露驗)과 상서성단흘미주자(尙書省斷訖未奏者)를 말한다. '장상노험'의 '장(贓)'은 범죄의 증거를 말하며, '상(狀)'은 살인 따위의 진상을 말한다. 범죄의 증거가 확보되고 사건의 진상이 드러나면 주(州)·현(縣)에서도 옥성이라고 말할 수 있다. '상서성단흘미주자'는 형부(刑部)에서 복심(覆審)하여 단결(斷決)을 마쳤지만 아직 황제에게 상주하지 않은 것을 이르는데, 재심까지 종결되어 황제에게 결재를 받는 절차만 남은 것 역시 옥성이다.

현대 한국의 형사 사법 절차에서 중요한 시점들은 피의자(被疑者)의 인신 구속(拘束), 피의자가 피고인(被告人)으로 신분이 바뀌는 기소(起訴), 1심 판결, 판결의 확정 등이다. 구속에 상응하는 조선의 용어는 수금(囚禁)이다. 수금의 대상에 대해서, 명률은 수금 가능한 혐의 범죄를 명시하고 있지 않지만, 조선에서는 《경국대전(經國大典)》에서 장죄(杖罪) 이상의 범죄를 수금 가능한 범죄로 명시하였고, 이 방침은 《대전회통(大典會通)》 시기까지 지속되었다. 그렇다면 피의자가 수금되면 옥성이라고 할 수 있는가의 문제가 제기될 수 있다.

《흠흠신서(欽欽新書)》나 《심리록(審理錄)》에서 흔히 나타나는 보편적인 인명 사건을 예로 들어 설명하여 보자. 전라도의 백성 갑(甲)이 을(乙)과 장난으로 다투다가 을을 구타하였는데 을이 넘어진 후 3일 만에 사망하여 을의 아내가 갑을 정범(正犯)으로 고발하였다. 그러면 갑은 일단 수금되어 조사를 받게 된다. 조사 절차의 핵심은 초검(初檢)과 복검(覆檢)이다. 검관은 시체의 외표 검사(外表檢査)를 중심으로 하는 이른바 검험(檢驗)만을 하는데, 검험을 전후하여 목격자인 응문각인(應問各人)의 진술을 받게 되어 있다. 초검과 복검을 행한 후에 검관들과 관찰사는 그 사건을 옥성할지 여부에 대하여 판단하여야 한다. 갑이 을을 구타한 것이 사실이지만 을의 사망 원인이 자살이거나 역병이라면 옥성할 수 없고 구타 행위에 대하여만 처벌하고 석방하여야 한다. 따라서 수금과 옥성은 다른 것이다.

1300여 건의 옥안을 수록한 《심리록》에는 옥성이라는 용어보다 '성옥(成獄)'이라는 용어가 더 자주 사용되고 있는데 옥성과 성옥은 동일한 용어로 보인다. 《심리록》에는 모든 살옥 사건의 성옥 일시가 월 단위로, 예를 들어 2월 혹은 4월 등으로만 기록되고 일자는 기록되어 있지 않다. 조선 시대의 성옥 개념은 일자까지 명시하는 현대의 기소 개념과는 차이가 있지만 성옥은 현대 한국의 형사 사법 절차의 기소에 가장 가까운 개념으로 보인다.

현대 한국에서 피의자의 소재가 불명이거나 피의자의 신병이 확보되지 않으면 원칙적으로 검사는 기소하지 않는다. 피의자의 신병이 확보되지 않은 상태에서는 유죄・무죄를 가리는 재판 진행이 어렵고 궐석 재판은 오판으로 귀결될 위험성이 크기 때문이다. 명률에도 이런 발상이 약간 엿보이는데, 30조 범죄사발재도(犯罪事發在逃)에서 피의자의 신병이 확보되지 않았을 때에는 가급적 성옥하지 말도록 하였다. 그러나 범인이 도망하더라도, 즉 피의자의 신병이 확보되지 않아도 3인 이상의 증인이 있어 범죄의 실상이 명백하면 그 도망한 자의 옥사를 성립시킬 수 있다고 하였다. 즉, 피의자의 신병이 확보되더라도 중증명백(衆證明白) 즉 3인 이상의 증인이 있는 등 여러 증거가 명백하여야 옥성이라고 말할 수 있다. 요컨대 옥성의 핵심은 피의자의 유죄를 논단할 수 있을 만한 '여러 증거의 명백성'에 있는 것이지 현재 피의자의 신병이 확보되었는지 여부에 있는 것이 아니다. 1539년(중종34) 옥수(獄囚)가 승복(承服)하지 않고 장폐(杖斃)한 경우에는 여러 증거가 명백하더라도 옥성으로 단정하지 말도록 하는 조치가 행하여졌고, 1566년(명종21) 살옥 사건에서는 "비록 죄수가 승복하더라도 반드시 시체를 찾아내어 검험한 뒤에야 옥성이라 할 수 있고 사형을 집행할 수 있다."는 기록이 있다. 이러한 기록들을 통해 옥성과 승복, 중증명백 사이의 복잡한 상관관계를 볼 수 있다.

# 31
# 친속이 서로를 위하여 용은함
親屬相爲容隱

동거(同居)하는 사람-동거하는 사람이란, 재산을 공유하고 함께 사는 친속을 이른다. 호적의 같고 다름에 구애받지 않으며, 비록 무복친(無服親)이라도 이에 해당한다.- 또는 대공(大功) 이상의 친속-따로 사는 대공 이상의 친속을 이른다.- 및 외조부모, 외손, 장인·장모, 사위, 손자며느리, 남편의 형제 및 형제의 아내[1]가 죄를 지어 서로를 위하여 용은(容隱)[2]하거나, 노비나 고공인(雇工人)이 가장을 위하여 용은하면[3] 모두 논죄하지 않는다.[4] 체포하려 한다는 사실

1 외조부모……아내 : 여기 나열된 친속은 외조부모, 손자며느리, 남편의 형제 및 형제의 아내 등 소공친(小功親)과 외손, 장인, 장모, 사위 등 시마친(緦麻親)이다. 복(服)은 가볍지만 정(情)이 돈독하고 은혜와 의리가 무겁기 때문에 용은(容隱)의 범위에 포함시킨 것이다. 이때의 외조는 증조·고조를 포함하지 않고, 외손은 증손·현손을 포함하지 않는다. 41조 칭기친조부모(稱期親祖父母)에서 말하는 "조부모라고 일컬으면 증조와 고조가 포함되고 손자라고 일컬으면 증손과 현손을 포함한다."라는 규정이 적용되지 않는 것이다.〔外祖父母外孫若孫之婦夫之兄弟及兄弟妻 服雖輕 論情重 故有罪者竝相爲隱 反報俱隱 此等外祖不及曾高 外孫不及曾玄也〕《당률 46조 同居相爲隱》

2 용은(容隱) : 실정을 알고도 숨겨 주면서 고발하지 않고, 고의적으로 숨기고 속이며, 그릇되게 비호하고 터무니없이 꾸며 대는 따위이다.〔容隱 是知情藏匿 不行首告 故爲抵諱 曲爲遮護扶捏之類〕《부례(상) 211쪽》 마땅히 고발해야 하는데도 고발하지 않고 그릇되게 감싸며, 한패가 되어 보증하는 것 등 모두를 말한다.〔容隱 謂應首告而不首告 或曲爲回護 扶同保結皆是〕《집해 335쪽》

3 노비나……용은하면 : 위에 나열된 동거하는 사람이나 친속은 양방향적으로 용은이 허용되나, 노비·고공인과 가장의 관계에서는 일방향적으로만 용은이 허용된다. 은혜와 의리가 무겁기 때문에 가장을 위한 용은은 허용하되, 신분이 낮기 때문에 노비·고공인의 죄는 다스려야 하는 것이다.〔家長不得爲奴婢雇工人隱者 義當治其罪也〕《집주(상) 98쪽》〔奴婢雇工 止言爲家長容隱 則家長不許爲奴婢雇工容隱矣 蓋以義相臨 當治其罪 不當隱其過也〕《집주(상) 99쪽》

4 모두……않는다 : 옥에 갇혀 있는 사람의 탈옥을 돕는 행위는, 용은 관계에 있는 자라도 허용되지 않는다. 범죄 이후라도 아직 관에 잡혀가지 않았을 때는 친속에 대한 사적인 정(情)과 은(恩)에 따라 행동할 수 있지만, 수금된 뒤에는 국법의 적용을 받게 되므로 사적

을 누설하거나 소식을 통보하여 죄인으로 하여금 숨거나 도피하게 하여도[5] 처벌하지 않는다.-서로 용은해도 되는 친속이 죄를 범하여 관사에서 추적하여 체포하려 하자 그 사실을 누설하거나, 죄인에게 은밀하게 소식을 통보하여 죄인으로 하여금 숨거나 피하거나 도주하게 하여도, 그 이유로 역시 처벌하지 않음을 이른다.-[6]
소공(小功) 이하의 친속이 서로 용은하거나 체포하려 한다는 사실을 누설하면 일반인의 예에서 3등급을 줄인다. 무복친은 1등급을 줄인다.[7]-따로 사는 소공 이하의 친속을 이른다.-
모반(謀叛) 이상의 죄를 범하면 이 율을 적용하지 않는다.[8]-비록 유복친(有服親)이라도 모반(謀反), 모대역, 모반(謀叛)의 죄를 범하였는데 만약 용은하고 자수하지 않으면 율에 따라 과죄하는 것을 이른다. 그러므로 '이 율을 적용하지 않는다'고 한 것이다.-

**직해** 동거하는 사람, 따로 사는 대공 이상의 친속, 외조부모, 외손, 장

인 정과 은이 법기(法紀)를 어지럽히게 할 수 없기 때문이다.〔按劫囚 私竊放囚 雖有服之親亦與常人同論 又斷獄條內 與囚金刃解脫 若子孫與祖父母父母 止減獄卒罪二等 二律與此異者此是犯罪之後 未發到官 未曾入禁 或藏在家庭 或避于他所 國法未加 我得盡其私意 彼是已禁之囚 法紀所在 豈可縱之 使姦法而亂紀 所謂門內之治 以恩掩義 門外之治 以義斷恩也〕《집주(상) 99쪽》

5 체포하려……하여도 : 일반적인 관계에 있는 사람 사이에서 이런 행위를 하면 죄인의 죄에서 1등급을 줄여서 처벌한다. 여기 나열된 행위 외에도 용은에 포함되는 행위로는 고종(故縱), 장닉(藏匿), 인송(引送), 자급(資給) 등이 있다. ④417 知情藏匿罪人

6 서로……이른다 : 일반인이 죄인을 용은하는 것과 사정을 누설하는 것 등은 율문에서 각각 금지하지만, 친속 등 서로 용은할 수 있는 사람은 금지하지 않음을 보여 주는 것이다.〔此見凡人容隱罪人及漏泄等項 律各有禁 惟親屬等相容隱者 勿禁〕《집해 335쪽》

7 소공(小功)……줄인다 : 일반인이 실정을 알고도 숨겨 주면 일반인의 죄에서 1등급을 감하므로, 따로 사는 소공 이하 친속이 실정을 알고도 숨겨 주면 범인의 죄에서 모두 4등급을 감하고, 무복친(無服親)이 실정을 알고도 숨겨 주면 범인의 죄에서 모두 2등급을 감한다.〔凡人知情藏匿 減罪人一等 此云減凡人三等 則減罪人四等矣 減凡人一等 則減罪人二等矣〕《집주(상) 99쪽》

8 모반(謀叛)……않는다 : 모반 이상을 범하고 만약 일이 아직 발각되지 않았는데 집안사람이 자수하면 모두 죄를 면해 줄 수 있다. 단, 일이 발각된 후라면 자수한 집안사람과 이로(里老)는 모두 죄를 면해 줄 수 있으나 범인은 죄를 면해 주지 않는다.〔又犯謀叛以上 若事未發 家人首 俱得免 但發後者則首者與里老得免 但爲首者不免〕《집해 338쪽》

인·장모, 사위, 손자며느리, 남편의 형제, 형제의 아내가 죄를 지으면 서로 용은한다. 노비나 고공들이 가장을 용은하면 모두 논죄하지 않는다. 본인의 죄지은 친속을 관사에서 잡으려 하는데, 그 사실을 소식으로 전하거나 누설하여 죄지은 친속으로 하여금 숨거나 도피하게 하면 모두 처벌하지 않는다. 소공 이하의 친속을 서로 용은하거나 관에서 체포하려는 사실을 누설하면 일반인의 예에서 3등급을 줄이고 무복친이면 1등급을 줄여 논한다. 그러나 비록 친속이라도 모반 이상의 죄이면 이 율을 적용하지 않는다.

해설

일반적으로 국가는 국민에게 범죄의 고발이나 범인 체포에 대한 협조를 윤리 도덕의 책임이나 법적 의무로 요구한다. 그러나 이러한 일반 원칙과는 달리 친속 관계에 있거나 동거하는 사이이면 서로 숨겨 주어도 죄를 면해 주거나 줄여 준다는 것이 이 규정의 취지이다. 죄를 면해 주는 대상이 되는 용은의 범주의 경우, 동거하는 친속은 동거하는 정이 돈독하기 때문에 친등(親等)의 원근을 묻지 않으며, 본종(本宗)의 대공 이상 친속은 복(服)이 무겁기 때문에 죄를 면해 준다. 서로 용은해도 되는 범죄인을 숨겨 주는 것뿐만 아니라, 범죄인에게 관의 체포 사실을 알려 주어 은닉·도피시켜도 용은에 해당되어 역시 면책 대상이 된다. 죄를 줄여 주는 경우는, 소공·시마의 친속이 서로 숨기거나 관사에서 체포하려 한다는 사실을 누설하면 죄를 완전히 면해 주지는 않고 일반인에 비해 3등급을 줄이는데, 소공 이하는 복이 소원하여 정의(情義) 또한 얕기 때문이고, 무복친도 아직 정의가 있기 때문에 일반인에 비해 1등급을 줄인다. 이는 모두 은의(恩義)를 중하게 여기고, 친목을 도모하게 하려는 취지이다.

모반, 모대역, 모반의 국사범의 용은에 대해서는 면죄·감죄 규정을 적용하지 않는데, 국가나 황실, 황제 등을 지키는 큰 의리를 위해서는 혈육의 친함도 마땅히 저버려야 하기 때문이다. 친속 관계에 있거나 동거하면 서로 숨겨 주어도 죄를 묻지 않는다는 용은은 유가 사상에 기원을 둔 것으로,

그 목적은 통치 질서의 기본 토대가 되는 가부장제 가족 질서를 국가의 법체계 속에서 보호·유지하려는 것이다. 이 제도는 효로써 천하를 다스린다는 통치 이념을 표방한 한대(漢代)부터 연원한다. 당시에는 비속친(卑屬親)의 존속친(尊屬親)에 대한 용은만 일방적으로 허용하였으나 이후 당률에서는 자식이 부모를 은닉해 주고 부모가 자식을 숨겨 주는 쌍방 용은을 허용하였고, 명률에서는 용은 범위가 더욱 확대되어 장인·장모와 사위도 서로 용은할 수 있도록 하였다.

# 32
# 이졸이 사죄를 범함
吏卒犯死罪

지방에 있는 각 아문의 이전(吏典)·지후(祗候)·금자(禁子)[1]가 사죄(死罪)를 범하였는데 각 아문의 장관이 국문한 바에 따라 그 사죄 사실이 명백하면 반드시 상급 관사에 보고할 필요 없이 율(律)에 따라 처결한다.[2] 그런 뒤에 사유를 갖춰 관할 상급 관사[3]에 보고하고, 상급 관사는 형부(刑部)에 보고하며, 형부는 주문(奏聞)하고 알린다.[4]

**직해** 지방의 각 주·부·군·현에 있는 영사(令史), 색원(色員), 나장(螺

1 지후(祗候)·금자(禁子) : 지후는 각 아문에서 부리는 사람으로 조례(皁隷)의 부류이고,〔祗候各衙門聽用之人 卽皁隷之類〕《집해 338쪽》 금자는 뇌옥의 간수이다.〔牢屋の番人〕《역의 125쪽》 각 부·주·현에 두는 지후와 금자의 인원은 추량(秋糧)을 기준으로 다음 표와 같다.《언해 권4 37장》

부·주·현의 지후와 금자의 인원

| 구분 \ 추량 | | 20만 석 이상 | 10만 석 이상 20만 석 미만 | 10만 석 이하 |
|---|---|---|---|---|
| 부 | 지후 | 20 | 18 | 15 |
| | 금자 | 15 | 13 | 12 |
| 구분 \ 추량 | | - | 10만 석 이상 | 5만 석 이상 10만 석 미만 |
| 주·현 | 지후 | - | 15 | 13 |
| | 금자 | - | 10 | 8 |

2 지방에……처결한다 : 이 조는 명(明) 초에 일시적으로 사용하였을 뿐, 뒤에는 사용하지 않게 되었다. 평민과 똑같이 주청(奏請)한다.〔今例皆奏請矣〕《전석 권1 76장》〔今皆與平民一體奏請 不用此條〕《집주(상) 100쪽》

3 상급 관사 : 포정사(布政司)·부·주·현을 통칭하여 말한 것이다.〔上司通司府州縣言〕《집해 338쪽》 부의 상급 관사는 포정사이다.〔府の上司ハ布政司也〕《역의 125쪽》

4 알린다 : 원문 지회(知會)는 명대 공문에서 쓰던 관용어로 '~에서 통지하여 알리다'의 의미이다. 병사(兵事)에 관련된 일은 오군도독부에 보고되며, 황제에게 보고할 사안은 오군도독부에서 주본(奏本)을 갖추어 보고한다. 보고한 뒤 이부, 병부, 호부 등 관련 아문에 지회해야 하는 사안은 해당 아문에 통지하여 알렸다.

匠), 옥졸(獄卒)들이 사죄를 지은 경우, 각 관원이 추문(推問)하여 사실이 명백하면 반드시 임금에게 아뢰지는 말고 율에 따라 처단한 뒤에 사연을 갖추어 기록하여 도평의사(都評議使)에 보고하고 임금에게 아뢴다.

해설

이졸(吏卒)이 사죄(死罪)를 범하면 황제에게 아뢰지 않고 처결한다는 내용으로 명 건국 초에 잠시 쓰인 율이다. 원 말의 혼란을 평정하고 건국한 후 명은 이졸들이 반항해도 징계하지 않아 간악한 무리들이 옛 풍습을 계속 답습하고 나쁜 짓을 할 것을 염려하여 각 아문 장관에게 죽일 수 있는 권한을 준 것이다. 이졸의 범죄는 고의로 한 것이므로 특별히 엄형으로 다스린 것이고, 특별히 명령을 중하게 여기도록 하기 위하여 일시적으로 시행하였다가 후대에는 관례에 따라 모두 황제에게 아뢰도록 바뀌었다.

# 33
# 서울에 살면서 죄를 범한 군인이나 백성[1]
在京犯罪軍民

서울에 사는 군인이나 백성이 만약 장 80 이상의 죄를 범하면 군인은 외위(外衛)에 보내어 충군하고 백성은 다른 군(郡)으로 보내어 그 지역의 백성으로 삼는다.[2]

**직해** 서울에 사는 군인이나 백성이 장 80 이상의 죄를 범한 경우, 군인이면 지방의 방어소(防禦所)에 보내어 충군하고 백성이면 지방으로 보내어 그 지방의 백성으로 삼는다.

## 해설

서울에 사는 군인이나 백성이 죄를 범할 경우 처리하는 일반적인 법례이다. 서울에 사는 사람으로 하여금 조심해서 법을 어기지 못하도록 하게 할 뿐만 아니라, 외위의 군인과 다른 군의 백성들로 하여금 황제가 사는 곳은

1 서울에……백성 : 이 조가 홍무30년율에는 35조에 배치되어 있다.

2 서울에……삼는다 : 서울은 황제가 거처하는 곳이며 법령이 나오는 곳으로 사방의 중심이니, 군인이나 백성들이 날마다 법을 익혀 죄를 범하지 말아야 한다. 만약 사죄(私罪)를 범하여 장 80 이상에 이르는 자가 있다면 그 허물이 매우 크므로 나라의 서울에 있을 수 없다. 그러므로 군인은 외위로 보내어 충군하고, 백성은 다른 군으로 보내어 그곳의 백성으로 삼는 것이다.〔京師 爲至尊所居 法令所自出之地 而四方之極也 軍民 日習於法 自當不犯於刑 若有犯私罪 至杖八十以上者 則其過已大 非國都之所宜有矣 故軍發外衛充軍 民發別郡爲民〕《집설 권1 60장》 군인을 외위로 보내고 백성을 다른 군으로 보내는 것은, 극형을 받은 자의 동거 가구를 다른 군으로 이주시키는 것과 같은 취지로, 서울을 깨끗하고 평온하게 하기 위한 것이다. 그런데 늦어도 16세기 중엽부터는 이 율을 사용하지 않고 통상의 율에 따라 처리하였다.〔軍發外衛 民發別郡 與凡被極刑之家同居家口 亦遷發別郡住坐 所以肅淸京師也 然今在京軍民犯罪 俱不行此律 止照常發落而已〕《전석 권1 77장》〔今未見有行者 恐犯罪者衆 京衛空虛 勢不可行也〕《쇄언 55쪽》

죄인이 있을 수 없음과 왕법(王法)을 어길 수 없음이 이와 같다는 것을 알려 주는 것이 목적이다. 그러나 16세기 중엽 이후에는 이 법을 시행하지 않고 다만 조례에 따랐다.

# 34
# 본조에 별도로 죄명이 있음[1]

本條別有罪名

본조(本條)[2] 자체에 죄명이 있는데 〈명례율〉의 죄와 같지 않으면 본조에 따라 과단(科斷)한다.[3] 본조에 비록 죄명이 있더라도 규피(規避)[4]한 바가 있어 규피한 죄가 무거우면 무거운 쪽으로 논한다.[5] 본래 해당하는 죄가 무

1 본조에……있음 : 이 조가 홍무30년율에는 37조에 배치되어 있다.

2 본조(本條) : 〈이율(吏律)〉 〈직제(職制)〉부터 〈공률(工律)〉 〈하방(河防)〉까지의 율조(律條)이다.〔本條ハ職制律ヨリ河防律マテノ律條ヲ指テ云〕《언해 권4 44장》

3 본조(本條)……과단한다 : 가령 〈명례율〉 7조 문무관범공죄(文武官犯公罪)에 "문무 관원이 공죄를 범하여 태죄에 해당하면 속전을 받고 부과할 필요가 없다."라고 하였으나, 〈이율〉 63조 강독율령(講讀律令)에는 "태 40이면 부과한다."라고 하여, 〈명례율〉과 본조의 죄가 같지 않은 경우, 본조인 63조에 따라 과죄한다는 것이다.〔如名例文武官犯公罪 該笞者不必附過也 而講讀律令條乃曰 笞四十附過 則當用講讀之本條科之〕《집설 권1 61장》 또한 예컨대 〈명례율〉 24조 범죄자수(犯罪自首)에서 "서로 용은할 수 있는 관계에 있는 사람이 상대방을 고발하면 모두 범인 자신이 자수한 법과 같이 처리해 준다."라고 하여 대공(大功) 이상의 친속은 서로 용은할 수 있는데, 〈형률(刑律)〉 361조 간명범의(干名犯義)에서는 "아들이나 손자가 대공 이상의 존장(尊長)을 고발하면 장 90이다."라고 하였다. 만약 대공인 비유(卑幼)가 대공인 존장을 고발하면, 〈명례율〉에서는 "존장이 자수한 것과 같이 처리한다."라고만 말하고 고발한 비유의 죄는 언급하지 않았으나, 비유는 당연히 본조인 361조에 따라 과단한다는 것이다.〔如名例律犯罪自首條謂 得相容隱之人 相告言者 竝聽如犯人身自首法 得相容隱大功以上親也 干名犯義律云 子孫告大功以上尊長 杖九十 設若大功卑幼 告大功尊長 雖名例止稱尊長比同自首 不開卑幼之罪 自依干名犯義本條科斷〕《소의(상) 223쪽》

4 규피(規避) : '규'는 무언가 구하는 바가 있어 행하는 것을 말하고, '피'는 무언가 피하는 바가 있어 숨기는 것을 말한다. 재물이나 이익은 구하여 찾고, 범한 죄는 회피하는 것이다.〔以規求財利 廻避犯罪者〕《소의(하) 511쪽》

5 본조에……논한다 : 가령 68조 사응주부주(事應奏不奏)에서, 일을 황제에게 아뢰어야 하는데 아뢰지 않으면 죄는 장 100에 그치도록 하였는데, 만약 아뢰지 않은 실정이 규피하는 바가 있어, 예컨대 타인의 죄를 가볍게 하거나 무겁게 하여 그 죄가 장 100보다 무거우면, 마땅히 타인의 죄를 가볍게 하거나 무겁게 한 실정의 무거운 쪽으로 논하는 것이다.〔如事應奏不奏 罪止杖一百 若不奏之情 有所規避 如出入人罪之類 其罪重於一百者 則當從其出入人罪之情重者論之〕 또 가령 218조 월성(越城)에서 부(府)의 성을 넘으면 죄는 장 100에 그치

거운데 범행 당시 몰랐으면 일반인으로 논한다.

-이를테면 다음과 같다. 가령 숙부와 조카가 다른 곳에서 나고 자라 본래 서로 모르는 상태에서 조카가 숙부를 때려 상해를 입히고 관사에서 추문(推問)할 때에 비로소 이 사람이 숙부인 줄 알았다면 다만 일반인끼리 싸운 법에 따른다.[6] 또 가령 다른 곳에서 도둑질하였는데 훔친 물건이 대사(大祀)에서 신에게 바칠 물건인 경우이다.[7] 이런 따위들은 모두 죄를 범할 때 모른 것이니 다만 일반적인 경우로 논하여 통상적인 절도의 예와 같이 처리한다.-

**직해** 본조에 죄명이 있으나 〈명례율〉과 같지 않으면 본조에 따라 그에 준하여 과단한다. 본조에 비록 죄명이 명백하지만 죄를 면하려고 회피하였으면 무거운 쪽으로 논죄한다. 본래 이치상 무거운 죄에 합당한 경우이나 죄를 범할 때에 몰랐으면 일반인의 예에 따라 그에 준하여 논죄한다. 예컨대 숙부와 조카가 다른 곳에서 나고 자라 서로 알지 못하던 상태에서 조카가 숙부를 때려 상해하였는데, 관사에서 추문할 때에야 숙부임을 알아차렸으면 오직 일반인끼리 싸운 법례에 따라 그에 준하여 논죄한다. 또 다른 곳에서 대사에서 신에게 바칠 물건을 훔쳤는데, 죄를 범할 때 대사에서 신에게 바칠 물건인 줄 몰랐으면 오직 일반적인 절도의 예와 똑같이 논죄한다.

본래 해당하는 죄가 가벼우면 본법(本法)을 따르도록 한다.-가령 아버지가 자식을 알아보지 못하고 때린 뒤에야 아들인 줄을 알았다면, 자식을 때린 법[8]에 따르

는데, 만약 장 80 도 2년에 해당하는 장물 70관을 절도한 죄를 피하려다가 일이 발각되어 부의 성을 넘어 도망가면 마땅히 장 80 도 2년에다 도망한 죄 2등급을 더한다는 것이다.〔又如越府城 止杖一百 但因避犯竊盜贓七十貫 事發而逃 則當於杖八十徒二年 加逃罪二等〕 또 가령 72조 조쇄문권(照刷文卷)에 따라, 보고에 누락한 문권이 1종(宗)이면 본래 태 20이지만, 만약 창고의 은 40관 이상을 축내거나 착복한 것을 피하려고 그리하였으면 마땅히 287조 감수자도창고전량(監守自盜倉庫錢糧)의 참죄로 처벌하는 것 등이다.〔如漏報文卷 一宗本笞二十 但因避埋沒侵欺庫銀四十貫之上 則當坐監守自盜倉庫錢糧斬罪〕《집설 권1 61장》

6 숙부와……따른다 : 341조 구기친존장(毆期親尊長)에 따라, 조카가 숙부인 줄 알고 때렸고 상해(傷害)에는 이르지 않았으면 장 100 도 3년이다. 그러나 숙부인 줄 몰랐으므로 325조 투구(鬪毆)의 일반인 사이의 투구로 보아 태 20이다.

7 다른……경우이다 : 280조 도대사신어물(盜大祀神御物)에 따라, 대사에서 신에게 바치는 물건을 훔치면 참형이나 이를 몰랐으면 292조 절도(竊盜)의 일반적인 절도로 논한다.

고 일반적인 구타로 논할 수 없음을 이른다.-

**직해** 아버지가 종전에 자식을 몰랐다가 구타한 뒤에야 비로소 그 자식을 알게 되었으면, 오직 자식을 때렸을 때의 법에 따라 그에 준하고 일반적인 구타의 상례로는 논할 수 없다.

## 해설

총칙(總則)으로서의 〈명례율〉과 나머지 각칙(各則) 즉 본조 사이에, 또는 둘 이상의 본조 사이에 충돌이 일어날 경우, 예컨대 동일 범죄 행위에 대해 서로 다른 처벌을 규정하고 있을 때, 이를 해소하는 방안을 규정한 조문이다. 일반적 원칙 세 가지를 제시하고, 그에 대한 단서 규정들을 두고 있다. 〈명례율〉보다는 본조를 따르고, 규피한 정상이 있어 본조에서 규정한 형량보다 규피한 죄의 형량이 무거우면 무거운 쪽을 따르도록 하였다. 그러나 가볍게 처벌할 만한 사유가 있을 때는 가벼운 쪽을 따른다. 예를 들면 친속존장(尊長)을 살상하거나 대사에서 신에게 바칠 물건을 훔치는 것처럼 행위 자체는 무겁게 처벌할 행위에 해당하나, 범인이 행위를 할 적에 사정을 몰랐으면 가벼운 쪽을 따른다. 또한 행위 자체가 가볍게 처벌할 행위에 해당하면, 행위를 할 적에 사정을 몰랐다 하더라도 가벼운 쪽을 따르도록 하였다. 예를 들면 친속이 비유(卑幼)를 살상하였을 경우, 비유인지 몰랐을지라도 일반인을 살상한 것으로 논하지 않는 것이다.

25조 이죄구발이중론(二罪俱發以重論)이 현대 법학에서 말하는 실체적 경합(競合), 즉 둘 이상의 범죄 행위를 함께 다루는 것이라면, 이 조문은 상상적 경합 또는 법조 경합, 즉 하나의 행위가 복수의 조문에 해당하는 경우를 다루고 있다.

8 자식을 때린 법 : ③ 342 毆祖父母父母

# 35

## 군인을 살해함[1]

殺害軍人

군인을 살해하면 율(律)에 따라 사형에 처하고,[2] 이에 더하여 정범인(正犯人) 호(戶)의 여정(餘丁)을 죽은 군인의 수만큼 충군(充軍)한다.[3]

**직해** 군인을 죽이면 율에 따라 사형에 처하고 정범인과 같은 집에 사는 사람으로 죽은 군인의 수만큼 충당한다.

1 군인을 살해함 : 이 조가 홍무30년율에는 34조에 배치되어 있다.

2 군인을……처하고 : 가령 305조 모살인(謀殺人), 313조 투구급고살인(鬪毆及故殺人)에 따라 군인을 모살(謀殺)하거나 고살(故殺)하면 정범(正犯)을 참형한다. 310조 살일가삼인(殺一家三人)에 따라 군인의 사지를 끊어 죽이면 능지처참한다. 313조 투구급고살인, 315조 희살오살과실살상인(戲殺誤殺過失殺傷人)에 따라 군인을 투구살하거나 희살・오살하면 교형으로 처벌하는 따위이다.〔依律處死如謀故則坐斬 支解則坐淩遲 鬪毆戲誤則坐絞之類〕《집해 342쪽》

3 정범인(正犯人)……충군(充軍)한다 : 충군되는 정범 집안의 군역은 그 충군된 여정이 살아 있을 동안에만 부과된다. 충군된 여정이 병들거나 죽으면 그 군역은 다시 피살된 군인의 호에서 보충한다.〔凡有殺死正伍軍人者正犯依律處死 仍句犯人戶內餘丁一人抵其殺死軍數 代充其軍 然止終本身 所抵軍人死後 卽於原被殺死軍人戶內句補〕《집설 권1 59장》〔抵數充軍者止是因其殺死 責補一身之役 若已病故 仍句正軍戶丁 不得於代役戶內句補〕《소의(상) 221쪽》 총기(總旗)・소기(小旗) 등이 살해된 경우에 대해, 홍치조례(弘治條例)에서는 범인의 호에서 장정(壯丁)을 뽑아 군인으로 충당하고, 추가로 기역(旗役)을 본호(本戶) 즉 살해된 총기・소기 호의 여정으로 충당한다고 하였다.〔凡謀故殺死總小旗者 就於犯人戶內 句取壯丁 抵充軍數 其旗役仍令本戶餘丁補當〕《弘治問刑條例》 그러나 만력조례(萬曆條例)에서는 원칙적으로 기역을 본호의 여정으로 충당하되 만약 본호에 여정이 없으면 범인의 호에서 장정을 뽑아 기역이 아니라 군인으로 충당한다고 하였다.〔凡謀故殺死總小旗者 正犯抵死 旗役仍令本戶餘丁補當 若無本戶餘丁 句取犯人戶內壯丁 抵充軍數〕《萬曆問刑條例》 홍치조례처럼 하면 군오(軍伍)가 1명 늘게 되는데, 만력조례에서는 군오가 같은 수로 유지되도록 수정한 것이다.〔此條正爲缺伍而設 舊例 旣令本戶餘丁補當旗役 又句取犯人壯丁充軍 是增一役也 今增改〕《전석 권1 77장》

# 36
# 화외인이 죄를 범함
化外人有犯

화외인(化外人)[1]이 죄를 범하면 모두 율(律)에 따라 의단(擬斷)한다.[2]

**직해** 다른 나라 사람이 죄를 범하면 모두 율에 따라 단죄한다.

## 해설

화외인의 개념은 당률에서 처음 마련되었는데 여기서는 화외인을 외국인 또는 야만인으로 인식하였다. 당률에서는 외국인 중에 같은 나라 사람들끼리 죄를 범하면 각각 본국의 풍속과 법률에 의하고, 서로 다른 나라 사람들끼리 죄를 범하면 중국의 법을 따르도록 함으로써 외국의 법률과 풍속을 존중하였다. 반면 명률에서는 황제는 천하를 가(家)로 삼기 때문에 바깥이 없음을 보여 준다는 원칙에 따라 외국인이 죄를 범한 경우 모두 중국의 법으로 다스리도록 하였다. 항복하거나 체포한 오랑캐는 비록 원래 같은 민족이 아니지만 귀속하면 황제의 백성이므로 중국의 법으로 다스려야 한다는 것이다. 외국인이라도 죄를 범하면 법률에 의해 처단하게 한 것은, 한편

1 화외인(化外人) : 중국 영토 내에 체재하는 외국인을 말한다. 당률에서는 화외인 사이에서 범죄가 일어날 경우, 같은 나라 사람이면 그 나라 법률에 따라 처리하는 속인법주의(屬人法主義)를, 서로 다른 나라 사람이면 중국의 법률에 따라 처리하는 속지법주의(屬地法主義)를 규정하였는데, 명률에 와서 외국법 적용의 가능성을 배제한 것이다. 《율연5 298쪽》

2 모두……의단(擬斷)한다 : 《소의》에서는 이에 대해 "이적(夷狄)은 비록 우리 부류가 아니나 귀부하면 바로 천자의 백성이다. 이들을 처벌하는 형률이 가벼우면 짐승 같이 사납고 모진 마음을 항복시키기 힘들고, 형률이 무거우면 무지하여 죄를 지음을 불쌍히 여길 만하니, 한결같이 통상의 율에 따라 중화인과 같게 단죄하면 마음으로 복종할 것이다.〔夷狄雖非吾類 歸附卽是王民 律輕則獸心難降 律重則無知可卹 一依常律 斷同夏人 則其心服矣〕"라고 하였다. 《소의(상) 222쪽》

으로는 중국에서 금하는 것을 알려 주어 나라의 형법을 범하지 않도록 하기 위함이고, 다른 한편으로는 황제의 교화에 따르도록 하여 그들을 안심시키려 한 것이다.

# 37
# 단죄할 때 규정된 법조문이 없음[1]
## 斷罪無正條

율(律)과 영(令)[2]에 기재된 것이 사정을 다 포섭할 수는 없으니, 만약 단죄(斷罪)할 때 규정된 법조문이 없으면 인율비부(引律比附)[3]하여 죄를 더할 것은 더하고[4] 줄일 것은 줄여[5] 죄명을 정의(定議)[6]한 다음 상급 관사를 거

1 단죄할……없음 : 이 조가 홍무30년율에는 46조에 배치되어 있다.

2 율(律)과 영(令) : 율은 대명률이고 영은 대명령이다.〔律是大明律 令是大明令〕《부례(상) 228쪽》 홍무 초에 이미 대명률이 있었으나 사정을 다 포섭하지 못하여서 다시 영을 만들게 하여 율과 더불어 시행하였다. 법사(法司)에서 죄를 따질 때에는 율을 많이 따르고, 유사(有司)에서 고시할 때에는 영을 많이 따르기 때문에 '율령'이라고 하였다.〔洪武初 既有大明律 有不盡者 復著爲令 與律竝行 法司擬罪 多依律 有司示告 多依令 故曰律令〕《소의(상) 245쪽》

3 율(律)과……인율비부(引律比附) : 인율비부는 어떤 죄에 대해 율문에 규정된 조문이 없을 경우에 사정을 고려하여 비슷한 조문에서 유추하여 적절히 가감하여 죄를 정하는 것을 말한다. 가령 도성 문의 자물쇠를 문을 지키는 사람이 잃어버렸을 경우, 219조 문금쇄약(門禁鎖鑰)에는 잘못하여 도성 문을 잠그지 않은 것에 대한 규정만 있지, 자물쇠를 유실한 죄는 따로 없다. 이것이 '기재된 것이 사정을 다 포섭할 수는 없는' 경우이다. 그러므로 이치를 따져 미루어, 성문의 자물쇠는 인신(印信)·동패(銅牌)와 함께 모두 단속하는 물건이므로 이를 유실하면 인신이나 동패를 유실한 데 대한 율인 65조 기훼제서인신(棄毁制書印信)을 비부하여 의단(擬斷)하는 것이다.〔如京城門鎖鑰 守門者失之 于律止有誤不下鎖鑰者 別無遺失之罪 是該載不盡也 卽宜以理推之 城門鎖鑰 與印信銅牌 俱爲關防之物 今旣遺失 則比附遺失印信銅牌之律 擬斷是也〕《집설 권1 71장》 율에는 죄명(罪名)이 없으나 영에 금제(禁制)가 있는 경우, 이를 어기면 409조 위령(違令)으로 논한다. 율에 정조(正條)가 없는 사안 중 정상(情狀)이 조금 무거우면 410조 불응위(不應爲)의 장죄로 논하고 정상이 가벼우면 불응위의 태죄로 논한다.〔夫凡律無罪名 而令有禁制 犯者 以違令論 律無正條之事 情稍輕{重}者 以不應杖罪論 情輕者 以不應笞罪論〕《전석 권1 86장》

4 죄를……더하고 : 죄를 더해야 할 경우 가벼운 죄에 대한 규정을 들어 무거운 죄에 대한 처벌을 분명히 한 것이다. 이를테면 당률 253조 모살기친존장(謀殺期親尊長)에서 "기친 존장을 살해하려고 모의하면 모두 참(斬)한다."라고 하였으나 이미 살상한 것에 대한 조문은 없다. 처음에 살해하려고 모의한 것은 가벼운 죄인데도 오히려 사죄(死罪)가 적용되니, 살해하거나 살해를 모의하다 상해하였으면 이는 살해하려고 모의한 것보다 무거운 죄이므로 모두 참형(斬刑)에 처해야 한다는 것이 분명하다. 또 당률 15조 이리거관(以理去官)에서는

쳐 형부(刑部)에 보고하고, 형부에서는 죄명을 의논하여 정한 다음 주문(奏聞)한다.[7] 멋대로 결단하여 죄를 가볍게 하거나 무겁게 하면 고의나 과실로 죄를 가볍게 하거나 무겁게 한 것[8]으로 논한다.[9]

**직해** 율령에서 모두 기록하지 못한 일과, 꼭 맞는 조리(條理)가 없으면, 율문의 내용을 비준하여 이치상 죄를 더함이 합당하거나 이치상 죄를 줄임이 합당한 일의 상황에 따라 죄명을 헤아려 정하고, 형조에 보고하여 임금

"대공(大功)의 존장과 소공(小功)의 존속(尊屬)을 구타하거나 고발하면 음비(蔭庇)로 속면(贖免)하는 것으로 논할 수 없다."라고 하였다. 그러니 만약 기친(期親) 존장을 구타하거나 고발하면, 기친은 대공보다 더 중요하기 때문에 역시 음비로 속면하지 않는 것이다.〔其應入罪者 則擧輕以明重 疏議曰案賊盜律謀殺期親尊長 皆斬 無已殺已傷之文 如有殺傷者 擧始謀是輕 尙得死罪 殺及謀而已傷是重 明從皆斬之坐 又例云毆告大功尊長小功尊屬 不得以蔭論 若有毆告期親尊長 擧大功是輕 期親是重 亦不得用蔭〕《당률 50조 斷罪無正條》

5 줄일 것은 줄여 : 이때에도 무거운 죄에 대한 규정을 들어 가벼운 죄에 대한 처벌을 분명히 할 수 있다. 당률 269조 야무고입인가(夜無故入人家)에서 "밤에 무단으로 남의 집에 들어갔을 때 주인이 그 자리에서 죽이면 논하지 않는다."라고 하였으므로, 가령 절상(折傷)이 있다 하더라도 처벌하지 않는 것이 분명하다. 또 당률 287조 도시마소공재물(盜緦麻小功財物)에서는 "시마 이상 친속의 재물을 훔치면 절도죄에서 등급에 따라 줄인다."라고 하였다. 사기나 좌장(坐贓) 따위를 범하면, 율에는 비록 감해 준다는 규정이 없지만, 도죄(盜罪)도 오히려 줄여서 과죄하므로 나머지 범죄는 줄이는 법을 따르는 것이 분명하다.〔其應出罪者 則擧重以明輕 議曰……其應出罪者 依賊盜律夜無故入人家 主人登時殺者 勿論 假有折傷 灼然不坐 又條盜緦麻以上財物 節級減凡盜之罪 若犯詐欺及坐贓之類 在律雖無減文 盜罪尙得減科 餘犯明從減法〕《당률 50조 斷罪無正條》

6 정의(定擬) : 신하 혹은 하급 관원이 당면한 현안 문제에 대한 처리 방안을 정하여 황제 혹은 상급 관원에게 제안하는 것을 말한다.《GMC 62쪽》

7 주문(奏聞)한다 : 죄를 추문할 때 규정된 법조문이 없으면 인율비부하는 일반적인 관례에 대해 말한 것으로, 태형·장형·도형·유형으로부터 교형·참형에 이르기까지 인율비부하면 모두 주문한다. 판관들이 사죄(死罪)로 비례(比例)하는 것은 모두 주문하나 도형·유형 이하로 비부하는 것을 주문하지 않는 것은 입법 초기의 뜻이 아니라 할 수 있다.〔此條言問罪無正條 引律比附者之通例 蓋自笞杖徒流以下至絞斬 莫不皆然 今問刑者 于死罪比例 類皆奏聞 徒流以下比附 鮮有奏聞 恐非立法之初意也〕《집설 권1 72장》

8 고의나……것 : ④ 433 官司出入人罪

9 멋대로……논한다 : 비부한 율문을 주문하지 않았으나 타인의 죄를 무겁게 하거나 가볍게 한 잘못이 없으면 68조 사응주부주(事應奏不奏)로 논한다.〔按比附律不行奏聞 若無出入人罪之輕重者 以事應奏不奏論〕《집해 371쪽》

에게 아뢴다. 이러한 경우 아뢰지 않고 멋대로 결단하여 남의 죄를 가볍게 하거나 무겁게 하면, 고의나 과실로 죄를 가볍게 하거나 무겁게 한 예로 논한다.

해설

범죄를 심문할 때 해당 조문이 없을 경우, 율문을 유추 해석할 수 있도록 한 규정이다. 범죄와 형벌을 미리 법률로써 규정하여야 한다는 죄형법정주의(罪刑法定主義)는 근대 형법의 기본 원칙으로, 법률이 없으면 범죄도 없고, 법률이 없이는 형벌도 없다. 범죄란 법률에 규정된 사항을 위반하는 것이므로, 법률에 명문 규정이 없는 행위를 유사한 조항을 빌려 처벌해서는 안 되는 것이다. 그러나 범죄 행위를 처벌하는 해당 조문이 없을 경우, 율문의 내용과 그 입법 취지 등을 비교해 성질이 유사한 조문에 비겨 처벌하도록 한 것이 이 조문의 취지이다. 다만 유추 해석인 인율비부(引律比附)가 무제한적으로 확대되면 권력자가 범죄와 형법을 제멋대로 결단하는 죄형전단주의(罪刑專斷主義)로 흐를 위험이 있으므로, 이를 방지하기 위해 유추 해석을 하는 절차를 법으로 정하고, 황제의 특지(特旨)에 의해 마련된 판례를 같은 사건에 계속적으로 적용하지 못하도록 하는 등의 제한 조치를 두었다. 이 조문은 582년 수 문제(隋文帝) 때 편찬된 개황률(開皇律)에서 처음 등장하였는데, 매우 번잡하던 북제율(北齊律)과 북주율(北周律)을 500조로 응축하여 법률을 간략하게 정리하는 데 크게 기여하였다. 당률(唐律) 50조 단죄무정조(斷罪無正條)에서는 이 조항이 양형(量刑)의 조정에 초점이 맞추어져 있는 데 반하여, 명률은 그뿐만 아니라 유추 해석, 즉 법에 명시되어 있지 않은 범죄 행위에 대해 성질이 비슷한 다른 조항을 끌어다 적용하는 것까지 포함하도록 적용 범위가 넓어졌다.

•••

### 당률의 거중명경·거경명중과 명률의 인율비부

당률(唐律) 50조 단죄무정조(斷罪無正條)에는 거중명경(擧重明輕)과 거경명중(擧輕明重)의 원리가 소개되어 있다. 거중명경은 '정도가 무거운 범행에 대하여 어떤 조건하에서 형을 감면(減免)하는 규정이 있으면, 같은 유형에 속하면서 정도가 가벼운 범행에 대해서 명문(明文)이 없더라도 같은 조건하에서 똑같이 감면해 준다'는 것이고, 거경명중은 '정도가 가벼운 범행에 대하여 처벌이 규정되어 있으면, 같은 유형에 속하면서 정도가 무거운 범행에 대해서 명문이 없더라도 똑같은 처벌을 적용한다'는 것이다. 이는 법의 확장 해석이기는 하지만, 같은 유형에 속하는 범행의 판단이 상궤(常軌)를 벗어나지 않으면 재량의 여지없이 지극히 당연한 결론을 도출하는, 객관성이 높은 법 운용의 기술이다. 이 원칙 덕분에 많은 조문을 생략할 수 있게 된다. 실제로 북제율은 949조, 북주율은 1537조로 매우 번잡하였는데, 수의 개황률에서 이 원칙을 처음으로 도입하여 조문의 수를 500조로 줄였다. 거중명경과 거경명중은 형량을 정하는 데 사용되는 정량적(定量的) 조작인 셈이다.

명률의 인율비부(引律比附)는 당률의 거중명경·거경명중을 달리 표현한 것으로 볼 수도 있고, 이와 성격이 좀 다른 정성적(定性的) 조작으로 볼 수도 있다. 인율비부는 '법에 명문이 없는 사범(事犯)에 대해, 성질이 유사한 다른 조문을 양형의 척도로 차용하는 조작'이라고 할 수 있다. 당률과 명률의 단죄무정조는 큰 차이가 없으나, 명률에서 당률에 비해 유추 해석의 가능성이 더 커졌다고 할 수 있다.

# 38
# 반군을 처결함[1]
處決叛軍

변경에 있는 성지(城池)[2]에서 군인이 모반(謀叛)하면 수어관(守禦官)이 잡아 관에 넘긴다. 드러난 자취와 증거가 명백하고 국문하여 자백을 받으면 도지휘사사(都指揮使司)[3]에 행이(行移)한다. 도지휘사사에서 파견한 위관(委官)이 심문하여 억울함이 없으면 곧바로 율에 따라 처치(處治)하고[4] 사유를 갖추어 오군도독부(五軍都督府)에 신문(申文)으로 보고하며,[5] 오군도

1 반군을 처결함 : 이 조가 홍무30년율에는 33조에 배치되어 있다.

2 성지(城池) : 성벽 밑에는 물을 가둔 해자가 있으므로 성지라고 하였다.〔城下有水 故曰城池〕《집설 권1 31장》

3 도지휘사사(都指揮使司) : 명대의 지방 군정 장관(軍政長官)이다. 명의 병제(兵制)인 위소(衛所) 제도는 홍무제(洪武帝)가 처음 실시한 것으로, 여기에 도위지휘사사를 설치하고 지방의 군사를 통할하게 하였다. 1375년(홍무8)에는 중앙의 오군도독부 밑에 13개의 도지휘사사와 3개의 행도지휘사사를 지방 요지에 설치하였다. 후에 도지휘사사의 수가 16개로 증가하였으며, 이 도지휘사사의 장관을 '도지휘사'라고 하였다. 도지휘사는 2명의 도지휘동지(都指揮同知)와 4명의 도지휘첨사(都指揮僉事)의 보좌를 받았다. 행정을 관할하는 포정사(布政司)와 사법을 관할하는 안찰사(按察司)와 더불어 '삼사(三司)'라 칭하였다.

4 율에 따라 처치(處治)하고 : 처결(處決)이라고 하지 않고 처치라고 하였는데 '처'는 수범과 종범을 나누지 않고 모두 참하는 것이고, '치'는 처・첩・자・여는 공신가(功臣家)에 주어서 노비로 만들고 재산은 관에 들이는 것으로 '처'와 '치' 두 가지를 총괄하여 말한 것이다.〔不言處決而言處治者 處則不分首從皆斬 治則妻妾子女給付功臣家爲奴 財產入官之謂 總言之〕《소의(상) 219쪽》

5 도지휘사사에서……보고하며 : 명대에 군인은 도지휘사사에서 다스렸고 오군도독부에서 통할하였기에, 일반 백성들과 같지 않을 뿐 아니라 또한 군호(軍戶)에 속하지 않는 자가 모병에 응하여 전쟁에 나갈 때 급여를 지급받는 병정(兵丁)과도 차이가 있다. 그러므로 이 율문에 "도지휘사사에 행이한다."와 "오군도독부에 신문으로 보고한다."라는 문장이 있는 것은 군호에 속하는 군인을 일반 백성과 구분하기 때문이다.〔此專爲軍人而設 明時軍人受治於都指揮使司 統轄於五軍都督府 非特與民人不同 亦與食糧兵丁有異 故此律有行移都指揮及申達五軍都督府之文 所以別於民人也〕《합편 86쪽》

독부는 주문(奏聞)하고 알린다.[6] 포정사(布政司)나 안찰사(按察司)가 있는 곳이면 위관은 이들과 공동으로 심문하여 처치한다. 전시에 적과 대치하고 있는 상황에서 모반한 군인을 잡아 죽이면 이 규정을 적용하지 않는다.[7]

**직해** 방어하는 곳에서 군인들이 모반하면 방어하는 군인이나 관원이 잡아서 관에 회부하고 철저하게 심문한다. 그 결과 드러난 자취와 증거가 명백하면 문초하여 자백을 받고 안렴사(按廉使)나 도절제사(都節制使)에게 보고한다. 차관(差官)을 정해 보내 심문하되 하나하나 문초하여 자백하면 바로 율에 따라 죄를 처결하고 연유를 갖춰 기록하여 도평의사(都評議使)에 보고한다. 안렴사나 절제사가 있는 곳은 이들과 함께 의논하여 철저하게 심문해서 율에 따라 처결하고, 군대에서 적과 대치하고 있는 상황에서 모반한 군인을 사로잡거나 살해하면 이 규정을 적용하지 않는다.

### 해설

변경에서 모반(謀叛)한 군인을 처결하는 규정을 평상시와 비상시로 나누어 마련한 조문이다. 평상시에는 군기(軍機)와 인명(人命)을 함께 중히 여겨 절차를 밟아 반란을 꾀한 군인을 처결한다. 그러나 적군과 대치하고 있는 비상시에는 모반한 군인이 있으면 군기를 중히 여겨 모반자를 즉결 처분하

6 알린다 : 도지휘사사에서 오군도독부에 신문을 갖추어 보고하면 오군도독부에서 주본을 갖추어 황제에게 보고하고, 그 결과를 병부·형부·해당 도지휘사사에 통지하여 알리는 것이다.

7 이……않는다 : 군대가 적의 경계에 임하였는데 모반(謀叛)한 군인이 있다면 일이 군기(軍機)에 관계되므로 마땅히 군법으로 처리하여 그 자리에서 잡아 죽이는 것이 군을 온전하게 하는 임기응변이다. 또 가령 틈이 벌어지는 형세가 이루어졌고 모반의 행적이 두드러지면 군대를 동원하여 사로잡아서 죽이는 것 역시 변란을 막기 위한 부득이한 조처이다. 이럴 때는 행이하고 모여서 심문할 겨를이 없으므로 이 규정을 적용하지 않는다고 한 것이다. 그러나 군에는 정해진 숫자가 있으므로 병력을 되돌린 후에는 마땅히 사유를 갖추어 신문으로 보고하고 주문해야 한다.〔蓋兵臨敵境 而有謀叛軍人 則事關軍機 宜以軍法從事 登時擒殺 迺全軍之大機權也 又如釁勢已成 叛跡肆著 至於用兵擒勦或有殺戮者 亦禦變之不得已者也 何暇於行移會問哉 故曰不在此限 然軍有定伍 若回兵之後 亦當具由申達奏聞〕《집설 권1 59장》

는데, 전쟁터는 위급한 상황이므로 평상시처럼 심의할 겨를이 없기 때문이다. 병력을 되돌린 후에는 사연을 갖추어 황제에게 보고해야 한다. 변경은 중요한 지역이며, 군인이 모반하는 일은 국가의 안위에 관계되므로 즉시 처치한 후 모반한 상황과 처치한 사실을 황제에게 아뢰어야 하는 것이다. 만약 반드시 명(命)을 청한 후에 목을 벤다면 일이 지체되어 외적과 몰래 통하여 밖에서 돕고 안에서 호응하는 변고가 생길 수가 있다. 그러나 또한 수어관(守禦官)이 사사로이 함부로 죽일 우려가 있으므로 도지휘사사에서 관원을 뽑아 보내 심문하도록 한 것이다. 무관이 형륙(刑戮)을 함부로 할 것을 우려하여, 행정을 관할하는 포정사와 사법을 관할하는 안찰사가 있는 곳이면 군정을 관할하는 도지휘사사가 마음대로 할 수 없도록 하였으며, 공동으로 심문하여 처리하도록 하였다.

# 39
# 죄를 더하거나 줄이는 법례
加減罪例

## '더한다'라고 일컫는 것은 본죄에 더하여 무겁게 하는 것이다.

-이를테면 가령 어떤 사람이 태 40의 죄를 범하였을 때 1등급을 더하면 태 50으로 처벌하고, 혹 장 100의 죄를 범하였을 때 1등급을 더하면 도형을 더하고 장의 수를 줄여 장 60 도 1년으로 처벌하고, 혹 장 60 도 1년의 죄를 범하였을 때 1등급을 더하면 장 70 도 1년 반으로 처벌하고, 혹 장 100 도 3년의 죄를 범하였을 때 1등급을 더하면 장 100 유 2000리로 처벌하고, 혹 장 100 유 2000리의 죄를 범하였을 때 1등급을 더하면 장 100 유 2500리로 처벌하는 따위이다.-

**직해** 어떤 사람이 태 40에 해당하는 죄를 범한 것을 1등급 더할 때는 가중하여 50이 된다. 장 100에 해당하는 죄를 범한 것을 1등급 더할 때는 장의 수를 줄여 60으로 하고 도 1년을 더한다. 장 60 도 1년에 해당하는 죄를 범한 것을 1등급 더할 때는 장 70 도 1년 반이 된다. 장 100 도 3년에 해당하는 죄를 범한 것을 1등급 더할 때는 장 100 유 2000리가 된다. 장 100 유 2000리에 해당하는 죄를 범한 것을 1등급 더할 때는 장 100 유 2500리가 된다.

## '줄인다'라고 일컫는 것은 본죄에서 줄여[1] 가볍게 하는 것이다.

-이를테면 가령 어떤 사람이 태 50의 죄를 범하였을 때 1등급을 줄이면 태 40으로 처벌하고, 혹 장 60 도 1년의 죄를 범하였을 때 1등급을 줄이면 장 100으로 처벌하고, 혹 장 100 도 3년의 죄를 범하였을 때 1등급을 줄이면 장 90 도 2년 반으로 처벌하는

1 본죄에서 줄여 : 율문의 원문에 '죄지(罪止)~'라고 하여 형량의 상한선을 정해 놓았는데 감등해야 하면 그 상한선으로부터 감등해야지, 상한선을 넘겨서 형량을 산정(算定)한 뒤 감등해서는 안 된다.〔凡言罪止處 若有減等者 卽于罪止上減之 不得加過于罪止而復減也〕《집주(상) 106쪽》

따위이다.-

**직해** 어떤 사람이 태 50에 해당하는 죄를 범한 것을 1등급 줄일 때는 태 40이 된다. 장 60 도 1년에 해당하는 죄를 범한 것을 1등급 줄일 때는 장 100이 된다. 장 100 도 3년에 해당하는 죄를 범한 것을 1등급 줄일 때는 장 90 도 2년 반이 된다.

2등급의 사죄(死罪)와 3등급의 유죄(流罪)는 각각 똑같이 하나로 간주하여 줄인다.[2]

**직해** 다만 2등급의 사죄와 3등급의 유죄는 각각 똑같이 하나로 간주하여 줄인다.

-2등급의 사죄란 교형과 참형을 이르고, 3등급의 유죄란 2000리 · 2500리 · 3000리를 이른다. '각각 똑같이 하나로 간주하여 줄인다'는 것은 가령 사죄를 범하였을 때 1등급을 줄이면 유 3000리로 처벌하고, 2등급을 줄이면 도 3년으로 처벌하며, 유 3000리의 죄를 범하였을 때 1등급을 줄이면 또한 도 3년으로 처벌하는 것이다.-

**직해** 2등급의 사죄는 교형과 참형을 이른다. 3등급의 유죄는 2000리 · 2500리 · 3000리를 이른다. 각각 똑같이 하나로 간주하여 줄인다는 것은, 교형과 참형의 두 가지 사죄를 범한 것을 1등급 줄일 때는 모두 유 3000리가 되고, 2등급 줄일 때는 모두 도역 3년이 되며, 유 3000리의 죄를 범한 것을 1등급 줄일 때는 도역 3년인 따위이다.

죄를 더할 때는 원래 율문에 규정된 수가 차야만 처벌한다.[3]

**직해** 죄를 더하는 것은 원래 율문에 규정된 수에 차야만 처벌한다.

2 2등급의……줄인다 : 사죄는 교형과 참형을 구분하지 않고, 유죄는 멀고 가까움을 구분하지 않는다.〔不分絞斬……不分遠近〕《집해 350쪽》 이 규정은 형량을 줄일 때만 적용하고, 형량을 더할 때는 적용하지 않는다.〔加 則三流爲三等而漸加 減 則三流爲一等而一減〕《집주(상) 105쪽》

3 율문에……처벌한다 : 관수(貫數)만 말한 것이 아니고 날짜 · 사람 · 기물 · 문서 등의 수치가 모두 이에 해당된다.〔數滿乃坐 不專言貫數 如日數人數器物卷宗之數 俱是〕《집해 349쪽》

-이를테면 가령 장죄(贓罪)에서 죄를 더하려면 40관에 이르러야 하며, 39관 990문에 이르면 비록 10문이 적더라도 40관으로 과죄(科罪)할 수 없는 따위이다.-[4]

**직해** 장(贓)은 더하여 40관에 이르러야 수가 차는데, 비록 39관 990문으로 수에 거의 이르렀어도 10문이 부족하면 40관으로 죄를 더하는 것과 같게 논하여 결단할 바가 아닌 것이다.

또 죄를 더하여도 장 100 유 3000리에 그쳐야 하며, 죄를 더하여 사죄에 이르게 할 수는 없다. 본조에서 '죄를 더하여 사죄에 든다'라고 할 때는 본조를 따른다.-죄를 더하여 교형에 들 때 죄를 더하여 참형에 이르게 할 수 없다.-[5]

**직해** 죄의 등급을 더함은 장 100 유 3000리를 한도로 삼기 때문에, 사죄에 이르도록 죄를 더할 바가 아닌 것이다. 본조에서 '죄를 더하여 사죄에 든다'고 한 것은 본조를 따른다. 죄를 더하여 교죄에 들 경우 참형에 이르도록 더하지는 않는다.

## 해설

죄의 가중(加重)과 감경(減輕) 방식을 다룬 조문이다. 명률의 형벌은 태형 5등급, 장형 5등급, 도형 5등급, 유형 3등급, 사형 2등급 등 오형 20등급으로 구성되어 있는데, 가중과 감경의 등급을 율문에 규정하지 않고 판관에게 일임하는 것은 죄형법정주의(罪刑法定主義)에 위배되며 나아가 법적 안정

4 이를테면……따위이다 : 감수자도(監守自盜)의 장이 40관이면 참형인데 만약 1문이라도 적으면 단지 장 25관으로 보아 유형으로 과죄한다.〔監守 四十貫斬 若少一文 止作二十五貫科流罪〕《부례(상) 219쪽》

5 죄를 더하여 교형에……없다 : 가령 338조 처첩구부(妻妾毆夫)에 따라, 첩이 남편을 구타하여 절상(折傷)에 이르면 죄를 더하여 교죄에 든다. 또한 337조 노비구가장(奴婢毆家長)에 따라, 노비가 가장의 시마친을 구타하여 절상에 이르면 죄를 더하여 교죄에 든다. 그러나 두 경우 모두 참형에는 이르지 않는다.〔如妾毆夫及奴婢毆家長緦麻親 至折傷 加入絞罪 不至於斬〕《집해 350쪽》

성에도 장애가 되므로, 형벌의 가중과 감경에 대해 상세하게 규정하였다.

죄를 가중하거나 감경할 때는 본죄로부터 시작하고, 죄를 감경할 때 2등급의 사형과 3등급의 유형을 각각 하나로 간주하는데 이는 죄인을 불쌍히 여기는 취지이다. 죄를 가중할 때는 반드시 원래 율에 규정된 수가 차야 죄줄 수 있으며, 본조에 '죄를 더하여 사죄(死罪)에 든다'라는 규정이 있지 않는 한 사죄로 가중하지 않는데 이는 처벌을 신중히 한다는 취지이다. 이 규정을 위반하여 죄를 가중 또는 감경하면 433조 관사출입인죄(官司出入人罪)의 '고의 또는 과실로 타인의 죄를 가볍게 하거나 무겁게 한 죄'로 논한다.

# 40
# 승여나 거가라 일컬음
稱乘輿車駕

'승여(乘輿)·거가(車駕)·어(御)'[1]라고 일컫는 것은 태황태후·황태후·황후에게도 모두 동일하게 적용된다.[2] '제(制)'라고 일컫는 것은 태황태후·황태후·황태자의 영(令)에도 모두 동일하게 적용된다.[3]

**직해** 임금이 타시는 덩[4] 및 임금에 붙이는 존호는 국대비전(國大妃殿)[5]·

1 승여(乘輿)·거가(車駕)·어(御) : '승'은 가마인 가(駕)이고 '여'는 수레인 거(車)인데 모두 황제가 출입할 때 타는 것이다. 조문에 따라 '승여'라 칭하기도 하고 '거가'라 칭하기도 하는데, 이름은 비록 다르나 가리키는 사물은 같다.〔乘卽駕 輿卽車 皆上出入所乘御者 或稱乘輿 或稱車駕 隨條以別言之 名雖殊 而物則同也〕《소의(상) 229쪽》 승여와 거가는 황제 바로 그 사람을, 어는 황제의 소유·동작을 완곡하게 가리키는 말이다.《율연5 306쪽》

2 승여(乘輿)……적용된다 : 예컨대 283조 도내부재물(盜內府財物)에서 황제가 타는 수레·가마나 입고 쓰는 물건을 훔치면 모두 참형인데, 삼후(三后) 즉 태황태후·황태후·황후가 입고 쓰는 물건을 훔쳐도 죄가 이와 같다. 또 214조 충돌의장(衝突儀仗)에서 황제의 수레·가마가 행차하는데 의장 대열에 뛰어들면 교형인데, 삼후의 수레·가마의 대열에 뛰어들어도 역시 교형이다. 또 203조 궁전문천입(宮殿門擅入)에서 황제가 먹는 음식을 만드는 곳이나 황제가 있는 곳에 함부로 들어가면 교형이고, 문의 경계를 넘지 않으면 1등급을 줄이는데, 삼후가 있는 곳에 함부로 들어가도 역시 같다.〔按盜賊律 盜乘輿服御物者 皆斬 若盜三后服御之物 罪竝同 車駕者 依宮衛律 車駕行 衝隊者 絞 若衝三后車駕隊者 亦改絞 又如擅入御膳所及御在所 未過門限者 減一等 擅入三后所 亦同〕《소의(상) 229~230쪽》

3 제(制)라고……적용된다 : '제'는 《한서》에 따르면 천자의 말씀이다. 64조 제서유위(制書有違)에서 "제서를 받들어 시행할 때에 어기면 장 100이다. 황태자의 영지(令旨)를 어기면 같은 죄이다."라고 하였는데, 비록 여러 조문에서 삼후를 말하지 않았더라도 삼후의 명을 받들어 시행할 적에 어기면 역시 장 100이다. 삼후와 황태자는 그 본분이 황제와 다르나 신하가 삼후나 황태자의 명을 받들어 시행할 때는 황제의 제서를 받드는 것과 똑같이 해야 한다. 그러므로 삼후나 황태자의 승여·거가를 범하면 황제의 승여·거가를 범한 것과 같이 과죄하고, 의지(懿旨)나 영지를 어기면 성지(聖旨)를 어긴 것과 같이 처벌한다. 황제를 공경함이 그 친속에까지 미치는 것이다.〔制者 漢書云天子之言 曰制 如公式律凡奉制書而違者 杖一百 違皇太子令旨 罪同 雖諸條不言三后 設有奉三后之命而違之者 亦杖一百 謹詳律意 三后皇太子 分與上殊 臣下奉旨 一如尊制 故乘輿車駕犯者 與犯上同科 懿旨令旨違者 如聖旨共罪 敬主以及親也〕《소의(상) 230~231쪽》

비자전(妃子殿)[6]에도 모두 똑같이 일컫는다. 국대비전・비자전은 '의지(懿旨)'라고 존칭하고 세자전은 '균지(鈞旨)・영지(令旨)'라 존칭한다.

### 해설

율문에서 황제와 관련된 승여(乘輿), 거가(車駕), 어(御), 제(制)만 언급하였어도, 그 조문이 삼후(三后) 즉 태황태후・황태후・황후나 황태자에게도 적용됨을 규정한 조문이다. 당률에서는 삼후나 황태자의 영을 어기면 황제의 제칙(制勅)을 어긴 죄에서 1등급을 줄인다고 되어 있으나, 명률에서는 똑같이 처벌하도록 하였다.

4 덩 : '덩'을 표기하는 데에 '덕응(德應, 더+ㅇ)'을 취한 일종의 차자 표기(借字表記)이다. 《한국민족문화대백과사전》 등에서는 '덩'이 공주나 옹주 등이 타는 가마라 하여 임금이나 세자가 타는 '연(輦)'과 구분하여 설명하고 있는데, 조선 초기에는 둘을 구분 없이 모두 '덩'이라 불렀던 듯하다.

5 국대비전(國大妃殿) : 선왕(先王)의 후비(后妃)를 높여 이르는 말이다.

6 비자전(妃子殿) : 왕후(王后)를 높여 이르는 말이다.

# 41
# 기친이나 조부모라 일컬음

稱期親祖父母

'기친(期親)[1] 혹은 조부모'라 일컬으면 증조부모나 고조부모도 기친·조부모와 같게 본다.[2] '손자'라고 일컬으면 증손이나 현손도 손자와 같게 본다. 적손(嫡孫)이 할아버지를 이으면 조부모를 부모와 같게 본다.[3] -연좌할 때는

1 기친(期親) : 그가 죽은 뒤에 한 해 동안 상복을 입어야 하는 사람에 속하는 가까운 친속(親屬)이다. 율문에서 기친이라고 할 때는 두 가지 뜻이 있다. 기친이라고만 말하면 조·증조·고조가 그 안에 포함된다. 가령 "기친 존장의 부음을 듣고도 숨기고 거애(擧哀)하지 않으면 장 80이다."라고 할 때의 기친은 이 뜻이다. 다른 하나는 기친을 조부모와 함께 일컬을 때이다. 이 경우 조부모는 증조부모와 고조부모를 아울러 말한 것이고, 이때의 기친은 백숙 부모·형제·재실(在室)인 고모와 자매 등이다. "조부모와 기친 존장을 모살(謀殺)하면 모두 능지처사한다."라고 할 때의 기친은 이 뜻이다.〔期親期年喪服之親 律稱期親有二 有止言期親者 則祖與曾高在其中 如聞期親尊長喪不擧哀杖八十是也 有與祖父母竝稱者 則祖父母兼曾高言 期親以伯叔兄弟及在室之姑姊妹 如謀殺祖父母及期親尊長皆淩遲處死是也〕《집해 356쪽》

2 기친(期親)……본다 : 손은 조부모를 위해 자최(齊衰) 기년의 복을 입고, 증손은 증조부모를 위해 자최 오월의 복을 입고, 현손은 고조부모를 위해 자최 삼월의 복을 입는다. 증조부모·고조부모를 위해 기년복을 입지는 않지만 모두 골육의 친족으로서의 윤리가 중하므로 조부모와 같이 보고, 기친은 아니지만 기친과 같이 논하는 것이다. 예컨대 기친 존장의 부음을 듣고 숨기고 거애하지 않으면 장 80인데, 고조부모·증조부모의 부음을 듣고 그렇게 하면 역시 장 80이다.〔孫爲祖父母服齊衰期年 曾孫爲曾祖父母服齊衰五月 元孫爲高祖父母服齊衰三月 曾高雖無期年之服 而皆天親倫理之重 則與祖父母同 非期親而同期親論也……如聞期親尊長喪 匿不擧哀 杖八十 則高曾亦同〕《집주(상) 107~108쪽》

3 적손(嫡孫)이……본다 : 적손이 할아버지를 잇는다는 것은 아버지가 죽어 적장손이 조상의 제사를 받드는 것을 말한다.〔嫡孫承祖謂父死 而嫡長孫承重者〕《집해 357쪽》 적손이 할아버지를 이으면 할아버지는 부모와 같다. 그러므로 가령 부모의 상중에 시집가거나 장가들면 장 100인데 할아버지 상중에 시집가거나 장가들면 역시 장 100이다. 부모의 죽음을 숨기고 거애하지 않으면 장 60 도 1년인데 적손이 할아버지의 죽음을 숨기고 거애하지 않아도 역시 장 60 도 1년이다.〔嫡孫承祖 與父母同 如居喪嫁娶 亦杖一百 匿不擧哀 亦杖六十徒一年之類〕《집설 권1 65장》 적손과 할아버지는 원래 기친 관계에 있는데 아버지를 대신하여 승중(承重)하였으므로 할아버지를 범하는 것이 있으면 부모를 범하는 율과 같게 취급하는 것이다.〔嫡孫與祖 原屬期親之分 而代父承祖重服 則凡有犯者 與父母之律同〕《집설 권1 64장》

각각 조부와 손자에게 적용하는 본법(本法)을 따른다.–[4]

적모(嫡母)·계모(繼母)·자모(慈母)·양모(養母)[5]는 친모(親母)와 같게 본다.[6] '자(子)'라고 일컬으면 아들과 딸을 같게 본다.[7]–연좌할 때는 딸을 아들과 같게 보지 않는다.–[8]

4 연좌할……따른다 : 고조부모·증조부모를 조부모로 논하여 연좌할 수 없고, 증손·현손을 손자로 논하여 연좌할 수 없으며, 할아버지를 이은 적손을 또한 아들로 논하여 연좌할 수 없다는 것이다.〔在高曾者 不得以祖父母論坐 在曾玄者 不得以孫論坐 在承祖者 亦不得以子論坐也〕《집설 권1 64장》 가령 할아버지가 타인의 사지(四肢)를 찢어 죽이는 죄를 범하면 아들은 마땅히 연좌되어 유배를 가야 하지만, 할아버지를 이은 적손에게는 죄가 미치지 않는다.〔若祖犯支解人罪 子當流 不得及其承祖之孫〕《집해 357쪽》 "연좌할 때는 각각 조부와 손자에게 적용하는 본법을 따른다."라는 율주(律註)가 율문의 "적손이 할아버지를 이으면 조부모를 부모와 같게 본다."에만 한정된 것인지, "기친 혹은 조부모라 일컬으면 증조부모나 고조부모도 기친·조부모와 같게 본다. 손자라고 일컬으면 증손이나 현손도 손자와 같게 본다."에까지 적용되는 것인지에 대해 논란의 여지가 있다. 위의 《집설》의 주석은 후자로 보았으나, 《전석 권1 81장》·《집주(상) 108쪽》·《율연5 309쪽》 등에서는 전자로 보았다.

5 적모(嫡母)……양모(養母) : 4책 356쪽 〈삼부팔모복도(三父八母服圖)〉 참조.

6 적모(嫡母)……본다 : 적모·계모·자모·양모가 죽으면 모두 삼년복을 입으며, 범한 것이 있으면 친모를 범한 율과 같이 처벌한다. 다만 개가하여 의절(義絶)하였으면 법에 줄이는 바가 있다.〔其嫡母繼母慈母養母 皆服三年之喪 凡有犯者 與親母之律同 惟改嫁義絶者 法在所殺〕《집설 권1 64장》

7 자(子)라고……본다 : 가령 362조 자손위범교령(子孫違犯敎令)에서, 자식이 부모의 명령을 어기면 아들과 딸을 구분하지 않고 모두 장 100이다.〔如子違犯敎令 該杖一百 不分男女 但有違者 竝杖一百〕《집설 권1 64장》

8 연좌할……않는다 : 가령 아버지가 사죄(死罪)를 짓지 않은 한집안의 세 사람을 죽이면 아내와 아들은 연좌하여 유 2000리이나 딸은 죄를 면해 준다.〔惟緣坐者 如殺一家三人 妻子流二千里者 女得免耳〕《집설 권1 64장》 연좌할 때 율문에서 처·첩·자·여를 명기하였으면 딸도 연좌를 면할 수 없으나, 율문에서 자만 언급하였으면 딸은 연좌하지 않는다. 딸이 혼인을 허락받아 정혼하였으면 남편 집에 속하므로, 친정아버지가 모반(謀反)·모대역의 죄를 지어도 연좌하지 않는다. 자·손이 다른 집에 입양되거나, 다른 집에 팔려서 노비가 되거나, 자기 집에서 버려서 비구·비구니가 되거나, 모반·모대역의 죄를 범한 집에서 혼인을 허락하여 정혼했으나 아직 혼사를 치르지 않았을 때도 모두 연좌하지 않는데 이때는 딸뿐 아니라 남자도 연좌의 범위에서 제외되기도 한다.〔緣坐之罪 凡開明妻妾子女者 女不得免 若止言子者 女不坐 不得拘此男女同之例也 女許嫁已定者 歸其夫 雖反逆亦不緣坐 若子孫過房與人 及賣爲奴婢 捨爲僧尼 及聘妻未婚者 亦皆不坐 則不特女不同 而男亦有不同者矣〕《집주(상) 109쪽》

**직해** '기친'이나 '조부모'라고 일컬을 때에 고조·증조까지 함께 일컫는 것이다. '손'이라 칭한 것은 증손·현손까지 모두 손이라 일컫는다. 적손이 부모가 돌아가신 후에 조부모를 승중(承重)한 경우에는 '부모'라고 일컫는다. 적모·계모·양모·자모를 모두 '모'라고 일컫는다. 남녀의 자식을 모두 '자'라 일컫되, 범죄에 같이 연좌된 경우 아들과 딸은 각각 별도로 한다.

해설

율문에서 같은 것으로 간주하는 친속의 범위를 규정한 조문이다. 이렇게 하는 이유는 적용 대상 친속이 상복(喪服) 제도가 서로 같거나 정분(情分)이 서로 같기 때문이다. 그러나 연좌할 때는 위와 같이 하지 않고 본법(本法)에 따르도록 하였다.

# 42
# 더불어 같은 죄라고 일컬음

稱與同罪

42-1 '더불어 같은 죄'라고 일컬으면 정범(正犯)의 본죄로 처벌하는 데 그친다. 사죄(死罪)에 이르면 1등급을 줄여 죄가 장 100 유 3000리에 그치며,[1] 자자(刺字)·교형·참형의 율은 적용하지 않는다.[2] 재물을 받고 고의로 죄인을 놓아주면 '더불어 같은 죄'라 하더라도 전과(全科)한다.[3]

**직해** '더불어 같은 죄'라 일컬음은 관련된 사람을 다만 정범인의 본죄만으로 죄주되, 정범인이 사죄에 이르면 관련된 사람을 1등급을 줄여 장 100을

1 더불어……그치며 : 원문에서 '여동죄(與同罪)'라고 하면 연루된 사람은 정범과 더불어 같은 죄라는 뜻이다. 131조 허출통관주초(虛出通關硃鈔)에서, 가령 통관(通關)을 허위로 발급하였는데, 동료가 알면서도 적발하지 않으면 범인과 더불어 같은 죄이므로 마땅히 정범과 똑같이 의율(擬律)해야 하지만 감시를 소홀히 한 책임은 조금 가볍기 때문에, 그 죄로 처벌하는데 그친다. 정범은 사형이지만 연루된 사람은 1등급을 줄여 장 100 유 3000리에 그치며, 정범은 자자하지만 연루된 사람은 자자를 면해 주는 것이다. 그러므로 "자자·교형·참형의 율은 적용하지 않는다."라고 한 것이다.〔凡律稱與同罪者 被累人與正犯同罪也 如虛出通關 同僚知而不擧者 與犯人同罪之類 其罪雖應同擬 而其失覺稍輕 故止坐其罪 雖正犯罪應死 而同罪者減一等 罪止杖一百流三千里 其正犯應刺字 而同罪者 亦免刺 故曰不在刺字絞斬之律〕《집설 권1 65장》

2 사죄(死罪)에……않는다 : 더불어 같은 죄에 해당하는 사람은 그 자신은 본래 죄를 지은 것이 아닌데 타인의 죄에 연루된 사람으로, 정범 죄의 경중에 따라 연루자도 정범과 똑같이 과죄(科罪)한다. 그러나 연루자의 죄가 성립되게 된 원인을 감안하면 정범과 차이가 있다.〔與同罪者 本皆無罪之人 因人連累者也 正犯之罪 輕重不一 連累之罪 準以科之 故有同罪之法……揆之情法 雖應同科其罪 而究其致罪之由 則有差別〕《집주(상) 109~110쪽》

3 재물을……전과(全科)한다 : 411조 응포인추포죄인(應捕人追捕罪人)에서, 가령 죄인을 붙잡아야 하는 사람이 재물을 받고 죄인을 고의로 놓아주고 뒤쫓아 가서 붙잡지 않거나, 또는 주수(主守)가 죄수를 고의로 놓아주고 재물을 받으면 각각 죄수와 더불어 같은 죄이다. 그러나 재물을 받았으므로 정(情)이 무거워 죄를 감경(減輕)할 수 없기에, 사죄에 이르면 사형에 처하여 율문에 정해진 형량대로 전과한다는 것이다.〔受財故縱 與同罪者 如應捕人受財 故縱罪人 不行追捕 及主守故縱失囚受財 各與囚同罪之類 是其情旣應從重 而其罪不容減輕 故應全科〕《집설 권1 65장》

한도로 하여 유 3000리에 처하고, 얼굴에 자자하거나 교형·참형의 율은 적용하지 않는다. 재물을 받고 멋대로 놓아준 사람이 '더불어 같은 죄'를 지으면 전과한다.

-사죄에 이르면 교형이다.-[4]

**직해** '더불어 같은 죄'를 지은 사람이 사죄에 해당되면 교형으로 시행한다.

모반(謀反)·모대역(謀大逆)·모반(謀叛)한 자를 고의로 놓아주면 마땅히 본율(本律)에 따른다.[5]

42-2 왕법(枉法)에 '준(準)'하여 논하거나 도적에 '준'하여 논한다고 일컫는 따위는 다만 그 본래의 죄에 준할 뿐이며, 또한 죄는 장 100 유 3000리에 그치고 모두 자자를 면제한다.[6]

4 사죄에 이르면 교형이다 : 만약 재물은 받지 않고 고의로 놓아주기만 하였으면 교형에도 처하지 않는다.〔若原未曾受財 止故縱者 亦不擬絞〕《집해 360쪽》 재물을 받고 고의로 놓아주면 전과한다는 말은, 정범이 사죄에 이르면 재물을 받고 고의로 놓아준 자도 사죄를 전과한다는 것으로, 더불어 같은 죄라 할지라도 장 100 유 3000리에 그치는 것이 아니라는 데 초점이 있지, 정범이 절도범인데 그 절도범을 재물을 받고 놓아준 자에게도 부가형(附加刑)인 자자까지 정범과 똑같이 가한다는 뜻은 아니다. 절도죄를 범한 정범과 재물을 받고 그를 고의로 놓아준 사람은 죄의 정상(情狀)이 다르므로 같은 죄 즉 '죄동(罪同)'이 아니라 더불어 같은 죄 즉 '동죄(同罪)'이다. 절도죄를 범하지 않은 연루자에게 '절도'라는 글자를 자자할 수는 없는 것이다.〔受財故縱全科者 但謂至死不用罪止之法耳 故止註至死者絞 不言刺字也 如受財故縱竊盜 止科同罪 不得亦刺竊盜字也〕《집주(상) 110쪽》

5 모반(謀反)……따른다 : 모반·모대역자를 고의로 놓아주면 277조 모반대역(謀反大逆) 본율에 따라 참형에 처하며, 모반자를 고의로 놓아주면 278조 모반(謀叛) 본율에 따라 교형에 처한다. 모반·모대역·모반의 죄인을 고의로 놓아주면 각각 규정된 율문이 있어 더불어 같은 죄로 과죄하지 않으므로 모두 "본율에 따른다."라고 한 것이다.〔各有正條 雖故縱而不科同罪 故曰皆依本律〕《집주(상) 110쪽》

6 왕법(枉法)에……면제한다 : 왕법에 '준'하여 논한다, 도적에 '준'하여 논한다고 일컫는 따위는 그 일이 서로 같은 부류이면서 실정이 조금 가벼운 것이다. 그러므로 다만 그 죄에 준하여 논하고, 죄는 장 100 유 3000리에 그치며 모두 자자를 면제하니 원문의 지좌(止坐)의 뜻이 이것이다.〔至若稱準枉法論準盜論之類 乃其事之相類 而情稍輕 故但準其罪論之 亦罪止杖一百流三千里 竝免刺字 卽上文止坐意也〕《집설 권1 66장》

42-3 왕법'으로써〔以〕' 논하는 것 및 도적'으로써' 논한다고 일컫는 것 따위는 모두 진범(眞犯)과 같으며, 자자·교형·참형을 모두 본율에 따라 과단한다.[7]

**직해** 사직을 위태롭게 하기를 꾀하였거나, 종묘·산릉·궁궐의 훼손을 꾀하였거나, 본국을 배반하고 몰래 다른 나라를 따르기를 꾀한 사람을 고의로 놓아주면 본죄의 율에 따라 시행한다.

○ '준왕법(準枉法)'이라 논하거나 '준도(準盜)'라 논하는 일은, 왕법이나 도죄에 의거하여 그에 준하는 것으로 논해서 죄는 장 100 유 3000리에 그치고 자자는 모두 면해 준다.

○ '왕법례(枉法例)'로 논한다 하거나 '도례(盜例)'로 논한다고 하는 일은, 모두 왕법이나 도적의 진범인의 죄와 같게 논하고, 자자하거나 교형·참형의 죄를 모두 본율에 따라 과단한다.

## 해설

명률에서는 어떤 범죄에 대해 형량을 직접 제시하지 않고 다른 범죄를 기준으로 하여 간접적으로 제시하는 일이 종종 있는데, 이때에 흔히 사용되는 '더불어 같은 죄', '준(準)', '이(以)'의 적용 방식에 대한 규정이다. '더불어 같은 죄'라 하였을 때 연루된 범인은 정범과 달리 처벌하는데, 정범이

7 왕법으로써……과단한다 : 왕법'으로써' 논한다, 도적'으로써' 논한다고 일컫는 따위는 그 일이 서로 동등하고 실정이 모두 중한 것이다. 그러므로 그 죄를 모두 진범과 똑같이 하여 자자·교형·참형을 모두 본율에 따라 과단하니 율문의 '전과'의 뜻이 이것이다.〔若稱以枉法論及以盜論之類 迺其事之相等 而情則竝重 故其罪皆與眞犯同 刺字絞斬皆依本律科斷 卽上文全科意也〕《집설 권1 66장》《대청률례》에는 이 뒤에 "그러나 '소득동'이란 율만 그럴 뿐이다. 만약 율이 아닌 조례를 인용하여 충군 위민하는 등에는 같을 수 없다.〔然所得同者律耳 若律外引例 充軍爲民等項 則又不得而同焉〕"라는 율주(律註)가 추가되었다. 율문에서 다른 율을 인용하면서 '이(以)' 자를 사용하면 인용된 율과 완전히 똑같이 과단한다는 뜻이지만, 율이 아니라 조례(條例)를 인용하면서 '이' 자를 사용하면 인용된 조례와 완전히 똑같이 과단할 수는 없다는 것이다.

사죄(死罪)이면 연루된 사람은 스스로 결정하여 저지른 것이 아닌데 만약 전과하면 정범과 차이가 없으므로 1등급을 줄인다. 뇌물을 받고 고의로 범인을 놓아준 경우에는 재물을 탐하여 법을 우롱한 것이므로 본 율문에 규정된 그대로 전과한다. 모반・모대역・모반한 자를 고의로 놓아주면 그 죄가 매우 무거우므로 모두 해당 율에 따르도록 하였다. 율문에서 '준'이라 하였을 때는 정범과 차이가 있으므로, 연루자를 처벌하는 '더불어 같은 죄'와 마찬가지로 처벌하고, '이'라 하였을 때는 정범과 똑같이 과죄한다. 본율에 따라 자자・교형・참형을 모두 과단(科斷)하는 것이다.

## 43
## 감림이나 주수라고 일컬음
稱監臨主守

'감림(監臨)'이라고 일컫는 것[1]은, 중앙과 지방의 여러 관사가 소속 관사를 총괄해서 관할하여 문서로 서로 관계를 맺는 것이다.[2] 또한 비록 관할하는 백성이 아니더라도 만약 그들에 관한 어떤 일을 자기가 맡으면[3] 곧 감림이 된다. '주수(主守)'라고 일컫는 것[4]은, 문서를 담당하는 이전(吏典)으로서 그 일을 전적으로 담당하는 자이다. 또한 창고・옥수(獄囚)・잡물 따위를 지키거나 관장하는 관리, 고자(庫子)・두급(斗級)・찬전(攢典)・난두(攔頭)・금자(禁子)[5] 등이 모두 주수가 된다. 그 직책이 비록 통속(統屬) 관계가 아니더라도, 다만 상급 관청이 임시로 차정(差定)하여 보낸 관령(管領)

1 감림(監臨)이라고 일컫는 것 : 감림은 해당 업무에 대한 관리・감독을 담당하는 관원으로 직분에 따라 구분되며, 서울과 지방에서 주수(主守)를 포함한 하위 직급의 관리를 관리하여 업무를 감독하는 상위 직급의 관원이다. 반면에 주수는 해당 업무의 실무를 관장하고 담당하는 관리로서 감림의 지휘를 받았다. 감림과 주수는 특정 직책이 아니라 업무에서 관리・감독하거나 실무를 담당하는 범수를 의미한다. 다만, 감림은 반드시 관원이 맡았던 반면, 주수는 관원과 이원(吏員)이 되는 경우도 있다.〔凡律稱監臨者以分言 如在內五府六部都察院等衙門 總轄各都布按等司 在外布按等衙門 總轄衛所府州縣及衛轄所 府轄州 州轄縣之類〕《집설 권1 67장》

2 문서로……것이다 : 상부 기관으로 올리는 문서와 공문을 주고받아 서로 관계를 맺고 간여하는 것이다.〔文案相關涉者 往來箚帖文移 相關係干涉也〕《집해 364쪽》

3 그들에……맡으면 : 예컨대 이 현의 관리가 상급 관사의 지시를 받아 저쪽 현에서 공무를 처리하는 따위이다.〔有事在手 如此縣官吏 承上司差委 彼縣幹辦公事之類〕《집해 364쪽》

4 주수(主守)라고 일컫는 것 : 책무로 말한 것이다.〔稱主守者 以責言〕《집설 권1 67장》

5 고자(庫子)……금자(禁子) : 고자는 창고 물건을 지키고 관장하는 자이고, 두급은 창고 건물을 지키고 관장하는 자이며, 찬(攢)은 창고의 아전이다. 순란(巡攔)은 세과사(稅課司)와 세과국(稅課局) 소속으로 순시하여 조사하는 임무를 맡은 자이고, 금자는 옥에 갇힌 사람들을 맡아 지키는 자이다.〔守掌倉廒曰斗級 庫藏曰庫子 攢倉典也 稅課司局有巡攔 獄囚有禁子〕《집해 364쪽》

이나 제조(提調)이면 또한 감림・주수이다.[6]

**직해** '감림'이라고 일컫는 것은, 중앙과 지방의 관사가 문서를 보내 관할하는 곳과, 비록 백성을 친히 관할하는 곳은 아니어도 그 범사(凡事)가 모두 수중에 있는 경우에 역시 감림이다. '주수'라고 일컫는 것은, 무릇 문권을 영사(令史)[7]・색원(色員)이 관장하는 것이다. 창고・옥수・잡물 등을 색원・영사・창고지기・정자(城上)[8]・두척(斗尺)・사령(使令)・나장(螺匠)[9] 등이 모두 관장하고 지키므로 다 감림・주수이다.[10] 비록 우두머리로서 관장하지는 않더라도 임시로 차정한 담당 관령이나 제조도 역시 감림・주수이다.

해설

감림과 주수에 대해 정의한 조문이다. 감림이란 사람 또는 사물에 대해 일반적으로 자신의 행정적 재량권이 미칠 수 있는 지위에 있는 사람을 가리키고, 주수란 문서・창고・잡물・옥수 등을 보관・간수하는 일에 직접 종사하는 사람을 가리킨다. 일반적으로 감림이나 주수가 죄를 범하였을 경우 일반인에 비해 가중 처벌하므로 여기에서 특별히 정의한 것이다.

6 그……주수이다 : 지방의 경우, 일반적으로 해당 부・주・현의 관리가 감림과 주수가 되지만 별도로 중앙에서 차견하여 사람이나 물건을 호송 및 운송하는 관령으로 삼거나 해당 업무를 총괄하도록 하는 제조로 삼는 경우를 말한다. 이때 관령과 제조는 해당 업무의 감림과 주수의 역할을 수행한다.

7 영사(令史) : 고려와 조선 초기에 중앙과 지방의 각 관아에 딸린 이속(吏屬)의 하나이다.

8 정자(城上) : 고려와 조선 시대에 각 관아의 기물(器物)을 맡아 지키던 하례(下隷)이다. 사기 정자(沙器城上), 은기 정자(銀器城上), 주방 정자(酒房城上) 등이 있었다.

9 나장(螺匠) : 조선 시대 의금부의 하례이다. 죄인을 문초할 때에 매를 때리는 일을 맡았다.

10 감림・주수이다 : 율문대로라면 '주수이다'라고 직해해야 한다. 직해에서 '감림'이 첨가된 까닭은 알 수 없다.

•••

## 감림과 주수

감림(監臨)이란 사람 또는 사물에 대해 일반적으로 자기의 행정적 재량권을 행사할 수 있는 입장에 있는 것을 의미하고, 주수(主守)란 관물(官物)이나 수인(囚人) 등 관의 권한하에 있는 유체적(有體的) 객체(客體)를 직접 보관·간수하는 직책에 있는 것을 의미한다. 감림은 일반 아문의 수령관(首領官) 이상, 관군 아문(管軍衙門)의 지휘관과 관련된 개념으로, 이전(吏典)·이정(里正)·방정(坊正) 등은 감림으로 인정하지 않는다. 관청과 관련하여 다음과 같은 경우에 감림의 관계가 성립된다.

첫째, 모든 관청의 장관(長官)·좌이관(佐貳官)·수령관은 그 관청에서 근무하는 이전 이하의 모든 인원 및 그 관청에 소속되거나 보관되고 있는 모든 물건에 대해 감림의 입장에 있다.

둘째, 모든 관청의 장관·좌이관·수령관은, 일신상의 이해에 관한 안건이 그 관청의 재정(裁定)에 계속(繫屬) 중인 사람에 대해 감림의 입장에 있다.

셋째, 주·현의 장관·좌이관·수령관은 관내의 전 주민에 대해 감림의 입장에 있다.

넷째, 진(鎭)·수(戍)·절충부(折衝府)의 장관·좌이관·수령관은 그 부대에 소속된 모든 병원(兵員)에 대해 감림의 입장에 있다.

다섯째, 절충부의 교위(校尉)·여수(旅帥)·대정(隊正)·대부(隊副)는 자기 부대 내의 병원에 대해 감림의 입장에 있다.

위에서 알 수 있듯이, 감림은 상급 관청과 하급 관청 사이의 통속(統屬) 관계를 가리키는 것도 아니고, 수령관 이상의 관원 사이의 통속 관계를 가리키는 것도 아니다. 예컨대 어느 관청의 장관과 좌이관 사이에는 감림 개념이 적용되지 않는다. 상급 관청과 하급 관청의 관원 사이는 일반적으로 감림의 관계가 아니나 단, 주의 장관·좌이관·수령관은 관내의 현의 현령 이하의 관원에 대해 감림의 입장에 있다.

감림과 관련된 개념으로 통섭(統攝)과 안험(案驗)이 있다. 통섭은 전반적인 지배 통제 행위, 안험은 특정 사안에 대한 재량 판단 행위를 의미한다. 관청의 장관·좌이관의 기능은 대체로 통섭이고, 수령관의 기능은 대체로 안험이라 할 수 있다. 또한 어떤 사람이 특정 사안에 대해 현재 어느 관청의 재정을 기다리고 있을 때, 그 관청은 그 사람에 대해 안험의 입장에 있다고 한다.

주수는 창고의 물품 출납, 수인(囚人)의 간수를 맡은 유외관(流外官) 이하를 말한다. 율문 전체에서 주수에 해당하는 사례를 살펴보면 창고·옥수·잡물을 지키거나 관장하는 데서 벗어나는 사례는 찾아볼 수 없다. 직책상 항상 그런 역할을 맡아서 감림·주수가 될 수도 있고, 임시로 그런 역할을 맡아서 감림·주수가 될 수도 있다. 《율연5 321~322쪽, 324~326쪽》

## 44
# 1일이라고 일컫는 것은 100각으로 함
稱日者以百刻

'1일'이라고 일컫는 것은 100각(刻)으로 한다.[1] 공역(工役)을 계산할 때는 아침부터 저물 때까지를 1일로 한다.[2] '1년'이라고 일컫는 것은 360일로 한다.[3]

1 1일이라고……한다 : 자시부터 해시까지 1시에는 8각이 있으며, 자시·오시·묘시·유시를 '사정(四正)'이라고 한다. 1시에 8각씩 12시에 96각이 되나 사정은 1시에 1각이 더 많아서 100각이 되며 이로써 1일의 수가 채워진다.〔自子至亥 每一時八刻 子午卯酉謂之四正 每一時多一刻 是爲一百刻 則一日之數滿矣〕《소의(상) 240쪽》 죄를 범하여 율을 위반하면 일수를 계산하여 원래 율문에 규정된 수가 차야 비로소 처벌한다. 따라서 율문에서 1일이라고 일컬으면 100각을 기준으로 삼는다.〔犯罪違律者 其法當計 數滿乃坐 故凡律中稱一日者以百刻爲率〕《집설 권1 68장》 예컨대 인명에 대한 보고(保辜) 기한이 30일이므로 비록 29일 99각에 죽더라도 역시 기한 내 죽은 것으로 의율하여 목숨으로 대가를 치르도록 하는 것이다.〔如人命保辜限三十日者 雖至二十九日九十九刻身死 亦擬限內 抵命〕《집해 365쪽》

2 공역(工役)을……한다 : 정부(丁夫)나 잡장(雜匠)이 일을 할 때 밤은 그가 쉬는 시간이다. 그러므로 율문에서 공역을 계산할 때, 예컨대 92조 사역부민부장(私役部民夫匠)에서 관리가 부민(部民)이나 정부·잡장을 사사로이 부리고 매일 품삯을 지급할 때, 아침부터 저녁까지를 하루로 삼고 밤은 계산하지 않으며 반드시 100각을 한도로 할 필요가 없다.〔若夫匠做工 則夜其歇息之時也 故凡律中計工者 如私役部民夫匠 每日追雇工錢 則以從朝至暮爲一日而夜非所計 不必以百刻爲限矣〕《집설 권1 68장》

3 1년이라고……한다 : 한 해는 비록 지구의 공전 주기에서 남는 6일인 기영(氣盈)과 달의 공전 주기에서 모자라는 6일인 삭허(朔虛)가 있어 일률적이지는 않지만 360일이 1년의 장기(長紀)이다. 그러므로 율문에서 1년이라 하면 360일을 기준으로 한다. 가령 127조 수량위한(收糧違限)에서, 세량의 징수 기한을 어긴 것이 1년을 넘었다고 할 때, 359일이면 1년으로 삼을 수 없다. 대개 해는 비록 이미 한 바퀴 돌았어도 날짜가 아직 부족하므로 1년으로 논할 수 없는 것이다.〔年歲雖有氣盈朔虛不齊 而三百六十日乃一年之長紀也 故凡律中 稱一年者 須以三百六十日爲準 如秋糧違限一年之上 雖三百五十九日 亦不得爲一年 蓋年雖已週而日尙未足 勿論也〕《집설 권1 68장》 태양력과 태음력에서는 한 해가 보통 12개월이나 윤달이 있어서 13개월이 될 수도 있다. 만약 어떤 사람이 도 1년의 형을 선고받았는데, 형기(刑期)가 시작된 시점으로부터 얼마 뒤에 윤달이 끼어 있으면, 그 사람은 13개월 동안 역(役)에 복무해야 하는가 하는 문제가 제기된다. 이 조문의 규정에 의해 윤달과 관계없이 360일만 복역함을 알 수 있다.

사람의 나이를 일컫는 것은 호적에 근거하여 정한다.[4]

**직해** '1일'이라고 일컫는 것은 통상 100각으로 계산한다. 공역을 계산할 때에는 통상 아침부터 날이 저물 때까지로 계산한다. '1년'이라고 일컫는 것은 통상 360일로 계산한다. 사람의 나이를 계산할 때에는 통상 원적(原籍)에 기록된 연월대로 계산한다.

-사람의 나이를 일컬을 때에는 호적에 기록된 나이를 기준으로 하는 것을 이른다.-

**직해** 사람의 나이는 원적에 기록된 연월로 계산을 시작한다.

'무리'라고 일컬으면 3인 이상이다.[5] '모의'라고 일컬으면 2인 이상이다.[6]

**직해** '무리'라고 일컫는 것은 3인 이상이다. '모의'라고 일컫는 것은 2인 이상이다.

-모의한 상황의 드러난 자취가 명백하면 비록 1인이라도 2인이 모의한 법과 같게 처리한다.-[7]

4 사람의……정한다 : 21조 노소폐질수속(老小癈疾收贖)에서 나이 70 이상 15 이하인 자는 속전을 받아 죄를 면해 줄 수 있다고 하였으므로, 나이를 늘리거나 줄이는 폐단이 생길 수 있다. 따라서 사람의 나이를 칭할 때는 반드시 호적에 근거하여 정해야 한다.〔律年七十以上十五以下者 得收贖免罪 則增年減年之弊生矣 故稱人年必以籍爲定〕《석의 권1 36장》 그때그때 작성한 진술서에만 의거하면 거짓으로 나이를 늘리거나 줄여 요행을 꾀하는 일이 없을 수 없다. 그러므로 반드시 호적에 보고된 나이를 조사하여 이를 기준으로 삼는다면 거짓으로 나이를 늘리거나 줄이는 폐단이 없을 것이다.〔若止據其臨時供狀 未必無僞增僞減以圖僥倖 故必查其戶籍所報之年 以附籍年歲爲定準 則無增減之弊矣〕《집설 권1 68장》

5 무리라고……이상이다 : 가령 290조 겁수(劫囚)에서 "무리를 모아 중도에서 차인(差人)을 때리고 죄수를 탈취하였다."라고 하려면, 반드시 무리가 3인 이상이어야 처벌할 수 있다. 가령 2인이면 무리라 할 수 없어 범죄 성립 요건이 되지 않는다.〔凡律中稱衆者 如聚衆中途打奪之類 必須三人以上方可坐罪 如二人則不可謂之衆矣〕《집설 권1 68장》

6 모의라고……이상이다 : 가령 사람을 죽이기를 모의하였을 때 반드시 2인 이상이어야 비로소 함께 모의한 것으로 본다.〔稱謀者 如謀殺人之類 必須二人之上 方見同謀者〕《집설 권1 68장》

7 모의한……처리한다 : 비록 1인이라 하더라도 만약 모의한 상황의 드러난 자취가 명백하면

**직해** 모의한 일의 정황이 명백하면 비록 1인이라도 2인의 무리와 같게 처리한다.

### 해설

율문에서 일컫는 1일, 1년, 나이, 무리, 모의 등에 대한 정의이다. 범죄자를 처벌할 때 율문에서 규정한 수를 채워야 죄에 걸리므로 용어에 대한 정확한 정의가 필요하다. '하루'라고 하면 일반적으로 100각 즉 24시간이지만 노동량의 단위로 말할 때는 해 뜰 때부터 해 질 때까지를 하루로 한다. '한 해'라고 하면 360일을 1년으로 하며, 사람의 나이는 호적에 기재한 것에 따른다. '무리'라고 하면 3인 이상을 가리키며 2인 이하는 요건을 채우지 못한다. '모의'는 2인 이상을 요건으로 하지만, 범행의 의도나 동기가 명백하고 객관적으로 범행에 착수하였다고 인정되는 행동이 있을 때는 1인이라도 모의로 인정한다.

비록 타인과 모의하지 않았더라도 실제로는 마음으로 모의한 것이므로 역시 2인이 모의한 법과 같게 의단한다.〔若雖一人 但謀狀顯迹明白者 雖不謀諸人 而實謀諸心矣 故亦同二人之法擬斷〕《집설 권1 69장》

# 45
# 도사나 여관이라 일컬음
稱道士女冠

'도사(道士)'나 '여관(女冠)'[1]이라고 일컬으면 비구나 비구니도 똑같이 해당된다.[2] 수업사(受業師)에 대한 관계는 백숙 부모에 대한 관계와 같다.[3]-수업사란 절이나 도관(道觀)에서 직접 경전이나 교리를 이어받아 스승으로 삼기에 합당한 자를 이른다.-

수업사의 제자에 대한 관계는 백숙 부모의 조카에 대한 관계와 같다.[4]

**직해** 도사・여관이라고 일컫는 자는 비구・비구니와 같다. 가르침을 받는 스승은 백숙 부모와 같다. 스승의 제자들은 형제의 자식과 같다.

1 도사(道士)나 여관(女冠) : 도교(道教)의 전도사(傳道師)로 남자를 '도사', 여자를 '여관'이라 부른다.

2 비구나……해당된다 : 비구・비구니와 도사・여관은 비녀를 꽂고 머리를 깎는 것 등이 비록 다르나 모두 똑같이 출가한 무리이다. 그러므로 율문에서 도사・여관이라 일컬으면 비구・비구니도 더불어 똑같이 법에 따라 과단(科斷)한다. 가령 도사나 여관이 간음하면 일반인이 간음한 죄에 2등급을 더하고 환속시키는데 비구・비구니 또한 그렇게 처벌하는 것이다.〔凡僧尼道士女冠 簪剃雖異 然均之爲出家之類 故凡律中稱道士女冠者 雖不及僧尼而與僧尼一同科斷 如道士女冠犯姦 加凡人罪二等還俗 僧尼亦然〕《집설 권1 69장》

3 수업사(受業師)에……같다 : 가령 속인이 자신의 백숙 부모를 욕하면 장 60 도 1년인데, 도사・여관・비구・비구니가 그 스승을 욕하면 역시 장 60 도 1년에 처하는 것과 같은 따위이다.〔如俗人罵伯叔父母 杖六十徒一年 道冠僧尼罵其師主 杖六十徒一年之類 是也〕《집설 권1 69장》 같은 스승을 섬기는 비구・비구니와 도사・여관이 서로 범하면 이들 사이는 원래 혈속이 아니므로 일반인을 범한 것으로 논한다.〔其同師僧道相犯 原非血屬 仍依常人論〕《집해 95쪽》

4 수업사의……같다 : 341조 구기친존장(毆期親尊長)에 따라, 가령 속인이 자신의 조카를 때려서 죽이면 장 100 도 3년인데, 도사・여관과 비구・비구니가 그 제자를 죽이면 역시 장 100 도 3년이다.〔如俗人毆殺兄弟之子 杖一百徒三年 道冠僧尼 殺其徒弟者 亦杖一百徒三年之類 是也〕《집설 권1 69장》

### 해설

형률에서 다루는 도교와 불교의 스승과 제자 관계를 종법(宗法) 질서에 견주어 규정하였다. 율문에서 도사(道士)나 여관(女冠)이라고 말할 때 불교의 비구나 비구니도 포함하고, 도교나 불교에서 스승과 제자의 관계는 형률상 백숙 부모와 조카의 관계와 마찬가지로 간주하여, 제자가 스승을 해칠 경우 형벌을 가중한다. 유생이 가르침을 받은 스승을 구타하면 죄가 일반인에서 2등급 더하는 데 그치는 반면, 도사나 여관, 비구나 비구니 등은 기친 존장(期親尊長)을 범한 것과 같이 간주하는데, 그 까닭은 비구나 비구니, 도사나 여관은 스승이 어렸을 때부터 가르치고 종신토록 길러 키운 은혜가 있어서 의리가 유생보다 더 중하기 때문이다. 반면 스승이 제자를 해친 경우에는 백숙 부모가 조카를 해친 것과 마찬가지로 보아 형을 경감한다.

## 46
# 단죄는 새로 반포한 율에 따름
斷罪依新頒律

율(律)은 반포일로부터 시행한다. 범죄가 반포일 이전에 발생하였어도 모두 신율(新律)[1]에 따라 의단한다.[2]

**직해** 율문을 반포한 날로부터 준행하되, 이전에 죄를 범한 사람이라도 신율에 따라 의단한다.

1 신율(新律) : 《대명률》은 태조가 1373년(홍무6) 11월 형부 상서 유유겸(劉惟謙)에게 칙령을 내려 편찬하게 하여 이듬해 2월 이·호·예·병·형·공의 육문(六門)에 총 30권 460조를 나누어 예속시키고, 1397년(홍무30) 5월에 이르러 중외에 간행·반포하여 준수하게 하였다. 그러나 119조 취악인위처첩(娶樂人爲妻妾)에서 "단 홍무 원년(1368) 이전에 장가든 경우는 논하지 않는다."라고 하였으므로 1368년 이전의 것은 구율(舊律)이고, 이후의 것은 신율이 된다. 또 90조 도피차역(逃避差役)에서 "단 홍무 7년(1374) 10월 이전에 다른 고을로 흘러 들어가 이미 그 지역 호적에 편입되어 역에 차정된 자는 논하지 않는다."라고 하였으니 1374년 10월 이전의 것은 구율이고, 이후의 것은 신율이다.〔按大明律一書 我太祖高皇帝 於洪武六年十一月內 勅刑部尙書劉惟謙 重加編次 成于次年二月內 分隷吏戶禮兵刑工六門 通計三十卷共四百六十條 迨洪武三十年五月內 始刊布中外 使知遵守 然娶樂人爲妻妾條有云 其在洪武元年以前娶者勿論 則元年以前者爲舊律 以後者爲新律矣 逃避差役條有云 其在洪武七年十月以前 移流他郡 曾經附籍當差者勿論 卽七年十月以前者爲舊律 以後者依新律矣〕《집해 369~370쪽》

2 모두……의단한다 : 구율인 당률과 달라진 신율인 명률 율문 중 일부를 살펴보면 다음과 같다. 당률 102조 합화어약(合和御藥)에서 가령 황제가 먹는 약을 조제하면서 잘못하여 본 방대로 하지 않거나, 당률 103조 조어선범식금(造御膳犯食禁)에서 황제가 먹을 음식을 만들면서 잘못하여 음식의 금기를 범하면 모두 교형이었다. 그러나 명률 182조 합화어약에서는 장 100이다. 당률 330조 처첩구리부부모(妻妾毆詈夫父母)에서 처나 첩이 시아버지·시어머니를 욕하거나 노비가 주인을 욕하면 모두 도형이었다. 그러나 명률 352조 매조부모부모(罵祖父母父母)·350조 노비매가장(奴婢罵家長)에서는 교형이다. 당률 413조 간부조첩(姦父祖妾)에서 종조부모나 고모와 간통하면 모두 유형이었다. 그러나 명률 392조 친속상간(親屬相姦)에서는 화간이면 교형, 강간이면 참형이다. 당률 123조 역사계정(驛使稽程)에서 사신으로 역마를 타고 가는데 정해진 길로 가지 않거나 공무를 행해야 하는데 지체시켜 기한을 어기면 도형이었으나 명률 269조 공사응행계정(公事應行稽程)에서는 장형이다. 《집설 권1 70~71장》

해설

율문의 시간적 적용 범위에 대한 규정이다. 범죄가 먼저이고 율문을 반포한 것이 나중인데, 범죄 사실이 그 뒤에 발각된 경우에, 모두 신율에 따라 처벌한다. 1367년에 제정된 오왕원년율은 1373년 · 1376년 · 1383년 · 1389년 등 네 차례 개정 보완 작업을 거쳐, 1397년 5월에 30권 460조로 최종 반시(頒示)되었다. 율이 시행된 때부터 폐지될 때까지 효력을 갖는다는 점에는 의문이 없으나 문제는 범죄 행위가 있었을 때와 재판을 할 때의 율에 변경이 있는 경우이다. 이 경우에 재판 당시의 율인 신율을 적용한다면 신율의 소급효(遡及效)를 인정하는 것이 되며, 행위 당시의 율인 구율을 적용할 때에는 구법의 추급효(追及效)를 인정하는 결과가 된다. 율문의 시간적 적용 범위에 관하여, 행위 당시의 율을 우선하는 구율주의(舊律主義)와 재판 당시의 율을 우선하는 신율주의(新律主義)가 대립할 수 있는데, 명률에서는 신율주의를 원칙으로 하였다.

## 47-1
# 도죄수 · 유죄수 · 천사 죄수를 보내는 지방[1] [2]
徒流遷徙地方

도역(徒役)은 각각 도형의 연한에 따라 모두 도배 죄인이 배소(配所)에 도착한 날부터 계산한다. 염장(鹽場)으로 보내지면 매일 소금 3근을 굽고, 야철장(冶鐵場)으로 보내지면 매일 철 3근을 불린다. 별도의 항목을 설정하여 계산한다.[3]

직례(直隷)[4]의 부(府)나 주(州)이면 강남 지역에서는 산동(山東) 염장으로 보내고, 강북 지역에서는 하간(河間) 염장으로 보낸다.

복건 포정사(福建布政司) 관할 부의 지역에서는 양회(兩淮)의 염장으로 보낸다.

절강 포정사(浙江布政司) 관할 부의 지역에서는 산동의 염장으로 보낸다.

강서 포정사(江西布政司) 관할 부의 지역에서는 태안(泰安) · 내무(萊蕪)

1 지방 : 오늘날 중앙의 대어(對語)인 지방이 아니라, 장소의 의미이다. 도류천사지방의 지방은 널리 배소를 의미하는 것이다. 《언해》·《국자해》·《석의》·《청회전사례(淸會典事例)》에서 천사(遷徙)·충군(充軍)·위민(爲民)을 도형·유형과 구별되는 별도의 형벌로 간주하여 해설하고 있다. 도배·유배·천사·충군·위민 죄인은 '본래의 거주지·근무지로부터 멀리 떨어진 곳'으로 보내는 공통점이 있기 때문에 '도류천사지방'이라는 조문명을 붙인 것으로 보인다.

2 도죄수……지방 : 《언해》를 제외한 《대명률직해》의 이본은 조문명에서 음각해야 하는 '지방(地方)' 두 글자가 양각으로 되어 있고, 율문을 시작하는 표시인 '범(凡)' 자도 없다.

3 별도의……계산한다 : 염장·야철장에서 도형을 받는 죄인의 생산 할당량으로 매일 3근을 규정하고 이들이 생산한 소금과 철은, 각 염장·야철장 소속 조정(竈丁)·노정(爐丁)이 수에 맞추어 생산한 할당량과는 달리 별도 항목을 설정하여 계산한다는 의미이다.〔犯罪者仍發各場冶 煎鹽炒鐵 不在原辦本等正額課數之內 謂之另項結課也〕《부례(상) 229쪽》

4 직례(直隷) : 홍무제 때의 직례는 남경(南京) 일대의 지역이다. 영락제 때 북경(北京)을 설치하여 비로소 북직례를 칭할 수 있게 되었고, 이에 따라 원래의 직례는 남직례로 부르게 되었다. 남직례를 강남과 강북으로 나누었는데, 양주부(揚州府)·봉양부(鳳陽府)·회안부(淮安府)·서주(徐州)·화주(和州)가 강북이고, 기타의 지역이 강남이다.

등의 야철장으로 보낸다.

호광 포정사(湖廣布政司)[5] 관할 부의 지역에서는 광동(廣東)·해북(海北)의 염장으로 보낸다.

하남 포정사(河南布政司) 관할 부의 지역에서는 절동(浙東) 염장으로 보낸다.

산동 포정사(山東布政司) 관할 부의 지역에서는 절동 염장으로 보낸다.

산서 포정사(山西布政司) 관할 부의 지역에서는 공창(鞏昌) 야철장으로 보낸다.

북평 포정사(北平布政司) 관할 부의 지역에서는 평양(平陽) 야철장으로 보낸다.

섬서 포정사(陝西布政司) 관할 부의 지역에서는 대령(大寧)·면주(綿州)의 염정(鹽井)으로 보낸다.

광서 포정사(廣西布政司) 관할 부의 지역에서는 양회 염장으로 보낸다.

광동 포정사(廣東布政司) 관할 부의 지역에서는 절서(浙西) 염장으로 보낸다.

해북(海北)과 해남(海南) 관할 부의 지역에서는 진현(進賢)·신유(新喩)의 야철장으로 보낸다.

사천 포정사(四川布政司) 관할 부의 지역에서는 황매(黃梅)·흥국(興國)의 야철장으로 보낸다.

유형 3등급은 거리의 멀고 가까움에 의거하여 각처의 황무지나 바닷가에 접한 주·현을 배소로 정하고 죄인을 보내어 안치한다.

직례의 부나 주에서는 섬서로 유배 보낸다.

복건 포정사 관할 부의 지역에서는 산동·북평으로 유배 보낸다.

절강 포정사 관할 부의 지역에서는 산동·북평으로 유배 보낸다.

5 호광 포정사(湖廣布政司) : 호광은 명대에 줄곧 한 성(省)이었는데, 청대에 이르러 호북과 호남 두 성으로 나뉘었다.

강서 포정사 관할 부의 지역에서는 광서로 유배 보낸다.
호광 포정사 관할 부의 지역에서는 산동으로 유배 보낸다.
하남 포정사 관할 부의 지역에서는 복건으로 유배 보낸다.
산동 포정사 관할 부의 지역에서는 복건으로 유배 보낸다.
산서 포정사 관할 부의 지역에서는 복건으로 유배 보낸다.
북평 포정사 관할 부의 지역에서는 복건으로 유배 보낸다.
섬서 포정사 관할 부의 지역에서는 복건으로 유배 보낸다.
광서 포정사 관할 부의 지역에서는 광동으로 유배 보낸다.
광동 포정사 관할 부의 지역에서는 복건으로 유배 보낸다.
사천 포정사 관할 부의 지역에서는 광서로 유배 보낸다.

변방 먼 곳에 충군한다.
직례의 부나 주이면 강남 지역에서는 정료도지휘사사(定遼都指揮使司), 북평도지휘사사(北平都指揮使司) 관할의 영평위(永平衛), 산서도지휘사사(山西都指揮使司), 섬서도지휘사사(陝西都指揮使司)가 관할하는 난주위(蘭州衛)·하주위(河州衛)로 보낸다.
강북 지역에서는 광동도지휘사사(廣東都指揮使司) 관할의 해남위(海南衛), 사천도지휘사사(四川都指揮使司)가 관할하는 귀주위(貴州衛) 아주천호소(雅州千戶所)로 보낸다.
복건 포정사 관할 부의 지역에서는 북평도지휘사사가 관할하는 영평위로 보낸다.
절강 포정사 관할 부의 지역에서는 정료도지휘사사로 보낸다.
강서 포정사 관할 부의 지역에서는 산서도지휘사사로 보낸다.
호광 포정사 관할 부의 지역에서는 산서도지휘사사로 보낸다.
하남 포정사 관할 부의 지역에서는 광서도지휘사사(廣西都指揮使司)가 관할하는 남녕위(南寧衛) 대평천호소(大平千戶所)로 보낸다.
산동 포정사 관할 부의 지역에서는 광동도지휘사사가 관할하는 해남위로 보낸다.

산서 포정사 관할 부의 지역에서는 광동도지휘사사가 관할하는 해남위로 보낸다.
북평 포정사 관할 부의 지역에서는 광서도지휘사사가 관할하는 남녕위 대평천호소로 보낸다.
섬서 포정사 관할 부의 지역에서는 광서도지휘사사가 관할하는 남녕위 대평천호소로 보낸다.
광서 포정사 관할 부의 지역에서는 섬서도지휘사사가 관할하는 난주위·하주위로 보낸다.
광동 포정사 관할 부의 지역에서는 산서행도지휘사(山西行都指揮司)로 보낸다.
사천 포정사 관할 부의 지역에서는 광서도지휘사사가 관할하는 남녕위 대평천호소로 보낸다.

## 47-2
## 조선에서 도죄수 · 유죄수 · 천사 죄수를 보내는 지방[1]
徒流遷徙地方

도역(徒役)은 각각 도형의 연한에 따라 모두 도배 죄인이 배소(配所)에 도착한 날부터 계산한다. 염장(鹽場)으로 보내지면 매일 소금 3근을 굽고, 야철장(冶鐵場)으로 보내지면 매일 철 3근을 불린다. 별도의 항목을 설정하여 계산한다.

**직해** 도역은 각각 도형의 연한을 계산하되 모두 배소에 도착한 날부터 계산한다. 염소(鹽所)에 배치된 자는 매일 소금 3근을 굽고, 취련소(吹鍊所)에 배치된 자는 매일 취련하여 쇠 3근씩을 바친다. 각각 본래 소금 굽는 곳과 쇠를 불리는 곳에 할당된 생산량과 별도의 항목으로 설정하여 상납하도록 한다.

직례(直隸)의 부(府)나 주(州)
직속된 경성(京城)과 경기 좌도 · 우도이다.

**직해** 발배지(發配地)가 경성일 때 배소가 먼 곳이면 경상도, 중간이면 전라도 · 양광도(楊廣道),[2] 근처이면 서해도(西海道)[3] · 교주도(交州道)[4]의 염

1 조선에서……지방 : 앞의 47-1조와 조문명이 같다. 도배 · 유배 · 천사시키는 지역이 중국과 조선이 다르므로, 조선에서 해당 지역을 밝히고자 같은 조를 다시 한 번 두었다.

2 양광도(楊廣道) : 1394년(태조3) 6월 충청도로 이름을 바꾸었다. 《국역 태조실록 3년 6월 23일》

3 서해도(西海道) : 1394년(태조3) 6월 풍해도(豐海道)로 이름을 바꾸었다. 《국역 태조실록 3년 6월 23일》

4 교주도(交州道) : 1388년(우왕14)에 교주강릉도로 이름을 고쳤다가 1394년(태조3) 6월 강원도로 개명하였다. 《국역 세종실록 지리지 강원도》《국역 태조실록 3년 6월 23일, 4년 6월 13일》

소나 취련소로 보낸다. 발배지가 서해도이면 경상도의 염소나 취련소로 보내고, 교주강릉도(交州江陵道)이면 전라도의 염소나 취련소로 보내고, 양광도이면 평양삭방도(平壤朔方道)의 염소나 취련소에 보낸다.

유형 3등급은 거리의 멀고 가까움에 따라, 각처의 황무지나 바닷가에 접한 주·현을 배소로 정하고 죄인을 보내어 안치한다.
직례의 부나 주
직속된 경성과 경기 좌도 · 우도이다.
**직해** 발배지가 경성일 때 먼 곳이면 경상도에 안치하고, 중간이면 전라도에 안치한다. 발배지가 서해도면 경상도에 안치하고, 교주강릉도면 전라도에 안치하고, 양광도면 평양삭방도에 안치한다.

변방 먼 곳에 보내어 충군한다.
**직해** 죄인이 경성의 군인일 때 먼 곳이면 경상도에 충군하고, 중간이면 전라도에 충군한다. 죄인이 서해도의 군인이면 경상도에 충군하고, 교주강릉도의 군인이면 전라도에 충군하고, 양광도의 군인이면 평양삭방도에 충군한다.

해설
범죄의 구성 요건을 규정한 〈명례율〉과 각칙, 범죄의 효과인 오형은 추상적인 규정으로 되어 있어 《대명률》을 조선에 시행할 수 있으나, 배소(配所)까지 그대로 시행할 수는 없으므로, 도배 죄인 · 유배 죄인 등의 배소를 죄인의 거주지 혹은 근무지를 기준으로 삼아 명률과 다르게 규정하는 일은 불가피한 일이었을 것이다. 《대명률》에서 정해 놓은 유 3000리 · 유 2500리 · 유 2000리 등은 조선의 실정에 맞지 않으므로 세종 대에 각 도를 기준으로 유배지를 다시 정하였다. 조선은 중국과 영토의 크기가 다르므로, 《대명률직해》에서는 도형 · 유형 · 천사하는 지방을 규정한 본조를 조선 실정에 맞도록 밝히고자 다시 한 번 더 두었고, 1430년(세종12)에는 다음 표와 같이 보다 상세한 시행 규정을 만들었다.

조선의 유배지

| 거주지 | 유배 거리 | 유배지 |
|---|---|---|
| 경성<br>경기 좌도<br>경기 우도 | 3000리 | 경상도 · 전라도 · 함길도 · 평안도 바닷가 고을 |
| | 2500리 | 경상도 · 전라도 · 평안도 · 함길도 중앙 고을 또는 강원도 바닷가 고을 |
| | 2000리 | 경상도 · 전라도 · 평안도 · 함길도 시면(始面) 고을 또는 강원도 중앙 고을 |
| 황해도 | 3000리 | 경상도 · 전라도 중앙 고을 또는 평안도의 강계 · 의주 고을 |
| | 2500리 | 전라도 · 경상도 · 평안도 · 함길도 시면 고을 |
| | 2000리 | 충청도 바닷가 고을 또는 강원도 중앙 고을 |
| 평안도 | 3000리 | 충청도 바닷가 고을 또는 함길도 중앙 고을 |
| | 2500리 | 충청도 중앙 고을 또는 강원도 · 함길도 시면 고을 |
| | 2000리 | 충청도 시면 고을 |
| 충청도 | 3000리 | 평안도 · 함길도 중앙 고을 또는 경상도 · 전라도 바닷가 고을 |
| | 2500리 | 평안도 · 함길도 시면 고을 또는 강원도 · 함경도 중앙 고을 |
| | 2000리 | 전라도 · 경상도 중앙 고을 또는 황해도 · 함길도 시면 고을 |
| 전라도 | 3000리 | 경상 좌도 바닷가 고을 또는 함길도 · 평안도 중앙 고을 |
| | 2500리 | 황해도 시면 고을 또는 강원도 중앙 고을 또는 경상 좌도 중앙 고을 |
| | 2000리 | 강원도 시면 고을 또는 충청도 상면(上面) 고을 또는 경상 우도 고을 |
| 경상도 | 3000리 | 전라 우도 바닷가 고을 또는 함길도 · 평안도 중앙 고을 |
| | 2500리 | 충청도 · 강원도 · 전라도 중앙 고을 |
| | 2000리 | 충청도 시면 고을 또는 전라 좌도 고을 |
| 함길도 | 3000리 | 전라도 · 충청도 · 경상도 바닷가 고을 |
| | 2500리 | 전라도 · 경상도 중앙 고을 또는 황해도 바닷가 고을 |
| | 2000리 | 충청도 · 황해도 중앙 고을 또는 전라도 · 경상도 시면 고을 |
| 강원도 | 3000리 | 전라도 · 경상 우도 고을 또는 황해도 바닷가 고을 |
| | 2500리 | 전라도 · 경상도 중앙 고을 또는 충청도 · 황해도 바닷가 고을 또는 평안도 시면 고을 |
| | 2000리 | 충청도 · 황해도 중앙 고을 또는 평안도 시면 고을 또는 경상도 · 전라 좌도 바닷가 고을 |

# 대명률직해

## 제2권 이율吏律 직제職制

## 직제 職制

〈직제〉는 관원들의 직임에 관한 법제로, 진대(晉代)에 처음으로 출현하여 당시 〈위제(違制)〉라 불렀고, 이후 북제(北齊)에 이르기까지 이 명칭은 바뀌지 않았다가, 수(隋) 개황(開皇) 연간(581~600)에 〈직제〉라 개칭하였다. 당률(唐律) 중 직사(職司)에 관계되지 않은 것은 별도로 취하여 〈공식(公式)〉이라 하고 뒤에 덧붙였다.

당대(唐代) 〈직제〉의 당률 99조 대사산재조상(大祀散齋弔喪), 120조 익부모부상(匿父母夫喪), 123조 역사계정(驛使稽程), 129조 승역마재사물(乘驛馬齎私物), 135조 유소청구(有所請求), 140조 수소감림재물(受所監臨財物) 등은 예율·병률·형률에 나누어 실었고, 또한 〈사위(詐僞)〉의 당률 371조 비정적사승습(非正嫡詐承襲)에서 직사에 관계된 것을 취하여 51조 관원습음(官員襲蔭)을 만들었다. 48조 선용군직(選用軍職), 59조 관리급유(官吏給由), 60조 간당(姦黨) 등을 추가하고, 이들을 합하여 〈직제〉라고 하였다. 모두 15조이다.

# 48
# 선발하여 군직에 임용함
選用軍職

수어(守禦)하는 곳의 천호(千戶) · 백호(百戶) · 진무(鎭撫)[1]에 결원이 생기면, 한편으로는 궐본(闕本)[2]을 갖추어 밀봉하여 어전에서 열어 보도록 하고, 다른 한편으로는 도지휘사사(都指揮使司)에 문서를 보내고 도지휘사사에서 오군도독부(五軍都督府)에 전달하고 오군도독부에서 주문(奏聞)하여, 황제의 재가를 받은 다음 병부(兵部)에서 선발하여 임용한다.[3] 미리 선발하여 임시로 관장하게 하였다가 실제로 제수되기를 바라면, 해당 관원과 이전은 각각[4] 장 100에[5] 직역을 파하고 충군(充軍)한다.[6] 총기(總旗)를 선

1 천호(千戶) · 백호(百戶) · 진무(鎭撫) : 총기(總旗) 위에 있는 군관들이다. ①6 軍官有犯

2 궐본(闕本) : 정원에서 모자라는 관리의 인원을 기록한 문서이다.

3 수어(守禦)하는……임용한다 : 지휘에 결원이 생기면, 도지휘사사에서 위의 율문과 같이 한편으로는 결본(缺本)을 갖추고, 한편으로는 오군도독부에 문서를 보내어, 2개의 경로를 통해 황제에게 주문하여 황제의 재가를 받아 선발하여 임용한다.〔若指揮有缺 當從都指揮使司 亦如上例 一具缺本 一行都督府 各另奏聞 取自上裁選用 可知〕《전석 권2 2장》

4 각각 : 일을 임시로 맡은 사람도 일을 맡긴 관리와 같은 죄라고 보는 설도 있으나, 율에 명시되어 있지 않으므로 '각각'은 관원과 이전으로 보아야 한다. 만약 일을 임시로 맡은 사람이 실제로 제수되기를 희망하여 관리에게 뇌물을 공여하였다면 370조 유사이재구청(有事以財求請)으로 처벌하고, 뇌물을 받은 관리는 367조 관리수재(官吏受財)에 의거해 장(贓)을 계산하여 왕법장(枉法贓)으로 보되 무거운 쪽으로 논한다.〔或謂 行委權管之人 當與官吏同罪 然律無明文 使其人自有希望實授之情 則所委必由用財而得合 但坐以有事以財行求之律 其當該官吏 合計贓以枉法從重論〕《전석 권2 2장》

5 장 100에 : 나중에는 조례(條例)에 의해 장(杖)은 면제하였다.〔今例免杖〕《전석 권2 2장》

6 미리……충군(充軍)한다 : 이 조문은 "나중에 실제로 제수되기를 바란다."는 데에 초점이 있다. 수어에 결원이 생기면 그 일을 다른 사람에게 임시로 맡기는 것은 흔한 일이다. 그 임시로 맡은 사람이 나중에 실제로 제수되기를 바라지 않는다면, 임시로 일을 맡긴 사람이나 맡은 사람을 처벌하지 않는다.〔此全重希望實授一句 守禦有缺 委人權管 亦職守之常 但不當希望實授耳 若無希望之情 但權管印信 以供職事 不用此律 權管之人 亦不坐罪〕《전석 권2 2장》

발하여 임용할 때에는 반드시 착과철창인(戳過鐵鎗人)[7] 중에서 임용하여 맡긴다. 소기(小旗)[8]는 편의에 따라 선발하여 충당하며 이 율을 적용하지 않는다.[9][10]

**직해** 방어처의 천호・백호・진무 등이 빈자리가 생기면, 한 본은 밀봉하여 어전에서 열어 보도록 한다. 한 본은 도절제사가 도평의사에 전달하고 임금에게 아뢰어 임금이 살피어 선발하여 임용하도록 한다. 혹시 군관을 먼저 차정하여 임시로 주관하게 한 후에 차정된 자가 실제 직임을 받기를 바라면, 담당하였던 관원과 아전들은 각각 장 100이고 직역을 정지시키고 충군한다. 백호[11]라 하는 이를 선발하여 임용할 때에는 창으로 치거나 찌르기에 합격한 사람으로 선발하여 임용한다. 통주(統主)라 하는 이는 편의대로 선택하여 자리를 채우므로 이 율을 적용하지 않는다.

7 착과철창인(戳過鐵鎗人) : 소기(小旗)들이 창 겨루기를 해서 이기면 군직을 실제로 제수하는 것으로, 전쟁에 나가 부상을 입은 자만이 창 겨루기를 면할 수 있다.〔戳過鐵鎗 卽今旗役併鎗得勝 方準實授 惟征傷者 免併鎗耳〕《집설 권2 3장》 병부에서 관원들을 중부(中府)에 모아 놓고 창 겨루기 시험을 치러 형세가 유리한 쪽이 승자가 된다.〔兵部會官于中府 比試併槍 利便者爲勝〕《부례(상) 240쪽》

8 소기(小旗) : 원・명대에 군인 10명을 지휘하던 하급 군관, 또는 그 부대의 단위이다. 명의 제도에 군인 10명으로 소기를 세우고, 군인 50명으로 총기, 군인 100명으로 백호, 군인 1000명으로 천호를 세웠다. 천호에는 정(正)・부(副)가 있고, 천호 이상에는 지휘가 있으며, 지휘에는 사(使)・동지(同知)・첨사(僉事)가 있었으니, 모두 세습하는 관직이다.〔大明之制 十軍立一小旗 五十軍一摠旗 兩摠旗一百戶 十百戶一千戶 千戶有正有副 千戶以上有指揮 指揮有使有同知有僉事 皆世襲之官也〕《이문 12》

9 소기(小旗)는……않는다 : 소기는 역(役)이 낮고 인원이 많아 모두 착과철장인으로 쓸 수 없으므로 이 착창지율(戳鎗之律)을 적용하지 않는다고 한 것이다.〔蓋役微名衆 焉能盡保戳鎗之人而用之也 故不拘此戳鎗之律〕《집설 권2 1~2장》

10 수어(守禦)하는……않는다 : 이 조문은 명 건국 초의 제도이고, 나중에는 병부에서 추거(推擧)하여 5년에 한 번씩 고선하는 방식을 많이 취하였다.〔此係國初之制 今擢用將材 多從兵部推擧 五年一考選〕《전석 권2 2장》

11 백호 : 같은 조문 앞부분에서 이미 백호의 임명 방식이 나왔는데 여기서 또 백호 후보자 규정이 나와 있는 것은 조선과 명의 군사 제도에 차이가 있기 때문이다. 뒤의 백호는 대명률의 총기에 해당하는 규정으로 조선에는 총기가 없다.

해설

군관이 지방을 수호하고 도적을 방어하는 수어(守禦)는 임무가 중대하므로 신중하게 선발하여 임용함으로써 신하들이 독단하는 것을 막도록 하려는 취지의 조문이다. 군직은 반드시 공을 세워야 하기에 선발하여 임용하는 절차를 엄격히 하고 있다. 수어하는 군관 중에 결원이 생기면 해당 아문에서 궐본(闕本)을 갖추어 황제에게 아뢰고, 황제의 재가를 받은 다음, 병부에서 결원이 생긴 관직에 후보자를 추천하여 선발·임용한다. 황제의 재가를 받도록 한 것은 군공을 세운 자의 선발을 중시하고 요행을 바라는 것을 막으려는 것이다. 또한 지방에서 수어하는 군관의 빈자리에 임시로 사람을 뽑아 쓴 다음 그 사람의 희망에 따라 제수하는 것을 막았는데, 관리가 임시로 뽑힌 사람이 정식으로 임용되는 것을 독단적으로 도모할 수 있기 때문이다. 군직을 임용하는 방식을 직임이 무겁고 중한 천호·백호·진무 등의 군관과 직임이 낮은 총기, 임무가 적고 직분이 미천한 소기 등의 등급으로 나누어 규정하였다.

## 49
# 대신이 멋대로 관원을 선발함
大臣專擅選官

관원을 제수할 때는 반드시 조정에서 선발하여 임용해야 한다. 대신(大臣)이 멋대로 선발하여 임용하면 참형이다.[1] 대신의 친척[2]도 특지(特旨)를 받지 않으면 관직에 제수하는 것을 허락하지 않는다. 이를 어기면 죄가 위와

1 대신(大臣)이……참형이다 : 벼슬을 주거나 표창하는 일은 황제의 권한이므로 비록 대신이라도 멋대로 할 수 없다. 만약 대신이 이 법을 따르지 않고 멋대로 선발하여 임용하면 이는 군권(君權)을 개인의 권한으로 삼는 것이므로 참형으로 처벌한다.〔蓋爵賞乃君上之權 雖大臣不得專也 若大臣不遵此法而輒專擅選用 是以君權爲私柄矣 坐以斬罪〕《집설 권2 3장》 만약 선발하여 임용된 사람이 이러한 실정을 알았다면 383조 사가관(詐假官)의 '실정을 알고도 가짜 관직을 받았을 때'에 적용하는 율에 따라 장 100 유 3000리이고, 사정을 몰랐으면 처벌하지 않는다.〔若受選用之人 知情者 依詐假官條內 知情受假官者 杖一百流三千里 不知者不坐〕《강해 106쪽》 구설(舊說)에서는 선발하여 임용된 사람에 대해 383조 사가관 '실정을 알고도 가짜 관직을 받은 것'에 대한 율을 적용한다고 하였으나, 이는 잘못이다. 그 선발하여 임용된 것이 조정에 의해 이루어진 것은 아니나 이부(吏部)에서 인신을 찍은 문빙도 있으므로 사가관에 비할 바가 아니다. 만약 마땅히 선발하여 임용되지 말아야 할 사람이 선발되었는데 특별히 뇌물을 공여한 증거가 없으면, 410조 불응위(不應爲)의 장죄(杖罪)로 처벌해야 한다.〔應選之人不坐 舊說 坐以知情受假官律 非是 蓋其選用 雖是不由朝廷 然關有吏部印信文憑 非假官之比 若不應選而選 別無行賄實迹 當問不應杖罪 引貪緣奔競事例黜退爲民〕《전석 권2 4장》

2 대신의 친척 : 《집해》에서는 대신의 친척을 일반 백성으로 원래 과거나 천거, 습음으로 입사할 수 있는 방도가 없는 자로 보고, 응당 선발되어야 할 사람과는 같지 않다고 하여〔按大臣親戚乃白衣 原無科貢襲蔭入仕之途 似與應選之人不同〕《집해 389쪽》 무자격자의 관원 제수를 금지하는 것으로 보았다. 반면 《부례》의 조례(條例)에서는 대명령을 인용하여 중앙이나 지방의 관할에 있는 아문의 관리 중에 부자·형제·숙질의 관계에 있는 자가 있으면 모두 아랫사람이 회피해야 한다고 하여〔今內外管屬衙門官吏 有係父子兄弟叔姪者 皆須從卑迴避〕《부례(상) 243쪽》 자격이 있는 사람이라도 상피해야 하는 것으로 보았다. 명 건국 과정에서 홍무제는 동향 출신의 무신 세력, 강남의 문신 세력 등을 공신으로 흡수하여 지배층을 구성하였다. 일원적인 황제 중심의 중앙 집권 체제가 안정되자 각종 반란 사건을 명분으로 대대적인 공신 세력 축출을 시행하고 대명률에 관련 조항을 명시하였는데, 대신 세력의 탐학에 대한 엄격한 제한, 승습(承襲)의 축소, 입사(入仕)·마감(磨勘)·고과(考課)·상피(相避) 등 엄격한 인사 제도 시행 등이 그것이다.

같다.[3] 조정에 있는 현임 관원을 황제가 직접 대면하여 유시하고 파견하거나 개제(改除)[4]하였는데, 멀고 가까움을 불문하고 핑계를 대면서[5] 가지 않으면, 모두 장 100에 파직하고 서용하지 않는다.[6]

**직해** 관원에게 관직을 제수할 때에는 반드시 공평하고 타당하게 의논해서 계(啓)로 아뢰어 선발하여 임용한다. 대신이 사적인 의견으로 임용하면 논죄한다.[7] ○ 대신의 자제나 일족이라도 각각 그 재주를 계로 아뢰어 관직을 제수한다. 이를 어기면 죄가 같다. ○ 현직에 있는 중앙 관원을 임금의 명으로 여러 곳에 차정하여 보내거나, 또는 외임으로 옮겨 임명하였는데, 핑계를 대고 부임하지 않는 자는 거리의 멀고 가까움을 논하지 않고 모두 장 100에 정직시킨다.

## 해설

엄격한 인사 제도 시행과 관련하여 대신 세력의 인사 전횡이나 인사권 남

3 이를……같다 : 앞 문장의 관원 선발을 멋대로 한 율과 같이 참형에 처하고, 실정을 알고도 관직을 받은 자는 383조 사가관으로 과죄(科罪)하는 것을 말한다.〔罪亦如之 謂如上條專選官律斬 及知情受者以假官科之〕《강해 106쪽》

4 개제(改除) : ① 12 以理去官

5 핑계를 대면서 : 원문에서 '탁(托)'이라고 하였으므로 정당한 이유가 없는 것이다. 이 조문은 387조 사병사상피사(詐病死傷避事)의 태 40이나 장 80보다 형량이 더 무거운데, 고의로 조정의 명령을 어기는 죄가 중하기 때문이다.〔故而曰托 則無故可知 若眞有故 則不得云托矣 此與刑律詐稱避難罪有不同 以故違朝命爲重也〕《집주(상) 132쪽》

6 모두……않는다 : 비록 관원을 제멋대로 뽑는 죄에 비할 바는 아니나 부임을 지체하는 죄를 면해 주기 어렵기 때문에 부임지가 멀거나 가깝거나 모두 장 100을 치고 파직하고 서용하지 않는 것이다.〔雖非專擅之比 難逭稽遲之罪 故竝杖一百 罷職不敍〕《집해 389쪽》 문관은 파직하고 서용하지 않지만 군관은 강등하여 총기(總旗)에 충당한다. 아래의 다른 조문에서도 관원에 대해 파직하여 서용하지 않는다고 하면 군관은 강등하여 총기에 충당한다는 것으로 이해해야 한다.〔在軍官則充總旗 下竝倣此〕《집해 388쪽》

7 논죄한다 : 율문의 해당 원문이 '참(斬)'이어서 직해에서도 '참이다(斬齊)'로 번역할 것이 예상되는 환경이다. 직해의 번역자가 의도적으로 달리 번역하였을 가능성과 오역일 가능성이 있다.

용을 막고, 아울러 신하가 지방관으로 나가지 않으려는 것을 막기 위해 마련한 조문이다.

# 50
# 문관은 공이나 후에 봉하지 못함
文官不許封公侯

문관이 나라에 큰 공훈(功勳)[1]이 없는데도 해당 관사에서 모호하게 주청해서 멋대로 '공(公)'이나 '후(侯)'의 작위에 봉하면 해당 관리와 봉작(封爵)을 받은 사람은 모두 참형이다. 생전에[2] 지방으로 나가 장수가 되고 중앙으로 들어와 재상이 되어[3] 능히 큰 환란을 제거하거나 충성을 다해 나랏일을 보필하면 나라를 세운 공훈과 같이 보아[4] 똑같이 '후'에 봉하고 '공'으로 시호를 내리며[5] 이 율을 적용하지 않는다.

**직해** 문관이 국가에 큰 공로가 없는데 임무를 맡은 관원이 모호하게 임금

1 공훈(功勳) : 《주례》에 따르면 '공'은 나라에 공을 세운 것으로 나라를 안정시키는 것이며, '훈'은 왕에게 공을 세우는 것으로 왕업(王業)을 도와 이루는 것이다.〔功勳二字見周禮 王功曰勳 謂輔成王業也 國功曰功 謂安定國家也〕《집해 390쪽》

2 생전에 : '생전(生前)' 두 글자를 표시한 것은 문관은 비록 봉작할 만한 공훈이 있더라도 반드시 죽은 뒤에 봉작과 시호를 더해 주기 때문이다.〔標出生前二字 則文官雖有應封之功勳 必待加于身後矣〕《집주(상) 133쪽》

3 지방으로……되어 : 왕명을 받들어 병사를 거느리고 죄를 토벌하는 것을 '출장(出將)'이라 하고, 조정에 있으면서 도를 논하고 나라를 경영하는 것을 '입상(入相)'이라 한다.〔奉命率兵討罪曰出將 在朝論道經邦曰入相〕《집설 권2 4장》 병사를 거느리고 죄를 토벌하는 것이 '장', 황제와 함께 나라를 다스리는 것이 '상'이다.〔率兵討罪曰將 共理治國曰相〕《부례(상) 245쪽》

4 능히……보아 : 문직으로 공훈이 없다면 가벼이 작위의 으뜸인 수작(首爵)을 받을 수 없으나, 혹 생전에 장군이나 재상을 겸하여 사직에 공이 있다면 나라를 세운 공훈과 같다.〔文職而無功勳 首爵豈宜輕命……其或生兼將相 功在社稷 卽同開國功勳〕《소의(상) 261쪽》 힘써 세운 공적과 충성스러운 계책이 실로 나라를 세운 으뜸 공훈과 다르지 않으므로 똑같이 봉하고 시호를 내린다.〔此其勞績忠謀 實與開國元勳無異 故一體封諡之〕《집설 권2 4장》

5 후에……내리며 : 살아서 작록을 받는 것을 '봉(封)'이라 하고, 죽은 뒤에 기리는 문자를 하사하는 것을 '시(諡)'라 하는데, 살았을 때 봉해지는 것보다 1등급을 더해 준다.〔生受爵祿曰封 死賜褒字曰諡 比生時所封 加一等級〕《부례(상) 245쪽》

에게 아뢰어 공이나 후의 관작을 받게 하면, 담당 관원과 이전(吏典) 및 직(職)[6]을 받은 사람을 모두 사형에 처한다. 생전에 지방에 나가 장수가 되고 중앙에 들어와 재상이 되어 국가의 재난이나 환란을 능히 제거하고 충성을 다하여 보좌하면 개국 공신과 같은 예로 직을 상으로 주되 죽으면 시호를 내려 이 율문에 구애되지 않는다.

### 해설

문관은 함부로 봉작하지 못하도록 제한하는 조문이다. 만약 해당 관사가 함부로 봉작을 청한다면 붕당(朋黨)을 심고 권력을 농단하는 것이므로 청하는 자와 받는 자 모두 참형에 처하였다. 옛날에 군공을 세우지 않으면 후(侯)로 봉하지 않았는데 그 취지를 이은 것이다.

6 직(職) : '공이나 후의 작위'를 직해에서는 '직'으로 번역하였다.

# 51
# 관원이 습음함
官員襲蔭

문무 관원이 부나 조부의 직사(職事)를 습음(襲蔭)[1]하기에 합당하면 모두 적장자(嫡長子)·적장손(嫡長孫)으로 하여금 습음하게 한다. 적장자·적장손에게 부득이한 사정[2]이 있으면 적차자(嫡次子)·적차손(嫡次孫)이 습음한다. 적차자·적차손도 없으면 비로소 서장자(庶長子)·서장손(庶長孫)의 습음을 허락한다. 서출(庶出) 자손도 없으면 동생이나 조카 중에서 승계에 합당한 자로 하여금 습음하게 한다. 서출 자손이나 동생, 조카가 차례에 의하지 않고 뛰어넘어 습음하면[3] 장 100 도 3년이다. 군관(軍官)의 자손이 나이가 어려서 승습(承襲)[4]할 수 없으면 조정에 신문(申文)을 갖추어 아뢰어,[5] 성명을 기록하고 관문(關文)으로 봉급(俸給)을 청하여 그 집이

1 습음(襲蔭) : 무관으로 부나 조부의 관직을 그대로 잇는 것이 '습(襲)'이고, 문관으로 자손에게 남긴 은택인 음직을 계승하는 것이 '음(蔭)'이다.〔武曰襲 仍其官也 文曰廕 承其餘廕也〕《집해 394쪽》 홍무 연간에 문관 정1품의 아들은 정5품이 되고 종1품의 아들은 종5품이 되도록 규정하였다.《국자해 128쪽》

2 부득이한 사정 : 죽거나 질환이 있거나 간음이나 도적의 죄를 범한 따위이다.〔亡歿疾患及犯姦盜之類〕《집설 권2 5장》

3 차례에……습음하면 : 만약 문무 관원이 승습하기에 합당하지 않은 자손을 차례를 뛰어넘어 승습하게 하면 시킨 사람은 죄주고, 27조 공범죄수종(共犯罪分首從)의 그 시킨 것을 따른 사람은 가인(家人)이 공동으로 죄를 범하면 존장만 처벌하는 규정에 따라 과죄를 면해준다. 문무 관원이 이미 죽어서 자손이 스스로 차례를 뛰어넘어 승습하면 그 차례를 뛰어넘은 사람을 처벌한다.〔若文武官員 使令不應承襲子孫 攙越次序承襲者 罪坐使令之人 其聽使者 依家人共犯免科 若已亡而子孫 自行攙越承襲者 罪坐攙越之人〕《강해 107쪽》

4 승습(承襲) : 명대에는 부모와 조상의 관작을 계승하여 부여받는데, 신분에 따라 공신(功臣)은 봉작의 개념에서 습봉(襲封), 토관(土官)은 승습, 문관은 봉증(封贈)으로 구분하였다. 그러나 일반적으로 부모의 관작을 계승하는 경우에 승습이라 하였다.〔功臣襲封 土官承襲 文官封贈〕《회전 권6 驗封淸吏司》

5 조정에……아뢰어 : 원문의 '신(申)'은 자신을 관할하는 상급 관사에 문서로 전달하는 것이

먹고살 수 있도록 해 준다. 16세가 되기를 기다렸다가 비로소 직사를 이어 군을 관할하고 일을 수행하게 한다. 군관의 후사가 끊어져 승습할 수 없으면 또한 본인의 아내와 자식[6]으로 하여금 예[7]에 따라 관문으로 봉급을 주도록 청하게 하여 평생토록 먹고살 수 있게 한다. 이성(異姓)의 타인을 양자(養子)로 들여 관아를 속여 거짓으로 승습하면 양자는 장 100에[8] 변방 먼 곳으로 보내 충군하며, 본가에서 관문으로 청구하여 받는 봉급은 그날[9]로 정지한다. 타인이 교사하면 모두 범인과 더불어 같은 죄이다. 해당 관사에서 실정을 알면서도 요구를 들어주면 범인과 더불어 같은 죄이고,[10] 몰랐으

고, '문(聞)'은 조정에 아뢰는 것이다.〔申 是申達本管上司 聞 是聞奏朝廷〕《집해 394쪽》

6 아내와 자식 : 율문의 원문에서 '처소(妻小)'라 하면 처만 포함된다.〔律稱……妻小 止妻也〕《집주(상) 44쪽》이 주석을 곧이곧대로 해석하면 처소에는 처만 포함된다. 그러나《집주》의 취지는 첩을 배제하는 데 있고, 처의 자식들을 배제하는 것은 아니라고 이해할 수 있다.《GMC》에서도 처소를 아내와 자식으로 보았다. 율문의 이 부분에서 "죽은 군관의 후사가 끊어졌다."라고 하였으므로 아들이 없는 것이지만, 딸은 있을 수 있다. 명 건국 초 남경(南京)에 고관영(故官營)을 설치하여, 죽은 관원의 자·손·처·여를 모두 '우급(優給)'의 대상에 포함시켰다. 나중에 두 가지 부류로 나누게 되었다. 승습해야 할 자·손이 나이가 아직 차지 않은 경우는 '우급'이라 하고, 자·손이 폐질인 경우, 자·손이 죽어서 모·처·여만 남은 경우, 자·손이 늙어서 승습할 수 없는 경우는 '우양(優養)'이라고 하였다.〔國初南京設故官營 凡故官子孫妻女 皆送入優給 後乃分 子孫應襲年未及者 曰優給 子孫癈疾 故絶止遺母若妻若女 及年老無承襲者 曰優養〕《전석 권2 6장》

7 예 : 1394년(홍무27)에 다시 정한 우급례(優給例)에 의하여 군관의 처가 자식이 없으면 쌀 5석을 평생토록 주도록 하였다. 모두《대명회전》에 보인다.〔依例 謂依洪武二十七年重定優給例 軍官妻無子 竝給米五石終身 俱見會典〕《집해 394쪽》〔二十七年重定 凡武臣在任亡故及征傷失陷者 自指揮至鎭撫妻 竝給米五石終身 無子孫者 亦如之 爲事亡故 無承襲者 不給 近則不同〕《회전 권122 優給》

8 장 100에 : 나중에는 조례에 의해 장은 면제하였다.〔今例免杖〕《전석 권2 6장》

9 그날 : 일이 발각된 날이다.〔截日 謂事發之日〕《집설 권2 7장》그 이전에 지급한 것을 추징하지는 않는다.〔截日住罷 卽以前之俸 不追也〕《집주(상) 126쪽》본가에서 지급받은 봉급을 소급해서 추징하지 않고 발각된 날부터 정지하는 것은, 이 집안이 후사가 끊어져서 어차피 아내와 자식에게 양섬(養贍)해야 하였기 때문이다. 그러나 이성 양자인 걸양자(乞養子)가 동성인 것처럼 속여 이미 관직을 제수받았다면 관직으로 인해 이미 지급된 봉급은 추징하여 관에 반납하게 한다.〔本家所關俸給 但截日住罷 蓋此俸 實亦絶嗣人妻小本等養贍之物故也 若乞養子 已曾授職 則支過俸給 應追還官矣〕《전석 권2 6장》

면 처벌하지 않는다.

**직해** 문무 관원이 부나 조부의 관직을 승계하기에 합당하면 적장자・적장손으로 승계하도록 한다. 적장자・적장손에게 연고가 생기면 적차자・적차손이 승계하도록 한다. 적차자・적차손이 없으면 첩[11]의 장자・장손으로 대신 잇도록 한다. 첩의 자손이 없으면 친동생이나 친조카로 승계하도록 하되 첩의 자손・동생・조카들이 난잡하게 순서를 어기고 승계하면 장 100도 3년이다. 군관의 자손이 나이가 어려 승계할 수 없으면 조정에 아뢰고 성명을 전보(傳報)하며, 식량을 정해진 절차를 밟아 지급하여 생활하게 하다가 16세가 되어야 부나 조부의 관직을 승계하여 군을 관할하게 한다. 군관의 자손이 실제로 없으면, 이 사람의 처와 식구들에게 법례에 따라 식량을 지급하여 종신토록 생활할 수 있게 한다. 이성의 수양인(收養人)으로 금령을 무릅쓰고 승계하게 하면, 수양인은 장 100에 먼 지역에 충군시키고 그가 받아먹는 식량은 즉일로 지급 장부에서 지운다. 규정을 어기도록 꾀어낸 사람도 범인과 죄가 같다. 담당 관사에서 잘못을 알면서도 으레 시행하면[12] 범인과 같은 죄이고, 몰랐으면 처벌하지 않는다.

## 해설

문무 관원의 자손들이 습음(襲蔭)하는 원칙에 관한 조문이다. 적장자・적장손, 적차자・적차손, 서장자・서장손, 동생・조카의 차례로 승습(承襲)

10 해당……죄이고 : 만약 해당 관사에서 순서를 어기고 차례를 뛰어넘어 승습하는 참월습음(攙越襲蔭)을 들어주면 범인과 마찬가지로 장 100 도 3년이며, 이성 양자를 들여 동성인 것처럼 속여 승습하는 사모승습(詐冒承襲)을 들어주면 범인과 마찬가지로 장 100에 변방 먼 곳에 충군한다. 해당 관사가 범인과 한통속이 되어 승습의 원칙을 파괴하였기에 그 죄가 같은 것이다.

11 첩 : 직해에서는 '첩(妾)'을 '첩처(妾妻)'로 표현한 경우가 많다. '첩'을 '처'의 한 형태로 인식한 듯하다.

12 으레 시행하면 : 직해의 원문은 의행(依行)인데, '의(依)' 자는 '시(施)'의 잘못일 가능성이 있다.

하는데, 적장자·적장손을 우대하는 것은 정통을 중시하기 때문이다. 이 조문은 정해진 원칙을 어기고 승습하는 두 가지 사례, 즉 순서를 어기고 차례를 뛰어넘어 승습하는 경우와 이성 양자를 들여 동성인 것처럼 속여 승습하는 경우 및 이러한 실정을 해당 관사에서 알면서도 범인과 한통속이 되어 그대로 들어주는 것에 대한 처벌 규정이다. 84조 입적자위법(立嫡子違法)과 비교해서 살펴볼 필요가 있다.

# 52
# 관원이나 이전을 남설[1]함
濫設官吏

중앙과 지방 각 아문의 관원에는 정원이 있는데 이를 초과하여 더 둘 경우, 해당 관원이나 이전(吏典)[2]은 더 둔 인원이 1인이면 장 100이고, 3인마다 1등급을 더하되 죄는 장 100 도 3년에 그친다.[3]

**직해** 중앙과 지방의 각 아문에 관원이나 이전은 원래 정해진 수가 있는데 그 수 외에 더 둘 경우, 1인을 더하면 일을 맡은 관리를 장 100을 치고, 3인을 더하면 3인마다 1등급을 더하되 모두 죄는 장 100 도 3년에 그친다.

이전・지인(知印)・승차(承差)・지후(祗候)・금자(禁子)・궁병(弓兵)[4]

1 남설 : 관원이나 이전을 규정된 수 외에 함부로 더 두는 것이다.〔官吏公使人等 在格各有員數 而或署置過限 是名濫設〕《이학 155쪽》

2 해당 관원이나 이전(吏典) : 인재를 선발하여 등용하는 일을 주관하는 전선(典選)이다.〔當該官吏 指典選者〕《집해 408쪽》

3 중앙과……그친다 : 황제의 명령을 받들어 관직에 정원 외로 추가로 보임(補任)하면 이 규정을 적용하지 않는다. 정원을 초과하여 임용된 사람은 처벌하지 않는다. 정원을 초과한 죄는 임용한 사람이 범한 것이고, 임용된 사람이 간여할 바가 아니기 때문이다.〔其奉旨添註者 不在此限 多餘之官不坐 以添設由人 非彼所得與耳〕《집설 권2 10장》 관원의 정원을 초과하여 두는 것은 49조 대신전천선관(大臣專擅選官)의 멋대로 관원을 선발하여 임용하는 것과 일의 체모가 서로 비슷하지만 후자는 참형이고 전자는 장 100 도 3년에 그친다. 두 경우 모두 선발해야 할 인원에 관계되지만, 다만 49조는 애초에 주청하지 않고 대신이 멋대로 선발하여 임용하였으므로 황제의 권한을 침범한 것을 미워하여 참형에 처하는 것이다. 그러나 관원의 정원을 초과하여 두는 것은 이미 주청을 거쳤으나 황제의 명령을 받들지 않고 정원 외에 추가로 보임하였을 뿐이므로 장 100 도 3년으로 처벌하는 것이다.〔按多餘添設與前專擅選用 事體相類 而一則坐斬 一則罪止徒三年 何也 蓋一項俱係應選之人 但專擅者 初不題旨而擅自選用 惡其侵君之權 故坐斬 若多餘添設 已經題請 但非奉旨添註者耳 故坐徒三年也〕《집해 412쪽》

4 지인(知印)……궁병(弓兵) : 중앙과 지방의 2품 이상 아문에는 지인이 있고, 지방의 삼사(三司) 곧 도지휘사사・포정사・안찰사에는 승차가 있다. 지후는 심부름하는 사람이고, 금

등을 정원 이외에 초과하여 충원하면[5] 장 100에 천사(遷徙)한다.[6] 1인을 머무르도록 용인하면 정관(正官)은 태 20, 수령관(首領官)은 태 30, 이전은 태 40이고, 3인마다 각각 1등급을 더한다. 모두 죄는 장 100에 그치며, 소유(所由)[7]를 처벌한다.[8]

자는 죄수를 감시하는 사람이며, 궁병은 도망자를 추적해서 잡는 사람이다.〔內外二品以上衙門 有知印 在外都布按三司有承差 祗候聽役使 禁子看囚徒 弓兵所以句追逃捕者也〕《소의(상) 267쪽》 명대 승차는 이원(吏員)의 일원으로 직명에서 보이듯 파견 실무 역할을 담당하였다. 1380년(홍무13) 호부에서 이원의 월봉(月俸)을 주정(奏定)하였는데, 승차는 각 아문별로 대체적으로 지인・전리(典吏) 등과 같은 수준으로 제시되었다.《明太祖實錄 卷130 洪武 13年 3月 17日》

5 정원……충원하면 : 원문은 남충(濫充)인데, 이역(吏役) 등 역을 맡은 당사자에 대한 말이다.〔濫充 就吏役等項本人言〕《집해 408쪽》 첨설(添設)은 관원・이전으로 말미암은 것이므로 관원・이전이 죄를 받고, 남충은 해당 역을 맡은 그 사람으로 말미암은 것이므로 역을 맡은 사람이 죄를 받는다.〔添設由官吏 故官吏受罪 濫充由諸人 故所充之人受罪〕《석의 권2 5장》

6 천사(遷徙)한다 : 도 4년에 준하는 유형에 비의(比擬)하여 반으로 줄여 도 2년에 준한다. 1000리 밖으로 내보내, 고향에 다시 돌아와 머무르면서 쓸데없이 해를 끼치지 못하게 하는 것이다.〔比流減半 準徒二年 不使之復留以貽宂害也〕《집설 권2 11장》

7 소유(所由) : 원인을 유발하는 사람으로 귀책사유(歸責事由)가 있는 자이다.

8 소유(所由)를 처벌한다 : 이에 대해서는 주석서마다 설이 서로 엇갈린다. 《부례》에서는 소유를 정원 외의 이전 등을 머무르도록 용인한 사람이라고 보았다. 예컨대 이전 등의 역을 정원을 초과하여 충원하면 이전 등을 장형과 도형으로 처벌하는데, 머무르도록 용인한 것이 전임관이 한 일이면 전임관을 처벌하고 후임관을 처벌하지 않으며, 정관이 한 일이라면 정관을 처벌하고 수령관을 처벌하지 않으며, 수령관이 한 일이면 수령관을 처벌하고 좌이관(佐貳官)을 처벌하지 않는다고 하였다. 만약 관사에서 스스로 선발하여 충당하였는데, 이전으로 말미암은 것이 아니면 관원을 처벌하고 이전은 처벌하지 않는다는 것이다.〔罪坐所由 指容留之人 如吏典等役濫充 罪以杖徒 然容留在前官則罪前官 不罪代官 在正官則罪正官 不罪首領 在首領則罪首領 不罪佐貳 若官自句選點充軍 不由吏則罪官而不罪吏也〕《부례(상) 258쪽》 반면에 《집주》에서는 "《전석》 등 여러 책에서는 모두 '「소유를 처벌한다는 것은 예컨대 정관이 머무르도록 용인하고, 수령관과 이전이 사정을 몰랐으면 처벌하지 않는다는 것이다. 단지 한 사람을 머무르도록 용인하였다고 해서 정관・수령관・이전을 모두 처벌하는 것은 아니다.」라고 하였으나, 이 설은 옳지 않다.'라고 하였다. 각 조문에서 무릇 정관・수령관・이전에 대해 순차적으로 등급을 더하여 과죄하는 것은 모두 함께 처벌하는 것이다. 여기서 태 20・태 30・태 40이라고 한 것이 바로 그 예이다. 관원이 머무르도록 용인하였는데 이전이 모르거나 이전이 머무르도록 용인하였는데 관원이 모르는 일이 어찌 있을 수 있겠는가. 여기서 소유를 처벌한다는 것은 다만 전관・후관의 임기 내를 말한 것이 옳다."라고 보았다.〔箋釋 諸書皆謂 罪坐所由者 如正官容留 首領吏典不知不坐 非但容留一

**직해** 전리(典吏)·서리(書吏)·지인·영사(令史)·나장(螺匠)·옥정(獄正)·사령(使令) 등을 원래 정해진 인원수 외에 초과하여 충원하면 장 100에 지방으로 옮긴다. 1인을 머무르도록 용인하고 보내지 않으면 정관은 태 20, 지차(之次) 관원은 태 30, 전리·서리·영사는 태 40이다. 3인마다 각각 1등급을 더하되 죄는 장 100에 그친다. 처음에 주도한 사람을 논죄한다.

파직되어 쉬고 있는 관원이나 이전이 관아 밖에 있으면서 관아의 일에 간여하거나, 결탁·대리하여 공문서를 작성·발송하거나,[9] 관부(官府)를 손아귀에 쥐고 제 마음대로 휘두름으로써 정사를 좀먹거나 백성에게 해를 입히면 모두 장 80이다. 범인에게서 은 20냥을 추징하여 고발한 사람에게 상으로 준다.[10] 그리고 범인의 집 문 위에 죄명을 써 붙이되, 3년 동안 범하지 않으면 관에서 떼어 버리고, 다시 범하면 2등급을 더하고 천사한다.[11] 규피(規避)한 바가 있으면 무거운 쪽으로 논한다.[12] 관부에서 세량(稅糧)을 기

人 正官首領吏典竝坐也 此說非是 按 各條 凡正官首領吏典遞加科罪者 皆同坐 此笞二十三十四十正其例也 豈有官容留而吏不知 吏容留而官不知者乎 此罪坐所由 止言前後官任內爲是〕《집주(상) 135쪽》

9 결탁……발송하거나 : 원문 '결(結)'은 다른 사람과 결탁하여 자신을 용납하게 하는 것이고, '남(攬)'은 대리하여 이익을 도모하는 것이다. 결탁·대리하여 공문서를 작성·발송하면 경중을 따지지 않고 은을 추징하여 고발자에게 상으로 준다.〔結者交結以容自 攬者承攬以圖利 結攬寫發 不問輕重 追銀充賞〕《부례(상) 259쪽》

10 고발한……준다 : 결탁·대리하여 공문서를 작성·발송하는 결람(結攬)이나, 관부를 손아귀에 쥐고 제 마음대로 휘두르는 파지(把持)는 반드시 상급 관사 아문에 고발하는 사람이 있어야 비로소 그 일이 발각될 수 있다. 그러므로 범인에게서 은 20냥을 추징하여 고발자에게 상으로 주는 것이다.〔然此結攬把持之人 必有人于上司衙門首告 乃得發覺其事 故有追銀充賞之法〕《집주(상) 134쪽》

11 다시……천사한다 : 파직되어 쉬고 있는 관원이나 이전이 이미 장죄로 결단되고 나서 지금 또 결탁·대리하여 공문서를 작성·발송하면 장 80에 2등급을 더하여 장 100을 치고 천사는 도역 2년에 준하여 처리하되, 은을 추징하여 고발자에게 상으로 주는 규정은 적용하지 않는다.〔再犯加二等遷徙 謂罷閑官吏 先已杖斷訖 今又結攬寫發者 於杖八十上加二等 杖一百遷徙準徒役二年 不在追銀付告人充賞之限〕《강해 110쪽》

12 규피(規避)한……논한다 : '규'란 무언가 구하는 바가 있어 행하는 것을 말하고, '피'란 무언

록한 유첩(由帖)[13]이나 호구 장적을, 이들을 모집·고용하여 베끼게 하면 논죄하지 않는다.[14]

**직해** 파직되어 쉬고 있는 관원이나 아전 등이 관아의 일을 간섭하여 공첩(公牒)을 작성하는 일을 농단하거나, 관부의 여러 일을 틀어쥐거나, 정사를 어지럽히고 백성을 해치면 모두 장 80이고, 범인에 대하여 은 20냥을 추징하여 고발한 사람에게 상으로 준다. 범인의 집에다 죄명을 써서 문 위에 붙여 사람들에게 알리되, 3년을 조심하여 죄를 짓지 않아야 관사에서 문 위에 붙인 것을 떼어 낸다. 다시 죄를 지으면 2등급을 더하여 처벌하고 천사시킨다. 지은 죄를 회피하려고 모의하면 무거운 쪽으로 논죄한다. 이들에게 관사에서 수납한 공물·전세·군량의 영수증,[15] 체자(帖字)[16]나 호구

가 피하는 바가 있어 숨기는 것을 말한다. 예컨대 호방(戶房)이 결탁·대리하여 공문서를 작성·발송하여 전량(錢糧) 횡령을 규구(規求)하거나, 혹은 도형이나 유형의 죄를 범하고 결탁·대리하여 공문서를 작성·발송함으로써 이 죄를 회피하려는 따위이다. 그 규피한 바가 결탁·대리하여 공문서를 작성·발송한 죄보다 무거우면 각각 무거운 쪽으로 과죄한다.〔規 謂有所求爲 避 謂有所避匿 如戶房結攬寫發 規求侵欺錢糧之類 或犯徒流之罪 結攬寫發以避此罪之類 其所規避重於結攬寫發之罪者 各從重科之〕《강해 110쪽》 죄를 결단할 때 그 규피한 이유를 헤아려 규피한 죄가 만약 장 100을 치고 천사하는 것보다 무거우면 규피한 죄로 처벌하고, 장 100을 치고 천사하는 것보다 가벼우면 천사의 죄로 처벌한다. 뒤에서 무릇 "규피한 바가 있으면 무거운 쪽을 따른다."라고 한 것은 이와 마찬가지이다.〔斷罪者推原其所規避之由 如重于杖一百遷徙者 則坐以規避之罪 若輕于杖一百遷徙者 則坐以遷徙之罪 後凡言規避從重者倣此〕《집설 권2 12~13장》

13 유첩(由帖) : 조세의 내역을 증명하는 조세 징수 고지서이다. 유단(由單)이라고도 한다.

14 관부(官府)에서……않는다 : 유첩이나 호적은 공문서에 비할 바가 아니다. 관사에서 모집·고용한 것이고, 결탁·대리한 실정이 전혀 없으므로 처벌하지 않는다.〔蓋由帖冊籍非文案之比 而雇募必無結攬之情 故不坐罪也〕《집해 412쪽》 만약 관부에서 세량을 기록한 유첩이나 호구 장적을 베껴서 만드는데 그 수가 방대하여 글씨 잘 쓰는 사람을 고용하여 모아서 베끼게 하였다면 결탁·대리의 죄로 처벌하지 않는다.〔若因官府寫造稅糧由帖戶口冊籍 其數浩繁 而雇募能書之人 攢聚書寫者 不坐結攬之罪 故曰勿論〕《소의(상) 269쪽》

15 영수증 : 잡물을 관에 들인 뒤에는 반드시 작은 종이로 표식을 만들어 증험의 자료로 삼는데 이를 '자문(尺文)'이라 한다. 아마도 방언인 듯하다.〔凡雜物納官之後 必以小紙成標以憑驗考 名曰尺文 蓋方言也〕《明宗實錄 21年 4月 10日》

16 체자(帖字) : 상급 관아에서 하급 관아로 보내는 공문이다.

문서 등을 작성하도록 요청하여 문서를 쓴 사람은 논죄하지 않는다.

해설

관원이나 이전을 정원을 초과하여 둔 경우에 대한 처벌 규정이다. 관원의 남설(濫設)은 임용한 인사 담당자를 처벌하고, 이전의 남충(濫充)은 임용된 이전을 처벌한다. 아울러 이미 직역(職役)을 떠난 관리가 관사 업무에 개입하는 행위에 대해서도 규정하고 있다.

# 53
# 적합하지 않은 사람을 천거함
貢擧非其人

53-1 적합하지 않은 사람을 천거(薦擧)[1]하거나,[2] 재능이 당대에 쓰일 만하여 천거해야 하는데 천거하지 않은 경우[3] 1인이면 장 80이고, 3인마다[4] 1등급을 더하되 죄는 장 100에 그친다. 천거된 사람이 잘못 천거된 실정을 알고 있었으면 천거한 사람과 더불어 같은 죄이고, 실정을 몰랐으면 처벌하지 않는다.

53-2 주사(主司)가 예업(藝業)이나 기능[5]을 시험할 때 사실대로 하지 않

1 천거(薦擧) : 고대에 제후가 해마다 천자에게 우수한 인재를 천거하고 향리에서도 인재를 제후에게 천거한 데서 인재를 천거하는 것을 공거(貢擧)로 부르게 되었다. '공'은 주대(周代)에 향음주(鄕飮酒)의 예로써 빈객(賓客)을 삼아 추천하는 빈흥(賓興)이나 매년 지방에서 인물을 추천하는 세공(歲貢)과 같은 것이고, '거'는 현량방정과(賢良方正科)에서 추천을 거쳐 선발하는 것과 같은 따위이다.〔貢如賓興歲貢 擧如賢良方正類〕《부례(상) 263쪽》 이 조는 대체로 당률(唐律)을 답습하였으므로 당대(唐代)의 공거 제도에 대해 알아 둘 필요가 있다. 공거란 과거 시험에 응시할 후보자를 추천하는 일이다. '공'은 주(州)의 장관(長官)이 추천하는 것을 말한다. 매년 상주(上州)에서는 3명, 중주(中州)에서는 2명, 하주(下州)에서는 1명을 추천할 수 있었다. 주의 장관에 의해 추천된 사람을 공인(貢人)이라 한다. 거인(擧人)은 중앙의 국자학(國子學)·태학(太學)·사문학(四門學)·율학(律學)·서학(書學), 문하성(門下省)에 속한 홍문관(弘文館), 동궁(東宮)의 숭문관(崇文館) 등의 학교 출신자, 그리고 별칙(別勅)에 의해 추천된 사람을 말한다.《율연6 116~117쪽》

2 적합하지……천거하거나 : 가령 인재를 천거하는 데 있어 쓰임을 감당하지 못할 사람이어서 마땅히 천거해서는 안 될 사람을 '적합하지 않은 사람'이라 이르는데, 《논어》의 "굽은 사람을 들어 쓰고 정직한 사람을 버려두면 백성들이 복종하지 않는다."의 '굽은 사람을 들어 쓰는 것'이 이것이다.〔若貢擧人才不堪用不應貢擧者 謂之非其人是擧枉〕《집설 권2 14장》

3 재능이……경우 : 재능이 당대에 쓰일 만하여 천거해야 하지만 천거하지 않으면 곧 정직한 사람을 내치는 것이 된다. 《논어》의 "굽은 사람을 들어 쓰고 정직한 사람을 버려두면 백성들이 복종하지 않는다."의 '정직한 사람을 버려두는 것'이 이것이다.〔有才堪時用相應貢擧而不貢擧者是錯直也〕《집설 권2 14장》

4 3인마다 : 《강해》, 《소의》, 《석의》, 《부례》, 《집해》, 《전석》 등의 주석서에는 '2인'으로 되어 있다.

으면[6] 2등급을 줄인다.[7] 과실이면 각각 3등급을 줄인다.[8]

**직해** 쓸모없는 사람을 천거하거나, 재주와 기량이 천거하기에 합당한 사람을 천거하지 않으면, 1인이면 장 80이고 3인마다 1등급을 더하되 장 100을 한도로 한다. 천거된 사람도 잘못 천거된 실정을 알았으면 죄가 같고, 실정을 몰랐으면 논하지 않는다.

(○) 재예와 기능을 시취할 때 사실대로 시취하지 않으면 2등급을 줄이고, 실정을 알지 못하고 잘못 시취하면 3등급을 줄인다.

5 예업(藝業)이나 기능 : 글짓기, 말 타고 활쏘기, 율학, 역학, 의학, 점복 등과 같은 것이다.〔藝業技能如詞章騎射律曆醫卜之屬〕《집해 416쪽》

6 사실대로 하지 않으면 : 뽑을 만한데 뽑지 않거나, 뽑을 수 없는데 마구 뽑는 것이다.〔可取而不取 不可取而濫取 皆依不實〕《부례(상) 263쪽》

7 2등급을 줄인다 : 적합하지 않은 사람을 천거한 죄에서 2등급을 줄이는 것이다. 가령 예업이나 기능 시험을 사실대로 치르지 않은 것이 1인이면 장 60이고 2인마다 1등급을 더하되 죄는 장 80에 그친다.〔得減貢擧非其人罪二等 如一不實杖六十 每二人加一等 罪止杖八十〕《집해 417~418쪽》

8 주사(主司)가……줄인다 : 모두 주의하지 못한 데서 말미암은 것이므로 그 죄를 각각 3등급 줄인다. 천거에 과실이 있으면 장 80에서 3등급을 줄여, 잘못 천거된 사람이 1인이면 태 50이고 죄는 장 70에 그친다. 예업이나 기능 시험에 과실이 있으면 2등급을 줄인 데서 또 3등급을 줄여 1인이면 태 30이고 죄는 태 50에 그친다.〔又皆出于無心者 故其罪各減三等 失于貢擧 于杖八十上減三等一人笞五十罪止杖七十 失于考試者於減二等上再減三等一人笞三十 罪止笞五十〕《집설 권2 14장》

## 54
# 허물 있는 관원이나 이전을 천거하여 임용하도록 함
擧用有過官吏

일찍이 직(職)이나 역(役)을 파하고[1] 서용하지 말도록 단죄(斷罪)된 관원이나 이전(吏典)을 여러 아문에서 모호하게[2] 보거(保擧)[3]하는 것을 허용하지 않는다. 이를 어기면 천거한 관리 및 허물을 숨긴 사람[4]은 각각 장 100에 직이나 역을 파하고 서용하지 않는다.

**직해** 관원이나 아전 등이 이미 처벌을 받아 정직으로 임용하지 못하는 상태이면 각 관사에서 모호하게 천거하는 것을 허용하지 않는다. 이를 어기면 천거한 관원 및 자기의 죄를 숨긴 사람들을 각각 장 100에 정직하여 임용하지 않는다.

### 해설
관리를 등용하는 데 신중하게 해서 관직이 더럽혀지지 않도록 하기 위해 마련한 조문이다. 죄를 범해 직이나 역을 파하고 서용하지 못하도록 처벌을 받은 관원이나 이전을 각 아문에서 모호하게 천거해서는 안 되며, 또한

1 직(職)이나 역(役)을 파하고 : 문무 관원이 장 100 이상의 사죄(私罪)를 범하거나, 아직 유품(流品)에 들지 못한 관원이나 이전이 장 60 이상의 사죄를 범하였을 때이다.〔罷職役者 如文武官犯私罪杖一百以上 未入流官與吏犯私罪杖六十以上之類〕《부례(상) 265쪽》

2 모호하게 : 직이나 역을 파한 연유를 숨기고 얼버무려 천거하여 임용하게 하는 것이다.〔朦朧 謂隱其罷職役緣由 而蒙昧擧用也〕《집설 권2 16장》

3 보거(保擧) : 대신 등이 신원 보증을 서서 특별한 기예·학식이나 공적이 있는 사람을 황제에게 주청(奏請)하여 관직에 임용하도록 하는 것으로 천거의 일종이다.

4 허물을 숨긴 사람 : 보거된 사람으로, 이전의 허물을 스스로 진술하지 않고 모호하게 얼버무리고 보거를 받아들이는 것이다.〔匿過 謂不自陳前過 朦朧承受保擧也〕《집해 421쪽》

허물이 있는 사람이 그 사실을 숨기고 함부로 자신이 천거된 것을 받아들여서도 안 된다는 내용이다. 죄를 범하여 판결을 받았으면 허물이 드러난 것이며, 직이나 역을 파하고 서용하지 않는 처벌을 받았으면 관리 명부에서 이미 지워졌으므로 다시 등용할 수 없는 것이다.

## 55
# 직이나 역을 함부로 이탈함
擅離職役

관원이나 이전(吏典)이 정당한 사유 없이 함부로 직(職)이나 역(役)을 이탈하면 태 40이다.[1] 어려움을 회피하려고 도망하면 장 100에, 직이나 역을 파하고 서용하지 않는다.[2] 회피한 일이 무거우면 각각 무거운 쪽으로 죄를 논한다.[3] 관청에 있으면서 일직(日直)해야 하는데 일직하지 않거나, 숙직해야 하는데 숙직하지 않으면 각각 태 20이다.[4] 창고,[5] 무장(務場),[6] 옥수

1 태 40이다 : 태만하고 자리를 비운 허물이 있으므로 태 40을 치고 각각 직이나 역에 돌려보낸다.〔是有怠曠之愆 故笞四十 各還職役〕《집설 권2 16장》

2 어려움을……않는다 : 어려움을 회피한다는 것은 직을 맡거나 역을 지면서 처리하기 어려운 일을 당하자 두려워 회피하려고 도망하는 것을 말하며, 자신이 저지른 범죄에 대한 처벌을 회피하는 것은 아니다. 만약 자신이 저지른 범죄에 대한 처벌을 회피하면 30조 범죄사발재도(犯罪事發在逃)의 율문에 따른다.〔避難 謂在職役 遇有難處之事 畏避而逃 非避罪也 若避罪則依犯罪在逃之律矣〕《집설 권2 17장》 만약 전량(錢糧)을 보내거나 도적을 잡는 따위와 같이 어려운 일을 당하자, 관련이 될까 두려워 어려움을 피하여 일을 하지 않고 이로 인하여 도망가면, 이는 통상적인 직무 수행을 버린 것으로, 단지 자리를 비워 일을 폐한 것에 그치지 않는다. 그러므로 장 100을 치고 관원이나 이전은 직이나 역을 파하고 서용하지 않으며 군관은 강등하여 총기(總旗)에 충당하는 것이다.〔若遇事之難 如解錢糧捕盜賊之類 恐有干係 避難不爲 因而在逃者 是棄職守之常 不但曠廢而已 故杖一百 官吏罷職役不敍 軍官降充總旗〕《집해 425쪽》

3 회피한……논한다 : 가령 군대를 따라가 군량을 공급해야 하는 문관이 어려움을 회피하여 도망감으로써 군대가 적을 만났을 때 군량이 부족하게 되었거나, 동원되어 파견된 군관이 어려움을 회피하여 도망감으로써 제때 계책을 세워 서로 호응하고 돕지 못해 군사상의 대책이나 책략을 그르쳤으면 회피한 일의 죄가 무거우므로 당연히 269조 공사응행계정(公事應行稽程)의 '적과 대치 중에 군수품이 부족하게 된 죄'와 225조 실오군사(失誤軍事)의 '기한에 맞추어 군대를 나아가게 하여 책응(策應)하지 않은' 중죄(重罪)인 참형으로 논하는 것이다.〔如文官應合隨軍 供給糧餉 避難在逃以致臨敵缺乏 軍官已承調遣 避難在逃以致不依期策應 失誤軍機 則所避事重矣 自當從臨敵缺乏不依期策應重罪論也〕《집설 권2 17장》

4 관청에……20이다 : 돌아다니면서 민풍(民風)과 세정(世情)을 살피는 순풍(巡風) 관리, 창고·세관·장터 등과 세무 업무를 맡는 찬전(攢典)과 난두(攔頭), 조운을 전담하는 기군

(獄囚), 잡물 등을 담당하는 주수(主守)가 일직해야 하는데 일직하지 않거나, 숙직해야 하는데 숙직하지 않으면 각각 태 40이다.[7]

**직해** 관원이나 아전이 함부로 직이나 역을 떠나면 태 40이다. 어렵고 힘들까 생각하여 회피하려고 도망하면 장 100에 정직시키고 임용하지 아니하며, 회피한 일이 무거우면 각각 무거운 쪽으로 논죄한다. 차례가 되어 일직이나 숙직을 해야 하는데 일직이나 숙직을 빠뜨리면 태 20이다. 담당하는 창고 안의 잡물이나 옥수 등을, 그 담당자가 일직이나 숙직할 차례인데 빠뜨리면 각각 태 40이다.

(旗軍), 불을 끄는 일에 종사하는 화부(火夫) 등은 교대로 일을 한다. 관리가 항상 맡고 있는 직역과 비교해 같지 않으므로 그 죄를 감경하는 것이다.〔若在官員役 如巡風官吏攢欄旗軍火夫之類 是暫時輪流者 較之官吏居常之職役不同 故其罪減輕〕《집설 권2 17장》

5 창고 : '창(倉)'은 조세로 거둔 곡물, 즉 세량(稅糧)을 서장하는 곳이고, '고(庫)'는 재물을 저장하는 곳이다.〔收糧曰倉 收財曰庫〕《집해 779쪽》

6 무장(務場) : '무'는 물건에 세금을 매기는 곳으로 도세사(都稅司) 등의 아문이고, '장'은 물건을 쌓아 놓는 곳으로 초장(草場)・염장(鹽場) 같은 따위이다.〔稅物曰務 卽都稅司等衙門 積物曰場 如草場鹽場之類〕《집해 779쪽》

7 창고……40이다 : 관청에 있으면서 하는 일직이나 숙직은 관계되는 일이 작으므로 직이나 역을 함부로 이탈한 천리직역(擅離職役)의 죄에서 2등급을 줄여 태 20으로 과죄하지만, 창고 등의 일을 맡는 주수는 관계되는 바가 크므로 천리직역의 죄와 더불어 같은 등급으로 과죄한다. 그러나 이는 일 처리에 과실이 없을 때에 해당하는 것이며, 만약 이로 인하여 일이 잘못되면 가령 창고 건물을 지키는 창부(倉夫)가 당직이나 숙직을 서지 않아 불이 났거나, 창고 물건을 지키는 고자(庫子)가 당직이나 숙직을 서지 않아 물건을 잃어버렸거나, 금자(禁子)가 당직이나 숙직을 서지 않아 죄수를 놓치면 원래 이에 해당하는 율문이 있으므로 그에 따라 단죄한다.〔蓋在官直宿所係事小 故減擅離二等科罪 而主守倉庫等項所係事大 故與擅離一等科罪 然此亦就其無失事者言之耳 若因而失事 如倉夫不直宿而失火庫子不直宿而失盜禁子不直宿而失囚之類 又自有本等律條 所當斷罪也〕《집설 권2 17장》

## 56
# 관원이 부임 기한을 넘김
官員赴任過限

제수된 관원은, 서울에서는 제수된 날을 시점으로 삼고, 지방에서는 조회(照會)[1]를 받은 날을 시점으로 삼아,[2] 각각 정해진 노정(路程)의 기한에 따라 부임한다. 정당한 사유[3] 없이 기한을 넘기면 1일에 태 10이고, 10일마다 1등급을 더하되 죄는 장 80에 그친다.[4] 모두[5] 부과(附過)하고 본래의 관직으로 돌려보낸다. 후임관이 부임 장소에 도착하면 전임관은 각각 정해진 기한[6]을 살펴보고 호구(戶口), 전량(錢糧), 형사 사건[7] 등의 사항 및 응당

1 조회(照會) : 살펴 확인하여 통지하는 것이다. 이부(吏部)에서 발급하고 이과(吏科)에서 주(註)를 써넣는다.〔照會 謂相照而知會者 出給於吏部 吏科塡註〕《집해 429쪽》 그 안에는 며칠에 지금까지 근무한 곳에서 떠나야 한다거나, 며칠에는 다음 부임지에 이르러야 한다고 붉은색으로 쓰여 있으며, 이를 확인해 주어서 보낸다.〔吏部よりいひ遣す移文を照會と云其內には幾日に只今まで務る所をはなれ幾日には先の任處へ至るべしと朱を以て書認めてつかはすなり〕《역의 161쪽》 지방에서는 포정사(布政司)의 당상관만이 조회를 수령하고, 그 나머지에게는 모두 차자(箚子)로 보내도록 하는데 이를 '문빙(文憑)'이라 한다.〔在外惟布政司堂上官 領照會 其餘竝令箚付 是曰文憑〕《부례(상) 270쪽》

2 지방에서는……삼아 : 조회를 수령한 날부터 계산하여 기한을 넘겨야 비로소 처벌할 수 있다. 조회를 발급한 날부터 계산하여 기한을 넘긴 죄를 묻는 것은 율문의 뜻이 아니며 또한 인정도 아니다.〔按外官以領照會日爲始 謂自受領在己之日算起 過違期限 方可坐罪 近來多自出給照會之日算起 輒問違限 遂有照會未領而限期已過者 旣失律旨 亦非人情〕《집해 434쪽》

3 정당한 사유 : 바람의 방해를 받거나 도적을 만나는 등의 변고이다.〔故卽下文阻風被盜等項之故〕《집설 권2 19장》

4 기한을……그친다 : 이는 전적으로 후임관에 대해 말한 것이다. 이유 없이 부임하지 않는 것은 곧 관직을 비워 두는 것이니 관계되는 바가 또한 중하다. 그러므로 바로 날짜를 계산하여 죄목을 정하는 것이다.〔此專自新官言之 蓋無故不赴任 是爲曠職 律之官常所關亦重 故直計日定科耳〕《집설 권2 18장》

5 모두 : 모두를 태죄와 장죄로 보는 견해와〔附過還職 按名例 犯公罪該笞者 不必附過 此笞杖竝云附過〕《집설 권2 19장》 중앙과 지방의 관원으로 보는 견해가 있다.〔內外官竝附寫過名收贖還職〕《집해 430쪽》

있어야 할 각종 관문서와 장부를 완비하여 인계한다. 정당한 사유 없이 10일이 지나도록 임소를 떠나지 않으면 부임 기한을 넘긴 죄로 논하되 2등급을 줄인다.[8] 부임이나 이임 중도에 험한 바람을 만나거나, 도적을 만나거나, 질병에 걸리거나, 상사(喪事)를 당하여 앞으로 나아갈 수 없으면[9] 소재지의 관사에서 증거로 삼을 문서를 발급받아 대조하여 검사하는 데에 대비하게 한다. 규피(規避)하려는 마음이 있어서 실제 발생하지 않은 바람, 도적, 질병, 상사를 사칭하면 무거운 쪽으로 논한다. 해당 관사에서 한통속이 되어 보감(保勘)[10]하면 사칭한 관원과 죄가 같다.

**직해** 임금의 비답(批答)을 받은 관원이, 서울에 있는 자는 비답을 받은 날을 시점으로 삼고, 지방에 있는 자는 비답을 받아 교지를 적은 첩지(牒紙)가 도착한 날을 시점으로 삼아, 각각 이미 정해진 기한 안에 부임해야 한다. 정당한 사유 없이 기한이 지나도록 부임하지 않으면, 1일이면 태 10이고 10일이면 1등급을 더하되 장 80을 한도로 하고, 죄명을 기록하고 부임

6 정해진 기한 : 후임관의 부임 기한이다.〔已定限期 謂代官赴任之限期〕《집해 429쪽》

7 형사 사건 : 가볍거나 무거운 형옥의 죄명이다.〔刑名 謂輕重刑獄罪名〕《집설 권2 49장》

8 정당한……줄인다 : 이는 전임관에 대해 말한 것이다.〔此專自舊官言之〕《집설 권2 18장》 10일은 처벌하지 않고 기한을 21일 넘기면 태 10이며 죄는 장 60에 그친다.〔除十日外 過限二十一日笞一十 罪止杖六十〕《집주(상) 145쪽》

9 부임이나……없으면 : 일이 예측을 벗어나 일어나고 정황이 어쩔 수 없으므로 이는 정당한 사유이다.〔事出不測 情非得已 是爲有故〕《집설 권2 19장》

10 보감(保勘) : 의심받는 관리의 행적을 조사하여 부정 사실이 없음을 보증하는 것이다. '보'는 다른 사람을 위해서 보증하는 것이고, '감'은 추국(推鞫)에서 허실을 조사하는 것을 말한다.《언해 권5 23~24장》 보감은 조사·검토하여 보증한다는 뜻이며, 마감(磨勘)의 한 종류이다. 홍무제는 일원적인 황제 중심의 중앙 집권적 통치 구조를 만들기 위해 엄격한 공문 제도와 관리에 대한 감찰 제도를 마련하였다.《明太祖實錄 卷141 洪武 15年 1月 4日》 공문 제도는 감합(勘合)을 통해 각종 폐단을 방지하였으며, 감찰 제도는 조쇄문권(照刷文卷)을 통해 통제되었다. 명대 도찰원(都察院)은 관부와 관리들의 근무 태만·비리 등을 방지하기 위해 업무상 행이(行移)되는 각종 문서에 대해 조쇄하였는데, 인신(印信)의 누락 여부, 기재 성명의 사실 여부, 내용의 착오, 글씨 모양의 이상 여부, 일자의 적합, 인압(印押)의 이상 여부, 수입과 지출의 대조 등 다양하였다. 이 조문에서는 관리의 부임 기한을 문서 점검 즉 조쇄를 통해 살펴보고 이상이 없을 때 보감이라 하였다.

하게 한다. 새로 임명된 관원이 부임지에 도착하면 전임관이 각각 정해진 기간 안에 관청의 전량, 형사 사건의 일과 문권, 중기(重記) 등을 실수나 착오 없이 인수인계한다. 정당한 사유 없이 10일이 지나도록 임소에 머무른 자는 기한이 지나도록 부임하지 않은 죄에서 2등급을 줄여 논한다. 이때 도중에 험한 바람을 만나거나, 도적을 만나거나, 질병이나 상사로 말미암아 신속히 가지 못하면, 소재지의 관사에서 신고서를 받아 사실을 조사하여 명문(明文)을 발급한다. 조사할 때 회피하려고 허위 사실을 근거로 대면 무거운 쪽으로 논죄한다. 임무를 맡은 관사도 뜻을 같이하여 허위로 꾸며 확인해 주면 같은 죄로 논한다.

## 57
# 정당한 사유 없이 조회에 참석하지 않거나 관청에 출근하지 않음
無故不朝參公座

높고 낮은 관원이 정당한 사유 없이 경관(京官)으로서 조회에 참석하지 않거나,[1] 외관(外官)으로서 관청에 출근하여 업무를 보지 않거나, 관원이나 이전(吏典)이 휴가 기한이 다 되었는데도 정당한 사유 없이 직(職)이나 역(役)에 복귀하지 않으면 1일에 태 10이고 3일마다 1등급을 더하되 각각[2] 죄는 장 80에 그친다. 모두[3] 부과(附過)한 후에 본래의 직으로 돌려보낸다.[4]

**직해** 서울에 있는 높고 낮은 관원이 정당한 사유 없이 관청에 나오지 않거나, 지방의 관원이 관청에 나와 공무를 보지 않거나, 관원이나 아전들도 휴가를 받아 기한이 다 되었는데 정당한 사유 없이 관청에 나가지 않을 경우 1일이면 태 10이고 3일마다 1등급을 더하여 처벌하되 장 80을 한도로 하고, 죄명을 책자에 기록한 다음 본래의 직이나 역에 되돌려 보낸다.

1 경관(京官)으로서……않거나 : 경관에 대해 공좌(公座)를 언급하지 않은 것은 조참(朝參)을 중시하였기 때문으로 공좌도 당연히 해당된다.〔在內不言公座 重朝參也〕《집해 437쪽》

2 각각 : 경관이 조회에 참석하지 않는 것, 외관이 관청에 출근하여 업무를 행하지 않는 것, 휴가 기한이 다 되었는데 직이나 역에 복귀하지 않는 것 세 항목을 받아서 말한 것이다.〔各字 承上不朝參 不公座署事 不還職役三項言〕《집해 437쪽》

3 모두 : 관원과 이전을 통틀어 말한 것이다.〔竝字 通官吏言〕《집해 437쪽》

4 부과(附過)한……돌려보낸다 : 관원의 부과환직(附過還職)만 말하고 이전의 환역(還役)은 말하지 않았으나 이전도 응당 환역하게 한다고 해석된다. 관원에게 이 조문보다 관대한 처분인 부과환직을 지시하였으므로 이전에게도 비슷한 처분을 하여야 공평하기 때문이다. 이 조문은 8조 문무관범사죄(文武官犯私罪)의 "관원이나 이전이 태 50이나 장 이상의 형벌을 받으면 현임을 해임하여 다른 관직에 서용한다거나 혹은 강등한다."는 율문을 적용하지 않고 관원에게 8조보다 관대한 처분인 부과환직을 지시하였으니, 마땅히 이 조문을 따라야 한다. 이것이 이른바 34조 본조별유죄명(本條別有罪名)에서 "본조 자체에 죄명이 있는데 〈명례율〉의 죄와 같지 않으면 본조에 따라 과단한다."라는 것이다.〔名例官犯私罪 笞五十解現任別敍 杖以上皆降等 此則竝附過還職 應依本條 所謂本條別有罪名 依本條科斷也〕《집주(상) 147쪽》

해설

경관은 매일 조참(朝參)하고 외관은 매일 출근하여 공무를 처리해야 하는 규칙에 대한 조문이다. 조참과 공좌(公座)에는 통상적인 규칙이 있고 휴가를 주는 데는 원래 일정한 기한이 있다. 관원이 부임하는 데 기한을 넘긴 것과 휴가를 주었는데 복귀 기한을 넘긴 경우는 똑같이 기한을 어겼지만 처벌에 경중의 차이를 두었다. 전자는 비록 기한을 넘기기는 하였으나 전임관이 업무를 수행하고 있어서 업무 처리가 정지되는 데까지는 이르지 않은 반면에, 후자는 기한을 어김으로써 업무가 정지되기 때문이다.

## 58
# 소속 관사의 관원이나 이전을 함부로 불러들임
擅句屬官

상급 관사에서 소속 아문에 공무를 재촉하고 감정(勘定)할 때에는[1] 문안을 작성하여 기한을 정하고, 혹 신패(信牌)[2]를 보내거나 혹 사람을 차정(差定)하여, 소속 아문에 행이(行移)하여 독촉한다.[3] 공무를 처리함에 기한을 넘기거나 착오가 있으면 율(律)에 따라 죄를 논한다.[4] 상급 관사에서 소속 관사의 관원을 함부로 불러들이거나, 이전(吏典)을 소환하여 업무를 보게 하거나, 소속 관사의 추관(推官)[5]·사옥(司獄),[6] 각 주·현의 수령관(首領官)을 차출·점유하여 이로 인하여 공무를 방해하면 태 40이다. 소속 관사의 관원이 상급 관사의 뜻에 순순히 따라 영합하거나, 이전을 파견하여 상급 관사에 가서 일을 보게 하면 죄가 또한 같다.[7] 반드시 형사 사건을 대질

1 재촉하고 감정(勘定)할 때에는 : 원문 최회(催會)는 '최행회계(催行會計)'의 준말이다. 《집주(상) 148쪽》 '최'는 재촉하는 것이고 '회'는 계산하는 것이다.〔催促也 會計也〕《석의 권2 8장》《집설 권2 23장》 공무가 아직 끝나지 않은 것을 최촉(催促)하고, 이미 처리한 일을 살피고 대조하여 감정(勘定)하는 것을 말한다.〔催ハ催促也會ハ計會也公事ノ未完ヲ催促シ已ニ辦シタルヲ計リ會テ勘定スルヲ云〕《언해 권5 83장》

2 신패(信牌) : ① 80 信牌

3 독촉한다 : 원문 독병(督併)은 독촉하고 재촉하는 것이다.〔督併 督責而追併也〕《집설 권2 23장》《집해 441쪽》

4 기한을……논한다 : 업무 처리를 지체하여 기한을 넘기면 71조 관문서계정(官文書稽程)에 따라 처벌하고, 일 처리를 잘못하면 29조 공사실착(公事失錯)에 따라 처벌한다.〔依律論罪 謂依稽程失錯律坐罪〕《집해 441쪽》

5 추관(推官) : 부(府)의 관원으로 지부(知府)의 아래에 있으면서 형사 사건을 주관하였다.〔推官とは府官にて知府の下にあり刑名を主る官なり〕《국자해 140쪽》 당대(唐代)에 절도사·관찰사에 소속되어 형옥(刑獄)을 관장하였으며, 청대(淸代) 초까지 존속하였다.

6 사옥(司獄) : 명·청대에 감옥을 담당하던 종9품의 말단 관원이다. 지방의 안찰사뿐 아니라 자체 감옥을 보유한 중앙 아문에도 있었다.

심문하거나 전량(錢糧)을 현장에 가서 실제로 조사하거나 제작 공정을 감독하는 것 등 중대한 일에 합당해야만[8] 잡아다 추문하는 것[9]을 허락한다. 일이 끝나면 바로 돌려보낸다. 정당한 사유 없이 지체하여 머무르게 한 것이 3일이면 태 20이고 3일마다 1등급을 더하되 죄는 태 50에 그친다.

**직해** 상급 관사에서 소속된 각 관사에 공무를 재촉할 때에는 문안을 작성하고 기한을 정하여 사람이나 신패를 차송(差送)하거나 발송하여 재촉한다. 만일 지체나 착오가 있으면 율에 따라 논죄한다. 상급 관사에서 소속 관사의 관원 및 서리(書吏)·영사(令史) 등으로 하여금 나아와 공무를 보게 하거나, 소속된 각 주·현의 관원을 여러 곳에 차정하여 이 때문에 공무에 방해되거나 공무를 행하지 못하면 태 40이다. 소속 관사의 관원도 상급 관사의 뜻을 받들거나 서리를 상급 관사에 차정하여 보내어 상급 관사의 명에 따라 일하게 하면 같은 죄로 논한다. 여기서 반드시 형옥(刑獄) 및 전량을 계산하거나 직접 가서 조작하는 일을 감독할 일이 있을 때에만 소속 관사의 사람들을 나아오게 하여 친히 묻고 즉시 돌려보낸다. 정당한 사유 없이 계속 머무르게 하면, 3일에 태 20이고 3일마다 1등급을 더하여 처벌하되 태 50을 한도로 한다.

7 죄가 또한 같다 : 하급 관사는 상급 관사를 따라야 할 직분이 있다. 그러나 만약 상급 관사에 영합하여 이전을 파견한다면 위에서는 더욱더 위협하는 명령을 내릴 것이므로, 태죄로 처벌하여 본래 직무에 전념하게 한 것이다.〔蓋下司有承上之分 若許其逢迎差撥 則上益得以逞其威令矣 故亦坐以笞 俾其安常職以自守 而勿至於援上也〕《집설 권2 22장》

8 형사……합당해야만 : 이 세 가지는 공무 가운데 중대한 일이므로 반드시 하급 관사의 소속 관리를 경유하여 직접 대면하여 처리해야 한다. 신패를 보내거나 사람을 차정하여 처리하면 안 된다.〔此三件係重大之事 須經由屬官面理 非遣牌差人所能幹辦者〕《집설 권2 22장》

9 잡아다 추문하는 것 : 원문 구문(句問)은 단지 잡아다 그 사정을 묻는 것이지 잡아다 죄를 묻는 것이 아니다. 위에서 아래에 말하는 것을 '문(問)'이라 하고 아래에서 위에 말하는 것을 '청(聽)'이라 하는데 두 가지가 아니다. 만약 죄상을 묻는 것이면, 관할하는 상급 관사가 지레 함부로 잡아다 추문할 수 없음을 5조 직관유범(職官有犯)에서 분명히 밝혔다.〔句問者但句取問其事情 非句拘問罪也 自上而言謂之問 自下而言謂之聽 非有二也 觀律文首稱催會公事一句自見 若問罪則名例明開所管上司 不可徑自句問矣〕《집설 권2 23장》

해설

상급 관사가 하급 관사에 일 처리를 재촉할 때나 소속 관사의 관원을 차출할 때의 절차를 규정한 조문이다. 아직 끝나지 않은 일을 재촉하거나 끝난 일을 감찰할 때 신패(信牌)나 사람을 보내고 공문을 보내어서 해야 하며, 하급 관사의 관리를 함부로 상급 관사로 데려다 일을 시키면 안 된다. 이를 어기고 소속 관사의 관원을 함부로 차출하여 하급 관사의 업무에 지장을 초래하면 상급 관사의 관원은 물론 차출에 응한 하급 관사의 관리도 처벌한다. 다만 형사 사건의 대질 심문, 전량(錢糧)의 대조, 공정(工程)의 감독 등 불가피한 사정이 있을 때에만 소속 관사의 관원의 차출을 허락하며, 이 때에도 정해진 기한을 넘겨서 속관을 붙들어 두고 있으면 처벌한다.

# 59
# 관원이나 이전에게 급유함
官吏給由

각 아문 관리의 급유(給由)[1]가 이부(吏部)에 도착하면, 5일 이내에 부감(付勘)[2]을 완비하여 관리의 인사 행정[3]의 근거 자료로 삼을 수 있도록 한

1 급유(給由) : 관리의 임기가 만료되면 직역 내 이력·과오·공적 등의 연유를 들어 본 아문으로부터 공문을 발급하여 상급 관사에 신문(申文)으로 아뢰고 이부에 전달하는데 이를 '급유'라고 한다.〔官吏考滿 將職役內歷過事績緣由 於本衙門出給公文 申達上司 轉申吏部 謂之給由〕《집해 447쪽》 상급 관사의 정관(正官)은 소속 관리의 이력·치적·사적·연유 등을 상세히 기록한 공문서를 3년에 한 번씩 만들어 중앙에 보고하는데, 이 문서를 '유(由)' 혹은 '유첩(由帖)'이라고 한다. 예를 들어 현(縣)의 관리는 주(州)의 정관이 유를 만들어 고과 대상자 당사자인 현의 관리에게 주고, 주의 관리는 부(府)의 정관이 유를 만들어 당사자인 주의 관리에게 준다. 상급 관사가 유를 만들어 당사자에게 주는 이유는 사실 여부를 확인하게 하려는 데 있다. 고과 대상자가 유를 보고 이의가 없으면 발급자에게 유를 반납하고, 상급 관사의 정관이 유에 근무 평정인 고과(考課)·고적(考績)을 더하여 그 위의 상관에게 보고한다. 이 과정이 차례로 반복되어 유는 궁극적으로 중앙의 이부로 전달·보고된다. 이 과정을 '급유'라 한다. 근무 평정에는 상등급인 칭직(稱職), 중등급인 평상(平常), 하등급인 불칭직(不稱職)의 3등급이 있다. 관리에게 죄가 있으면 그 죄상도 유에 자세히 기록된다. 각 아문의 관리는 근무 기간 3년, 6년, 9년에 임기가 만료되어 급유한다.〔各衙門官吏 三六九年考滿給由〕《집해 449쪽》 직해에서는 급유를 해유(解由)로 파악하였지만 유에는 고과·고적이 포함되어 있다.

2 부감(付勘) : 고공사(考功司)가 각 관사에 문서를 이송하여 과명(過名)·행지(行止)·일월(日月)·출신(出身) 등의 항목을 조사·대조하게 하는 것이다.〔付勘 謂考功司移付各司查勘者 卽下文過名行止日月出身等項也〕《집해 447쪽》 각 관사는 이부 내의 문선사(文選司)·험봉사(驗封司)·계훈사(稽勳司)이고, 과명은 관리가 지은 공죄(公罪) 또는 사죄(私罪)이다. 관직을 제수받아 임지에 도착한 날을 '행(行)'이라 하고, 후임관과 교체되어 봉급이 끊기는 날을 '지(止)'라고 하니, 행지는 곧 이력(履歷)이다. 일월은 행지 일수를 늘리거나 줄이는 것이고, 출신은 관직에 나오기 직전의 신분, 예컨대 진사(進士)·공생(貢生)·감생(監生)·이(吏)·군관(軍官) 등을 말한다.《국자해 144~145쪽》

3 인사 행정 : 원문 유선전주(類選銓注)는 이부의 청리문선사(清吏文選司)가 주로 담당하는 일이다. 관리를 임용할 때 각 관리 후보자에게 적합한 일을 처음부터 세분하지는 않고, 후보자에게 적합한 직역을 우선 몇 가지의 대분류로 나누어 할당하는데 이 작업을 '유선'이라 한다. 그 후 후보자의 공과(功過)와 경중을 따져 그에게 가장 적합한 일을 찾아내는데, 이

다. 이부 관리가 즉시 부감을 완비하지 못하여, 1일을 지체하면 이전(吏典)은 태 10이고 1일마다 1등급을 더하되 죄는 태 40에 그친다. 수령관(首領官)[4]은 이전보다 1등급을 줄인다. 급유 관리가 공죄·사죄를 숨기거나 누락시켜 상급 관사에 보고하지 않으면 숨긴 죄로 처벌한다.[5] 벌속(罰贖)[6]이나 기과(記過)[7]이면 역시 각각 벌속이나 기과의 죄로 처벌한다. 무거운 죄를 가벼운 죄로 보고하면 잉죄(剩罪)[8]로 처벌한다. 해당 관사의 관리[9]가 급유 관리와 한통속이 되어 숨기거나 누락시키면 급유 관리와 더불어 같은 죄이다. 해당 아문이 다른 곳으로부터 보고를 받아 이를 다시 상급 관사에 보고[10]할 때 차이가 나게 베끼거나 기입을 누락하거나, 상급 관사가 조사하

를 '전주'라 한다.《국자해 143쪽》

4 수령관(首領官) : 국초에는 주사(主事)를 수령관이라 하였으나, 후대에는 제도가 바뀌어 사무(司務)를 가리킨다. 사무는 문서를 심사하는 책임이 있어 해당 이전에 비해 1등급을 줄여 과죄한다. 2일을 지체하면 태 10이고 죄는 태 30에 그친다.〔國初指主事爲首領官 今易其制指司務也 蓋司務有稽考文書之責 故減該吏一等科罪 二日笞一十 罪止笞三十也〕《집설 권2 23~24장》 ①6 軍官有犯

5 숨긴 죄로 처벌한다 : 원래의 죄명을 말한다. 원래의 죄명이 태죄(笞罪)이면 태죄로 처벌하고 원래의 죄명이 장죄(杖罪)이면 장죄로 처벌한다.〔以所隱之罪坐之者 就原罪名言之 如原笞坐笞 原杖坐杖也〕《집설 권2 25장》

6 벌속(罰贖) : 문무 관원이 태죄 이하의 공죄를 범하면 속전(贖錢)을 내는 것으로 죗값을 치르게 한다.(①7 文武官犯公罪) 관직이 없을 때 죄를 범하였으나 관직이 있을 때 죄가 발각되면 공죄는 단지 속전을 내는 것으로 죗값을 치르게 한다.(①13 無官犯罪)

7 기과(記過) : 죄명만을 기록하는 부과(附過)와 같은 뜻이다.《국자해 144쪽》 문무 관원이 장죄 이상의 공죄를 범하면 매년 한 차례 고과하여 죄명을 기록한다.(①7 文武官犯公罪) 태 40 이하의 사죄를 범하면 부과한 후 본직에 복귀시킨다.(①8 文武官犯私罪)

8 잉죄(剩罪) : '잉(剩)'과 '여(餘)'는 글자 뜻이 서로 비슷하나 '잉죄'와 '여죄(餘罪)'의 뜻은 다르다. 잉죄는 원래 정해진 수가 없이 죄의 경중·허실을 비교하여 상쇄하고 계산해서 본죄를 공제한 나머지 죄이다. 여죄는 지은 죄를 정해진 수인 장 100과 비교·계산하여 이보다 넘치는 죄이다.〔剩與餘字義相近 而此剩罪餘罪之義則不同 原無定數 將輕重虛實 折除計算扣抵本罪之外者 曰剩罪 先有定數 將所得之罪 按此計算 溢于額數之外者 曰餘罪 其杖一百卽定數也〕《집주(하) 822쪽》 ④359 誣告

9 해당 관사의 관리 : 인사 평정한 유(由)를 상급 관사로 전달하는 해당 아문의 관리이다.

10 해당 아문이……보고 : 원문 승보(承報)는 다른 곳으로부터 보고를 받아 상급 관사에 다시

여 대조하는 데 실수하면 모두 공문서를 실착(失錯)[11]하거나 누보(漏報)[12] 한 것으로 과단한다.[13] 이부의 고공사(考功司)에서 급유 관리의 이력 기재를 누락하면, 1인에서 3인까지는 담당 이전이 태 10이고 3인을 초과할 때마다 1등급을 더하되 죄는 태 40에 그친다.[14] 재임 기간을 더하거나 줄이거나, 재임한 지방을 바꾸거나, 출신을 바꾸거나, 재임 중의 죄명을 숨기면[15][16] 모두[17] 장 100에 직(職)이나 역(役)을 파하고 서용하지 않는다. 규피(規避)한 것이 있거나[18] 장(贓)을 받으면[19] 각각 무거운 쪽으로 논한다.[20]

**직해** 각사의 관원이나 아전의 해유(解由)[21] 문서를 이조와 병조에 보내면

보고하는 것이다.〔承報 卽承行轉報之意〕《집설 권2 25장》

11 실착(失錯) : 문서에 인신(印信)을 빠뜨리거나, 성명을 다 쓰지 않거나, 문서를 연월순으로 하지 않는 따위를 말한다.〔失錯 謂如漏使印信 不僉姓名 不順年月之類〕《집설 권2 48장》

12 누보(漏報) : 공문서 건수가 본래 많은데 적게 보고하거나, 문서를 보내는 과정에서 묶음을 빠뜨리는 것을 말한다.〔卷宗本多而報少 或文移有失拈卷者 竝爲漏報〕《부례(상) 299쪽》

13 공문서를……과단한다 : ① 72 照刷文卷

14 담당……그친다 : 인사 기록에 기입하는 일은 이전의 업무이므로 이력 기재를 누락한 이전만 처벌하고 수령관은 처벌하지 않는다.〔漏附行止 罪止吏典者 以附寫冊籍乃吏典所司 首領官不及坐罪耳〕《집설 권2 26장》

15 죄명을 숨기면 : 원문 은루(隱漏)는 숨기고 누락한 것은 있으나 그래도 보고는 하는 것인 데 비해, 원문 폐닉(蔽匿)은 완전히 숨겨 아예 보고조차 하지 않는 것이므로 죄가 더 무겁다.〔隱漏者雖隱 猶報有滲漏 而蔽匿者乃蔽蓋藏匿 是全隱下不報也 故罪有重輕〕《집설 권2 26장》

16 재임 기간을……숨기면 : 급유 관리, 해당 아문 관리, 이부 관리 등이 속이는 경우이다.

17 모두 : 모두가 가리키는 대상에 대해 급유 관리, 인사 평정을 하는 해당 아문 관리, 이부 관리로 보는 견해와〔給由人與當該官司及吏部官吏 竝杖一百 罷職役不敍〕《집설 권2 24장》《집해 453쪽》 원문 증감월일(增減月日) 이하의 네 가지 일로 보는 견해가 있다.〔竝杖一百 竝字 指增減月日以下四事〕《집해 448쪽》

18 규피(規避)한 것이 있거나 : 급유 관리를 가리킨다.〔規避 指給由官吏〕《집해 448쪽》

19 장(贓)을 받으면 : 중간에 경유하는 해당 아문 관리와 이부 관리를 가리킨다.〔受贓 指經該及吏部官吏〕《집해 448쪽》

20 각각……논한다 : 은루 등의 죄가 무거우면 은루 등의 죄에 따라 논하고, 규피·수재(受財)의 죄가 무거우면 규피·수재의 죄에 따라 논함을 이른다.〔謂隱漏等項之罪重 從隱漏等項論 規避受財之罪重 規避受財之罪論也〕《집설 권2 26장》

5일 내에 이전에 처리한 일의 경과를 자세히 검토하여 기록하게 한다. 바로 서류를 대조하여 검토하지 않고 지체할 경우, 1일이면 서리(書吏)는 태 10이고 1일마다 1등급을 더하되 태 40을 한도로 하고, 낭청(郎廳)은 1등급을 줄여 죄를 처결한다. 공사(公私)에 잘못한 죄명을 숨기거나 누락하여 보고하지 않으면 숨긴 죄로 논죄한다. 속(贖)을 바친 일이나 기과한 일을 숨겨서 보고하면 각각 처음에 범하거나 기록한 죄로 논죄한다. 무거운 죄를 가벼운 죄인 것처럼 보고하면 그가 줄인 수 안의 잉여 죄에 해당하는 수로 처벌한다. 수령관[22]이 동조하여 숨기거나 누락하면 죄가 같다. 보고서를 받고 잘못하여 숨기거나 누락한 경우 및 상급 관사의 관원이 잘못 조사하여 판단한 경우에도 모두 '실착하거나 누보한 죄'로 논죄한다. 이전에 처리한 일을 누락하여 보고한 경우, 1인에서 3인까지 누락하여 보고하면 담당 서리·영사(令史)는 태 10이고 3인마다 1등급을 더하되 태 40을 한도로 한다. 근무 기간을 더하거나 줄이거나, 근무처를 바꾸거나, 출신지를 바꾸거나, 죄명을 숨기면 모두 장 100을 치고 직이나 역을 정지시키고 임용하지 않는다. 자기의 일을 회피하거나 장(贓)을 받으면 각각 무거운 죄로 논죄하여 처결한다.

### 해설

오늘날 관료제에서는 개별 관리에 대해 인사 기록이 작성된다. 이 기록에 개별 관리의 상세한 이력이 담기고, 이 이력이 그 관리의 승진과 징계에 중요한 참고 자료로 활용된다. 개별 관리는 승진을 원하고 징계를 회피하려

21 해유(解由) : '해'는 관원의 임기가 만료되어 그 직책에서 해제된다는 뜻이고, '유'는 그 임기 중의 치적에 대한 평가를 거쳤다는 뜻이다. 관리로 재임 중에 관(官)의 재물(財物)을 관리하는 데 탈 없이 임무를 완수하였음을 증명하는 문서이다.

22 수령관 : 율문의 원문 '당해관사(當該官司)'를 직해에서 '방장원(房掌員)'으로 번역하였다. 방장은 해당 관사의 수령관을 가리킨다. ① 11 犯罪得累減 ① 28 同僚犯公罪

는 속성이 있어, 관리의 이력·치적 등을 기록한 공문서인 유(由)에 허위 사항을 기재하거나 허물을 누락시키는 일이 있고, 또 뇌물을 써서라도 좋은 기록을 남기려 하는 일도 있기 때문에, 이 조문이 생긴 것으로 보인다.

# 60
# 간사한 무리
*姦黨*

간사한 사람이 황제에게 참소하는 말을 아뢰어 부당하게 사람을 죽이게 하면[1] 참형이다. 죄를 범하여 율(律)에 따라 사형에 처해야 하는데, 그 대신(大臣)이나 소관(小官)이 교묘한 말로 황제에게 간해서 사형을 면하게 하여 은근히 사람들의 뜻에 영합하면[2] 또한 참형이다.[3] 조정에 있는 관원이 서로 연결하여 붕당(朋黨)을 맺어 조정의 정사(政事)를 문란하게 하면 모두 참형이다.[4] 처와 자식은 노비로 삼으며, 재산은 관에 들인다. 형부(刑

1 부당하게……하면 : 올바른 도리로 말미암지 않고 다른 일을 끌어들여 황제를 격노시켜 그 사람을 죽이게 함으로써 자기의 사사로운 감정을 푸는 것이다.〔左使殺人 謂不由正理 借引別事 以激怒人主 使殺其人 以快己私也〕《집해 457쪽》 원문의 좌(左)를 좌도(左道)로 보고, 참언(讒言)과 좌도를 나누어, 참소하는 말을 아뢰어 그를 중상하거나, 어떤 일을 빌려 그릇된 말로 황제를 격노시켜 불법으로 죽이게 함으로써 자기의 뜻을 풀려는 것으로 보는 견해도 있다.〔或進讒譖之言以中傷之 或借事左說以激怒之 致使枉殺以快己意者〕《집주(상) 155쪽》

2 교묘한……영합하면 : 교묘하게 꾸민 말로 왜곡되게 간언하여 그 죽음의 면제를 구함으로써 은근히 사람들의 마음과 결탁하여 감격하게 하는 것이다.〔巧飾言詞 曲爲進諫求免其死 以暗地邀結人心 使之感激者〕《집설 권2 27장》 거짓으로 말을 꾸며 왜곡되게 간언하여 그 죽음의 면제를 구하여, 겉으로는 간쟁의 말을 내세우고 속으로는 은근히 결탁하는 뜻으로 법을 어겨 은혜를 베풀고 공(公)을 저버린 채 무리를 짓는 것이다.〔捏飾言詞 委曲進諫 求免其死 明托諫爭之言 暗行邀結之意 屈法市恩 背公植黨〕《집주(상) 155쪽》 관원이 된 도리는 공무를 처리함에 단지 공정을 구할 뿐, 백성들이 미워하고 원망하는 것을 피하지 않아야 하는데, 국법을 돌아보지 않고 그저 백성들이 마음으로 나를 좋아하는 것만 구하는 것을 '암요인심(暗邀人心)'이라고 한다.〔爲官之道辦事 只求公正而已 不避嫌怨 若不顧國法 只求民人心中喜歡我 謂之暗邀人心〕《육부 26쪽》

3 간사한……참형이다 : 이는 살인을 모의한 것과 같으므로 참형으로 처벌한다.〔是猶謀殺人也 故坐斬〕《집주(상) 155쪽》 ③ 305 謀殺人

4 모두 참형이다 : 수범(首犯)과 종범(從犯)을 가리지 않고 모두 참형이다.〔罪無首從 皆斬〕《집주(상) 155쪽》 앞의 두 문장은 '참(斬)' 앞에 '개(皆)' 자가 없으므로 수범과 종범을 나누어 처벌한다. 붕당을 맺어 정사를 문란하게 하는 것은 관련자가 한 사람이 아니고 문란

部) 및 높고 낮은 각 아문의 관리가 법률을 제대로 집행하지 않고, 상급 관사의 관원[5]이 시키는 대로 좇아 타인의 죄를 가볍게 하거나 무겁게 하면 죄가 또한 같다.[6] 상사(上司)의 권세를 피하지 않고 실제 행적을 명백하게 갖추어 직접 어전에 나아가 법대로 집행하도록 호소하면 간신(姦臣)[7]을 처벌한다.[8] 고발한 사람은 본죄를 면해 주고,[9] 이에 더하여 범인의 재산을 똑같이 나누어 상으로 준다.[10][11] 관직이 있으면 2등급을 올려 준다. 관직이 없

하게 한 일도 한 가지가 아니므로 관련자를 모두 참형에 처하고 처와 자식을 연좌(緣坐)시키고 재산을 적몰(籍沒)하는 등 매우 무겁게 처벌하나, 앞의 두 사항은 문란하게 한 일이 한 가지이고 죽이고 살리는 최종 결정권은 황제에게 있으므로 처벌 수위를 약간 낮춰서 수범과 종범을 나누고 연좌와 적몰은 하지 않는다.〔前二節斬上無皆字 有同坐者 應分首從矣 殺人以快己意 救人以市己恩 怨歸于君 德歸于己 假公濟私 雖皆不忠之臣 而生殺猶在人主 紊亂猶止一事 故得分首從 而免緣坐籍沒 若朋黨亂政 則爲姦不止一人 所紊不止一事 權重勢大 威福幾於下移 故其法尤嚴〕《집주(상) 156쪽》

5 상급 관사의 관원 : 여기서 말하는 상사(上司)는 간신으로 권세 있는 자들이다. 일반적으로 말하는 상사와는 같지 않다.〔此所謂上司 卽所謂姦臣 所謂有權勢者是也 與凡言上司不同〕《집설 권2 28장》

6 형부(刑部)……같다 : 조정에서 법률을 제정하는 것은 간악함을 징계하기 위해서이고, 간악함의 경중(輕重)과 대소(大小)에 대해 모두 정해진 법이 있다. 형벌을 담당하는 관리가 법을 굳게 지키지 못하고 상사가 주장하여 시키는 대로 좇아 죄를 가볍게 하거나 무겁게 하면 법률은 쓸모없게 될 것이니, 그 실정은 조정의 정사를 문란하게 하는 것과 다름이 없다. 그러므로 그 죄 또한 상사와 형벌을 담당하는 관리를 수범과 종범의 구분 없이 모두 참형에 처하며, 처벌이 처·자식과 재산에까지 미친다.〔朝廷立律 所以懲姦 輕重大小 皆有定法 問刑官吏 不能執守 而聽從上司主使出入 則律將安用哉 其情與紊亂朝政者何異 故其罪亦不分首從皆斬 而連及其妻子財産也〕《석의 권1 11장》

7 간신(姦臣) : 권세 있는 사람이다.〔姦臣 卽上所謂有權勢者〕《집해 458쪽》

8 처벌한다 : 참죄(斬罪)로 다스려 처벌한다.〔權勢之姦臣 坐以斬罪〕《집해 461쪽》

9 본죄를 면해 주고 : 자수하면 죄를 면해 준다는 뜻이다.(① 24 犯罪自首) 그 상사가 주장하여 시키는 대로 따라 한 죄를 면해 주는 것이다.〔與免本罪 卽自首免罪之意 免其聽從主使之罪也〕《집설 권2 28장》

10 범인의……준다 : 법대로 집행할 것을 황제에게 아뢴 사람이 많으면 범인의 재산을 균등하게 나누어 상으로 주고, 만약 한 사람이 법대로 집행할 것을 황제에게 아뢰었으면 한 사람에게 모두 준다.〔如執法陳奏之人衆多 將犯人財産均平分賞 若止一人執法陳奏 全給一人〕《집설 권2 27장》

11 상사(上司)의……준다 : 여러 주석서에서, 상급 관사의 부당한 지시에 따라 남의 죄를 가

으면[12] 참작하여 벼슬 한자리를 주거나 상으로 은 2000냥을 준다.

**직해** 간사한 무리가 죄 없는 사람을 죽음에 빠지도록 임금 앞에 참소하면 참형이다. 죄를 범하여 율에 따라 사형에 처해야 할 사람을, 대신이나 소관들이 교묘한 말로 농간을 부려 임금에게 사형을 면하도록 간청하여 사람들의 마음에 영합하고자[13] 은근히 꾀하면 참형이다. 조정(朝廷)에 있는 관원이 붕당을 맺어 조정(朝政)을 문란하게 하면 모두 참하고, 처와 자식은 천인(賤人)으로 삼으며 집안 재산은 관에 몰수한다. 형관(刑官) 및 높고 낮은 각 관사의 관리가 법률을 준수하지 않고 상급 관사 관원의 명령을 따라 죄인이 범한 죄의 경중을 더하거나 줄이면 죄가 같다. 권세를 두려워하지 않고, 권세 있는 이가 행한 불법적인 일을 명백히 임금 앞에서 법대로 집행하도록 호소하면, 간신을 처벌하고 앞의 호소한 사람은 본죄를 면해 주며 범인의 재산을 똑같이 나누어 상으로 준다. 관직이 있는 자는 2등급을 건너뛰어 관직을 상으로 주고, 관직이 없는 자는 참작하여 등용하거나 상으로 은 2000냥을 준다.[14]

## 해설

간당과 관련된 죄를 말한 조문이다. 황제의 생사여탈권(生死與奪權)은 신

볍게 하거나 무겁게 한 뒤에 이 사실을 어전에 호소하면 역시 죄를 면해 주고 상을 받는다고 보았으나, 이는 오류인 듯하다. 남의 죄를 무겁게 하여 이미 집행까지 하였다면, 나중에 뉘우치고 호소하여도 이 죄는 따로 논해야 할 듯하다.〔諸註家概指爲已聽從出入 則謬矣 如聽從故入 已經論決 豈得因其陳訴而免罪且受賞耶 似當別論〕《집주(상) 156쪽》

12 관직이 없으면 : 《부례》는 원문 무관자(無官者) 아래에 '이(吏)' 자를 표기하여 관직이 없는 자가 이전(吏典)임을 밝혔다.

13 사람들의 마음에 영합하고자 : 직해 원문은 탈인(脫人)으로 되어 있으나, 율문의 "은근히 사람들의 뜻에 영합하다.〔暗邀人心〕"를 감안하여 '탈(脫)'을 '탈(倪), 흡호(恰好), 합의(合宜), 상의(相宜)', 즉 '부합하다, 영합하다'의 의미로 파악하였다. 《漢語大字典 2232쪽》

14 은 2000냥을 준다 : 현전하는 《대명률직해》의 판본은 율문이 '이십냥(二十兩)'으로 되어 있는 것을 사용하였기 때문에 직해의 번역도 '이십냥'으로 되어 있다.

민(臣民)을 위력으로 복종시키고 은혜를 베풀어 심복하게 하는 권한이다. 그러므로 바르게 행사해야 하며 신하에게 넘어가서는 안 된다. 신하 된 자 역시 황제의 권한을 훔치거나 함부로 넘보아서는 안 된다. 이 때문에 황제에게 참소하는 말을 아뢰어 부당하게 사람을 죽이게 하거나, 교묘한 말로 간하여 사형에 처해야 할 죄인의 처형을 면하게 하면, 참형에 처한다. 또한 관원이 서로 공모·결탁하여 사당(私黨)을 짓는 교결붕당(交結朋黨)은 조정의 기강을 무너뜨리는 것이고, 각 아문의 관리가 법률대로 집행하지 않고 상사(上司)가 시키는 대로 그대로 따르는 청종주사(聽從主使)는 국법을 마비시키는 것이므로 이 역시 권세가 신하에게 돌아가게 된다. 그러므로 똑같이 참형에 처하며, 처벌이 처·자식과 재산에까지 미치도록 하였다. 이와 달리 상사의 불법적인 지시를 따르지 않고 황제에게 고발하면, 고발한 자의 죄를 면해 주고 벼슬과 범인의 재산을 상으로 준다. 이는 고발을 권장하여 간사한 무리와 단절시키려는 것이다.

## 61
# 근시 관원과 결탁함
交結近侍官員

여러 아문의 관리가 만약 내관(內官)[1] 및 근시(近侍) 인원[2]과 서로 결탁하여, 사정을 누설하거나, 의탁하고 이끌어 주면서 폐단을 일으키고, 서로 한 통속이 되어 황제에게 아뢰면[3] 모두 참형이다. 처와 자식은 2000리 밖에 유배하여 안치한다.[4]

**직해** 각 관사의 관리가 내관 및 근시하는 인원과 결탁하여 사정을 누설하거나 서로 의탁하여 폐단을 일으키고 뜻을 같이하여 왕에게 아뢰면 모두 참형이다. 처와 자식은 2000리 밖에 유배하여 안치한다.

1 내관(內官) : 각 감(監)의 내신(內臣)으로 명예와 작위가 있는 자이다.〔內官 指各監內臣有名爵者〕《집해 462쪽》

2 근시(近侍) 인원 : 내각(內閣), 육과(六科), 상보사(尙寶司), 금의위(錦衣衛) 등의 관원 및 이전(吏典), 교위(校尉) 등이다.〔近侍人員 謂內閣六科尙寶司錦衣衛等官及吏典校尉之屬〕《집해 462쪽》

3 여러……아뢰면 : 서로 결탁하여 기밀 사정을 누설하고 한통속이 되어 황제에게 아뢰어 기회를 엿보아 황제의 마음에 영합하기를 꾀하는 자들은, 모두 붕당을 짓고 사사로운 일을 행하는 간악한 무리로서, 나라에 큰 화를 끼치는 자들이다.〔互相交結 漏泄機密事情 符同奏啓 以圖乘機迎合者 此皆植黨行私 卽姦黨之流也 其貽禍國家可勝言哉〕《집설 권2 29장》

4 여러……안치한다 : 이 조에서 말하는 범죄 행위는 60조 간당(姦黨)과 비슷하나, 그곳의 '정사(政事)를 문란하게 하는 것'에 비하면 약간 가벼우므로, 처와 자식을 노비로 삼지는 않고 유배하여 안치하는 데 그치고 재산도 적몰하지 않는다. 관리와 내관·근시 인원이 친구로서 왕래할 뿐 폐단을 일으키지 않으면, 이 율을 적용하지 않는다.〔此亦姦黨一節 但漏泄較紊亂少輕 故止流而安置其妻子 不籍沒其家産 若止以親故往來 無夤緣等弊 不用此律〕《집주(상) 157쪽》

해설

관리가 근시인(近侍人)과 결탁해서는 안 되며 권귀(權貴)에게 빌붙어 자신의 이익을 꾀하면 간당(姦黨)으로 처벌함을 규정한 조문이다. 근시인은 모두 조정 사정을 미리 알고 있기에 서로 결탁하면 이로 인하여 기밀이 누설되고 의탁하고 이끌어 주면서 한통속이 되는 폐해가 생긴다. 그 불충함이 막대하고 나라에 화를 끼치는 것이 이루 다 말할 수 없으므로 주범과 종범을 가리지 않고 모두 참형에 처하는 것이다. 다만, 기밀 사정을 누설하는 등의 일은 60조 간당에 규정된 '조정을 문란하게 한 죄'에 비하면 조금 가벼우므로 처와 자식을 안치할 뿐 재산은 적몰(籍沒)하지 않는다.

# 62
# 대신의 덕망과 선정을 상언함
上言大臣德政

여러 아문의 관원이나 이전(吏典) 및 사(士)·서인(庶人) 등이 만약 재상이나 집정 대신의 훌륭한 정치·재능·덕행을 황제에게 상언(上言)[1]하면 이는 바로 간당(姦黨)이다. 힘써 국문하여, 대신에게 아부한 내력을 철저하게 추궁하여[2] 죄상[3]이 명백하면, 범인은 참형에 처하고[4] 처와 자식은 노비로 삼으며 재산은 관에 들인다. 재상이나 집정 대신이 실정을 알고 있었

1 상언(上言) : 글을 올려 칭송하는 것이다.〔上言 上書稱頌也〕《집설 권2 30장》

2 대신에게……추궁하여 : 상언한 대신의 덕망과 선정을 어떻게 알게 되었고 어떻게 교제하여 서로 알게 되었는지, 대신과 결탁한 까닭 및 상언한 연유를 철저하게 추궁하는 것이다.〔窮究其所言大臣德政 因何而知 因何而交識〕《집해 466쪽》 대체로 대신은 권한이 무겁고 명망이 높아서 아랫사람이 의지하고 따라서 권세가 날로 성하여 뜻밖에 환란이 일어날 수 있다. 서한(西漢) 말 글을 올려 왕망(王莽)의 공덕을 칭송한 사람이 48만 7572인이나 되었는데 결국 찬탈하는 화가 일어났다. 율문에서 상언의 죄를 무겁게 여기는 것이 이 때문이다.〔蓋大臣權重而望高 恐下人易于依附則權勢日盛 而患起不虞 西漢之末 上書頌王莽功德者四十八萬七千五百七十二人 遂成簒奪之禍 此律所以重上言之罪也〕《집설 권2 30장》

3 죄상 : 지금까지의 은정(恩情)에 보답하려는 것이거나 앞으로 추천하여 등용되기를 도모하는 것이다.〔或係報其已往之恩情 或圖其將來之引用〕《집설 권2 30장》

4 범인은 참형에 처하고 : 연명으로 상언하면 수범 한 사람만 참형에 처하고 나머지는 종범으로 삼아 감등한다.〔或聯名上言 止坐爲首一人斬罪 餘人爲從減等〕《집설 권2 30장》 율문에서 '즉시간당(卽是姦黨)'이라고 하였으므로, 혹자는 60조 간당(姦黨)에 따라 수범과 종범을 나누지 않고 처벌한다고 보았으나, 《집주》에서는 이를 비판하였다. 그 근거는 붕당은 결탁하여 정사를 문란하게 하는 데 중점이 있는데, 이 조는 대신에게 아첨하는 데 불과하다는 것, 그리고 대신도 실정을 알았는지 몰랐는지의 구분이 있고, 알았더라도 같은 죄로 감등하니 상언한 사람을 붕당과 같이 논할 수 없다는 것이다. 또한 율문에 '개(皆)' 자가 없으므로 수범 한 사람만 참형에 처하고 처와 자식을 노비로 삼고 재산을 관에 들이며, 종범은 감등하므로 처와 자식을 노비로 삼거나 재산을 관에 들이지 않는다고 보았다.〔或謂律言卽是姦黨 當如朋黨律 不分首從論 非也 朋黨重在交結亂政 故坐皆斬 此不過惡其詔附大臣耳 大臣有知情不知情之分 知情亦止同罪減等 上言之人 豈得同朋黨論哉 律無皆字 應止以爲首一人坐斬沒入妻財 爲從減等 既已減等 妻財卽不在沒入之限〕《집주(상) 158쪽》

으면 더불어 같은 죄[5]이고, 몰랐으면 처벌하지 않는다.

**직해** 각 관사의 관원이나 아전 및 사·서인 등 가운데 집정 대신의 덕정을 임금 앞에 아뢰는 인원이 있으면, 이 사람이 바로 간당이므로 자초지종을 끝까지 추궁하여, 명백하면 참형에 처하고, 처와 자식은 천인으로 삼으며 집안 재산은 관에 몰수한다. 집정 대신이 실정을 알았으면 같은 죄를 주고 몰랐으면 처벌하지 않는다.

## 해설

대신에게 아첨하는 것을 금지하는 조문이다. 60조 간당(姦黨)에서 미진하게 다룬 아부의 근원을 엄하게 하여 붕당의 화를 거듭 단절하려는 뜻이다. 글을 올리는 것은 조정을 문란하게 하는 것(① 60 姦黨)이나 기밀 사정을 누설하는 것(① 61 交結近侍官員)보다는 죄가 조금 가벼우므로 위의 두 조와는 달리 참형에 처한다고 말하지 않았다. 혹 연명으로 상언하면 우두머리 한 사람만 죄로 다스려 참형에 처하고 나머지는 종범으로 감등한다.

5 더불어 같은 죄 : 42조 칭여동죄(稱與同罪)에 '사죄(死罪)에 이르면 1등급을 감하는 법'에 따라 장 100 유 3000리에 처하며, 처벌이 처·자식과 재산에는 미치지 않는다.〔依名例至死減一等法 杖一百流三千里 不及妻子財産〕《집설 권2 30장》

# 대명률직해

## 제3권 이율吏律 공식公式

## 공식 公式

〈공식〉은 진(晉) 이래로 편목(篇目)이 없었다. 지금 실려 있는 조문을 살펴보면 모두 수(隋)·당(唐)의 제도인데, 〈직제(職制)〉에 속하였다가 명대에 이르러 비로소 당률의 〈직제〉 중에서 공공(公共)의 법식이 될 만한 것을 골라서 편목을 만들었다.

당률 109조 누설대사(漏泄大事)는 70조 누설군정대사(漏泄軍情大事)로 고치고, 당률 118조 사직대판서(事直代判署)는 74조 동료대판서문안(同僚代判署文案)으로, 당률 119조 수제출사불반(受制出使不返)은 69조 출사불복명(出使不復命)으로, 당률 111조 계완제서(稽緩制書)는 71조 관문서계정(官文書稽程)으로 하고, 당률 115조 상서주사범휘(上書奏事犯諱)와 116조 상서주사오(上書奏事誤)는 67조 상서주사범휘로 합치고, 당률 111조 계완제서, 112조 피제서시행위자(被制書施行違者), 113조 수제망오(受制忘誤) 등은 64조 제서유위(制書有違)로 합쳤다. 아울러 〈잡률(雜律)〉 중에서 당률 438조 기훼망실제서관문서(棄毀亡失制書官文書)와 439조 사발제서관문서인봉(私發制書官文書印封)은 65~66조 기훼제서인신(棄毀制書印信)으로 합쳐 〈공식〉에 붙였다. 또한 그 미비한 점을 살펴서 63조 강독율령(講讀律令), 72조 조쇄문권(照刷文卷), 73조 마감권종(磨勘卷宗), 76조 봉장인신(封掌印信) 등을 추가하였으며, 이를 묶어서 〈공식〉이라 하였다. 모두 18조이다.

# 63
# 율령을 강독함
講讀律令

63-1 나라의 율(律)과 영(令)[1]은 사정의 경중을 참작하여 죄목을 정해 천하에 반포·시행하여 영원히 준수하게 하는 것이다. 모든 관사의 관원이나 이전(吏典)은 힘써 숙독하여 율문의 뜻을 강구하고 밝혀 사무를 명확히 가려서 결단해야 한다. 매번 연말이 되면 중앙은 찰원(察院)[2]에서, 지방은 분순 어사(分巡御史)[3] 및 제형안찰사(提刑按察司)[4]의 관원이 감찰하는 구역[5]에서[6] 시험을 시행한다. 율문을 읽고 풀이하지 못하거나 율문의 뜻을 이해

1 율(律)과 영(令) : 율은 대명률(大明律)이고 영은 대명령(大明令)이다. 옥사를 처리하는 기준이다.〔律 卽大明律 令 卽大明令 乃治獄者之規〕《집해 470쪽》

2 찰원(察院) : 도찰원(都察院)의 약칭으로 주관(周官)의 어사(御史)에서 시작되었다. 어사는 사관(史官)의 하나로서 총재(冢宰)를 도와 법령을 관장하고 이를 내외에 반포하며 왕명을 기록하는 일을 맡았다. 진(秦)·한(漢)에 이르러 처음으로 규찰(糾察)하는 관서가 되었다가 명대에 들어 1381년(홍무14)에 어사대(御史臺)를 고쳐서 도찰원으로 하고 그 면목을 크게 일신하였다. 좌우 도어사(左右都御史), 좌우 부도어사(左右副都御史), 좌우 첨도어사(左右僉都御史)를 두었고, 백사(百司)를 규핵(糾劾)하거나 억울한 일을 밝혀내는 임무를 맡았다.

3 분순 어사(分巡御史) : ① 5 職官有犯

4 제형안찰사(提刑按察司) : 송대(宋代)인 988년(단공1) 제로전운사(諸路轉運使)에 제점형옥사(提點刑獄司)를 설치하였는데 1033년(명도2)에 상설 기구가 되었으며, 1198년(경원4) 안찰사(按察使)로 바꾸었다. 1291년(지원28) 제형안찰사로 개칭하였고 청대까지 존속하였다. 여러 옥송(獄訟)을 관장하고 겸하여 농사를 권장하는 일을 하였다.

5 감찰하는 구역 : 원문 안치(按治)는 안찰(按察)하고 고험(考驗)을 행하여 규치(糾治)하는 것이다. 원문 거처(去處)의 '거(去)' 자는 조자(助字)로 보아야 한다. 율문·조례에 자주 나오는 말이다. 《무원록(無冤錄)》의 주(注)에 이르기를 "거처는 처소(處所)와 같다."라고 하였다.〔按治ハ按察シテ考驗ヲ行ヒ糾シ治ル分内ノ處也 去處ハ去ノ字助字トシテ看ルヘシ律例ノ內往往ニ多ク出ツル辭也 無冤錄注云 去處猶言處所〕《언해 권6 3장》

6 중앙은……구역에서 : 율문의 '在內從察院 在外從分巡御史提刑按察司官 按治去處' 부분이 1725년(옹정3) 개정된 청률에서는 '在內在外 各從上司官'으로 바뀌었다.

하지 못하면 초범은 벌봉전(罰俸錢)[7] 1개월이고, 재범은 태 40[8]에 부과(附過)하며, 3범은 재직하던 아문에서 차례로 낮추어 서용한다.[9][10]

63-2 각종 장인이나 기예를 가진 자, 여러 부류의 사람들[11] 가운데 율문을 숙독하여 풀이하고 율문의 뜻을 환하게 깨달아서 아는 자가 있으면, 과실을 범하거나 타인의 일에 연루되어[12] 죄를 짓게 되더라도 죄의 경중을 따지지 않고 모두 한 차례 면해 준다. 다만 일이 모반(謀反)·모대역(謀大逆)·모반(謀叛)에 관련되면 이 율(律)을 적용하지 않는다.[13]

7 벌봉전(罰俸錢) : '봉전'이라 한 것은 녹봉에 쌀도 있고 돈도 있기 때문이다. '벌'은 그달 지급받는 돈을 벌로 징수하는 것이다.〔俸錢 俸有米有錢 罰者 罰其月所支之錢也〕《집해 470~471쪽》 대명령에 따르면, 민관(民官)의 월봉(月俸)은 돈과 쌀로 이루어져 있다. 벌봉의 처벌을 시행할 때는 봉전과 봉미(俸米) 중 봉전만 지급을 중지한다. 봉미 1석(石)은 환산하면 봉전 100문(文)에 해당한다. 의죄(議罪)할 때 벌봉은 태죄보다 가벼운 것으로 취급된다.〔大明令 民官月俸 錢米相兼 罰俸止罰俸錢 每俸一石 折錢一百文 如議罪 則罰俸者 引用在笞罪之後〕《전석 권3 1장》 88쪽 보충 해설 참조.

8 태 40 : 속전을 받는다.〔收贖〕《집설 권2 31장》 ①7 文武官犯公罪

9 차례로 낮추어 서용한다 : 지현(知縣)을 현승(縣丞)으로 낮추고, 현승을 주부(主簿)로 낮추는 것이다.〔遞降 是知縣降丞 丞降簿也〕《부례(상) 284쪽》 지부(知府)는 동지(同知)로 낮추고 동지는 통판(通判)으로 낮추는 따위이다. 그러나 정액(定額)을 자세히 살펴서 해야 한다.〔遞降敍用 如知府降同知 同知降通判之類 然亦止照見設原額〕《집해 471쪽》

10 초범은……서용한다 : 율문의 '初犯罰俸錢一月 再犯笞四十 附過 三犯於本衙門遞降敍用' 부분이 1725년(옹정3) 개정된 청률에서는 '官罰俸一月 吏笞四十'으로 바뀌었다.

11 각종……사람들 : 원문 백공(百工)은 각종 장인(匠人), 기예(技藝)는 의원·점쟁이 따위이며, 여러 부류의 사람들이란 농민·상인·어부·사냥꾼과 같은 자이다. 이들은 각각 맡은 일이 있어 율문을 익히도록 책임 지우기 어렵다. 만약 유능한 자가 있으면 이는 반드시 법을 지킬 줄 아는 사람이므로 죄를 면해 주는 길을 열어 놓은 것이다. 한 사람을 용서함으로써 수많은 사람을 권면하는 것이다.〔百工 卽各色匠作 技藝 謂醫卜之流 諸色人等 如農商漁獵之類 此等人 各有所事 難以熟律責之 如有能 此必知法守者 故開免罪之科 蓋宥一人以勸千萬人也〕《집설 권2 32장》

12 타인의 일에 연루되어 : 범인의 요구를 들어주거나, 죄인을 숨겨 주거나, 도주를 도와주는 따위이다.〔因人連累 謂因他人犯法 牽連首告 累及己身得罪 而聽行藏匿引送之類〕《집설 권2 32장》

13 일이……않는다 : 모반(謀反)·모대역·모반(謀叛) 등의 죄는 국가의 중요한 사정에 관계되므로 과실이나 연루와 같은 것에 비할 바가 아니다. 법에 있는 그대로 죄를 다스려야 하

63-3 관원이나 이전들이 간사한 마음을 품고 조정을 속여, 본래 율령의 뜻이 아닌 다른 논의를 거짓으로 내어, 성법(成法)[14]을 함부로 바꾸어 문란하게 하면 참형이다.[15]

**직해** 국가의 율령이란, 사정의 경중을 참작하여 죄명을 정하여서 천하에 반포·시행하고 영원히 준수하도록 한 것이므로, 모든 관사의 관원과 아전들이 반드시 숙독하여 율문의 뜻을 자세히 알아 사무를 분변하여 결정해야 한다. 연말이 되면 서울은 사헌부가, 지방은 안렴사(按廉使)가 각 촌에 감찰차 가서 조사하여 살피는데, 율문을 능히 풀이하여 밝히지 못하거나 율문의 뜻을 이해하지 못하면, 초범은 한 달 치 녹봉(祿俸)을 도로 징수하고, 재범은 태 40에 죄명을 기록한다. 3범은 본래 재직하던 관사에서 강등하여 서용한다.

(○) 여러 공장 및 기예를 가진 사람들이라도 능히 율문을 숙독하여 율문의 뜻을 통달한 사람들이 잘못을 범하거나 남의 범죄에 연루되어 죄를 지으면, 경중을 따지지 않고 초범은 풀어 주어 죄를 면해 준다. 단, 모반(謀反)·모대역·모반(謀叛)에 관련된 일은 이 율을 적용하지 않는다.

○ 관원이나 아전들이 간사한 마음을 품고 관사에 농간을 부려 법 밖의 의론으로써 함부로 고쳐 법률을 어지럽히면 참형에 처한다.

## 해설

율령의 제정 의의와 그 강독의 필요성을 밝히고, 이어 관원이나 이전들로

고 한 차례 면해 주는 율을 적용할 수 없다.〔其事干謀反逆叛緣坐等罪者 則有關國家重情 非若過失連累者比 故當盡法治罪 不得用此免一次之律〕《집설 권2 31장》

14 성법(成法) : 위에서 말한 율과 영이다. 율과 영은 죄명을 정립하였기에 옥사를 판결하는 성법이다.〔成法 卽上所謂律令也 蓋律令定立罪名 乃斷獄者之成法也〕《집설 권2 32장》

15 참형이다 : 위로는 국가의 전장(典章) 제도를 어지럽히고 아래로는 백성들의 삶을 해치는 것이다. 배반하고 거역한 죄를 용서할 수 없기에 참형으로 처벌하는 것이다.〔是上干國典 下賊民生 其背逆之罪 不容逃矣 故坐斬〕《집설 권2 31장》

하여금 율령을 강독하여 인용에 착오가 없고 준수하여 봉행하는 데 어그러짐이 없도록 한 조문이다. 대명률과 대명령을 강독하는 데 잘못이 있으면 처벌하고, 율령을 강독할 수 있는 사람을 권면하기 위해 율령의 강독에 능한 사람이 범죄에 연루되면 죄를 면해 주며, 율령을 준수하지 않는 사람을 경계하기 위해 관리들이 율령을 준수하지 않고 함부로 변경하면 참형으로 처벌하도록 하였다.

# 64
# 제서를 어김
## 制書有違

64-1 제서(制書)[1]를 받들어 시행할 때에 어기면[2] 장 100이다. 황태자의 영지(令旨)[3]를 어기면 같은 죄이다. 친왕(親王)[4]의 영지를 어기면 장 90이다.[5]

1 제서(制書) : 천자의 말을 '제(制)'라 하며 '서(書)'는 그 말을 실은 것으로 조(詔)·칙(勅)·차(箚)·유(諭) 따위와 같다.〔天子之言曰制 而書則載其言者 如詔勅箚諭之類〕《집설 권2 32장》《집해 474쪽》 제서는 본래는 조서(詔書)라 했으나, 측천무후(則天武后)의 휘(諱)인 조(照)와 음이 같기 때문에 그것을 기피하여 제서라 한 것이다.《율연6 143쪽》 이 조문의 제서는 관료들이 준수하여야 할 규범, 즉 '황제의 명령으로서의 제서'이다. 그러나 65~66조 기훼제서인신(棄毁制書印信)의 제서는 버리거나 훼손하는 대상인 '유체물(有體物)로서의 제서'이다. 후자의 제서는 반드시 천자가 처음 반포한 원본으로서 어보(御寶)가 있는 것만이 제서이며 관사에서 그 내용을 베낀 것은 원본이 아니므로 관문서로 취급한다.〔制書自原須有御寶者言 若抄謄者止依官文書 與違者不同〕《부례(상) 287쪽》〔制書 卽所謂天子初頒用寶詔勅之類 然必自原頒有御寶者言之 若官司轉相傳寫者 只當以官文書坐罪〕《집설 권2 35장》 율문에서 '제(制)'라고 할 때는 태황태후·황태후·황태자의 '영(令)'도 아우른다.〔稱制者太皇太后皇太后皇太子令竝同〕《집설 권2 35장》 당률과는 별도로 왕(王)을 태황(泰皇)이라 하고 명(命)을 제(制)라 하고 영(令)을 조(詔)라 하였다는 기록이 있다.〔王爲泰皇 命爲制 令爲詔〕《史記 卷6 秦始皇本紀》《쇄언(瑣言)》에서 "64조 제서유위(制書有違)로 죄를 물으려면 반드시 제명(制命)의 말이 천자의 마음으로부터 나온 것이라야 하며 만약 신하가 재정(裁定)한 것을 천자에게 아뢰어 비준을 받아 통행하는 것은 제서라 할 수 없다. 65~66조 기훼제서인신을 참고하면 알 수 있다. 그러므로 문형관(問刑官)이 조례를 어긴 사람에 대해 모두 제서를 어긴 것으로 죄를 묻는 것은 잘못이라 할 수 있다."라고 하였고,《집해》도 이 주장이 옳다고 보았다.〔按瑣言曰 凡問制書有違 須是制命之詞 出自宸衷者 方是 若出自臣下裁定 奏準通行者 不得謂之制書 觀棄毁制書條可見 今問刑者 於違例之人 皆問違制 誤矣 其說當從〕《집해 475~476쪽》

2 어기면 : 고의로 그 말을 따르지 않는 것이다.〔違 故不遵其言也〕《석의 권3 2장》

3 황태자의 영지(令旨) : 황태자에게는 제서가 없다.〔皇太子未有制書〕《집설 권2 33장》 태자·친왕의 말을 영지라 한다.〔太子親王之言 皆曰令旨〕《석의 권3 2장》

4 친왕(親王) : 황제나 국왕의 가까운 친족으로서 왕에 봉해진 사람이다. 명칭은 남조(南朝) 때 처음 생겼고, 수대(隋代)에는 황제의 백부·숙부·형제·아들을, 당대(唐代)에는 황제의 형제와 아들을 친왕이라 하였다. 청대(清代)에는 봉호로 쓰였다.

제서·영지의 뜻을 실착(失錯)[6]하면 각각 3등급을 줄인다.[7]

**64-2** 제서 및 황태자의 영지를 지체하면,[8] 1일에 태 50이고 1일마다 1등급을 더하되 죄는 장 100에 그친다. 친왕의 영지를 지체하면 각각 1등급을 줄인다.[9]

**직해** 왕지(王旨)를 받들어 시행하되 어긴 자는 장 100이다. 세자의 영지를 받들어 시행하되 어긴 자는 죄가 같다. 제왕(諸王)[10]의 영지를 어긴 자는

5 친왕(親王)의……90이다 : 친왕도 비록 황태자와 똑같이 영지라 하나 황태자가 천하의 근본이 되는 것에 비할 수 없다. 그러므로 어기거나, 실착하거나, 지체하는 죄는 똑같이 황태자에 견주어 줄이는 것이다.〔親王雖均爲令旨 然比諸皇太子爲天下之本者不同 故或違或錯或稽緩 其罪均得照減〕《집설 권2 33장》

6 실착(失錯) : 제서나 영지의 뜻을 잘못 이해하여 시행이 잘못된 것을 말한다.〔失錯 謂失解其意 行之誤也〕《집해 474쪽》 제서·조서의 말이 《서경》의 문체를 본떴기 때문에 표현이 간결하고 예스러워 뜻이 심원하다. 자세히 보고 생각하지 않아서 제서의 본뜻을 잘못 이해하여 일을 행하는 것이다.〔失錯旨意ハ制詔ノ詞ハ書經ノ體ニ倣フヲ以テ文字簡古ニシテ旨意深遠ナリ詳ニ看テ考ルニ失シテ制書ノ本旨ヲ心得アヤマリテ事ヲ行フ也〕《언해 권6 7장》 이 조문의 실착에 대해 문서를 옮겨 베낄 때의 실착이라고 하는 것은 잘못이다.〔或以失錯謂行移文書傳寫失錯 非也〕《전석 권3 2장》

7 제서……줄인다 : 본래 고의로 어긴 것이 아니므로 3등급을 줄인다.〔原非故違 故準減三等〕《부례(상) 285쪽》 제서 및 태자의 영지를 실착하면 각각 장 70이고 친왕의 영지를 실착하면 장 60임을 이른다.〔各得減有違三等 謂失錯制書及太子令旨各杖七十 失錯親王令旨杖六十也〕《집설 권2 32~33장》 378조 사위제서(詐僞制書)를 보면 옮겨 베끼는 데 실착하면 장 100인데 여기서는 실착하면 3등급을 줄이는 것은, 뜻이 혹 심원하여 잘못 이해하는 것은 정상을 용서할 수 있으나, 본래 바로 쓴 문서인데 잘못 베끼는 것은 삼가지 않은 것이기 때문이다. 또 잘못 이해하여 시행하면 착오가 한 곳에 있으나 잘못 베껴 전하면 착오가 여러 곳에 미친다. 그러므로 죄에 경중의 차이가 있는 것이다.〔又觀詐僞制書律條 傳寫失錯者 杖一百 而此之減三等者 何也 蓋意或深遠而錯解者 情有可原 若本有正文而錯寫者 事屬不謹 且錯解而行 誤在一處 錯寫而傳 所誤者衆 故罪有輕重之不同耳〕《집설 권2 33~34장》

8 제서……지체하면 : 태자는 저군(儲君)이므로 그의 영지도 제서와 같다.〔太子儲君 故其令旨同〕《집해 474쪽》

9 각각 1등급을 줄인다 : 가령 친왕의 영지를 1일 지체하면 태 40이며, 1일마다 1등급을 더하되, 죄는 장 90에 그친다.〔如遲一日笞四十 每一日加一等 罪止杖九十〕《집설 권2 33장》

10 제왕(諸王) : 고려 시대 및 조선 초기에, 종실(宗室) 가운데서 작위를 봉한 공(公)·후(侯)·백(伯)과 사도(司徒)·사공(司空)을 통틀어 이르는 말이다. 고려에서 종실 중 가깝고 항렬이 높은 이를 봉하여 '공'이라 하고, 그다음은 '후'로 삼고, 먼 이는 '백'으로 삼고,

장 90이다. ○ 왕지의 뜻을 실착하면 각각 3등급을 줄인다.

○ 왕지 및 세자의 영지를 지체하면, 1일은 태 50이고 1일마다 1등급을 더하되 장 100을 한도로 한다. 제왕의 영지를 지체하면 각각 1등급을 줄인다.

해설

황제의 조칙(詔勅)인 제서를 범하였을 때의 처벌을 규정한 조문이다. 제서를 범하는 데 있어, 말을 따르지 않고 어기는 위(違), 시행에 착오가 있는 실착(失錯), 머물러 두거나 지체하여 시행이 늦은 계완(稽緩) 등의 내용과 각각에 대한 처벌을 규정하였다. 황태자의 영지를 범하면 제서의 경우와 똑같이 처벌하고, 친왕의 영지를 범하면 1등급을 줄여 처벌하였다.

어린 이는 '사도·사공'으로 삼고, 총칭하여 '제왕'이라 하였다. 모두 일을 맡기지 않음으로써 친족을 가까이하는 도리를 지켰다.〔高麗封宗室之親且尊者曰公 其次爲侯 疏者爲伯 幼者爲司徒司空 摠稱曰諸王 皆不任事 所以保親親也〕《高麗史 卷90 宗室列傳1》

# 65~66
# 제서나 인신을 버리거나 훼손함
棄毁制書印信

65 제서(制書), 기마어보성지(起馬御寶聖旨),[1] 기선부험(起船符驗),[2] 각 아문의 인신(印信),[3] 야순동패(夜巡銅牌)[4]를 버리거나 훼손하면 참형이다.[5] 관문서를 버리거나 훼손하면 장 100이다.[6] 규피(規避)한 바가 있으면 무거운 쪽으로 논한다. 일이 군기(軍機)·전량(錢糧)[7] [8]에 관련되면 교형이다.[9]

1 기마어보성지(起馬御寶聖旨) : 기마는 '말을 내주라'는 뜻이고, 어보는 황제의 도장이고, 성지란 황제가 하는 말이다. 따라서 기마어보성지란 역마(驛馬)를 징발하여 탈 수 있는 권한을 명시한 어보가 찍힌 증명서이다. 《언해 권6 9~10장》

2 기선부험(起船符驗) : 참선(站船)을 징발할 때 비단에 부신(符信)을 찍은 문서를 가지고 증험으로 삼는 것이다.〔起船符驗者 謂起站船用織成符篆 以爲証驗也〕《집설 권2 36장》

3 각 아문의 인신(印信) : 각 아문에서는 인기(印記)를 사방에 보내어 믿을 수 있는 증거로 삼으므로 '인신'이라고 한다.〔各衙門印記 皆以傳信四方 故曰印信〕《집설 권2 36장》

4 야순동패(夜巡銅牌) : 내부(內府)에서 관할하였다. 밤에 순찰하는 관원 및 도성의 치안을 담당하는 오성병마사(五城兵馬司)의 관리는 이를 차고 있어야 명령을 전할 때 상대방의 믿음을 얻을 수 있다.〔夜巡銅牌亦內府所關 遇夜巡更官員及兵馬司官佩之 以傳令取信者〕《집설 권2 36장》

5 제서(制書)……참형이다 : 관계되는 것이 가볍지 않으며, 고의로 버리거나 훼손하면 불경(不敬)·불법(不法)한 정도가 심하므로, 참형으로 처벌한다.〔此其關係匪輕 而有心棄毁其不敬不法甚矣 故坐斬〕《집설 권2 34장》 제서를 버리거나 훼손하면 참형이라고 할 때의 제서는 어보가 찍혀 있는 원본 제서만을 말하는 것이고, 베껴 쓰거나 번각(翻刻)한 제서를 버리거나 훼손하면 관문서를 버리거나 훼손한 것으로 보아 장 100으로 처벌하는 데 그친다. 이 점에서 64조 제서유위(制書有違)와 차이가 있다. 64조에서 제서를 고의로 어기거나 시행함에 실착(失錯)하거나 지연시키면 처벌하는데, 이는 제서의 내용과 관계된 것으로 어보가 찍혀 있는지 여부는 상관이 없다. 64조는 제서의 내용에 초점이 있다면, 이 조문은 유체물(有體物)로서의 제서에 초점이 있다.〔棄毁制書指有御寶者言 蓋棄毁與前施行違錯遲緩者不同 施行則但須遵制書內之旨意 故違錯遲緩 卽應坐罪 不拘有無御寶 棄毁者必是原頒有御寶者方坐斬罪 若謄黃翻刻者 止依官文書論〕《집주(상) 165쪽》

6 관문서를……100이다 : 관문서는 비록 경시할 것은 아니나 제서에 비하면 차이가 있으므로 장죄로만 다스린다.〔官文書雖非輕易之物 然視制書則有間矣 故止坐杖〕《집설 권2 35장》

해당 관리가 알고서도 적발하지 않으면 범인과 더불어 같은 죄이고, 몰랐으면 처벌하지 않는다. 착오로 훼손하면 각각 3등급을 줄인다.[10] 수해(水害)·화재·도적으로 인하여 훼손되거나 잃어버린 경우, 확실한 증거가 있으면 처벌하지 않는다.[11]

66-1 제서·성지(聖旨)·부험·인신·순패(巡牌)를 유실하면 장 90 도 2년 반이다. 관문서이면 장 70이고, 일이 군기·전량과 관련되면 장 90 도

7 전량(錢糧) : 해마다 징수하는 전량이며 군수(軍需) 전량도 포함된다.〔指歲徵錢糧而言 而軍需錢糧亦在內〕《집설 권2 52장》

8 군기(軍機)·전량(錢糧) : 군기·전량은 주석서에 따라 군정 기무(軍情機務)와 군에 제공하는 군수 양향(軍需糧餉)의 두 가지로 보는 견해도 있고〔軍機錢糧 謂軍情機務及所供軍需糧餉也〕《집해 478쪽》 군마를 징발하여 출정할 때 그 전량 공급을 예비하는 문서를 버리거나 훼손하는 따위라고 하여 한 가지로 보는 견해도 있다.〔軍機錢糧是一件事 如調撥軍馬出征 却將其豫備供給錢糧文書棄毁之類 若棄毁稅糧通關等項止依棄毁官文書治罪 但有規避埋沒之情者又當從重論也〕《집설 권2 36장》 또한, 군기에 관련되면 비록 전량이 없더라도 역시 교형에 처한다고 하여 군기와 전량을 구분하지만 군기에 중점을 두는 견해도 있고〔係軍機雖無錢糧亦絞 係錢糧雖豫備軍食止依官文書 若有侵欺埋沒因而棄毁規避者從重論〕《부례(상) 287쪽》 군기와 전량을 두 가지로 보되 전량 역시 군대와 관련된 전량을 뜻한다고 보는 견해도 있다.〔若所棄毁之文書干係調撥軍馬機務及供給軍需錢糧者〕《집주(상) 164쪽》〔軍機錢糧雖言兩項然律意重在軍機 此錢糧亦指預備供給軍需之用者而言 非尋常錢糧也 恐因棄毁文書致有臨敵缺乏 故特嚴其法〕《집주(상) 165쪽》《집해》와《부례》의 견해도 이와 크게 다르지 않은 듯하다. 군대와 관련 없는 전량에 관한 관문서를 버리거나 훼손하면 교형이 아니라 장 100이다.

9 교형이다 : 만약 관문서가 군마를 동원하여 파견하는 기밀 및 군수 전량을 공급하는 일과 관련되면 비록 군기(軍機)를 그르치고 적과 대치한 상황에서 군량이 결핍한 데 이르지 않았더라도 많은 군인의 생사에 관계되므로 역시 교죄로 처벌한다.〔若官文書係干調撥軍馬機務及供給軍需錢糧 雖未至失誤軍機臨敵缺乏 然萬一有此則衆軍之存亡係之 故亦坐以絞罪〕《집설 권2 34장》

10 착오로……줄인다 : 제서 등 문건 및 관문서와 같은 것을 단지 착오로 훼손한 것은 부주의한 데서 말미암은 것이므로 버리거나 훼손한 죄에서 3등급을 줄인다.〔若前項制書等件及官文書止是誤毁者出于無心減棄毁三等〕《집해 479~480쪽》 가령 제서 등을 착오로 훼손하면 장 90 도 2년 반이며, 관문서를 착오로 훼손하면 장 70이다. 일이 군기·전량에 관계되면 또한 장 90 도 2년 반이다.〔如誤毁制書等件杖九十徒二年半 誤毁官文書 七十 事干軍機錢糧者亦杖九十徒二年半〕《집설 권2 34장》

11 수해(水害)……않는다 : 예견하지 못한 데에서 발생한 것이므로 처벌하지 않는다.〔出於不虞 故不坐罪〕《집해 479~480쪽》

2년 반이다. 모두 녹봉을 정지하고 그것들을 찾도록 책임을 지우되 30일 안에 찾으면 죄를 면해 준다.[12]

66-2 관물을 맡아 관리하는 주수(主守)[13]가 장부를 유실하여 전량의 수효와 세목(細目)에 착오를 일으키면 장 80이다.[14] 기한 내에 되찾으면 역시 죄를 면해 준다. 각 아문의 이전(吏典)은 임기가 만료되어 교체되면, 안험(案驗) 문서를 명확히 작성하여 원래 관장하던 문서를 인수받을 사람에게 넘겨준다. 어기면 장 80이다.[15] 수령관(首領官)·이전[16]이 문서 인수인계 절차를 기다리지 않고 한통속이 되어 급유(給由)하면[17] 죄가 또한 같다.

**직해** 왕지(王旨) 및 포마문자(鋪馬文字)[18]·야순패면(夜巡牌面) 및 각 관

12 죄를 면해 준다 : 제서 등을 착오로 훼손한 것과 유실한 것은 형량이 같으나, 기한 내에 되찾으면 처벌을 면제해 주는 조치는 후자의 경우에만 있다. 착오로 훼손한 것은 원상회복이 불가능하나 유실은 되찾음으로써 원상회복이 가능하기 때문이다.〔誤毁則已損壞無可補救 遺失則猶可尋得 故立責限之法 而分別言之〕《집주(상) 166쪽》

13 관물을……주수(主守) : ① 43 稱監臨主守

14 장부를……80이다 : 원문 부서(簿書) 곧 장부도 관문서의 한 종류지만 내용이 전량과 관계되기 때문에, 기타 관문서를 유실한 경우에 비해 1등급을 더한다. 단, 부서를 유실하였더라도 다른 문안(文案)이 있어서 수효와 세목에 착오를 일으키지 않았으면, 이 조항에 해당하지 않으므로 따로 논해야 한다. 앞에서 기훼(棄毁)·오훼(誤毁)에 대해 말할 때 부서는 따로 말하지 않았는데, 부서를 착오로 훼손하면 부서를 유실한 것과 처벌이 같고, 부서를 고의로 버리거나 훼손하면 이는 필시 규피하는 바가 있을 것이므로 그에 따라 논한다.〔簿書 亦卽官文書也 因其關涉錢糧 故比遺失他事文書 加一等 然曰以致錢糧數目錯亂者 以別無文案可考也 若簿書雖失 猶有別案可以稽查 不致錯亂者 則當另論矣 前棄毁誤毁者 不另言簿書 誤毁與遺失相同 而棄毁乃有意所爲 自必有規避之事也〕《집주(상) 166쪽》

15 어기면 장 80이다 : 전임 이전이 안험 문서를 작성하여 관장하던 문서를 넘겨주지 않으면, 전임 이전을 장 80으로 처벌한다.〔違【而不立案交付】者杖【舊吏】八十〕《집주(상) 164쪽》

16 수령관(首領官)·이전 : 수령관은 이전의 우두머리이며 이전은 그의 명을 받아서 행동으로 옮기는 자이다.〔蓋首領者吏之頭目 而吏則其承行者〕《집설 권2 35장》 정관(正官)은 처벌하지 않는다.〔獨坐首領不及正官者 以首領乃吏典頭目〕《집주(상) 165쪽》

17 급유(給由)하면 : 이전이 임기 만료로 교체될 때 전임 이전은 지금까지 자신이 작성하여 보관·관장하던 문서를 정리하여 새로 부임할 이전에게 확인시킨 후 교부하여야 한다. 새로 부임할 이전이 모든 문서를 빠짐없이 교부받은 취지를 수령관에게 확인하여 주면 수령관이 떠나는 이전에게 해유(解由) 문서를 발급한다.《언해 권6 13~14장》

사의 인신 등을 고의로 버리거나 훼손하면 참한다. 도평의사(都評議使) 및 각 관사에서 전달한 문서 등을 버리거나 훼손하면 장 100이다. 자신의 일을 회피하려고 고의로 버리거나 훼손하면 무거운 쪽으로 논죄한다. 일이 군정(軍精)이나 전량과 관계되면 교형이다. 담당 관리들이 알고도 고하지 않으면 범인과 같은 죄를 주고, 몰랐으면 논죄하지 않는다. 착오로 훼손하면 각각 3등급을 줄인다. 수해・화재・도적으로 인하여 훼손하거나 잃어버린 경우 그 자취가 뚜렷하면 논죄하지 않는다.

○ 왕지 및 인신・순패 등을 잃어버리면 장 90 도 2년 반이다. 관문서를 유실하면 장 70이다. 일이 군정이나 전량과 관계되면 장 90 도 2년 반이다. 모두 녹봉을 정지하고 기일을 정해 찾게 하되, 30일 내에 찾아내면 죄를 면해 준다.

○ 관물을 맡아 관리하다가 문서를 잃어버려 전량의 수량이나 목록에 착오를 일으키면 장 80이고, 기한 내에 찾아내면 역시 죄를 면해 준다. 각 관사의 색원(色員), 영사(令史)들이 임기가 만료되어[19] 서로 교체될 때 일일이 점검 문서를 만들어 원래 담당한 문서와 함께 신임 관리에게 넘겨준다. 이를 어기면 장 80이다. 낭청(郎廳)이 전임관과 신임관이 문서와 현물을 주고받기 전에 안면이나 사사로운 정으로 해유(解由) 문서를 먼저 발급하면 죄가 같다.

18 포마문자(鋪馬文字) : 벼슬아치가 공무로 지방에 나가거나 긴급한 공문을 전달할 때 역마를 징발하여 타도록 허가하는 증명서이다. '포마문(鋪馬文)' 또는 '포마차자(鋪馬箚子)'라고도 한다. 원문의 문자(文字)는 문서를 의미한다.

19 임기가 만료되어 : 원문은, 《대명률직해》 세종판은 '등만(等滿)'으로, 나머지 이본은 '개만(箇滿)'으로 되어 있다. 12조 이리거관(以理去官), 13조 무관범죄(無官犯罪)에서는 '임기 만료'를 뜻하는 율문의 '임만(任滿)', '고만(考滿)'을 직해에서 '정만(政滿)'으로 번역하였고 《고려사》에도 '정만'의 용례가 있다. 한편 조선왕조실록에 '개만'이 '임기 만료'의 의미로 여러 차례 쓰였고, '등만'도 같은 의미로 쓰인 사례가 있어 조선에서는 '재임 기간'을 뜻하는 표현으로 '정(政)', '개(箇)', '등(等)'이 통용되었던 것으로 보인다.

## 67
# 상서나 주사에서 휘를 범함
上書奏事犯諱

상서(上書) 및 주사(奏事)[1]에서 착오로 어명(御名)[2]이나 묘휘(廟諱)[3]를 범하면[4] 장 80이다.[5] 그 밖의 문서[6]에서 착오로 범하면 태 40이다.[7] 이름이나 자(字)를 지을 때 저촉하면 장 100이다.[8] 어명이나 묘휘를 범하였어도 소리는 서로 비슷하지만 글자 모양이 각각 다르거나,[9] 두 글자 중 한 글자만

1 상서(上書) 및 주사(奏事) : 상서는 황제에게 글로 아뢰어 특별히 이르도록 하는 것이며, 주사는 황제를 직접 뵙고 면전에서 아뢰는 것이다.〔上書 謂書奏特達 奏事 謂面陳〕《소의(상) 141쪽》

2 어명(御名) : 제왕의 생전(生前) 이름이다.

3 묘휘(廟諱) : 제왕의 칭호는 시호(諡號)·제호(帝號)·묘호(廟號)·능호(陵號) 등이 있는데, 묘휘는 묘호뿐 아니라 종묘의 신주(神主)에 사용하는 묘호·시호·제호 등 제왕 사후(死後)의 이름 전체를 지칭하는 듯하다.

4 어명(御名)이나 묘휘(廟諱)를 범하면 : 상서나 주사에서 휘를 범하는 것에 대해 율문에서 고범(故犯)에 관한 조문을 두지 않은 것은 어명과 묘휘를 감히 고의로 범하는 자는 없기 때문이다. 만약 공문을 보낼 때에 고의로 글자 모양을 틀리게 써서 규피하여 일을 해치면 마땅히 무거운 쪽으로 논한다.〔上書奏事犯諱者 律文不設故犯之條 以御名廟諱決無敢有故犯之者 但誤犯亦所不可耳 若文移中故意差錯字樣 有所規避而害事者 又當從重論矣〕《집설 권2 38장》

5 장 80이다 : 상서나 주사는 어전에 곧장 전달하는 것인데, 이때 어명이나 묘휘를 착오로 범하는 것은 매우 불경한 일이므로 장 80이다.〔上書陳言 奏啓事務 則直達御前 其誤犯者 不敬莫大焉 故杖八十〕《집해 483쪽》

6 그 밖의 문서 : 아래에서 육부(六部) 및 다른 아문에 올리는 문서이다.〔餘文書 卽下申六部及餘衙門之文書〕《집해 483쪽》

7 태 40이다 : 그 밖의 문서에서 어명이나 묘휘를 착오로 범하는 것은 어전에 곧장 전달하는 경우와는 같지 않다. 이는 점검을 삼가지 않아 실수한 것에 불과하므로 태 40이다.〔餘文書誤犯 與直達御前者不同 止是欠謹失點檢 故笞四十〕《집해 484쪽》

8 장 100이다 : 이름이나 자는 한평생 다른 사람에게 불리는 것이므로 상서·주사나 공문에서 범하는 것에 그치는 것이 아니어서 그 불경함이 더욱 크다. 그러므로 장 100이다.〔是終身爲人呼喚矣 又不特書奏文移之間而已 其不敬尤有大焉者 故杖一百〕《집설 권2 37장》

범하면[10] 모두 처벌하지 않는다. 상서나 주사에서 착오로, '원면(原免)'이라고 말해야 하는데 '불면(不免)'이라고 하거나, '천석(千石)'이라고 말해야 하는데 '십석(十石)'이라고 말하는 따위로서, 일에 해를 끼치면 장 60이다.[11] 육부(六部)[12]에 보고하는 문서에 착오가 있어 일에 해를 끼치면[13] 태 40이다.[14] 그 밖의 아문의 문서에 착오를 일으키면 태 20이다.[15] 보고한 바

9 어명이나……다르거나 : 남의 이름자와 소리가 비슷한 글자인 혐명(嫌名)은 피휘(避諱)에 포함되지 않는다.〔不諱嫌名也〕《집해 484쪽》 이에 대한 정현(鄭玄)의 주에서 "혐명은 소리가 서로 비슷한 것을 이르는데, 가령 우(禹)와 우(雨) 구(丘)와 구(區) 따위이다."라고 하였다.〔嫌名 謂音聲相近 若禹與雨 丘與區也〕《禮記 曲禮上 鄭玄注》

10 두……범하면 : 이름 두 글자 가운데 한 글자만 피휘하는 것이다.〔二名不偏諱〕《집해 484쪽》 이에 대한 정현의 주에서 "이름 두 글자를 모두 피휘하는 것이 아님을 이른다. 공자의 어머니 이름이 징재(徵在)인데, '재(在)'를 말하면 '징(徵)'을 일컫지 않고, '징'을 말하면 '재'을 일컫지 않는 것이다."라고 하였다.〔鄭玄注 謂二名不一一諱也 孔子之母名 徵在 言在不稱徵 言徵不在〕《禮記 曲禮上 鄭玄注》

11 상서나……60이다 : 이와 같은 따위는 모두 일에 해를 끼치기 때문에 장 60이니 그 삼가지 않음이 큰 것을 징계하는 것이다.〔如此之類 皆有害於事者 故杖六十以懲其不謹之大也〕《집설 권2 37장》

12 육부(六部) : 육부만을 말하고 오군도독부(五軍都督府)나 도찰원(都察院)을 언급하지 않은 것은 글을 생략한 것일 뿐이다. 오군도독부나 도찰원에서 범하면 동일하게 과단한다.〔言六部而不及五軍都督府都察院者 省文耳 有犯卽同科斷〕《집해 483쪽》

13 일에 해를 끼치면 : 이 조문 2항의 원문 유해어사자(有害於事者)라는 요건은 현대 형법의 침해범(侵害犯) 형식의 조문 설정 방식을 연상하게 하는 구절이다. 현대 형법학에서는 침해범과 위험범(危險犯)을 구분한다. 예를 들어 '일반 건조물 등에의 방화'를 처벌하는 형법 제166조 1항은 "불을 놓아 전 2조에 기재한 이외의 건조물, 기차, 전차, 자동차, 선박, 항공기 또는 광갱을 소훼한 자는 2년 이상의 유기 징역에 처한다."라고 규정함에 비하여 '자기 소유에 속하는 일반 건조물 등에의 방화'를 처벌하는 제166조 2항은 "자기 소유에 속하는 제1항의 물건을 소훼하여 공공의 위험을 발생하게 한 자는 7년 이하의 징역 또는 1000만 원 이하의 벌금에 처한다."라고 규정한다. 제166조 1항에서는 '기차 등의 소훼'라는 위험한 행위가 행하여지면 그것만으로 범죄가 완성되지만, 제166조 2항에서는 '기차 등의 소훼'라는 위험한 행위만으로는 부족하고 '공공의 위험 발생'이라는 '사회적 해악(social harm) 혹은 법익 침해가 발생'하여야 범죄가 완성되는 입법 형식이다. 제166조 1항을 위험범, 제166조 2항을 침해범이라고 한다. 이 조문은 '상서나 주사에서 휘를 범하는' 행위만으로 범죄가 완성되지 않고 '일 곧 공무에 대한 해악이 발생'하여야 비로소 완성된다는 형식의 범죄 구성 요건이다. 대명률 전체에서 이런 형식의 구성 요건은 이 조문에만 나타나는 듯하다.

14 착오가……40이다 : 어전에 아뢰는 것보다는 덜하나, 육부는 직위가 높으므로 태 40을 쳐

에 비록 착오가 있더라도 그 문안이 시행할 만하여 일에 해가 되지 않으면 죄를 논하지 않는다.[16]

**직해** 임금에게 상서하거나 아뢸 때 착오로 어명이나 묘휘를 범하면 장 80이고, 나머지 문서에서 착오로 어명이나 묘휘를 범하면 태 40이다. 이름이나 자를 지을 때 저촉하여 범하면 장 100이다. 다만 어명이나 묘휘를 범한 것이 발음은 서로 비슷한데 글자 모양이 각각 다른 것과, 두 자 중에서 한 자만을 저촉하여 범한 것은 모두 논죄하지 않는다. ○ 임금에게 상서하거나 아뢸 때 '면사(免赦)'라고 해야 할 곳에 '면사'라 하지 않거나, '천석'이라고 해야 할 곳에 '십석'이라 하여 일에 해를 끼치면 장 60이다. 육조(六曹)의 관아에서 보고 문서에 착오를 일으킴으로써 일에 해를 끼치면 태 40이다. 다른 나머지 각 관사에서 출납하는 문서에 착오를 일으키면 태 20이다. 보고 문서 안에 비록 어긋나고 잘못된 부분이 있으나 일에 해가 되지 않으면 논죄하지 않는다.

### 해설

문서를 작성하거나 이름을 지을 때 현재 황제의 이름인 어명(御名)과 선대 황제의 이름인 묘휘(廟諱)를 반드시 피해야 함을 말한 조문이다. 잘못하여 범하면 똑같이 유죄이며, 문서의 작성 과정에서 문자에 착오를 일으킨 경우 역시 처벌한다.

서, 삼가지 않아 일에 해를 끼치는 것을 경계하는 것이다.〔雖比之達于御前者不同 而職位旣尊 豈容以輕忽事之 故笞四十以爲不謹害事之戒也〕《집설 권2 37장》

15 그 밖의……20이다 : 육부에 보고하는 것보다는 덜하나, 직무를 거칠고 엉성하게 하였기에 역시 태 20을 쳐서, 삼가지 않아 일에 해를 끼치는 것을 경계하는 것이다.〔雖比之申于六部者不同 而職掌所係 豈容以草率成之 故亦笞二十以爲不謹害事之戒也〕《집설 권2 37장》

16 보고한……않는다 : 인정으로 용서하고 그 죄를 논하지 않는 것이다.〔亦當以情恕之 勿論其罪也〕《집설 권2 37~38장》 원문에서 '소신(所申)'만 말하였으므로 상서나 주사의 착오는 비록 일에 해를 끼치지 않아도 죄를 처벌한다. 일이 조정에 관계되고 또한 육부에 비할 바가 아니기 때문이다.〔止曰所申 則上書奏事錯誤 雖無害於事 亦以罪科 蓋事關朝廷 又非六部可比故也〕《집해 484~485쪽》

## 68
# 주문해야 할 일을 주문하지 않음
事應奏不奏

68-1 군관(軍官)이 죄를 지으면 반드시 성지(聖旨)를 청해야 하는데 청하지 않거나, 공훈을 논하여 황제에게 의논을 청해야 하는데[1][2] 청하지 않으면, 해당 관리는 교형에 처한다.[3]

68-2 문관(文官)이 죄를 범하여 주청(奏請)해야 하는데[4] 주청하지 않으면 장 100이다.[5] 규피(規避)한 바가 있으면 무거운 쪽으로 논한다. 군무(軍

1 황제에게……하는데 : 원문의 상의(上議)는 황제에게 아뢰어 의논을 청하는 것을 말한다. 〔上議 謂奏上請議〕《집설 권2 40장》 ①6 軍官有犯

2 공훈을……하는데 : ①4 應議者犯罪

3 군관(軍官)이……처한다 : 대체로 군직(軍職)의 관원은 대대로 조정의 녹을 받는 관원이다. 그 조상이 국가에 공이 있는데 함부로 추문하여 단죄하면 공훈을 하찮게 여길 뿐 아니라 조정을 배반하고 거역하는 것이 된다. 그러므로 황제에게 의논을 청하지 않은 죄가 특별히 무겁다.〔蓋軍職係朝廷世祿之官 其先世有功於國家者 而輒擅問斷 非惟蔑棄功勳 抑且背逆朝廷矣 故其罪特重焉〕《집설 권2 38장》

4 문관(文官)이……하는데 : 가령 2품 이상 팔의(八議)에 해당하는 관원,(①4 應議者犯罪) 서울의 높고 낮은 관원, 지방의 5품 이상의 관원이 죄를 범하면 모두 주문하여 성지를 청해야 한다. 만약 지방의 6품 이하의 관원이면 분순 어사(分巡御史)·안찰사(按察司)·분사(分司)가 함께 의의(擬議)하여 황제에게 알려 분별하여 처치하고,(①5 職官有犯 ①4 應議者犯罪) 부·주·현의 관원이 죄를 범하면 관할하는 곳의 상급 관원이 밀봉(密封)하여 주문한다.(①5 職官有犯) 이상이 모두 주청해야 하는 일인데, 해당 관리가 주청하지 않으면 장 100이다.〔若文職有犯 如二品以上應議官及在京大小官員併在外五品以上官 俱應奏聞請旨 若在外六品以下官 御史按察司幷分司 俱應議擬 聞奏區處 府州縣官犯罪 所轄上司 應實封奏聞 以上俱謂之應奏請 而當該官吏不奏請者 杖一百〕《집설 권2 39장》

5 장 100이다 : 문관은 조정의 일을 맡은 신하이다. 그 자신이 나라에 공로가 있는 자인데 함부로 추문하여 처결하면, 군관의 여러 대에 걸친 공훈을 멸시하는 것보다는 덜하나 역시 상례를 어긴 것이기 때문에, 그 죄가 장 100으로, 교형보다는 조금 가볍다.〔蓋文職 係朝廷任事之臣 其本身有勞於國家者 而輒擅問決 則比之蔑棄世功者雖不同 而亦有違常例矣 故其罪稍次焉〕《집설 권2 39장》

務)[6]·전량(錢糧)[7]·선법(選法)[8]·제도(制度)[9]·형사 사건·사죄(死罪)·재이(災異)[10] 및 그 밖의 주문(奏聞)해야 할 일인데 주문하지 않으면 장 80이다. 상급 관사에 보고해야 하는데 보고하지 않으면 태 40이다.[11] 이미 주문하거나 상급 관사에 보고한 후 회보(回報)를 기다리지 않고 멋대로 시행하면 모두 주문하지 않거나 보고하지 않은 것과 같은 죄이다.

**68-3** 주문해야 하는 공무[12]는 반드시 율(律)에 따라 정의(定擬)[13]하고[14] 주본(奏本)을 자세히 작성하여 주사(奏事)하는 관원과 해당 관리의 성명을 모두 써서[15] 명백하게 주문한다. 규피하는 바가 있어 긴요한 정절(情節)

6 군무(軍務) : 군인이나 말을 징발하거나 갑옷이나 병장기를 정비하는 것과 같은 따위이다.〔軍務 如調發軍馬繕治甲兵之類〕《집해 488쪽》

7 전량(錢糧) : 금전이나 곡식을 출납하거나 징수하는 것과 같은 따위이다.〔錢糧 如出納徵收之類〕《집해 488쪽》

8 선법(選法) : 이부와 병부에서 관원을 선임하고 등급을 정하는 것이다.〔選法 則吏兵二部 選官等第〕《집해 488쪽》

9 제도(制度) : 예(禮)를 제정하고 악(樂)을 만드는 것과 같은 따위이다.〔制度 則如制禮作樂之類〕《집해 488쪽》

10 재이(災異) : 홍수나 가뭄을 '재(災)'라 하고, 요사스러운 사물이나 자연계의 괴이한 현상을 '이(異)'라 한다.〔水旱爲災 妖怪爲異〕《집해 488쪽》

11 태 40이다 : 비록 멋대로 시행한 실정이 있으나 하나의 일을 잘못한 데 불과하다. 직관(職官)을 함부로 추문한 것보다는 덜하므로, 죄도 장 100보다 가볍다.〔此雖有專擅之情 猶不過一事之失 較之擅問職官不同 故其罪又次矣〕《집설 권2 39장》

12 주문해야 하는 공무 : 주문에 합당한 일체의 공무이다. 군무(軍務) 등의 사항이 모두 이에 해당한다.〔合奏公事 乃一應公事合當奏聞者 如軍務等項皆是〕《집해 488쪽》

13 정의(定擬) : ① 37 斷罪無正條

14 율에 따라 정의(定擬)하고 : 형사 사건만을 가리키는 것은 아니다. 가령 수어관(守禦官)이 비게 되면 전달하여 아뢰어 선발하여 임용하거나, 재상(災傷)이나 전량(田糧)을 자세히 조사하여 보고하는 따위도 해당된다.〔依律定擬 不專指刑名 如守禦官缺 轉奏選用 災傷田糧 核實奏報之類〕《집해 489쪽》

15 성명을 모두 써서 : 원문의 첨(僉)은 '모두'라는 뜻이다. 첨서성명(僉書姓名)은 어떤 일에 관련된 관리의 성명을 직급 순서대로 모두 기입하는 것이다. 예를 들어 '지부(知府) 아무개, 동지(同知) 아무개, 통판(通判) 아무개, 추관(推官) 아무개, 경력(經歷) 아무개, 지사(知事) 아무개'라고 모두 서압(署押)하고, 종이 뒷면에 '사리(司吏) 아무개, 빼거나 더한

을[16] 더하거나 빼서 모호하게 주문하여 재가를 받아 시행하였는데[17] 이후에 다른 일로 인하여 탄로 나면, 비록 여러 해가 지났더라도 국문(鞫問)하여 정황이 명백하면 참형이다.[18]

68-4 직속 상급 관사[19]에 공무를 품의할 때는 반드시 먼저 일마다 가부를 상세히 진술하고 정의하여 아뢴다. 품의한 대로 준의(準擬)[20]하면 상급 관사는 관인이 찍힌 문서[21]를 만들어 두어 간략한 사유[22]를 기록하고, 수령관(首領官)과 이전(吏典)으로 하여금 이름을 쓰고 서명하도록[23] 하여 심사하

것 없음'이라고 기입한다.〔僉書姓名：僉ハ皆也 衆共言之也 各官ノ姓名ヲ列ノ次第ニ依テ悉クカキ立ル也タトヘハ知府某同知某通判某推官某經歷某知事某俱ニ皆押シテ紙ノ背ニ司吏某字無洗補トカキタテルヲ僉書姓名ト云也〕《언해 권6 21장》

16 긴요한 정절(情節)을 : 원문 긴관정절(緊關情節)은 관계되는 바가 매우 중요한 사정절목(事情節目)을 가리키는 표현이다. 예를 들어 임기가 만료된 관원이 공적이 있는지 없는지, 혹은 재능이 있는지 없는지, 혹은 봉증(封贈)할 만한가 아닌가와 같이 선악·상벌이 그로 인해 갈리게 되는 어구를 가리킨다.〔緊關情節 關リ係ル所ノ緊要ナル事情節目ヲ言フ文辭也タトヘ考滿ル官ノ功績アルト無キト或ハ才能ノ有ル無キ或封贈スベキスマジキノ類ノ如シ善惡賞罰ノ由分ル所ノ語句ヲ指ス也〕《언해 권6 21장》

17 시행하였는데 : 아직 시행하지 않았으면 380조 대제상서사불이실(對制上書詐不以實)로 논한다.〔未行者 以奏事不實論〕《청률 事應奏不奏》

18 규피하는……참형이다 : 황제를 속이고 사사로운 일을 행하여 조정을 속이고 법을 능멸하였으니, 배반하고 거역한 죄가 이보다 더 심한 것이 없다. 그러므로 비록 한때 그에게 속임을 당하였고 여러 해가 지났더라도 그 죄가 무겁기 때문에 반드시 추문하여 처벌해야 한다.〔蓋誣上行私 欺公滅法 背逆之罪 莫此爲甚 故雖一時爲其所欺而年遠亦必追坐 其罪重也〕《집설 권2 40장》

19 직속 상급 관사 : 현(縣)의 주(州)에 대한, 주의 부(府)에 대한, 부의 포정사(布政司)에 대한 관계 등을 말한다.〔親臨上司 如縣於州州於府府於布政司之類〕《집해 489쪽》

20 준의(準擬) : 하급 관사가 의(擬)를 정(定)하여 제안한 바를 상급 관사가 자세히 살펴보아 온당하다고 판단되면 '이 의(擬)대로 시행하라'고 재가하는 것을 말한다.〔準擬上司官下司ノ定擬シタル所ヲ詳察シ事理分明ニシテ穩當スル者ヲハ此擬ノ如クニ施シ行ヘト允シテ奧書ヲシテ出スヲ準擬ト云也〕《언해 권6 23장》 앞의 정의(定擬)와 짝이 되는 용어이다.

21 관인이 찍힌 문서 : 성명을 갖추고 도장을 찍은 장면(帳面)을 말한다.〔印署文簿ハ姓名ヲ具ヘ印ヲヲサセル帳面ヲ云ナリ〕《언해 권6 23장》

22 간략한 사유 : 의논한 일의 간략한 내용이다.〔所議之事 略節緣由〕《청률 事應奏不奏》

23 서명하도록 : 원문 화자(畫字)는 화압(華押)을 찍는 것을 말한다.〔畫字ハ華押ヲスユルヲ

는 근거로 삼는다. 시행하기에 합당하지 않은 일을 품의하여 결재받았다고 거짓말하거나,[24] 공무가 바쁜[25] 틈을 엿보아 유리한 시기를 이용하여 모호하게 설명하여 시행하게 하면[26] 각 아문 관원의 구두 명령을 거짓으로 전달한 죄에 대한 율[27]에 따라 과죄한다. 규피한 바가 있으면 무거운 쪽으로 논한다.

**직해** 군(軍)의 관원이 죄를 지어 임금에게 아뢰어야 하는데 아뢰지 않거나, 공로를 왕에게 아뢰어야 하는데 아뢰지 않으면 담당 관리 등은 교형이다. ○ 문관이 죄를 지어 임금에게 아뢰어야 하는데 아뢰지 않으면 장 100이고, 그중 자기 일을 불편하게 생각하여 회피하면 무거운 쪽으로 논한다. 또 군무·전량·선법·제도·형사 사건·사죄·재이 등의 일이나 일반적인 일을 임금에게 아뢰어야 하는데 아뢰지 않으면 장 80이다. 도평의사사(都評議使司)에 보고해야 하는 일을 보고하지 않으면 태 40이다. 또 이미 아뢰거나 보고한 후에 지시를 기다리지 않고 곧장 시행하면 아뢰지 않거나 보고하지 않은 것과 같은 죄이다.

(○) 임금에게 아뢰어야 할 공무는 반드시 법에 따라 정의하여 계목(啓目)[28]에 상세히 갖추어 써 놓으며, 아뢰는 사람과 일을 맡은 관리들의 성명을 모두 명백하게 써서 아뢴다. 불편한 일을 회피하려고 긴급한 정상을 늘

云也〕《언해 권6 23장》

24 품의하여 결재받았다고 거짓말하거나 : 본래 상급 관사에 아뢴 적이 없는데, 품의하여 결재받았다고 거짓말하는 것이다.〔本不曾稟上司 妄作稟準〕《집설 권2 40장》

25 공무가 바쁜 : 원문 용병(冗幷)은 많은 사무가 한 곳에 몰리는 것이다.〔冗幷 事務繁冗而幷於一處也〕《언해 권6 23장》

26 모호하게……하면 : 상급 관사의 관원으로 하여금 자세히 살피지 못하고 즉시 시행하게 하는 것이다.〔以致上司官 失於詳察 輒便施行者〕《집설 권2 40장》

27 각 아문……율 : 문서를 거짓 전달하면 '사위(詐僞)'라 하고, 구두 명령을 거짓 전달하면 '사전(詐傳)'이라 한다.〔自文書而言 謂之詐僞 自言語而言 謂之詐傳〕《전석 권24 4장》 ④ 379 詐傳詔旨

28 계목(啓目) : 임금에게 상주하는 문서의 한 양식으로 계본(啓本)보다 내용과 형식이 간략하다.《大典會通 禮典 用文字式》

리거나 줄여 써서 애매하게 아뢰었는데, 이미 재가를 받은 후에 일이 드러나면, 비록 연월이 오래 지났더라도 추문(追問)하여 정황이 명백하면 참형이다.

(○) 직속 상급 관사에 일체의 공무를 보고할 때는 반드시 먼저 일의 가부를 자세하게 헤아려서 보고한다. 이미 의논이 확정된 공무는 상급 관사에 비치된 관인이 찍힌 문서에 간략한 연유를 써 놓은 다음 시행하고, 일을 맡은 관리가 이름과 서명을 직접 기입하여 이후 처결에 참고한다. 이치상 행이(行移)하기 합당하지 않은 일인데 거짓으로 칭하여 보고 문서를 행이하거나, 일이 바쁜 때를 엿보아 애매하게 보고 문서를 시행하면, 각 아문 관원의 말을 거짓으로 전한 데 대한 율례로 논죄한다. 그중에 자기 일을 불편하게 생각하여 회피하면 중죄로 논한다.

●●●

## 명대 통치 체계와 보고 체계

명대(明代) 통치 체계는 관원의 소속에 따라 중앙과 지방으로, 관련 직장(職掌)에 따라 민정(民政)·군정(軍政)·형정(刑政)으로 구분할 수 있다. 중앙은 직례(直隷)라 하여 경사(京師)와 남경(南京)이 있고 그 관할하의 부(府)·주(州)·현(縣)이 있었고, 지방은 13개 포정사사(布政使司), 140개 부, 193개 주, 1138개 현, 그리고 특수 지역으로 19개 기미부(羈縻府), 47개 기미주(羈縻州), 6개 기미현(羈縻縣)이 있었다.

민정 체계는 홍무(1368~1398) 초기에 중앙은 중서성(中書省), 지방은 행중서성(行中書省)이 중심이 되어 행정이 운영되었으나, 홍무제(洪武帝)의 황제권 강화에 따라 중앙은 육부(六部), 지방은 포정사사 체제로 전환되었다. 육부-포정사사-부·주·현으로 이어지는 행정 체계는 관할 분야에 따라 유기적으로 연결되었다. 지방 통치의 최고 기관이었던 포정사사는 산동(山東), 산서(山西), 하남(河南), 섬서(陝西), 사천(四川), 호광(湖廣), 절강(浙江), 강서(江西), 복건(福建), 광동(廣東), 광서(廣西), 운남(雲南), 귀주(貴州)의 13곳으로, 관할 부·주·현을 담당하였다.

군정 체계는 홍무 초기에 개국 공신 세력의 군사권을 황제에게 일원화시키고 상호 견제하도록 하여 군령권을 중앙의 오군도독부(五軍都督府)에 부여하였다. 좌・우・중・전・후의 다섯 도독부는 전국의 도지휘사사(都指揮使司) 및 위소(衛所)를 나누어 총괄하였다.

형정 체계는 기본적으로 지방의 경우 부・주・현 단계는 행정 체계와 겹치며, 제형안찰사(提刑按察司)가 지역별로 총괄하는데, 이는 중앙의 도찰원(都察院)으로 이어져 황제에게 보고된다. 보고 체계는 중앙의 도찰원과 지역의 제형안찰사가 직접 황제에게 보고하도록 되어 있었다.

명대 보고 체계는 소속 관계의 상급 기관 및 관련 기관에 공문 행이(行移) 체계의 상행문(上行文)에 의해 운영되었다. 보고의 정점은 황제이며, 황제에게 보고되는 문서는 밀봉(密封)과 정식 보고 체계에 따른 것의 두 종류가 있다. 밀봉 곧 직달(直達)과 직주(直奏)는 황제가 직접 개탁(開拆)하는 것으로 홍무 연간에는 통정사사(通政使司)를 통하여, 영락(1403~1424) 이후는 환관 조직인 문서방(文書房)을 통하여 이루어졌다. 밀봉은 보고 주체가 한정되어 있지 않으며, 관원이면 누구든지 할 수 있다. 홍무제는 보고 주체를 관원에 한정하지 않고 모든 신민(臣民)이 황제에게 보고하고자 하는 내용을 실봉(實封)하여 직달하도록 하였다.

정식 보고 체계는 소속 상급 기관을 통해 보고하는 것으로, 명대 통치 체계에 따라 민정 체계는 주・현→포정사사→육부→황제, 군정 체계는 위소→도지휘사사→오군도독부→황제, 형정 체계는 주・현→도찰원・제형안찰사→황제 등으로 되어 있다.

## 69
# 사신으로 나갔다가 복명하지 않음
出使不復命

69-1 제서(制書)나 칙서(勅書)[1]를 받들어 사신으로 나갔다가 복명(復命)하지 않고 다른 일에 간여하면 장 100이다.[2] 각 아문에서 사신으로 나갔다가 복명하지 않고 다른 일[3]에 간여하면, 통상적인 일은 장 70이고, 군사상의 중요한 일은 장 100이다.[4]

69-2 이치에 어긋나거나 분수를 어기고 다른 사람의 맡은 업무를 침범하면[5] 태 50이다.[6]

1 제서(制書)나 칙서(勅書) : 대사(大事)에는 제(制)를 쓰고 버금가는 일에는 칙(勅)을 쓰는데 모두 성지(聖旨)이다.〔大事用制 次用勅 皆聖旨也〕《집해 495쪽》

2 제서(制書)나……100이다 : 제서나 칙서를 받들어 나갔던 사신이 복명하지 않고 다른 일에 간여한다면 이는 특명(特命)을 중하게 여기지 않는 것이다. 일반적으로 파견하는 자와 같지 않으며 거역하고 소홀히 한 죄를 피할 수 없으므로 장 100이다.〔若奉制勅出使 不行復命而干預他事者 是以不特命爲重 較之尋常差委者不同 而違慢之罪 不容逃矣 故杖一百〕《집설 권2 41장》

3 다른 일 : 사신의 일과 전혀 관계가 없는 것으로 가령 대명령(大明令)에서 가리키는 소장(訴狀)을 접수하거나 옥수(獄囚)를 심리하는 따위이다.〔他事 謂於使事絶無關涉 如大明令所指 接受詞狀審理獄囚之類〕《집설 권2 42장》

4 군사상의……100이다 : 비록 제서나 칙서를 받든 것과 같지 않으나 지체한 죄를 면해 줄 수 없다. 통상적인 일과 중요한 일에 대해서는 두 가지 견해가 있다. 첫째, 각 아문에서 사신을 파견하여 맡긴 일이라는 견해이다.〔是不以欽命爲重 雖與承領制勅者不同 而稽遲之罪不容逭矣 故各衙門所差 係常事 止杖七十 係干軍情重事 仍杖一百也〕《집설 권2 41장》 둘째, 각 아문에서 사신을 내보내어 맡긴 일이 아니라 파견된 사신이 돌아와 간여한 일이라는 견해이다.〔常事重事則所干預之事 非各衙門出使之事 觀文勢自見〕《집해 496쪽》〔按所干預之事分別科之〕《집주(상) 171쪽》

5 다른……침범하면 : 예컨대 운송을 독촉하는 사신으로 나가서 징수하는 일에 관여하는 따위이다. 다른 사람이 맡은 업무와 일을 처리하는 것은 사신이 맡은 일과 혹 관련이 있을 수 있으나, 각각 맡은 권한이 있어서 사신이 침범할 수 있는 것이 아니다.〔職掌行事 則與所使之事 或有相干 但中間各有職掌之權 非彼所當侵越耳 如趲運而侵與徵收之類〕《집설 권2 42장》

69-3 돌아온 뒤 3일 내에 성지(聖旨)를 반납하지 않으면 장 60이고, 2일마다 1등급을 더하되 죄는 장 100에 그친다. 부험(符驗)을 반납하지 않으면 태 40이고, 3일마다 1등급을 더하되 죄는 장 80에 그친다.[7]

69-4 규피(規避)[8]한 바가 있으면 각각 무거운 쪽으로 죄를 논한다.

**직해** 임금의 명을 받들어 사신으로 나간 관원이 돌아와 복명하지 않고 다른 일에 간여하면 장 100이다. 각 관사로 파견 나간 사람들도 돌아와 일의 정황을 고하지 않고 다른 일에 간여할 경우, 통상적인 일이면 장 70이고 군사상의 일이면 장 100이다.

(○) 이치에 어긋나거나 분수를 어겨 다른 사람이 관장하는 일을 침범하여 폐단을 일으키면 태 50이다.

(○) 돌아온 뒤 3일이 지나도 왕지(王旨)를 반납하지 않으면 장 60이고, 2일마다 1등급을 더하되 장 100을 한도로 한다. 역마(驛馬)·부험 등을 반납하지 않으면 태 40이고, 3일마다 1등급을 더하되 죄는 장 80에 그친다.

(○) 자기 일을 회피하려 하였으면 각각 무거운 쪽을 따른다.

6 태 50이다 : 직무를 맡아 일을 처리하는 능력을 보였으나 지위를 벗어나는 잘못을 범하였으므로 또한 태 50이다.〔雖得以逞其任事之能 而已蹈乎出位之愆矣 故亦笞五十〕《집설 권2 42장》 원문의 침인직장(侵人職掌)과 간예타사(干預他事)는 그 실정이 서로 비슷하나 죄에는 경중이 있다. 1항에서 말한 간예타사는 제서나 칙서를 받들고 나간 사신이나 각 아문에서 나간 사신이 일을 이미 완수하고 복명해야 할 때에 다른 일에 간여한 것이므로 그 죄가 무겁다. 그러나 2항의 침인직장은 사신의 임무가 끝나지 않아 복명할 때가 아닌데 남의 업무를 침범하여 행사(行事)한 것이므로 그 죄가 가볍다.〔侵人職掌與干預他事 其情相似 而罪有輕重何也 蓋前二項干預者 就使事已完 正當復命之時言 故其罪重 後一段侵行者 就使者事未完 未當復命之時言 故其罪輕〕《집설 권2 43장》

7 돌아온……그친다 : 성지와 부험은 비록 모두 똑같이 조정에서 주는 것이지만 경중의 구분이 있으므로 그 죄 또한 같지 않다.〔蓋聖旨與符驗 雖均爲朝廷之所給 然有輕重之分 故其罪亦不同耳〕《집설 권2 42장》

8 규피(規避) : 사신이 할 일을 마치지 못하였거나 또는 성지나 부험을 훼손하거나 유실한 것과 같은 따위이다.〔規避 如使事未終及聖旨符驗有所毁失之類〕《집해 496쪽》

해설

사신으로 나간 관리가 곧바로 복명하지 않은 경우에 대한 조문이다. 사신은 마땅히 황제의 명령을 가장 우선으로 여겨야 하며 다른 일로 인해 늦추어서는 안 된다. 사신으로 나갔다가 돌아와 복명하지 않고 다른 일에 간여하는 죄, 사신으로 나가서 남의 업무를 침해하는 죄, 사신으로 나갔다가 돌아와서 성지(聖旨)나 부험(符驗)을 반납하지 않는 죄 등에 대한 처벌 규정을 다루었다. 제서(制書)나 칙서(勅書)를 받들어 사신으로 나간 경우와 각 아문의 공문을 받들어 사신으로 나간 경우, 통상적인 일과 군사상의 중요한 일에 경중의 차이를 두었다.

# 70
# 군사상의 중대한 일을 누설함
漏泄軍情大事

70-1 조정(朝廷)이나 총병장군(總兵將軍)[1]이 군대를 동원하여 외번(外蕃)[2]을 토벌・습격하거나 반역한 도적의 무리를 붙잡는 등의 기밀에 관계되는 중대한 일을 들어 알고서 멋대로 적[3]에게 누설하면 참형이다. 변방의 장수가 군사상의 중대한 일을 조정에 보고하였는데 이를 누설하면[4] 장 100도 3년이다. 먼저 말을 전한 자를 수범으로 삼고,[5] 그 말을 전하여 적에게 이르도록 한 자[6]를 종범으로 삼아 1등급을 줄인다.

1 총병장군(總兵將軍) : 명대(明代) 무장(武將)의 호칭이다. 처음 명나라에서 장군을 보내어 출정할 때 총병관・부총병관의 호칭을 사용하였으며, 뒤에 각지에 총병관을 두어 군사를 통솔・진수(鎭守)하게 하였다. 총병관을 약칭하여 '총병'이라고 한다. 조정이나 지방의 총병은 정로장군(征虜將軍)・정만장군(征蠻將軍)・진삭장군(鎭朔將軍)과 같은 따위로 군사를 동원하여 외번(外蕃)을 정벌・엄습하거나 반역한 적도들을 잡아들인다.〔朝廷及在外總兵 如征虜征蠻鎭朔將軍之類 調兵征討掩襲外蕃 及收捕反逆賊徒〕《집설 권2 43장》

2 외번(外蕃) : 토번・여진・몽골 등 명나라를 둘러싸고 있는 외국을 이르는 말이다.

3 적 : 외번이나 반역의 무리이다.〔敵 卽外蕃逆徒也〕《집설 권2 44장》

4 이를 누설하면 : 인심이 놀라서 동요하게 하는 것이라고 보는 견해도 있으나, 원문의 '전지(傳至)' 두 글자를 본다면 적에게 누설하는 것이라고 보는 것이 옳다.〔報到軍情重事而漏泄者 亦是漏泄於敵人 觀下傳至二字可見 或謂漏泄而驚動人心 恐非〕《집해 499쪽》

5 수범으로 삼고 : 참형이나 장 100 도 3년에 처한다.〔坐斬及徒三年〕《집설 권2 43장》

6 그 말을……자 : 전한 말이 반드시 적군에게 이르러야 처벌한다. 만약 말을 전한 적은 있으나 적군에게 누설되기에 이르지 않았거나, 서로 말을 전하였으나 적군에게 이르지 않았다면, 410조 불응위(不應爲)로 처벌한다.〔然必傳至敵人 乃坐 若先傳說 不致漏泄於敵 及轉相傳說 未至敵人者 止問不應 可也〕《집설 권2 43~44장》 단 전하여 이른다는 '전치(傳致)' 두 글자를 보건대 누설은 부주의한 데서 말미암은 것으로, 다만 그 일을 경솔하게 발설하여 적에게 전해지게 한 것이다. 만약 고의로 그 일을 적에게 누설하였다면 이는 간사한 소인이 정보를 누설하는 것이므로, 245조 반힐간세(盤詰姦細)에 따라 수범과 종범을 가리지 않고 모두 참한다.〔但觀傳致二字 還當主漏泄於敵人言 漏泄出于無心 只謂開其事而輕率漏泄 以致傳聞於敵也 若有心泄其事於敵 是姦細走透消息者 不分首從 皆斬 又當從姦細條科斷矣〕《집설 권2 44장》

70-2 봉인되어 있는 관문서를 사사로이 열어 살펴보면 장 60이다. 일이 군사상의 중대한 일에 관계되면 누설죄로 논한다.[7]

70-3 근시(近侍) 관원[8]이 기밀에 관계되는 중대한 일[9]을 타인에게 누설하면 참형이다.[10] 통상적인 일이면 장 100에 파직하고 서용하지 않는다.[11]

**직해** 국가나 여러 절제사(節制使)가 군마를 점검하여 초적(草賊) 및 반역하는 도적 무리를 추격하여 잡는 중대한 기밀 사항을 들어 알고서 적에게 누설하여 내통하면 참형이다. 지방의 여러 절제사·안렴사(按廉使) 등이 전하여 보고하는 군사상의 중요한 일을 누설하여 내통하면 장 100 도 3년이다. 먼저 말을 전한 자는 수범으로 논하고 다음으로 말을 전한 자는 종범으로 하여 1등급을 줄여 준다.

(○) 관사의 문서 봉인을 사사로이 개봉하여 살펴보면 장 60이다. 군사상의 중대한 일이면 '누설하여 내통한 죄'로 논한다.

7 봉인되어……논한다 : 수범은 장 100 도 3년이고 종범은 감등한다. 그러나 봉한 문서가 군정(軍情)의 중대한 일에 관계되는 것을 알고서도 사사로이 개봉해야 처벌한다. 만약 처음에는 이것이 군정인 것을 몰랐다가 개봉한 후에 비로소 알았다면 단지 장죄로 물어야 한다.〔爲首杖一百徒三年 爲從減等 然須明知封內文書 係軍情重事 而私開之者 乃坐 若先不知是軍情 開後方知者 止問杖罪 可也〕《집설 권2 44상》

8 근시(近侍) 관원 : 어명을 받드는 내사(內使), 상보시(尙寶寺)의 급사중(給事中), 난여시(鑾輿寺)의 관기(官旗) 따위이다.〔近侍官員 如奉御內使尙寶寺給事中鑾輿寺官旗之類〕《집설 권2 44장》 ① 61 交結近侍官員

9 기밀에……일 : 토습(討襲)·수포(收捕) 등의 사항뿐 아니라 국가의 기밀로 중대한 것이 모두 이에 해당된다.〔不特討襲收捕等項〕《집해 501쪽》〔機密重事 則所該者廣 凡國家之機密重大者 皆是〕《집설 권2 44장》

10 근시(近侍)……참형이다 : 61조 교결근시관원(交結近侍官員)에서는 근시 인원이 '사정을 누설하면 모두 참형'이라 하였는데, 여기서는 "기밀에 관계되는 중대한 일을 누설한다."라 하였고 '모두 참형'이라 하지 않았다. 그 까닭은 다만 누설에 그치고 간당(姦黨)하는 폐단이 없어 결탁하는 것과는 다르기 때문이다. 그러므로 당사자만 참형에 처하고 수범과 종범을 나누며, 통상적인 일을 누설하면 장 100에 파직하여 서용하지 않는 것으로 가볍게 처벌하는 것이다.《집설 권2 44장》

11 통상적인……않는다 : 통상적인 일일지라도 일이 조정에 관계되므로 가벼이 누설하는 것을 용납하지 않는 것이다.〔蓋朝廷所關 亦不容輕泄也〕《집설 권2 44장》

○ 근시 관원이 중요한 기밀 사항을 다른 사람에게 누설하여 내통하면 참형이다. 통상적인 일이면 장 100에 파직하고 서용하지 않는다.

해설

군사상 기밀과 조정 정령(政令)의 중시를 규정한 조문이다. 군사 기밀에 관계되는 중대한 실정을 알고서 적군에게 누설하면, 나라를 배반하고 적과 한패가 되어 적으로 하여금 방비하도록 하였기에 참형에 처한다. 봉인된 관문서를 사사로이 열어 보는 경우, 일이 군정(軍情)과 관계되면 보통 문서에 비할 수 없기 때문에 군기(軍機)를 중시한다는 뜻에서 군정을 누설한 죄로 논한다. 조정에 가까이 있는 근시 관원은 기밀을 굳게 지켜야 하므로 기밀상 중대한 일을 다른 사람에게 누설하면 참형에 처한다.

# 71
## 관문서 처리 기한을 넘김
官文書稽程

관문서 처리 기한을 넘기면[1] 1일에 이전(吏典)은 태 10이고, 3일마다 1등급을 더하되, 죄는 태 40에 그친다. 수령관(首領官)은 각각[2] 1등급을 줄인다.[3] 각 아문에 소속 관사에서 공무를 품신(稟申)하면 즉시 가부를 상세히 의논하여 명백하게 결정하여[4] 회보해야 한다. 해당 관리가 확실히 결정해 주지 않고 모호하게 행이(行移)하여 위아래가 서로 핑계 대며 미루다가[5] 공무[6]를

1 처리 기한을 넘기면 : 문안의 처리 기한은 소사(小事)는 5일, 중사(中事)는 10일, 대사(大事)는 20일이다. 이 기한이 넘도록 완료하지 못하는 것을 '계정(稽程)'이라 한다.〔文案 小事五日程 中事十日程 大事二十日程 此外不了 是名稽程〕① 29 公事失錯. 문서 처리 기한이 《대청률》의 조례에서는 소사 5일, 중사 7일, 대사 10일로 바뀌었다.

2 각각 : 《집해》에서는 원문의 각(各)이 대사·소사·중사의 세 가지 일을 가리키는 것으로 보았으나〔各字 指大小中三項事言〕《집해 503쪽》《집설》은 문서 처리 기한과 원문의 죄지(罪止)를 가리키는 것으로 보았다. 즉 문서 처리 기한을 넘긴 것이 4일이면 이전은 태 20, 수령관은 태 10, 이전은 죄가 태 40에 그치고 수령관은 죄가 태 30에 그치는 것을 의미한다는 것이다.〔各字 承上而卜說 謂吏典四日笞二十 首領官笞一十 吏典罪止笞四十 首領官罪止笞三十 是也〕《집설 권2 46장》

3 수령관(首領官)은……줄인다 : 정관(正官)과 좌이관(佐貳官)을 처벌하지 않는 것은 문서를 수령하여 시행하는 책임이 이전에게 있기 때문이다.〔正官佐貳不坐者 承行之責任吏也〕《집해 503쪽》 수령관도 문서를 총괄하여 감독하는 책임이 있기 때문에 각각 1등급을 줄여 처벌하는 것이다.〔首領官亦有總承之責 故各減一等〕《집설 권2 45장》

4 결정하여 : 일을 결단하여 가부를 정하여 온전하게 하는 것이다. 《이학지남(吏學指南)》에서 "정탈(定奪)은 사무를 결단한다는 뜻이다."라고 하였고, 《유서찬요(類書纂要)》에서는 "정탈은 일을 온전하게 하는 것이다."라고 하였다.〔事ヲ決斷シ予奪ヲ定メ完フスルヲ云也 指南云 定奪謂取決事務之義 類書纂要云 定奪完事也〕《언해 권6 36장》

5 위아래가……미루다가 : 원문 호상추조(互相推調)는 상하 관사를 겸하는 뜻이 있기는 하나, 이 문단에서는 전적으로 상급 관사에 초점이 있다.〔互相推調一句 雖有兼上下之意 而此段專重在上司一邊〕《집설 권2 46장》

6 공무 : 상급 관사와 하급 관사의 공무를 겸하여 하는 말이다.〔公事 兼上司下司說〕《집설 권2 46장》

그르치게 되면 장 80이다. 소속 관사가 처리할 수 있는 사건을 구처(區處)하지 않고 의심하여 품신하면 죄가 역시 같다.[7] 처리할 공무[8]를 이미 확실히 결정하여 행이하였는데도, 혹 일을 매듭짓지 못하거나 혹 완전하게 처리하지 못하면[9] 관문서 처리 기한을 넘긴 것에 따라 죄를 논한다.[10]

**직해** 관문서를 정해진 기한보다 지체시킬 경우, 1일이면 영사(令史)·서리(書吏)는 태 10이고, 3일이면 1등급을 더하되 40을 한도로 한다. 낭청(郎廳)은 각각 1등급을 줄인다. ○ 각 관사는 소속 관원이 공무를 보고하는 문서가 도착하면 즉시 가부를 상세히 의논하여 명백히 결정하고 승인을 회첩(回貼)해야 한다. 일을 맡은 관원·서리·영사 등이 지체하며 결단하지 않고 서로 미루어 공무가 지체되거나 착오가 생기면 장 80이다. 소속 관원이 실행할 수 있는 공무를 한 번에 결정하지 않고 의심하고 염려하여 함부로 상부에 보고하면 죄가 같다. 단, 이미 결정하여 하부(下部)에 내려보낸 공무를 지체하며 시행하지 않거나 완전하게 처리하지 못하면 관문서의 처리 기한을 넘긴 죄로 논한다.

7 죄가 역시 같다 : 하급 관사의 해당 관원·이전도 역시 장 80이다.〔當該官吏 亦杖八十〕《집설 권2 46장》

8 처리할 공무 : 상급 관사와 하급 관사를 겸하여 말하는 것이다.〔兼上下司言〕《부례(상) 297쪽》

9 혹 일을……못하면 : 원문 미절(未絶)은 한 가지 일을 말하는 것으로, 비록 준행(遵行)하였으나 그래도 아직 매듭지어 끝내지 못한 것이고, 원문 불완(不完)은 몇 가지 일을 말하는 것으로, 비록 스스로 마쳤다고 하나 아직도 완전하지 못한 것이다. 역시 각각 일수를 계산하여 처벌한다.〔未絶 自一事言 雖已遵行 猶未結絶 不完自數事言 雖自了當 尙不全完 亦各計日 科坐〕《부례(상) 298쪽》

10 처리할……논한다 : 미절·불완도 공무를 그르친 것에 속하나 기한을 넘긴 태죄로 논하여, 앞에서 공무를 그르친 것을 장 80으로 처벌한 것과 다르다. 미절·불완은 이미 분명히 결단하여 시행하였으나 문권(文卷)만 완전하게 처리하지 못하였을 뿐인 데 비하여, 앞의 공무를 그르친 죄는 일을 분명히 결단하지 않고 상급 관사와 하급 관사 간에 핑계 대며 미루는 것이기 때문이다.〔按 事不完絶 亦屬耽誤 而論以稽程 罪不同者 何也 蓋不完不絶是事已果決施行 特文卷未完絶耳 耽誤公事則事不果決 而徒彼此推調 其爲避事 可知此罪之所以有笞杖之別也〕《집해 505쪽》

# 72
# 문권을 조쇄함
## 照刷文卷

유사(有司)[1]와 인신(印信)이 있는 아문[2]의 문권을 조쇄(照刷)[3]하였는데 업무 처리를 지체[4]한 것이 1종(宗)[5]·2종이면 이전(吏典)은 태 10이고, 3종에서 5종까지는 태 20이다. 5종마다 1등급을 더하되 죄는 태 40에 그친다.

1 유사(有司) : ①6 軍官有犯

2 인신(印信)이 있는 아문 : 창(倉)·고(庫)·무(務)·장(場)·국(局)·소(所)·하박(河泊) 등의 아문을 가리킨다. 인신을 하사받는 관부와 그렇지 않은 관부의 구분이 있다.《국자해 160쪽》 인신이 있는 아문의 문권은 모두 전량(錢糧)·형사 사건 등의 공무와 관계되어 지극히 긴요한데, 지체·실착(失錯)·누보(漏報)·매몰(埋沒)·위왕(違枉) 등의 폐단이 있을 수 있기에 반드시 자세히 조쇄하게 하였다.

3 조쇄(照刷) : 각 아문에서 처리한 업무를 증빙하는 문권을 자세히 조사하여 잘못이 있는 곳을 밝히는 일이다.〔照刷者將各衙門有行文卷清理而整勅之 以發其弊之所在也〕《부례(상) 299쪽》 '조'는 본다는 뜻이고 '쇄'는 자세히 검토한다는 뜻이다. 감찰 관사는 1년에 한 번 혹은 두세 번씩 조쇄한다.《국자해 160쪽》 조쇄 결과 잘못이 드러나면 감찰 관사가 시정을 요구하고 관련자를 징계한다.《부례(상) 299쪽》 감찰 어사(監察御史)·안찰사(按察使)·분사(分司)는 순행한 곳에서 조쇄한 결과 일이 사리에 어긋나거나 왜곡됨이 없고 모두 이미 완결되었으면 '조과(照過)'라고 기입한다. 만약 일이 시행되어 어긋나거나 왜곡됨은 없으나 아직 완결되지 않았으면 '통조(通照)', 일을 완결할 수 있는데 완결하지 않았으면 '계지(稽遲)', 일이 완결되었는데 비록 정율(正律)에 어긋나게 처리하였으나 규피(規避)가 없으면 '실착(失錯)'이라고 기입하고, 일을 해야 하는데 하지 않고 적발해야 하는데 적발하지 않고 규피한 바가 있으면, 예를 들어 전량을 추징하지 않거나 다른 사람의 장물을 대조해 보지 않는 따위는 '매몰(埋沒)'이라고 기입한다.〔洪武二十六年定 凡監察御史 竝按察司分司巡歷去處 先行立案 令各該軍民衙門抄案 從實取勘本衙門……以憑逐宗照刷 如刷出卷內 事無違枉 俱已完結 則批以照過 若事已施行 別無違枉 未可完結 則批以通照 若事已行 可完而不完 則批以稽遲 若事已行已完 雖有違枉而無規避 則批以失錯 若事當行不行 當擧不擧 有所規避 如錢糧不追 人贓不照之類 則批以埋沒〕《회전 권210 照刷文卷》

4 지체 : 완결할 수 있는데 완결하지 않아 그 정해진 기한을 지키지 못하는 것이다.〔遲者 可完不完 稽遲其程限也〕《집설 권2 47장》

5 종(宗) : 개별 문서가 아니라, 어떤 사안·사건에 관련된 문서 일체의 묶음을 가리킨다. '권종(卷宗)'이라고도 한다.《언해 권6 41장》《국자해 160쪽》

부 · 주 · 현의 수령관(首領官)과 창(倉) · 고(庫) · 무(務) · 장(場)[6] · 국(局)[7] · 소(所)[8] · 하박(河泊)[9] 등의 관원은 각각 1등급을 줄인다.[10] 실착(失錯)[11]이나 누보(漏報)[12]한 것이 1종이면 이전은 태 20이고, 2종 · 3종은 태 30이다. 3종마다 1등급을 더하되 죄는 태 50에 그친다. 부 · 주 · 현의 수령관과 창 · 고 · 무 · 장 · 국 · 소 · 하박 등의 관원[13]은 각각 1등급을 줄인다.[14] 부 · 주 · 현의 정관(正官)과 순검(巡檢)[15]은 1종에서 5종까지는 벌봉전(罰俸錢)[16] 10일이다. 5종마다 1등급을 더하되, 벌봉은 1개월에 그친다.[17] 전량

6 창(倉) · 고(庫) · 무(務) · 장(場) : ① 55 擅離職役

7 국(局) : 부류를 나누어 각각 한 가지 일을 맡게 한 관사이다. 직염국(織染局), 군기국(軍器局), 보천국(寶泉局) 등이 있다.〔分曹之司有拘束之所ヲ局ト云局曹也部分也部類ヲ分テ各各一事ヲ司ル所也織染局軍器局寶泉局等ノ官也〕《언해 권6 41장》

8 소(所) : 어떤 일이 있는 곳을 말한다. 체운소(遞運所), 비험소(批驗所), 차인소(茶引所) 등이 있다.〔所ト云ハ事ノ在ル所ノ方ヲ指テ云也遞運所批驗茶引所等ノ官ヲ云〕《언해 권6 41장》

9 하박(河泊) : 명대에 어세(漁稅)의 수납을 관장하던 관서이다.

10 부……줄인다 : 1종 · 2종은 처벌하지 않고, 3종에서 5종까지는 태 10이며, 죄는 태 30에 그친다.〔一二宗不坐 三宗至五宗笞一十 罪止笞三十〕《집설 권2 47장》 창 · 고 등의 관원이 수령관과 같은 죄를 받는 것은, 이들 아문에 원래 수령관이 없고 일을 모두 겸하여 처리하기 때문이다.〔倉庫等官亦與首領官同罪者 蓋倉庫等衙門原無首領 事皆兼攝卽坐其身也〕《집해 510쪽》

11 실착(失錯) : 문서에 인신 찍는 것을 빠뜨리거나, 관원의 성명을 다 쓰지 않거나, 문서 작성을 연월순으로 하지 않는 따위를 말한다.〔失錯 謂如漏使印信不僉姓名不順年月之類〕《집설 권2 47장》

12 누보(漏報) : 문서 묶음이 본래 많은데 적게 보고하거나, 문서를 행이하는 과정에서 묶음을 빠뜨리는 것이다.〔卷宗本多而報少 或文移有失拈卷者竝爲漏報〕《부례(상) 299쪽》

13 등의 관원 : 창 · 고 등의 관원이라고 하였으니 음양관(陰陽官)이나 의관(醫官)도 이에 해당된다.〔曰倉庫等官 則陰陽醫學該之矣〕《집해 510쪽》

14 부……줄인다 : 지체하면 죄가 태 30에 그친다. 실착 · 누보하면 죄는 태 40에 그친다.〔遲者罪止笞三十 錯漏者罪止笞四十〕《집해 510쪽》

15 순검(巡檢) : 낮은 직책인데도 부 · 주 · 현의 정관과 같은 벌을 받는 것은 원래 방인(方印)을 두고 있어 똑같이 인신이 있는 아문이기 때문이다.〔巡檢卑職 亦與府州縣正官同罰者 以原設方印均有印信衙門也〕《집해 510쪽》

16 벌봉전(罰俸錢) : 지체 · 실착 · 누보한 경우를 모두 받는다.〔罰俸 通承遲錯漏報〕《집해 510쪽》

(錢糧)을 축나게 하거나[18] 형사 사건[19]을 어긋나게 처리하는 등의 일에 규피(規避)한 바가 있으면, 각각[20] 무거운 쪽으로 논한다.[21]

**직해** 인신이 있는 각 관사의 문권을 자세히 조사하는데, 1건·2건이라도 지체시키면 영사(令史)·서리(書吏)는 태 10이고, 3건에서 5건까지는 태 20이며, 5건마다 1등급을 더하되 40을 한도로 한다. 각 주·부·군·현의 지차(之次) 관원과 여러 창고·관사와 여러 도감의 각종 관원은 각각 1등급을 줄인다. 착오가 있거나 누락하여 보고하면, 1건이면 영사·서리는 태 20이고 2건·3건이면 태 30이며, 3건마다 1등급을 더하되 50을 한도로 한다. 주·부·군·현의 지차 관원과 여러 창고·관사와 도감의 각종 관원은 각각 1등급을 줄인다. 단, 주·부의 정관(正官)과 순검(巡檢)·차사원(差使員)은 1건에서 5건까지는 10일 치 봉록을 수량을 계산하여 도로 징수하고, 5건마다 1등급을 더하되 별봉은 2개월 치 봉록을 한도로 하는 데 그친다. 전량을 축나게 하거나 형사 사건을 어긋나게 하거나 갖가지 방법으로 회피하면 각각 무거운 죄로 논한다.

88쪽 보충 해설 참조.

17 부……그친다 : 부·주·현의 정관이나 순검은 지체가 높고 임무가 무겁기 때문이다.《집해 508쪽》

18 전량(錢糧)을 축나게 하거나 : 전량이 간 곳 없이 보이지 않는 것을 '매몰'이라 한다.〔錢糧不見下落曰埋沒〕《집해 508쪽》

19 형사 사건 : 여러 가지 형옥(刑獄)의 죄명이다.〔刑名 謂輕重刑獄罪名〕《집설 권2 49장》

20 각각 : 앞에서 나온 각종 관원과 이전을 가리킨다.〔各從重各字 指上各項官吏而言〕《집해 508쪽》

21 무거운 쪽으로 논한다 : 만약 전량을 속여 착복하거나 형벌을 가볍게 하거나 무겁게 한 죄명이 지체·실착의 본죄보다 무거우면, 정관·수령관·이전이나 창고·순검 등의 관원을 불문하고 모두 법에 따라 과단하며, 지체·실착·누보한 종수(宗數)를 계산하여 죄를 정하는 율을 적용하지 않는다.〔蓋自二者權之 若果有侵欺出入等項罪名重于遲錯之本罪 則不問正官首領官吏典 不問倉庫巡檢等官 皆依法科斷 而不用遲錯漏報計宗定罪之律矣〕《집설 권2 47장》

# 73
# 조쇄한 문권을 마감함
磨勘卷宗

73-1 각 아문의 아직 완결되지 않은 문권을 마감(磨勘)[1]할 때, 이미 감찰어사(監察御史)와 제형안찰사(提刑按察司)에서 조쇄(照刷)하면서 지체나 실착(失錯)을 따져 물었는데, 한 분기(分期)[2]가 지난 후에도 전량(錢糧)을 추징하여 수량에 맞게 갖추어 놓지 못하면, 담당 관리는 부족한 수량을 10등분하여, 1분이면 태 50이고, 1분마다 1등급을 더하되 죄는 장 100에 그친다. 형사 사건이나 조작(造作)[3] 등의 일을 완결할 수 있는데도 완결하지 않거나, 개정해야 하는데도 개정하지 않으면, 한 계절이 지나면 태 40이고, 1개월마다 1등급을 더하되 죄는 장 80에 그친다.[4] 재물을 받으면 장(贓)을 계

1 마감(磨勘) : 조마소(照磨所)에서 이미 조쇄(照刷)한 문권에 대해, 조쇄할 당시의 지적 사항을 준행하여 바로잡았는지를 대조·검토하는 것이다.〔磨勘 是照磨所將已刷文卷磨勘以遵行改正也〕《부례(상) 302쪽》 감찰 어사(監察御史)·안찰사(按察司)가 문권을 조쇄하여 계지(稽遲)·실착(失錯)·매몰(埋沒)이라고 비(批)한 경우, 이 문권을 본래의 아문에 돌려보내어 완결할 것은 완결하고 추징(追徵)할 것은 추징하여 개정(改正)하도록 한다. 그다음 이들 문권을 조마소에 보내고, 조마소는 개정이 제대로 이루어졌는지를 검토한다. 이렇게 한 번 조쇄하고 제대로 개정하였는지 다시 계고(稽考)하는 것이 마치 옥(玉)을 가공할 때 쪼고 가는 것과 같기 때문에 '마감'이라고 한다.〔監察御史按察司文卷ヲ照刷シ畢テ稽遲失錯埋沒ノ批アル文卷ヲ原ノ衙門ヘ回シ責テ改正セシム完スベキハ完シ追徵スベキハ追徵シテ後ニ批駁ノ文卷ヲ照磨所ヘ送リテ事已ニ完キ由ヲ報ズ照磨所ニ於テ磨勘シテ照刷ノ後ニ能遵ヒ行テ已ニ改正シタルヤ否ヲ稽考スルコト已ニ碌シテ又磨スルガ如シ故ニ磨勘ト云〕《언해 권6 44장》

2 한 분기(分期) : 대략 3개월을 기간으로 삼으며 봄·여름·가을·겨울이라는 계절에 구애되지 않는다.〔一季大約以三月爲期 不拘於春夏秋冬之季也〕《집해 512쪽》

3 조작(造作) : 제조하는 것이다. 견포(絹布)를 짜거나 배·수레를 만드는 등의 일을 말한다.〔造作絹布ヲ織リ舟車ヲ造ル等ノ類〕《언해 권6 46장》

4 한 계절이……그친다 : 조쇄를 거친 문권이면, 그 문권의 과실과 착오에 대해 이미 알고 있을 터인데, 계절이 지나도록 완결하지 않은 것은 고의로 태만히 한 것이다. 중요한 일이면 10등분하여 죄를 정하고 가벼운 일이면 달수로 형벌을 준다.〔文卷已經刷出 則其過差已知

산하여 왕법(枉法)으로 보되,[5] 무거운 쪽으로 논한다.[6] 숨기거나 누락하여 보고하지 않고 마감하면, 1종(宗)에 태 40이고, 1종마다 1등급을 더하되 죄는 장 80에 그친다.[7] 일이 전량과 관계되면 1종에 장 80이고, 1종마다 1등급을 더하되, 죄는 장 100에 그친다. 규피(規避)한 바가 있으면[8] 무거운 쪽으로 죄를 논한다.

73-2 관원과 이전(吏典)이 일이 발각되었다는[9] 사실을 들어 알고서 문안을 조작하여 지체나 실착을 회피하면,[10] 전량은 늘린 수량을 계산하여 '허위로 통관(通關)을 내준 것'[11]으로 논하고, 형사 사건 등의 일은 '관문서의 내용을 더하거나 줄인 것'[12]으로 논한다. 동료 및 관할하는 상급 관사가 알

經季不完 是故慢也 事重者以分數定罪 事輕者以月數加刑〕《소의(상) 330쪽》

5 장(贓)을……보되 : ④ 367 官吏受財

6 무거운 쪽으로 논한다 : 장죄(贓罪)가 무거우면 장죄를 따르고 위착(違錯)한 죄가 무거우면 위착죄를 따르는 것이다.〔謂贓重則從贓罪 違錯重則從違錯罪也〕《집설 권2 49장》

7 숨기거나……그친다 : 숨기고 보고하지 않는 것은 기만하는 것이다. 사소한 일이면 태형으로, 중대한 일이면 장죄(杖罪)로 처벌한다.〔或隱而不告 未免有所欺瞞 事小者始加笞刑 事大者卽坐杖罪〕《소의(상) 330쪽》

8 규피한 바가 있으면 : 원문의 앞 절 지착(遲錯)에서는 수재(受財)를 말하였고, 뒤 절 은루(隱漏)에서는 규피를 말하였다. 조쇄할 때 지착의 죄를 이미 따져 물었는데도 관리가 전량을 추징하지 않거나 완결하지 않거나 개정하지 않는다면, 이는 다른 사람의 부탁을 받고 지연시킨 것일 수 있다. 그래서 수재를 언급한 것이다. 숨기거나 누락한 것은 매몰·위왕(違枉)의 폐단이 조쇄를 거쳐 드러났는데도 관리가 마감해야 할 문서를 조마소에 보내지 않은 것으로서, 이는 반드시 자신의 죄를 벗어나려는 동기가 있었을 것이다. 그래서 규피를 언급한 것이다.〔按 前節遲錯則言受財 而後節隱漏則言規避者 蓋遲錯之罪已經駁問 官吏不行徵完改正 恐有受囑而代人延捱之情 故以受財言 隱漏者 埋沒違枉之弊 曾經刷出 官吏不送照磨 必有委曲以求脫己之罪 故以規避言 所以不同也〕《집해 516쪽》

9 일이 발각되었다는 : 숨기거나 누락하여, 보고하지 않은 일이다. 상급 관사가 발각하는 것과 다른 사람에게 고발당하는 것을 아울러 말하는 것이다.〔事發二字 則兼上司發覺及被人告發而言〕《집설 권2 50장》

10 문안을……회피하면 : 마치지 않았는데 마친 것으로 날조하고, 개정하지 않았는데 개정한 것으로 날조함으로써 지착한 죄를 피하는 것이다.〔如未完捏作已完 未改正捏作已改正 以避遲錯之罪〕《집해 515쪽》 이는 기만한 것보다 죄가 무겁다.〔是重於欺瞞〕《소의(상) 331쪽》

11 늘린……것 : ② 131 虛出通關硃鈔

고도 적발하지 않거나 한통속이 되어 폐단을 일으키면 같은 죄이다.[13] 실정을 몰랐거나, 문서에 함께 서명하지 않았으면 처벌하지 않는다.

**직해** 이미 조사한 각 관사의 완결되지 않은 문서를, 일찍이 사헌부 감찰·안렴사(按廉使)가 지체되거나 실착된 일을 자세하게 추고한 후에 3개월이 지나도록 전량을 수량에 맞게 추징하지 않으면, 담당 관리는 아직 추징하지 않은 수량을 10등분하여 1분이면 태 50이다. 1분마다 1등급을 더하되 장 100을 한도로 한다. 형사 사건이나 조작 등의 일에 대해, 완전히 갖출 수 있는 일을 갖추지 못하거나 개정할 수 있는 일을 개정하지 않으면 태 40이다. 1개월마다 1등급을 더하되 장 80을 한도로 한다. 재물을 받은 자는 장물의 수량에 따라 왕법의 예로 보되, 무거운 쪽으로 논한다. ○ 단, 문권을 조사할 때 문권을 누락하여 보고하면 1건에 태 40이고 1건마다 1등급을 더하되 장 80을 한도로 한다. 전량에 관련된 일은 1건이면 장 80이고 1건마다 1등급을 더하되 장 100을 한도로 한다. 자신의 착오가 있는 일로 지적받을 것을 회피하려고 꾀한 자는 무거운 쪽으로 논한다.

(○) 관원·서리(書吏)·영사(令史) 등이 자신이 저지른 일이 발각될 것을 알고, 지체되거나 실착된 일을 회피하려 문서를 고치면, 전량은 증가한 수량을 계산하여 '허위로 자문(尺文)을 만들어 발급한 예'로 논하고, 형사 사건은 '관문서의 내용을 더하거나 줄인 예'로 논한다. 동료나 상관이 알고서도 보고하지 않거나 뜻을 같이하여 폐단을 일으키면 죄가 같다. 실정을 모른 자와 문서에 함께 서명하지 않은 자는 논죄하지 않는다.

12 형사……것 : ① 75 增減官文書

13 동료……죄이다 : 역시 허위로 통관을 내주거나 관문서 내용을 더하거나 줄인 죄로 다스리므로 같은 죄라고 한 것이다. 사죄(死罪)에 이르면 1등급을 줄인다.〔亦以虛出通關增減文書之罪坐之 故曰同罪 至死者減一等〕《집해 515쪽》

해설

각 아문의 문서는 이미 조쇄(照刷)하여 잘못된 것을 적발하였다 할지라도 반드시 그 결과와 대조·검토하는 마감(磨勘)을 통해 고쳐 바로잡았는지를 조사해야 관리들의 간사함을 막을 수 있다. 전량(錢糧), 형사 사건, 조작(造作) 등을 지체하거나 실착한 것이 3개월 이상 지났는데도, 여전히 전량을 추징하지 못하였거나, 형사 사건을 완전히 정비하지 않거나, 조작을 개정(改正)하지 않았으면, 담당 관원이나 이전을 처벌한다. 이 경우 재물을 받았으면 왕법(枉法)으로 보아 무거운 쪽으로 논죄하는데, 일을 태만히 하거나 탐오(貪汚)하여 뇌물을 받는 것에 대한 경계를 엄히 한 것이다. 조쇄한 문권을 숨기거나 누락하여 마감할 때 보고하지 않으면 처벌하며, 규피(規避)한 바가 있으면 무거운 쪽으로 논죄하는 것은 속임수를 써서 관을 기만하고 폐단을 일으키는 것에 대한 경계를 엄히 한 것이다. 72조 조쇄문권(照刷文卷)과 같이 볼 필요가 있다.

# 74
# 동료가 문안에 대신 판서함
## 同僚代判署文案

행이(行移)[1]할 관문서[2]에 동료[3]가 대신 판서(判署)[4]하면 장 80이다.[5] 문안

1 행이(行移) : '행문이첩(行文移牒)'의 준말이다. 관문서를 유관 관청으로 보내는 것을 이른다.

2 행이(行移)할 관문서 : 자(咨)·신(申)·조회(照會)·첩(牒)·차(箚)와 같은 따위이다.〔應行官文書 謂凡各衙門應合行移之官文書 如咨申照會牒箚之類〕《집해 517쪽》 자는 2품 이상의 대등한 관서가 주고받는 평행 문서, 신은 상급 아문에 올리는 상행 문서, 조회는 2품 이상 관서가 자기보다 관품이 낮되 통속 관계가 없는 관서에 보내는 문서, 첩은 하급 관서 간의 평행 문서, 차는 상급 아문이 아래 관서에 보내는 하행 문서이다.

3 동료 : 각 아문의 같은 부서에서 공무를 처리하는 관원이다.〔凡各衙門同堂公座官 皆曰同僚〕《집설 권2 50장》 ① 28 同僚犯公罪

4 판서(判署) : '판'은 날짜를 쓰는 것이고, '서'는 이름을 쓰는 것이다.〔判謂判日 署謂書名〕《집해 517쪽》 문서 말미에 문서를 작성하는 관리가 연월까지만 쓰고 날짜를 쓸 자리는 비워 둔다. 그 아래에 문서에 함께 서명해야 할 동료들, 예컨대 지부(知府)·동지(同知)·통판(通判)·추관(推官)·경력(經歷)·지사(知事)의 관직명만을 쓰고 서명을 쓸 자리는 비워 둔다. 문서를 보내는 날에 정관(正官)이 주필(朱筆)로 연월 아래에 날짜를 쓰는 것을 '주일(朱日)' 또는 '판'이라고 한다. 관직명 아래에 각각 그 관직에 해당하는 사람이 친필로 성명을 쓰고 화압(華押)하는 것을 '서'라고 한다. 관직 중 결원이 있으면 관직명만 쓰고 성명을 쓸 자리는 비워 둔다.〔凡ノ文書ノ尾ニ年月日ヲ書ノ法ハ文書ヲ書寫スル役ノ人年號ト月トバカリヲ書寫シテ日ニ不及年月ノ下ヨリ知府同知通判推官經歷知事ト同僚ノ官職バカリヲ書寫シテ姓名ニ不及文書ヲ發シ行フニ臨テ正官タル人朱筆ヲ以テ年月ノ下ノ空處ニ日ヲ書スヲ朱日ト云是ヲ判スト云官職ノ下ニ各各其官タル人親筆ヲ以テ姓名ヲ書テ押ヲスユルヲ署ト云若缺官アレバ官職バカリヲ書テ姓名ヲ不署シテ其處ヲ其ママアケテヲク也〕《언해 권6 49~50장》 판을 날짜를 쓰는 것에 국한시키지 않고 어떤 사안에 대해 판단하는 것으로 보는 설도 있다.〔或謂 判者 判斷事情 不獨判日也〕《집주(상) 179쪽》

5 행이(行移)할……80이다 : 동료 중 사정이 있어 판서에 참여하지 못하는 사람이 있으면, 그 사람이 서명할 자리를 비워 두어야 한다.〔一官有故不與 則闕之〕《집주(상) 179쪽》 판서해야 할 동료가 자리를 비우고 없을 때 다른 관리가 대신 판서하는 일이 종종 일어난다. 그래서 판서해야 할 사람의 죄는 말하지 않았다. 그 사람은 자리에 없었으므로 죄를 물을 수 없는 것이다. 판서해야 할 사람이 반드시 정관일 필요도 없고, 대신 판서한 동료가 반드시 좌이관(佐貳官)일 필요도 없다. 정관이 좌이관을 대신하여 판서해도 역시 이 죄로 처벌받는다.〔此代判署 多因其人不在而代之 故不言應判者之罪 亦不必謂應判者是正官 同僚是佐貳

(文案)[6]을 유실해서 새로 만들어 대신 판서하면[7] 1등급을 더한다. 내용을 더하거나 빼거나, 형량을 가볍게 하거나 무겁게 한 죄[8]가 대신 판서한 죄보다 무거우면 무거운 쪽으로 논한다.

**직해** 행이하여야 할 문서에 동료 관원이 대신 착명 서압하면 장 80이다. 문안을 유실한 것으로 말미암아 대신 착명 서압하면 1등급을 더한다. 그중에 혹 내용을 더하거나 빼거나, 혹 남의 형량을 줄이거나 늘여서 죄가 무거우면 무거운 쪽으로 논죄한다.

## 해설

각 관청에서 발송하는 관문서 처리에 대한 규정이다. 모든 공문서는 반드시 담당 관원이 각각 직접 날짜를 쓰고 서명해야 하며, 변고가 있어 공무에 참여하지 못하면 사칭의 폐단을 막기 위해 해당 난을 비워 놓고 동료가 대신 판서하지 못하게 하였다. 문서를 잃어버려서 대신 판서하거나, 대신 판서할 때 문서의 내용을 증감시키면 가중 처벌하였다.

雖正官代佐貳僉押 亦得此罪〕《전석 권3 16장》

6 문안(文案) : 문서를 보존한 문서철로, 조사하여 고찰하는 데 대비하기 위한 것이다. 발행한다는 측면에서는 '문서'라 하고, 작성해 두어 후일의 증빙으로 삼는다는 측면에서는 '문안'이라 한다.〔文案卽文書所存之案 以備查考者 蓋自發行 則曰文書 自立案則曰文案 非有二也〕《집설 권2 50장》〔文ハ各衙門ノ行移スル文書ヲ云咨申牒箚關照會帖ノ類皆文也案ハ文書ニ書立テ證驗トシ後日ノ査考ニ備ル證文ヲ總テ案ト云衙門ヨリ發シ行フヨリ言ヘハ文書ト云案ヲ立テ證驗トスルヨリ言ヘハ文案ト云也〕《언해 권6 50장》

7 문안(文案)을……판서하면 : 동료 관원의 손을 거친 문안을 유실하여 새로 만들어 대신 판서하여 권종(卷宗)을 보완한 것이다.〔若因遺失同僚官經手文案 而代其判署 以補卷宗者〕《소의(상) 331쪽》

8 내용을……죄 : ① 75 增減官文書 ④ 433 官司出入人罪

# 75
# 관문서의 내용을 더하거나 뺌
增減官文書

75-1 관문서의 내용을 더하거나 빼면[1] 장 60이다. 규피(規避)한 바가 있으면 장죄(杖罪) 이상은 각기 본죄(本罪)에 2등급을 더하되,[2] 죄는 장 100

1 더하거나 빼면 : 정절(情節)의 자구를 더 넣거나 빼내는 것이다.〔增減 謂增設減去其情節字樣也〕《집해 521쪽》 각 아문에서 문서를 작성하여 보낼 일이 있으면, 그 아문의 인신(印信)을 보관하고 있는 정관(正官)이 여러 사정을 감안하여 재정(裁定)하고, 하관(下官)은 이를 받아서 행이(行移)한다. 이 조에서 문제로 삼고 있는, 문서의 내용을 더하거나 빼는 행위는 이미 재정한 문서를 대상으로 한 것이다.〔凡ソ各衙門ノ文書行フベキ事情ハ皆正官タル人斟酌裁定シテ下官承ケ行フ若已ニ裁シ定タル文書ノ內ニ於テ人アツテ事情節目ノ調語ヲ增減スル者ハ杖六十〕《언해 권6 52장》

2 규피(規避)한……더하되 : 규피한 죄가 장 60보다 가벼우면 다만 내용을 더하거나 뺀 죄로 처벌하고, 장죄 이상이면 각각 규피한 본죄에 2등급을 더한다.〔其規避之罪 輕杖六十者 止以增減之罪坐之 其規避杖罪以上 各加所規避本罪二等〕《집설 권2 51장》 예컨대, 관리가 휴가를 얻었다가 기한이 되었는데 정당한 이유 없이 직역(職役)에 복귀하지 않아 장 80에 해당하는데,(① 57 無故不朝參公座) 원래의 기한이 적혀 있는, 발급받은 문서의 내용을 고쳐 기한을 어긴 죄를 피하려고 하면, 장 80의 본죄에 2등급을 더하여 장 100으로 처벌한다.〔如官吏給暇限滿 無故不還職役 該杖八十 若將原限增減 以規避違限之罪者 則於杖八十本罪上加二等 杖一百〕《전석 권3 16장》 관문서의 내용을 더하거나 빼는 것은 반드시 그럴 만한 이유가 있다. 대개 자신의 죄를 피하려 하거나 타인의 부탁을 받은 것이다. 부탁한 사람은 규피한 본죄에 2등급을 더하고, 부탁을 받아 내용을 더하거나 뺀 사람도 같은 죄로 처벌한다. 재물을 받았으면 왕법장(枉法贓)으로 보되, 무거운 쪽으로 논한다.〔凡增減官文書者 必非無故 大概有所爲而爲之也 非自己規避罪犯 必是受人囑託 其囑託之人 應照規避本罪加二等 而受囑增減之人 亦應同罪 爲人作弊 猶身自規避也 受財者 以枉法從重論〕《집주(상) 182쪽》 이 조의 율문은 일관되게 규피한 바가 없는 것과 있는 것을 나누어 논하고 있고, 일반인이 관문서의 내용을 더하거나 빼는 것을 다룬 맨 앞부분에서도 표면상 이 둘을 나누어 논하고 있다. 그런데 관리는 문서를 전사(傳寫)하는 등의 과정에서 실착(失錯)에 의해 더하거나 빼는 것과 무엇인가 규피하는 바가 있어 고의로 더하거나 빼는 것이 둘 다 있을 수 있겠으나, 그 외의 범인은 사실상 후자의 경우밖에 없다고 할 수 있다. 그래서 《집주》는 율문이 표면적으로 규피가 없는 것과 있는 것을 나누고 있지만 실제로는 한가지라고 보았다.〔他人增減 必私竊爲之 未有無所規避而私竊增減者也 文義似增減者 分無規避與有規避言之 而律意則實一貫〕《집주(상) 183쪽》

유 3000리에 그친다. 아직 시행하지 않았으면[3] 각각 1등급을 줄인다.[4] 사죄(死罪)를 규피하면 통상적인 율을 따른다.[5] [6] 해당 관리가 스스로 회피할 것이 있어 문안의 내용을 더하거나 빼면 일반인과 죄가 같다.[7] 해당 관리가 내용을 더하거나 빼서 지체나 착오의 죄를 피하고자 하면 태 40이다.[8]

75-2 문서를 행이(行移)할 때 잘못하여 군마(軍馬)·전량(錢糧)·형사

3 아직 시행하지 않았으면 : 아직 발송하지 않은 것이다.〔如已改而未送官〕《전석 권3 16장》

4 각각 1등급을 줄인다 : 규피한 바가 있었으면 규피한 본죄에 2등급을 더한 데에서 1등급을 줄인다.

5 사죄(死罪)를……따른다 : 사죄를 규피하면 2등급을 더하지 않고 원래 사죄를 범하였을 때 적용하는 통상적인 율에 따른다.〔規避死罪者 依原犯死罪常律〕《집해 522쪽》

6 관문서의……따른다 : 이상은 모두 일반인을 말한 것이다.〔各此皆以凡人言也〕《집주(상) 181쪽》 여기서 일반인은 해당 문서를 작성하는 일을 맡은 관리 이외의 사람을 가리키는 것으로 보이는데, 관리와 관리 아닌 사람이 모두 포함된다.

7 해당……같다 : 만약 해당 관리가 스스로 죄를 지은 것을 알고 이로 인하여 회피할 것이 있어 증감하면 일반인과 죄가 같다.〔若當該官吏自知犯罪 因有所避而增減者 與凡人罪同〕《집주(상) 181쪽》 예컨대 지현(知縣)이 이졸(吏卒)을 정원을 초과하여 두어 장 100에 해당하는데,(① 52 濫設官吏) 상급 관사에서 조사하러 온다는 말을 듣고 관리 명부에서 그 이졸의 성명을 지웠다가 나중에 발각되면 본죄 장 100에 2등급을 더하여 장 70 도 1년 반으로 처벌한다. 만약 관리 명부에서 성명을 지우기만 하였을 뿐 상급 관사에 보내지 않았다면 '아직 시행하지 않은 데'에 해당하므로, 장 70 도 1년 반에서 1등급을 줄여 장 60 도 1년으로 처벌한다.〔如縣官容留濫充吏卒 罪止杖一百 因恐上司査究 輒於原文案內 減其姓名以避此杖一百之罪 後被上司査出 則合於杖一百上加二等 杖七十徒一年半 若止洗改文案 不曾申達上司 是未施行也 則于杖七十徒一年半上減一等 杖六十徒一年〕《전석 권3 17장》

8 내용을……40이다 : 단지 지체나 착오의 작은 과실을 피한 것이어서 무거운 정상이 없으므로 태 40에 그친다. 만약 문안을 증감하여 죄를 피하면 당연히 스스로 피하고자 한 죄대로 똑같이 과죄해야 한다. 가령 세량(稅糧)을 거두어 납부하는 기한을 넘긴 것이 10분의 1분인데,(② 127 收糧違限) 문안을 증감하여 이 죄를 피하고자 하면, 태 40이 아니라 장 60이며, 1분마다 1등급을 더하되 죄는 장 100에 그친다.〔增減文案以避遲錯 止言避遲錯小過 無有重情 故止笞四十 若謂避罪 又當依自有所避同科之 如稅糧違限一分杖六十 罪止杖一百 若增減文案避之 豈止于四十之笞〕《집설 권2 52장》 73조 마감권종(磨勘卷宗)에서 관리가 조쇄(照刷)한 문서를 마감할 때 문서를 숨기거나 누락한 죄가 발각되었다는 소식을 듣고 문안을 조작하여 지체나 착오한 죄를 피하려 한 경우에 대해 말하였는데, 이는 문서를 완전히 숨기거나 누락한 것으로서, 문서의 내용을 더하거나 뺀 데 불과한 이 조의 죄와 정상이 다르므로 처벌도 다르다.〔增減以避遲錯 與旋補文案不同 彼是全無文案 此只是增減字面耳 故罪亦異〕《전석 권3 17장》

사건과 같은 중대사의 긴요한 글자[9]를 옮겨 베끼면서 과실이나 착오가 있는데[10] 지우거나 덧붙여 고치면[11] 이전(吏典)은 태 30이다. 수령관(首領官)이 내용이 같은지 여부를 대조하는 과정에서 실수하면 이전보다 1등급을 줄인다. 군마 징발이나 변방에 공급하는 군수(軍需)와 전량의 수량에 차질을 빚으면[12] 수령관과 이전 모두 장 80이다. 규피하여 고의로 고치거나 덧붙이면 '관문서의 내용을 더하거나 뺀 죄'로 논한다.[13] 아직 시행하지 않았으면 각각 1등급을 줄인다.[14] 이로 인하여 군기(軍機)를 그르치면 고의인지 실수인지 따지지 않고 모두 참형이다.[15] 규피한 바가 없고[16] 일상적으로 쓰

9 긴요한 글자 : 가령 전량·군마의 수목(數目) 따위로서, 아래에 보이는 '일상적으로 쓰는 글자'와 대구(對句)이다.〔如錢糧軍馬數目之類 對下常行字樣看〕《집설 권2 52장》 대사(大事)의 핵심이 되는 내용을 말한다. 원문 긴관(緊關)에서 '긴'은 급(急)이고, '관'은 자물쇠 곧 핵심적인 부분이다. 십(十)을 천(千)이라고 하거나, 만(萬)을 백(百)이라고 하거나, 5일을 3일이라고 하거나, 낮을 밤이라고 하거나, 추탈(追奪)을 면추(免追)라고 하거나, 혁직(革職)을 환직(還職)이라고 하는 등, 착오가 있으면 일에 큰 장해가 되는 내용이다.〔大事ノカナメトスル文字ヲ云緊ハ急也關ハ門牡也又要會處也十ヲ千ニ作リ萬ヲ百ニ作リ或ハ五日ヲ三日ニ作リ日ヲ夜ニ作リ或ハ追奪ヲ免追ニ作リ革職ヲ還職ニ作ルノ類皆緊關ノ字樣ニテ錯誤スレハ事ニ害アル者也〕《언해 권6 54장》

10 옮겨……있는데 : 옮겨 베끼면서 과실이나 착오가 있는 죄는 67조 상서주사범휘(上書奏事犯諱)에도 나왔으나, 이 조문은 특히 옮겨 베끼면서 과실이나 착오가 있는데 지우거나 덧붙여 고친 것에 대해 말하였다. 문서 내용을 옮겨 베끼면서 과실이나 착오가 있는 데에 그치지 않고 지우거나 덧붙여 고친 것이 문서 내용을 증감한 것과 유사하기 때문에 이 조에서 함께 다루었다.〔傳寫失錯之罪 已在申六部等衙門錯誤有害於事之條 此條則專爲傳寫失錯而洗補改正者言也 要看而字改補言之於此者 改補增減 以類相從也〕《전석 권3 18장》

11 지우거나 덧붙여 고치면 : 원문의 세보(洗補)는 문자를 깨끗이 제거하거나 점획(點劃)을 더하여 보태는 것이다.〔洗補文字ヲ洗ヒ除キ或點畫ヲ加ヘ補ヲ云也〕《언해 권6 54장》 과실이나 착오가 있으면 마땅히 다시 써야 한다.〔或有失錯卽當重寫〕《집설 권2 51장》

12 차질을 빚으면 : 과실로 죄를 범한 것이고 규피가 없는 경우이다.

13 규피하여……논한다 : 가령 장죄·도죄·유죄이면 본죄에 2등급을 더한다.〔如杖徒流 則加本罪二等〕《집설 권2 51장》

14 아직……줄인다 : 과실이나 착오로 고쳤을 때와 규피하는 바가 있어 고의로 고쳤을 때 양쪽을 다 받아서 말한 것이다.〔兼承失錯改補與有規避故改補二項而言〕《전석 권3 17장》 아직 시행하지 않았으면 규피하였을 때 2등급 더하는 죄에서 각각 1등급을 줄인다.〔未施行者亦得與規避加罪上 各減一等〕《집설 권2 51장》

는 글자[17]를 우연히 잘못 베끼면 모두 논하지 않는다.

**직해** 관문서의 내용을 더하거나 빼면 장 60이다. 자신의 장죄를 피하려고 꾀하면 각각 본죄에서 2등급을 더하되 장 100을 한도로 하고 멀리 유배 보낸다. 꾀한 일을 아직 시행하지 않았으면 각각 1등급을 줄인다. 사죄를 회피하려고 내용을 더하거나 빼면 통상적인 율에 따라 논한다. 장무 관원[18]·서리(書吏)·영사(令史) 등이 자기가 범한 바를 회피하려고 더하거나 뺀 자도 죄가 같다. 지체나 착오된 일을 회피하려고 더하거나 빼면 태 40이다. (○) 군마·전량·형사 사건의 중요한 일에서 중요한 글자를 잘못 옮겨 쓰고, 잘못된 글자를 지우거나 보충하여 바로잡으면 서리·영사는 태 30이고, 관원이 창준(唱準)[19]하면서 잘못하여 빠뜨리면 1등급을 줄인다. 일이 군대 정세와 관련되거나 변방에 군수·전량을 공급하는 데에 관련되면 관원·서리·영사는 모두 장 80이고, 회피하려고 고치거나 덧붙이면 '관문서의 내용을 더하거나 뺀' 예로 논한다. 고치거나 덧붙인 것이 아직 시행되지 않았으면 각각 1등급을 줄이되, 이 일로 인하여 군사상의 일이 늦어지도록

15 이로……참형이다 : 옮겨 베낀 이전과 대조·확인을 제대로 하지 못한 수령관 모두 참형이라고 보는 견해도 있고〔其傳寫對同之人 竝斬〕《전석 권3 17상》 전사한 이전은 수범으로 참형이고 수령관과 이 문서를 승발(承發)한 이전은 종범으로 장 100 유 3000리라고 보는 견해가 있다.〔以該吏爲首 若首領及承發吏 杖一百流三千里〕《청률 增減官文書》〔因有所規避而改補曰故 因傳寫失錯而改補曰失 竝字指此兩項 罪坐所由 故註云云 猶分首從之謂也〕《집주(상) 183쪽》 후자의 경우 원문의 '병(竝)' 자는 고의의 경우와 실착의 경우를 가리킨다고 보는 것이다.

16 규피한 바가 없고 : 군마·전량·형사 사건이나 군마를 징발하는 일 등의 문서가 아니면서 규피한 것이 없는 것이다.〔若非軍馬錢糧刑名及調撥軍馬等事文書 而無有規避〕《집해 524~525쪽》

17 일상적으로 쓰는 글자 : 비록 군마 등의 일에 관계되는 문서라 하더라도 그저 일상적으로 쓰는 글자이면 긴요하지 않은 것이다.〔雖係軍馬等事文書 其間止是常行字樣 不係緊關〕《집해 525쪽》

18 장무 관원 : 각 관아의 낭관 가운데 우두머리이다.

19 창준(唱準) : 소리를 내어 읽어 가며 대조하는 일이다. 또는 교서관(校書館) 잡직(雜職) 중에서 원고를 창독(唱讀)하며 교정(校訂)하는 일을 담당하는 사람을 '창준' 또는 '사준(司準)'이라고 하였다. 《大典會通 吏典 校書館》

하면 고의인지 실수나 착오인지를 따지지 않고 모두 참한다. 규피하는 바 없이 일상적으로 쓰는 글자를 우연히 잘못 쓴 것은 모두 논하지 않는다.

해설

관문서의 내용을 더하거나 빼거나 지우거나 바꾸었을 경우에 대한 처벌 규정이다. 관문서의 자구(字句)를 더하거나 빼는 경우와 자구를 지우고 보충하여 바로잡는 경우 두 가지로 구분한다. 또한 관문서의 내용이나 자구를 더하거나 빼는 것은 규피 여부에 따라 세분하고, 관문서를 옮겨 적을 때 자구를 지우고 보충하여 바로잡는 것은 고의와 착오로 나눈다.

# 76
# 인신을 봉하여 보관함
## 封掌印信

중앙과 지방의 각 아문의 인신(印信)은 장관(長官)이 보관하는데, 동료인 좌이관(佐貳官)이 인신의 면 위를 종이로 봉하여 표기하고,[1] 장관과 좌이관이 함께 각각 이름을 쓴다.[2][3] 동료인 좌이관이 차출되거나 유고 시에는 수령관(首領官)이 인신을 봉하는 것을 허락한다. 어기면 장 100이다.[4]

**직해** 서울과 지방 각 관아의 인신은 장관이 보관하는데, 지차관(之次官)

1 봉하여 표기하고 : 원문 봉기(封記)는 봉한 뒤에 다른 사람이 열어 보는 것을 방지하기 위해 표시를 해 두는 것이다.〔封記ハ已ニ封シテ後ニ心ヲボヘヲシルシテ人ノ私ニ開拆スルヲ防ク也〕《언해 권6 57장》

2 이름을 쓴다 : 원문 화자(畫字)는 화압(花押)을 말한다. 타인이 위조하는 것을 방지하기 위해 자체(字體)를 흘려 써서 그림처럼 만들기 때문에 그런 이름이 붙었다.〔畫字花押ヲ云字體ヲクツシテ畫ノ如ク作リナシテ人ノ詐冒ヲ防ク故畫字ト云〕《언해 권6 57장》

3 중앙과……쓴다 : 각 아문의 인신은 장관이 보관하고 있다가, 문서를 행이(行移)할 일이 있으면 동료 관원이 보는 앞에서 인신을 꺼내어 사용하며, 매일 저녁 퇴근하기 전에 봉기하고 화자를 한다. 인신을 보관하는 일과 봉하는 일을 서로 다른 사람에게 맡김으로써, 인신의 사용을 한 사람이 마음대로 할 수 없게 한 것이다.〔印信 長官與佐貳之所公共者也 長官收掌 佐貳封記 掌者不封 封者不掌 凡有應行文書 公同判署 用印行之 則一人不能行其姦弊矣〕《집주(상) 184쪽》〔凡京內京外ノ各衙門ノ印信ハ衙門ノカミタル長官ノ人收テ掌ル官司ヨリ行フ文書ハ同僚立合テ印ヲ用ヒ毎晩衙門ヲ退散セントテハ印信ヲ紙ニテ封ジ印面上ニ於テ同僚ノ佐貳官封ノ記ヲスルニ各ノ畫字ヲ以テス彼此互ニ相關防シテ私用ノ弊ヲ禁ス〕《언해 권6 57장》

4 어기면 장 100이다 : 장관이 좌이관에게 인신을 봉기하도록 하지 않거나, 좌이관이 없을 때 수령관에게 봉기하도록 하지 않거나, 장관의 명을 받은 수령관이나 좌이관이 봉기하지 않으면 세 경우 똑같이 규정을 위배한 것이므로 모두 장 100이다.〔若長官 不令佐貳官封記 佐貳官 不在 不令首領官封記 及首領佐貳不行封記者 均謂違背 竝杖一百〕《집해 526쪽》 좌이관이 봉기를 행하지 않아 장관이 인신을 멋대로 사용하여 왕법(枉法)에 이르게 되면, 장관은 왕법에 의하되 무거운 쪽으로 과단하고, 좌이관은 본율에 따라 장 100으로 처벌한다.〔或曰 佐貳不行封記 致長官私用枉法 如之何 曰 長官依枉法從重科斷 佐貳止依本律 杖一百〕《집해 526~527쪽》

등이 인신의 면 위에 종이를 봉하여 붙이고 모두 이름을 쓰고 서압(書押)한다. 지차관이 유고로 자리에 없으면 그때 근무하는 낭청관(郎廳官)이 봉인한다. 이를 어기면 장 100이다.

# 77
## 인신의 사용을 빠뜨림
漏使印信

77-1 각 아문에서 행이(行移)하여 외부로 나가는 문서[1]에 인신(印信)의 사용을 빠뜨리면[2] 해당 이전(吏典), 문서의 동일 여부를 대조하는 일을 맡은 수령관(首領官) 및 승발(承發)[3]은 각각 장 60이다.[4]

77-2 인신을 전혀 찍지 않으면 각각 장 80이다.[5]

77-3 군마 징발이나 변방에 군수(軍需)나 전량(錢糧)을 공급하는 일에 차질을 빚으면 각각[6] 장 100이다.[7] 이로 말미암아 군기(軍機)를 그르치면

1 외부로 나가는 문서 : 본 아문에서 행이하는 문서 가운데는 인신을 찍지 않아도 되는 것이 있는데, 이런 문서에는 인신을 찍지 않아도 무죄이다. 그러나 외부로 내보내는 문서인데 인신을 찍지 않으면 신뢰를 보일 수 없어서 일을 그르치고 간사한 폐단을 키우게 되므로 인신의 사용을 빠뜨리면 안 되는 것이다.〔要看出外二字 本衙門行移文書 有可以不用印者 固無罪也 若出外文書而不用印 則無以示信 而且誤事滋姦弊矣〕《전석 권3 18장》

2 각……빠뜨리면 : 통상적인 문서에는 인신을 두 군데 찍어야 하는데 작성 일자 위에 좌인(坐印)을 찍고, 이어 붙인 자리에 검인(鈐印)을 찍는다. 만약 한 군데만 찍으면 인신 사용을 빠뜨린 것이고, 두 군데 모두 없으면 전혀 찍지 않은 것이다. 문서 중에 전량(錢糧)의 수목(數目)이 있으면 인신으로 검기(鈐記)를 해야 하고, 이미 쓴 글자에 동그라미를 치고 까맣게 글자를 지운 뒤 곁에 주(註)를 단 곳에도 인신으로 검개(鈐蓋)를 해야 하는데, 과실로 인신을 찍지 않으면 똑같이 인신의 사용을 빠뜨린 것이다.〔常行文書 合用印二顆 年月上坐印 合縫上鈐印 若止用一顆 是謂漏使 若二顆俱無 是全不用矣 然亦有錢糧數目 合用印鈐記 圈塗傍註 合用印鈐蓋 而失于不用者 均謂之漏使也〕《집설 권2 55장》

3 승발(承發) : 문서를 받아 접수하고 발송하는 역(役), 또는 그 업무를 맡아보는 하급 이전이다.〔承發は吏の役名なり文書をうけとりて出す役なり〕《국자해 166쪽》

4 장 60이다 : 인신을 사용하였으나 우연히 일부가 누락된 경우이다.

5 인신을……80이다 : 통상적인 공무를 실행하는 문서에 인신을 전혀 찍지 않은 경우이다.

6 각각 : 이 조문 원문에 세 번 나오는 '각(各)' 자는 모두 해당 관리와 수령관, 승발 이전을 가리킨다. 인신 사용의 책임은 해당 이전에게 있고, 문서의 동일 여부를 대조하는 일의 책임은 수령관에게 있으며, 문서 수발의 책임은 승발 이전에게 있다. 이 세 사람이 서로 살펴 점검해야 하므로 이 율을 범하면 모두 죄가 있는 것이다.〔此條三各字 蓋指當該官吏與首領

참형이다.[8]

**직해** 각 관사에서 행이하여 밖으로 내보내는 문서에서 인신을 찍을 곳에 인신의 사용을 누락하면 일을 맡은 서리(書吏)나 영사(令史), 창준(唱準)하는 낭청(郎廳), 승발하는 영사 등은 각각 장 60이다.

(○) 인신을 전혀 찍지 않으면 장 80이다.

(○) 일이 군의 징발이나 변방에 공급할 군수나 전량의 문서에 관계되면 각각 장 100이고, 이로 말미암아 군사상의 일이 잘못되면 참형이다.

해설

공문서에 인신 찍는 것을 빠뜨린 것에 대한 처벌 규정이다. 하나의 문서에서 인신을 찍어야 할 곳 중 일부를 빠뜨린 경우, 하나의 문서에서 찍어야 할 인신을 전혀 찍지 않은 경우, 이로 인해 군마 징발이나 군수 물자 조달에 차질을 빚게 되거나 군사 작전을 그르치게 되는 경우 등으로 나누었다. 군수나 전량과 관련된 문서와 달리 해마다 징수하는 전량과 관련된 문서는 인신의 사용을 빠뜨린 것에 대한 처벌 규정이 따로 없다. 인신을 거꾸로 찍

官承發吏言 蓋文書以印信爲憑 用印在該吏 對同在首領官 經由在承發吏 合是三者而互相査驗 或犯此律 豈用無罪乎〕《집설 권2 54장》 인신 사용을 빠뜨린 것과 전혀 찍지 않은 것을 구분하지 않는다.〔不分漏使及全不用〕《집주(상) 185쪽》

7 군마……장 100이다 : 공문에 인신 사용을 빠뜨리거나 전혀 찍지 않아 군마 징발이나 군수 공급에 차질을 빚으면 각각 장 100이다.

8 참형이다 : 일을 맡은 관사에서 수령한 공문에 인신의 사용이 누락되어 있거나 인신이 전혀 찍혀 있지 않음으로 말미암아 의심하거나 우려하여 군대를 즉시 뽑아 보내지 못하거나 전량을 즉시 공급하지 못하여 군기(軍機)를 그르치게 되면, 인신을 누락하거나 전혀 찍지 않은 사람은 모두 참형이다.〔若致所司因其漏使及全不用 有所疑慮而兵馬不卽調撥 錢糧不卽供給 失誤軍機者 漏使及全不用之人 竝斬〕《전석 권3 18장》《집해 528쪽》 이 조의 참죄는 75조 증감관문서(增減官文書)의 군기를 그르친 것과 비슷하다. 모두 해당 관리를 수범으로 삼으며, 수령관과 승발 이전은 장 100 유 3000리에 그친다. 소유(所由)를 처벌하며 수범과 종범을 나누어 논죄한다.〔此斬 與前增減官文書條失誤軍機者相似 皆以當該官吏爲首 首領官幷承發吏 止坐杖一百流三千里 蓋罪坐所由 分首從論也〕《집설 권2 54장》

은 행위에 대해서는, 이 조의 인신 사용을 빠뜨린 것과 같이 처벌한다는 설과 보초(寶鈔)에 인신을 거꾸로 찍은 것(① 78 漏用鈔印)과 같이 처벌한다는 설이 있으나, 410조 불응위(不應爲)를 적용한다는 설이 우세하다.

●●●

## 인신과 관련된 범죄

대명률은 인신(印信)과 관련된 다양한 범죄를 다루고 있다. 보초를 찍어낼 때 인신을 누락하거나 거꾸로 찍는 행위에 대해서는 78조 누용초인(漏用鈔印)에서 다루었다. 관문서에 인신을 거꾸로 찍는 행위에 대해서는 77조 누사인신(漏使印信)에 명시적인 언급이 없는데, 77조의 인신 사용을 빠뜨린 것과 같이 처벌한다는 설(《집해 529쪽 비고》) 78조의 초인(鈔印)을 거꾸로 찍은 것에 대한 율을 적용한다는 설(《변의 80쪽》) 410조 불응위를 적용한다는 설이 있다. 불응위를 적용한다는 견해 중에서도 태죄라는 설(《전석 권3 19장》) 장죄라는 설(《부례(상) 308쪽》) 태죄 · 장죄 두 경우 다 있다는 설(《집설 권2 55장》)이 있다. 보초에 인신이 거꾸로 찍혀 있으면 사람들이 수수하려 들지 않아서 통행할 수 없으므로 인신을 누락한 것과 똑같이 처벌하는 것이다.

관문서를 먼 곳에 보낼 때는 체송(遞送) 체계를 이용하는데, 인신이 없는 문서는 체송 체계에 들어오는 것을 허락하지 않는다.(③ 259~261 遞送公文) 인신을 도용(盜用)하거나 빈 종이에 인신을 찍은 죄는 378조 사위제서(詐僞制書)에서 다루고, 인신이 찍힌 봉피(封皮)를 차용(借用)하는 죄는 190조 상서진언(上書陳言)에서 다룬다. 홍무30년율의 190조에는 "억울하고 잘못된 일을 하소연한다는 핑계로 인신이 찍혀 있는 봉피를 빌려 그 봉투에 자신의 호소장(呼訴狀)을 넣어 체송 체계에 넣으면 빌린 자와 빌려준 자 모두 참형이다."라는 문장이 있는데, 홍무22년율에는 없다가 홍무30년율에 추가된 것으로서, 1392년(홍무25)경에 문서 체송 체계가 정해졌기 때문이다. 만약 행이할 문서에 잠시 인신을 빌려 찍으면, 이는 억울하고 잘못된 일을 하소연한다고 핑계를 대는 것이 아니므로 참형으로 처벌할 수는 없고, 410조 불응위의 장죄로 처벌해야 한다.(《전석 권3 19장》《집설 권2 55~56장》) 군직(軍職)에 있는 자가 인신을 저당 잡히는 것에 대해서는 168조 위금취리(違禁取利)에 조례가 있는데,(《언해 권6 60장》) 남경과 북경의 병부(兵部), 지방의 순무(巡撫)·순안(巡按)·안찰사(按察司)의 관원이 각 위소(衛所)의 인신을 점검할 때, 만약 군직에 있는 자가 인신을 저당 잡혀서 돈을 빌린 일이 있으면, 참문(參問)하여 봉급은 그대로 주면서 다른 곳에 보내어 병정들을 관리하고 훈련시키는 일을 하게 하는 것이다. 인신을 저당 잡은 사람도 64조 제서유위(制書有違)로 처벌하여, 칼을 씌워 대중에게 한 달 동안 보인다. 빌린 돈은 추징하여 관에 들인다.(《부례(상) 481쪽》)

# 78
# 보초에 인신의 사용을 빠뜨림[1]
漏用鈔印

보초(寶鈔)를 찍어 낼 때 주의를 기울이지 않아 인신(印信) 찍는 것을 빠뜨리거나[2] 인신을 거꾸로 찍으면 1장에 태 10이고, 3장마다 1등급을 더하되 죄는 장 80에 그친다.[3] 보초고(寶鈔庫)[4]에서 마음을 다하여 점검하지 않고 잘못된 보초를 모호하게 건네받아 창고 안에 보관하면 죄가 또한 같다.

**직해** 보초를 찍어 낼 때 꼼꼼히 살피지 않고 인신의 사용을 누락하거나 거꾸로 찍으면, 1장에 태 10이고 3장마다 1등급을 더하되 죄는 장 80에 그친다. 보초고에서 마음을 써서 검사하지 않고 모호하게 받아 두면 죄가 같다.

1 보초에……빠뜨림 : 조문명이 77조에서는 '누사인신(漏使印信)'이라 하고 이 조문에서는 '누용초인(漏用鈔印)'이라 하여 표현이 다르다. '사(使)'는 문서가 행해지도록 명령하는 것이고 '용(用)'은 화폐를 말한 것이므로, 보초가 유통되어 쉽게 쓰이는 것에 대해 말한 것이다.〔按漏使印信與漏用鈔印 曰使曰用不同者何也 蓋使者令也 令行文書之謂 用者以貨言 謂鈔流通易用也〕《집해 529쪽》 문서에 찍는 인신에 대해서는 '누사(漏使)'라 하고 보초에 찍는 인신에 대해서는 '누용(漏用)'이라고 하였으나, '사'와 '용' 두 글자는 역시 차이가 없다.〔印信言漏使鈔印言漏用 使用二字亦無分別〕《전석 권3 19장》

2 인신(印信)……빠뜨리거나 : 보초는 두 곳에 인신을 찍는데 그중 한 곳에 인신이 누락되면 누용이다.《국자해 167쪽》

3 3장마다……그친다 : 관문서에 인신이 빠지면 경중을 가리지 않고 장 60이나, 보초에 인신이 빠지면 장수(張數)를 계산하여 죄를 정한다. 문서에 인신이 빠지면 일의 크고 작음에 관계없이 모두 일을 그르치게 되므로 벌을 똑같이 주지만, 보초는 인신이 빠진 것만 사용할 수 없고 나머지는 사용하는 데 방해가 되지 않으므로 장수를 계산하여 죄의 경중을 구별한다.〔按官文書漏印不分輕重卽杖六十 而鈔印漏用計張定罪者 蓋文書漏印則事無大小皆誤故罪一施之 若鈔則惟漏印者不可使餘固無礙也 故計張數爲罪之輕重〕《집해 531쪽》

4 보초고(寶鈔庫) : 호부(戶部)에서 인쇄한 보초를 수납·보관하는 국고(國庫)이다. 훼손되거나 닳아서 사용하기 어렵게 된 구초(舊鈔)를 여기로 가져오면 신초(新鈔)로 교환해 주었다.《대명회전》의 초법조(鈔法條)에, 1380년(홍무13) 서울과 지방에 각각 보초행용고(寶鈔行用庫)를 설치하였다는 기록이 있다.〔寶鈔庫ハ戶部ヨリ印造シテ送リ納ルヲ收メ入テ貯ル庫也大明會典鈔法條下洪武十三年在京在外各置寶鈔行用庫ト云フ〕《언해 권6 62장》

무릇 외원(外員) 및 관고(官庫)의 잡물에 인신을 찍지 않으면 역시 이 율을 적용한다.[5]

해설

보초를 찍어 낼 때 주의를 기울이지 않아 인신을 누락하거나 거꾸로 찍는 행위에 대한 처벌 규정이다. 당률에서는 유사 조문을 찾기 어렵고 조선 시대 사료에서도 이 조문이 활용된 사례를 찾기 어려운데, 당나라나 조선에서는 보초를 사용하지 않았기 때문으로 보인다. 명률을 크게 바꾸지 않은 청률에서도 이 조문은 삭제되었다.

•••

보초

초(鈔)는 종이로 만든 찰(札)에 도장을 찍어서 전은(錢銀) 대신 사용하는 유통 수단이다. 송(宋)과 금(金)에서 시작되어 원대(元代)에 이르러 일반화되었다. 종이가 화폐 기능을 할 수 있는 것은, 인문(印文)이 증표가 되기 때문이다. 만약 인신(印信)이 누락되면 증표가 없기 때문에 초를 사용할 수 없게 된다. 그러므로 초를 만들 때 인신을 빠뜨리면 처벌하였다. 명대 심절보(沈節甫)가 찬집(纂輯)하여 1617년 간행한 《기록휘편(紀錄彙編)》에 자세한 설명이 있다. 옛날에는 포(布)가 화폐 기능을 하였음을 《시경》·《주례》 등에서 확인할 수 있다. 화폐의 재료로 가죽을 이용하면 '피폐(皮幣)', 닥나무 껍질을 이용하면 '저폐(楮幣)'라 불렀다.

송대에는 염초(鹽鈔)라는 것이 있어 초라는 명칭이 《송사》에 처음 등장하는데, 염초는 명대의 염인(鹽引)과 유사한 것이다. 《금사》에는 교초(交鈔)의 제도가 기록되어 있다. 주위에 꽃무늬로 테두리를 두르고, 그 안에

5 무릇……적용한다 : 이 부분은 율문에 없는 내용이다.

가로로 몇 관(貫)인지 쓰고, 밖에는 '위조하면 참형'이라는 따위의 금조(禁條)를 쓰고, 테두리 아래에는 명목 화폐인 교초를 실질 화폐인 은 등으로 태환하는 방법을 써 놓았고, 인장(印章)과 화압(花押)이 있다. 1260년(중통1)에 중통보초(中通寶鈔)가, 1287년(지원24)에 지원통행보초(至元通行寶鈔)가 발행되었고,(《언해 권6 60~61장》) 1375년(홍무8)에 대명통행보초가 발행되었다. 뽕나무·닥나무 껍질을 재료로 하였으며, 사각형으로 높이 1자, 폭 6치이며, 청색으로 바탕을 삼았다. 바깥에 용무늬와 꽃 테두리를 둘렀고, 그 윗부분에 가로로 이름을 '대명통행보초(大明通行寶鈔)'라 썼으며, 안쪽의 위 양쪽 가장자리에는 다시 전서(篆書)로 '대명보초천하통행(大明寶鈔天下通行)'이라 썼다. 1장에 1관이고 동전 1000문에 해당한다.(《부례(상) 399쪽》) 민간에서는 금·은으로 거래할 수 없었으며, 단지 금·은을 보초로 바꾸는 것만 허락하였는데 보초를 금·은과 동등하게 함으로써 그 이익을 넓히고자 한 것이다.(《집설 권2 76장》)

1375년에 발행된 보초는 100문·200문·300문·400문·500문과 1000문 6종뿐이었으나, 1389년(홍무22)에 10문·20문·30문·40문·50문의 소초(小鈔) 5종을 추가로 발행하였다. 보초에는 인신을 두 군데 찍어야 하는데 그중 한 군데라도 누락되면 통행될 수 없었다. 세 군데 찍어야 한다고 한 자료도 있다. 문서의 경우 일부 인신이 누락되어도 통행될 수 있는 것과 다르다. 77조 누사인신(漏使印信)과는 달리 78조 누용초인(漏用鈔印)에서는 인신을 전혀 찍지 않은 것에 대한 규정을 따로 두지 않았다.(《소의(상) 341~342쪽》《국자해 167쪽》)

원대에는 보초에 대한 태환 준비 정책을 잘 운용하여 보초의 가치가 비교적 잘 유지된 데 비해, 명대에는 준비 정책에 실패하여 보초의 가치가 하락함으로써 통화의 기능을 점차 상실하게 되었다.

조선에서도 저화(楮貨)가 국가의 표준 화폐였으나, 조선과 명 양국은 지폐 유통을 위해서 금·은의 유통만 금지하고 정작 지폐의 태환을 보장하지 않아, 무역 강국인 원과 같은 화폐의 위상을 기대할 수 없었다. 조정의 강력한 지폐 유통 정책에도 불구하고 시장에서 지폐의 가치는 계속 하락하였다. 명에서 보초는 성화(成化) 연간(1465~1487)에 최대 500분의 1까지 폭락하였고, 조선에서 저화는 세종 연간(1418~1450)에 약 12분의 1까지 가치가 떨어졌다. 따라서 15세기 중엽 명에서는 녹봉과 부세에 은을 활용하는 것을 추인할 수밖에 없었으며, 조선에서는 형조에서도 저화를 속전(贖錢)으로 받는 것을 꺼려 면포(綿布)가 그 자리를 대신하였다. 명 초에 보초가 폐지됨에 따라 청대에는 78조 누용초인, 125조 초법(鈔法)만 남고, 381조 위조보초(僞造寶鈔)는 아예 삭제되었다. 화폐 가치의 하락 문제 때문에 청대에 들어서는 보초를 발행하지 않다가, 1853년(함풍3)이 되어서야 대청보초(大淸寶鈔)를 발행하게 된다.

## 79
# 군대를 동원하는 인신을 함부로 사용함
擅用調兵印信

총병장군(總兵將軍)[1]이나 각처 도지휘사사(都指揮使司)[2]의 인신(印信)으로 군마를 동원하거나[3] 군무(軍務)[4]를 처리하기 위해[5] 행이(行移)하는 공문에 사용하는 것을 제외하고, 만약 함부로 비첩(批帖)[6]을 만들어 공무를 빙자

1 총병장군(總兵將軍) : ① 70 漏泄軍情大事

2 총병장군(總兵將軍)이나 각처 도지휘사사(都指揮使司) : 원문 '總兵將軍及各處都指揮使司'는 1725년(옹정3) 개정된 청률에서는 '統兵將軍及各處提督總兵官'으로 바뀌었다.

3 군마를 동원하거나 : 《정자통(正字通)》에서는 율려(律呂)가 서로 조화를 이루는 것을 일조(一調)라고 하였다. 음율(音律)을 조화롭게 맞춘다는 의미를 차용하여, 재능의 경중, 부역의 다과 등을 감안하여 군마를 적절히 동원하는 것을 '조도(調度)'라고 부른다.〔調度ハ正字通云律呂相龤爲一調……蓋由此音律ヲ調和スルノ義ヲ借リ用テ其才能ノ輕重賦役ノ多寡ヲ均ク度リテ過不及ナキヤウニ調用スルヲ調度軍馬ト云也〕《언해 권6 64장》

4 군무(軍務) : 군대를 징발하거나 갑옷이나 병장기를 정비하는 것과 같은 따위이다.〔軍務 如調發軍馬繕治甲兵之類〕《집해 488쪽》

5 처리하기 위해 : 원문 판집(辦集)은 간판(幹辦)·징집(徵集)하는 것이다. 양미(糧米)·추초(蒭草) 따위를 징집하는 것을 말한다.〔辦集ハ幹辦徵集スル也糧米蒭草ノ類ヲ徵シ集ルヲ云ナリ〕《언해 권6 64장》

6 비첩(批帖) : 비첩의 일반적인 의미는 관부(官府)에서 발급한 문서로서 문서의 후미(後尾) 부분에 비조(批調)한 것을 말한다.〔各項憑帖 由官批調於後尾者〕《육부 64쪽》 그러나 《언해》와 《국자해》는 여기서 비첩은 그러한 일반적인 의미가 아니라, 화물을 보내는 운송장 같은 것으로 보았다.〔批帖は物貨を途るきってなり〕《국자해 167쪽》 비첩은 비문(批文)과 첩문(帖文)이다. 여기서 '비'는 공문서 끝에 기재하여 비한다고 할 때의 비가 아니라 따로 비문이라는 문서 양식이 있다. 예컨대 농민을 기송(起送)할 때 지현(知縣)이 반인감합(半印勘合)의 비문을 내어 농민에게 발급한다. 비가 있으면 인(引)은 없다. 첩문은 타인에게 위임하여 밖에 나가서 일을 사감(査勘)하게 할 때 지현이 발급해 주는 문서이다. 《석해(釋解)》에서도 기해(起解)할 때 비를 사용한다고 하였다.〔批帖批文帖文也 批ハ公文ノヲクガキスルヲ以テ批スルト云ノ批ニ非ス別ニ批文ノ式アリ農民ヲ起送スルニ知縣ヨリ半印勘合ノ批文ヲ出シテ農民ニ給付スル也批アレバ引ナシ帖文ハ人ニ委ネテ外ニ出テ事ヲ査勘セシムル時ニ知縣ヨリ帖文ヲ出シ給付シテ往シムル也 釋解云 凡有照身 人不用引 如起解有批擧

하여 사사로운 일을 꾀하면서[7] 그 비첩을 증빙으로 삼아 물화(物貨)를 수송하면, 수령관(首領官)[8]과 이전(吏典)은 각각 장 100에 직역(職役)을 파하고 서용하지 않는다. 정관(正官)[9]은 주문(奏聞)하여 구처(區處)한다.[10]

**직해** 각 도의 도절제사(都節制使),[11] 병마사(兵馬使)[12] 등 군관의 인신은 전적으로 위임하여 군마를 뽑아 단련하거나 군사상의 일을 준비하는 문서의 행이에 사용해야 한다. 군사상의 일 외의 여타 출납하는 신패(信牌)나 문서에 인신을 함부로 써서 공적인 일을 빙자하여 사사로운 일을 꾀하면 낭청(郎廳) 및 서리(書吏), 영사(令史)는 각각 장 100이고 직역을 파하고 서용하지 않는다. 정관은 임금에게 아뢰어 결단한다.

人有咨之類〕《언해 권18 12～13장》

7 공무를……꾀하면서 : 포괄하는 바가 넓은데 비첩을 증빙으로 삼아 물화를 수송하는 것이 그중 하나이다.〔假公營私 泛言 所包者廣 照送物貨則指其一事言之〕《집해 532쪽》 목적은 세금을 피하려는 것이다.〔圖免稅〕《집주(상) 185쪽》

8 수령관(首領官) : 무직 아문(武職衙門)의 수령관은 총병(總兵)의 참모(參謀)나 찬화(贊畫), 도지휘사사의 경력(經歷)이나 도사(都事) 따위이다.〔首領卽總兵之參謀贊畫都司之經歷都事之類 是也〕《집해 532쪽》 수령관은 외관으로서 6품 이하의 관원이므로 바로 소환하여 심문해야 한다.〔若首領正係在外六品以下官 合當徑自提問者〕《집설 권2 57장》

9 정관(正官) : 총병장군이나 도지휘사사의 인신을 관장하는 관원이다.〔正官卽總兵將軍都司衙門掌印官〕《집설 권2 56장》

10 주문(奏聞)하여 구처(區處)한다 : 그가 팔의(八議)에 해당하는 응의지인(應議之人)이기 때문이다. 구처라고 하였으므로 죄를 주거나 주지 않는 것은 모두 황제가 재가한다.〔奏聞區處以其應議之人也 然曰區處則罪與不罪 皆上裁之矣〕《집해 533쪽》 ① 3 八議 ① 4 應議者犯罪

11 도절제사(都節制使) : 절도사의 전신이다. 위화도 회군 직후 안렴사(按廉使)는 민사(民事)를 맡고, 도순문사(都巡問使)는 군사(軍事)를 맡도록 구분하였다. 창왕에서 공양왕 때에 외관직 개혁을 통해서 각각 도관찰사(都觀察使)와 도절제사로 바뀌고 구전(口傳) 임명에서 정식 임명으로 승격되었다. 조선 초까지 안렴사와 도관찰사, 도순문사와 도절제사는 실록에서 서로 혼재되어 나타난다. 양자는 《경국대전》에 이르러 관찰사와 절도사로 바뀌었다. 《高麗史 卷77 百官志2 外職 兵馬使, 卷84 刑法志2 公式 職制》

12 병마사(兵馬使) : 고려의 병마사는 한 도(道)의 군권을 장악하는 지휘관이지만, 고려 말부터 도절제사가 군권을 전담하도록 바뀌어, 조선 초의 병마사는 도절제사의 휘하 장수를 지칭한다. 《高麗史 卷77 百官志2 外職 兵馬使》《국역 태조실록 3년 3월 26일》

해설

총병장군이나 도지휘사사가 군대를 동원하거나 군무를 처리하는 데 사용하는 인신을 함부로 사용하였을 경우 처리 방법을 규정한 조문이다. 군대를 동원하는 인신의 중요함은 각 아문의 인신에 비할 바가 아니므로 그 인신을 가지고 공무를 가장하여 사사로운 이익을 꾀하였으면 수령관과 이전을 처벌하는데, 총병장군이나 도지휘사사를 보좌하는 역할을 제대로 하지 못하였기 때문이다. 정관은 팔의(八議)에 속하는 응의지인(應議之人)이며, 군대를 이끌기 때문에 그 거취와 죄의 경중을 황제에게 아뢰어 처리한다.

## 80
# 신패[1]
信牌

부・주・현에서는 신패(信牌)[2]를 비치해 두고, 거리의 멀고 가까움을 헤아려 노정(路程)의 기한을 정하며, 일을 마치면 반납받아 지운다.[3] 이를 어기면[4] 1일에 태 10이고, 1일마다 1등급을 더하되 죄는 태 40에 그친다.[5] 부・주・현의 관원이 마침 처리를 독촉해야 할 사무가 있는데, 이 율에 따라 신패를 내어 보내지 않고, 멋대로 소속 관사에 내려가 지키고 앉아서 직접 일의 처리를 독촉하면[6] 장 100이다.[7]-부의 관원은 주의 아문에 들어가지 못하게 하

1 신패 : 이 조가 청률에서는 52조 남설관리(濫設官吏)와 53조 공거비기인(貢擧非其人) 사이에 배치되어 있다.

2 신패(信牌) : 목판으로 ⌂ 모양의 패를 만들어 패면(牌面)에 처리할 사무를 적고, 관리의 이름을 서압(署押)하여 증빙의 신표로 삼는다.〔木板ヲ用テ⌂如此ナル牌ヲ造リ牌面ニ辦スヘキ事務ヲ書寫シ官吏ノ名押ヲ署シテ憑信トナシ屬下ノ官吏ニ仰ヲ信牌ト云〕《언해 권6 65장》 부・주・현의 상급 관사에서 하급 관사에 문서를 보낼 때 패를 가지고 신표로 삼으므로 '신패'라고 한다. 백패(白牌)와 지패(紙牌) 모두 신패이다.〔凡府州縣自上行下 以牌爲信 故曰信牌 今白牌紙牌皆是〕《집해 534쪽》

3 반납받아 지운다 : 원문 소격(銷繳)은 패면에 적힌 일을 완수한 뒤 신패를 원래 발행한 관사에 반납하여 관리의 인압(印押)을 지우는 것을 말한다.〔銷繳ハ牌面ノ事件ヲ辦完シ畢リテ後ニ用ヒ畢リタル信牌ヲ原發シ行タル官司ヘ回シ報ジテ官吏ノ印押ヲ銷シムルヲ云也〕《언해 권6 66장》

4 이를 어기면 : 파견된 사람이 기한을 어기는 것이다. 관원이나 이전(吏典)이 어기면 기한을 지체하였을 때 처벌하는 율문(① 71 官文書稽程 ③ 265 驛使稽程 ③ 269 公事應行稽程)에 따라 처벌한다.〔違謂違限 指承差人言 若官吏自有稽程律〕《집설 권2 57장》

5 태 40에 그친다 : 기한을 넘기면서 보고하고 신패를 반납받아 지우지 않으면 이는 명령을 무시하는 것이므로 날짜를 헤아려 과죄하되, 죄는 태 40에 그친다.〔若違過限期而不銷繳者 是謂玩令 故計日科罪 罪止笞四十〕《집해 535쪽》

6 지키고……독촉하면 : 원문 수병(守幷)은 지키고 앉아서 일의 처리를 독촉하는 것이다.〔守併 謂坐守催併也〕《집해 535쪽》

7 장 100이다 : 아랫사람들을 반드시 어지럽힐 것이기 때문에 장 100이다.〔下必有擾 故杖一

고, 주의 관원은 현의 아문에 들어가지 못하게 하고, 현의 관원은 향촌에 내려가지 못하게 하는 것과 같은 것을 이른다.- 교량·하천 제방·역전(驛傳)·체포(遞鋪)[8]의 점검, 재해 입은 지역의 현장 조사,[9] 검시(檢屍),[10] 도적 체포,[11] 재산 몰수[12] 따위[13]에는 이 규정을 적용하지 않는다.

**직해** 주·부·군·현에 신패를 만들어 두었다가 공무를 재촉할 때가 되면 거리의 멀고 가까움으로써 노정의 기한을 정하여 발급해 보내고, 일이 끝나는 대로 앞서 발송한 신패를 반납받아 효주(爻周)[14]한다. 기한을 어기면 1일에 태 10이고, 1일마다 1등급을 더하되 죄는 태 40에 그친다. 각 촌의 높고 낮은 관원이 공무를 재촉할 때, 위와 같이 신패를 발송하지 않고 소속 관사에 스스로 내려가 머무르면 장 100이다. 교량 점검, 하천 제방 수리, 노역 감독, 각 역원(驛院)·역관(驛館)의 점검, 재난 손상 정도의 점검, 검시, 도적 체포, 재물 몰수와 같은 공적인 일로 소속 관사에 내려가면 이 규정을 적용하지 않는다.

百〕《석의 권3 20장》

8 체포(遞鋪) : ③ 259 遞送公文 1조 ③ 262 邀取實封公文

9 재해……조사 : ② 97 檢踏災傷田糧

10 검시(檢屍) : ④ 436 檢驗屍傷不以實

11 도적 체포 : ④ 411 應捕人追捕罪人

12 재산 몰수 : 원문 초차(抄箚)는 적몰(籍沒)과 같은 뜻이다. 범죄인의 가산(家産) 등의 물건을 장부에 초록(抄錄)하여 관에 몰수하는 것을 말한다.〔抄箚ハ籍沒ト同シ罪犯人ノ家産諸色ヲ帳簿ニ抄錄シテ官ニ沒入スルヲ云也〕《언해 권6 67장》 ① 23 給沒贓物

13 교량……따위 : 모두 직접 처리하지 않을 수 없는 일이다. 그러므로 부의 관원이 주에 내려가고 주의 관원이 현에 내려가고, 현의 관원이 향촌에 내려가더라도 이 규정을 적용하지 않는다.〔此皆非親身 不能幹理 如府官下州 州官下縣 縣官下鄕村者 不在此限〕《집설 권2 57장》

14 효주(爻周) : 문건 따위를 점검할 때 '爻, ○' 모양의 기호를 그려서 글을 지워 버리는 것을 말한다.

해설

부 · 주 · 현의 관사에서 공무를 수행하기 위해 관리를 파견할 때 사용하는 신패의 운용에 대한 규정이다. 신패에 노정의 기한을 적어 파견된 관리가 일을 늦게 처리하지 않도록 하였고, 기한을 넘기면 명령을 무시하는 것이 되므로 날짜를 헤아려 처벌하였다. 부 · 주 · 현의 관원이 하급 관사에 처리를 독촉해야 할 일이 있다면서, 신패를 주어 관리를 파견하는 대신 친히 소속 관서에 내려가 머무르면 처벌한다. 이는 백성을 침범하는 일이기 때문이다. 교량 등의 점검, 재난의 현장 조사, 검시, 도적 체포, 재산 몰수 등 관원이 직접 처리해야 할 일이 있으면 부 · 주 · 현의 관원이 하급 관사에 내려가는 것을 금하지 않는다.

옮긴이

한상권(韓相權)

1953년 충남 홍성에서 태어났다. 서울대학교 국사학과에서 〈18세기 말~19세기 초 場市 發達에 관한 基礎 硏究 : 慶尙道 地方을 중심으로〉로 석사 학위를, 〈朝鮮 後期 社會 問題와 訴冤 制度의 發達 : 正祖代 上言·擊錚의 分析을 중심으로〉로 박사 학위를 받았다. 한국역사연구회 회장을 지냈으며, 현재 덕성여대 사학과 교수로 재직하고 있다. 《朝鮮 後期 社會와 訴冤 制度》로 제23회 월봉저작상을, 〈17세기 중엽 해남 윤씨가의 노비 소송〉으로 제5회 영산(瀛山) 법사학(法史學) 우수학술상을 수상하였다.

구덕회(具德會)

1955년 충남 태안에서 태어났다. 서울대학교 국사학과에서 학사, 석사 학위를 받고 박사 과정을 수료하였다. 주로 조선 시대 정치사를 연구하면서 서울 소재 중고등학교에서 역사 교사로 재직하다가 정년퇴직하였으며, 현재 한국역사연구회 회원으로 활동하고 있다. 저서로 《조선 중기 정치와 정책》(공저), 《신보수교집록(新補受敎輯錄)》(공역), 《수교집록(受敎輯錄)》(공역), 《각사수교(各司受敎)》(공역)가 있고, 주요 논문으로 〈宣祖代 후반(1594~1608) 政治 體制의 재편과 政局의 動向〉, 〈성종대 동반 경관직 인사 관리의 성격〉, 〈대명률과 조선 중기 형률상의 신분 차별〉 등이 있다.

심희기(沈羲基)

1956년 서울에서 태어났다. 서울대학교 대학원에서 〈조선 후기 토지 소유에 관한 연구〉로 박사 학위를 받았다. 법과사회이론학회 회장, 한국형사소송법학회 회장, 한국법사학회 회장을 역임하였고, 2017년부터 2019년까지 '조선 시대 결송입안 탈초와 역주팀'의 연구 책임을 맡고 있으며, 현재 연세대 법학전문대학원 교수로 재직하고 있다. 저서로 《한국법사연구》, 《한국법제사강의》, 《역주 흠흠신서(欽欽新書)》(공역)가 있고, 주요 논문으로 〈조선 시대 사송에서 제기되는 문서의 진정성 문제들〉, 〈一人償命 談論에 대한 再考〉, 〈율해변의·율학해이·대명률강해의 상호 관계에 관한 실증적 연구〉, 〈조선 시대 형사·민사일체형 재판 사례의 분석〉, 〈근세 조선의 민사 재판의 실태와 성격〉 등이 있다.

박진호(朴鎭浩)

1970년 서울에서 태어났다. 서울대학교 국문과에서 학사, 석사, 박사 학위를 받고, 한양대학교 국문과 전임 강사, 조교수를 거쳐, 현재 서울대학교 국문과 교수로 재직하고 있다. 한국어 문법을 일본어, 중국어 등 세계의 여러 언어와 대조하여 연구하고 있고, 차자 표기 자료를 바탕으로 고대 한국어 문법도 연구하고 있다. 저서로 《현대 한국어 동사 구문 사전》(공저), 《각필구결의 해독과 번역 1~5》(공저), 《인문학을 위한 컴퓨터》(공저), 《각사수교》(공역) 등이 있고, 주요 논문으로 〈시제, 상, 양태〉, 〈의미지도를 이용한 한국어 어휘 요소와 문법 요소의 의미 기술〉, 〈보조사의 역사적 연구〉, 〈유형론적 관점에서 본 한국어 대명사 체계의 특징〉, 〈언어에서의 전염 현상〉, 〈'-었었-'의 단절과거 용법에 대한 재고찰〉, 〈한·중·일 세 언어의 존재구문에 대한 대조 분석 : 언어유형론의 관점에서〉 등이 있다.

장경준(張景俊)

1969년 대전에서 태어났다. 연세대학교에서 수학하여 박사 과정까지 마치고 현재 고려대학교

국어국문학과 교수로 재직하고 있다. 저서로 《유가사지론 점토석독구결의 해독 방법 연구》, 《각필구결의 해독과 번역 1~5》(공저), 《유가사지론 권20의 석독구결 역주》(공역) 등이 있고, 주요 논문으로 〈대명률직해의 계통과 서지적 특징〉, 〈조선 초기 대명률의 이두 번역에 대하여〉, 〈花村美樹의 대명률직해 교정에 대하여〉, 〈大明律直解, 大明律講解, 律解辯疑와 洪武律에 대한 試論〉 등이 있다.

김세봉(金世奉)
1958년 경기도 안성에서 태어났다. 단국대학교 사학과에서 〈17세기 호서 산림 세력 연구〉로 박사 학위를 받았다. 유도회 한문연수원 장학생반을 졸업하였고, 단국대학교 동양학연구원에서 《한한대사전》 편찬에 참여하였다. 동양고전학회 회장을 역임하였고, 현재 유도회 한문연수원의 교수로 활동하고 있다. 저서로 《조선 중기 정치와 정책》(공저), 《17세기 한국 지식인의 삶과 사상》(공저), 《신보수교집록》(공역), 《수교집록》(공역), 《각사수교》(공역)가 있다.

김백철(金伯哲)
1978년 부산에서 태어났다. 부산대학교 사학과를 졸업하고, 서울대학교 국사학과에서 석사, 박사 학위를 받았다. 조선 시대 법사학 및 정치사상을 연구하고 있다. 전북대학교 HK교수, 서울대학교 규장각한국학연구원 책임연구원 등을 거쳐, 현재 계명대학교 사학과 조교수로 재직하고 있다. 저서로 《조선 후기 영조의 탕평 정치 : 속대전의 편찬과 백성의 재인식》, 《두 얼굴의 영조 : 18세기 탕평 군주상의 재검토》, 《법치 국가 조선의 탄생 : 조선 전기 국법 체계 형성사》, 《탕평 시대 법치주의 유산 : 조선 후기 국법 체계 재구축사》 등이 있다.

조윤선(趙允旋)
1963년 서울에서 태어났다. 성균관대학교에서 학사를, 고려대학교 한국사학과에서 석사, 박사 학위를 취득하였고, 서울대학교 BK21 법학연구단 한국법연구센터에서 박사후과정연구원으로 조선 시대 법제사를 공부하였다. 청주대학교를 거쳐 현재 한국고전번역원에 재직하고 있다. 저서로 《조선 후기 소송 연구》, 《조선 시대 생활사 4》(공저), 《한국유학사상대계 법사상사편》(공저), 《조선 후기사 연구의 현황과 과제》(공저), 《推案及鞫案》(공역), 《影幀摹寫都監儀軌》(공역), 《승정원일기》(공역), 《포도청등록》(공역) 등이 있고, 주요 논문으로 〈英祖代 남형·혹형 폐지 과정의 실태와 欽恤策에 대한 평가〉, 〈조선 후기 영조 31년 乙亥獄事의 추이와 정치적 의미〉, 〈조선 시대 赦免·疏決의 운영과 法制的·政治的 의의〉, 〈영조 6년(庚戌年) 모반 사건의 내용과 그 성격〉 등이 있다.

대명률직해 1

한상권 구덕회 심희기 박진호
장경준 김세봉 김백철 조윤선 옮김

2018년 12월 20일 초판 1쇄 발행

발행인 신승운 | 발행처 한국고전번역원
등록 2008. 3. 12. 제300-2008-22호
주소 (03310) 서울시 은평구 진관1로 85
전화 02-350-4886 | 팩스 02-350-4899 | 홈페이지 www.itkc.or.kr

연구총괄 이기찬 | 연구기획 이제유

책임편집 정영미 | 편집진행 박정열
편집교정 김현태 박성희 | 조판 정효진 | 제작 김형석
디자인 은희주 | 인쇄 반디컴



값 20,000원
ISBN 978-89-284-0575-6 94910
978-89-284-0574-9 (세트)
* 이 책은 2018년도 교육부 고전번역사업비로 출간한 것임.